Kurzlehrbücher
für das juristische Studium

Jauernig/Berger/Thole
Insolvenzrecht

Insolvenzrecht

Ein Studienbuch

von

Dr. Christoph Thole, Dipl.-Kfm.

o. Professor an der Universität zu Köln

24. Auflage, 2022

des von Friedrich Lent begründeten,
von der 13. bis zur 21. Auflage
von Othmar Jauernig und
von der 22. bis zur 23. Auflage
von Christian Berger fortgeführten Werkes

Zitiervorschlag: JBT InsolvenzR § … Rn …

www.beck.de

ISBN Print 978 3 406 77395 2
ISBN E-Book 978 3 406 77396 9

Wilhelmstraße 9, 80801 München
Druck und Bindung: Druckerei C.H. Beck
(Adresse wie Verlag)

Satz: Jung Crossmedia Publishing GmbH
Gewerbestraße 17, 35633 Lahnau

Umschlaggestaltung: Martina Busch, Grafikdesign, Homburg Saar

chbeck.de/nachhaltig

Gedruckt auf säurefreiem, alterungsbeständigem Papier
(hergestellt aus chlorfrei gebleichtem Zellstoff)

Vorwort zur 24. Auflage (2022)

Dieses Werk führt das Friedrich Lent begründete und sodann von Othmar Jauernig und Christian Berger glanzvoll fortgeführte Lehrbuch fort. Allerdings sind in Abweichung von der ursprünglichen Konzeption des Lehrbuchs das Zwangsvollstreckungsverfahren und das Insolvenzverfahren erstmals in zwei Bände aufgefächert worden. Das Zwangsvollstreckungsrecht hat Christoph Kern mit seinem im letzten Jahr erschienenen Band übernommen. Das Insolvenzrecht, das in den vergangenen Jahren an Bedeutung genommen hat, ist Gegenstand des vorliegenden Werkes. Inhaltlich legt auch dieser Band bewusst weiterhin einen Schwerpunkt auf das Insolvenz*verfahren* mit seinen vollstreckungsrechtlichen und zivilprozessualen Bezügen, so dass der ursprüngliche Zusammenhang zumindest im Ansatz gewahrt bleibt.

Allerdings musste der dynamischen Entwicklung des Insolvenzrechts und damit auch der Eigenständigkeit und gestiegenen Komplexität dieses Rechtsgebiets Rechnung getragen werden. Das Insolvenzrecht hat sich, obwohl seine zwangsvollstreckungs- und prozessrechtlichen Wurzeln nicht in Vergessenheit geraten dürfen, längst zu einem Restrukturierungsrecht fortentwickelt. Die Einführung des StaRUG zum 1.1.2021 gibt davon Zeugnis. Daher war es mir ein Anliegen, auch die restrukturierungsrechtlichen Bezüge stärker zu betonen. Dem StaRUG ist ein eigenes, vorerst noch überschaubares Kapitel gewidmet. Den Fragen der Sanierung wurde breiterer Raum eingeräumt und der Abschnitt zur Eigenverwaltung stärker hervorgehoben und in die Darstellung des allgemeinen Verfahrensablaufs integriert. Die Unternehmensinsolvenz steht im Vordergrund. Generell wurde darauf Wert gelegt, die im Insolvenzszenario die Beteiligten treffenden Anreize und die wirtschaftlichen Handlungsspielräume und -zwänge zu erläutern. Denn das Insolvenzrecht lässt sich nicht voll erfassen, wenn nicht auch die wirtschaftliche Ausgangs- und Interessenlage verstanden wird.

Das Werk richtet sich wie die bisherigen Auflagen in erster Linie an denjenigen, der sich das Insolvenzrecht erstmals in Gestalt einer vertieften Einführung erschließen will, etwa begleitend zu Lehrveranstaltungen des universitären Schwerpunktstudiums. Manche Wiederholung im Text beruht nicht auf einem Lapsus des Verfassers, sondern ist bewusst aufgenommen worden, um bestimmte Zusammenhänge besonders zu verdeutlichen. Das Studium des Insolvenzrechts muss bei den maßgeblichen gesetzlichen Normen beginnen; daher ist zudem darauf geachtet worden, stets den Normbezug herzustellen.

Verlag und Verfasser hoffen, dass die Neuauflage gelungen ist. Anregungen, Kritik und Kommentare sind jederzeit gerne willkommen. Ein besonderer Dank für die Unterstützung bei der Recherche und Formatierung des Manuskripts gilt Frau Wiss. Mit. *Julia von Rekowski* und Frau Wiss. Mit. *Carla Maier.*

Köln, im April 2022 *Christoph Thole*

Aus dem Vorwort zur 1. Auflage (1948)

Der zweite Band meiner Darstellung des Zivilprozessrechts ist die notwendige Ergänzung des ersten Teils. Denn die Zwangsvollstreckung gibt oft dem Verfahren erst den erstrebten Abschluss, sichert die Durchsetzung des im Prozess festgestellten Rechtes und gibt der gerichtlichen Entscheidung den erforderlichen Nachdruck. Als zweite Art der Vollstreckung schließt sich ihr das Konkursverfahren an.

Mehr noch als das Erkenntnisverfahren erscheinen Vollstreckungs- und Konkursrecht als rein technische Teile der Rechtsordnung ohne Ideengehalt. Und doch prägt sich auch in ihnen das Streben nach Gerechtigkeit aus, das jeden wichtigen Teil der Rechtsordnung mitgestalten muss. Neben wirtschaftlichen Erwägungen üben auch soziale Gedanken einen bedeutenden Einfluss aus. Wenn die Darstellung auch auf viele Einzelheiten eingehen muss – vielleicht in höherem Maße als beim Erkenntnisverfahren –, so habe ich mich doch bemüht, einige große Linien herauszuarbeiten, die dem Anfänger das Eindringen in die schwierige Materie erleichtern sollen.

Friedrich Lent

Inhaltsverzeichnis

Abkürzungsverzeichnis

a. A.	Je nach Zusammenhang: andere Ansicht; am Anfang
a. E.	am Ende
a. F.	alter Fassung
ABl.	Aktenblatt
Abs.	Absatz
AcP	Archiv für die civilistische Praxis (Band, Seite)
AG	Je nach Zusammenhang: Aktiengesellschaft; Amtsgericht
AGB	Allgemeine Geschäftsbedingungen
AGGVG	Gerichtsverfassungsausführungsgesetz
AktG	Aktiengesellschaft
Alt.	Alternative
AnfG	Gesetz über die Anfechtung von Rechtshandlungen eines Schuldners außerhalb des Insolvenzverfahrens (Anfechtungsgesetz)
Anm.	Anmerkung
AO	Abgabenordnung
ApoG	Gesetz über das Apothekenwesen (Apothekengesetz)
ArbGG	Arbeitsgerichtsgesetz
Arg.	argumentum
Aufl.	Auflage
BAG	Bundesarbeitsgericht
BB	Der Betriebs-Berater
BeckRS	Beck Rechtsprechung
Begr.	Begründung
BetrAVG	Gesetz zur Verbesserung der betrieblichen Altersversorgung (Betriebsrentengesetz)
BetrVG	Betriebsverfassungsgesetz
BFuP	Zeitschrift für Betriebswirtschaftliche Forschung und Praxis
BGB	Bürgerliches Gesetzbuch
BGBl.	Bundesgesetzblatt
BGH	Bundesgerichtshof
BGHZ	Entscheidungen des Bundesgerichtshofs in Zivilsachen (Band, Seite)
BNotO	Bundesnotarordnung
BRAO	Bundesrechtsanwaltsordnung
BR-Drs.	Bundesratsdrucksache
BT-Drs.	Bundestagsdrucksache
Buchst.	Buchstabe
BVerfGE	Bundesverfassungsgerichtsentscheidung
bzw.	beziehungsweise
DB	Der Betrieb
DDR	Deutsche Demokratische Republik
DGVZ	Deutsche Gerichtsvollzieher-Zeitung
diff.	differenzierend
DStR	Deutsches Steuerrecht
DZWIR	Deutsche Zeitschrift für Wirtschafts- und Insolvenzrecht
EGGVG	Einführungsgesetz zum Gerichtsverfassungsgesetz
EGInsO	Einführungsgesetz zur Insolvenzordnung
ESUG	Gesetz zur weiteren Erleichterung der Sanierung von Unternehmen
EU	Europäische Union
EuGH	Gerichtshof der Europäischen Gemeinschaften
EuZW	Europäische Zeitschrift für Wirtschaftsrecht

EVertr . . . . Vertrag zwischen der Bundesrepublik Deutschland und der Deutschen Demokratischen Republik über die Herstellung der Einheit Deutschlands – Einigungsvertrag –

f. . . . . folgend
FamFG . . . . Gesetz über das Verfahren in Familiensachen und in den Angelegenheiten der freiwilligen Gerichtsbarkeit
ff. . . . . folgende
FGO . . . . Finanzgerichtsordnung
FS . . . . Festschrift

GBO . . . . Grundbuchordnung
GbR . . . . Gesellschaft bürgerlichen Rechts
GenG . . . . Gesetz betreffend die Erwerbs- und Wirtschaftsgenossenschaften (Genossenschaftsgesetz)
GG . . . . Grundgesetz für die Bundesrepublik Deutschland
ggf. . . . . gegebenenfalls
GmbH . . . . Gesellschaft mit beschränkter Haftung
GmbH & Co. KG . Gesellschaft mit beschränkter Haftung & Compagnie Kommanditgesellschaft
GmbHG . . . . Gesetz betreffend die Gesellschaften mit beschränkter Haftung
GmbHR . . . . GmbH-Rundschau
GVG . . . . Gerichtsverfassungsgesetz

h. M. . . . . herrschende Meinung
HGB . . . . Handelsgesetzbuch
Hs. . . . . Halbsatz

i. d. R. . . . . in der Regel
i. S. d. . . . . im Sinne des/der
i. V. m. . . . . in Verbindung mit
InsO . . . . Insolvenzordnung
InsVV . . . . Insolvenzrechtliche Vergütungsverordnung
IPrax . . . . Praxis des internationalen Privat- und Verfahrensrechts

Jura . . . . Juristische Ausbildung
JurBüro . . . . Das Juristische Büro
JuS . . . . Juristische Schulung
JustAG . . . . Justizausführungsgesetz
JZ . . . . Juristenzeitung

KG . . . . Je nach Zusammenhang: Kommanditgesellschaft; Kammergericht
KO . . . . Konkursordnung
KölSch . . . . Kölner Schrift zur Insolvenzordnung
krit. . . . . kritisch
KSchG . . . . Kündigungsschutzgesetz
KTS . . . . Zeitschrift für Insolvenzrecht

LG . . . . Landgericht

m. Anm. . . . . mit Anmerkungen
m. E. . . . . meines Erachtens
MoMiG . . . . Gesetz zur Modernisierung des GmbH-Rechts und zur Bekämpfung von Missbräuchen
MoPEG . . . . Gesetz zur Modernisierung des Personengesellschaftsrechts
MwSt. . . . . Mehrwertsteuer

n. F. . . . . neuer Fassung
NJW . . . . Neue Juristische Wochenschrift

NJW-RR .... NJW-Rechtsprechungsreport Zivilrecht
Nr. .... Nummer
NZA .... Neue Zeitschrift für Arbeits- und Sozialrecht
NZI .... Neue Zeitschrift für Insolvenz und Sanierung

o. .... oben
OHG .... Offene Handelsgesellschaft
OLG .... Oberlandesgericht
OVG .... Oberverwaltungsgericht

RegE .... Regierungsentwurf
RG .... Reichsgericht
RGZ .... Entscheidungen des Reichsgerichts in Zivilsachen
Rn. .... Randnummer
Rpfleger .... Der Deutsche Rechtspfleger
RPflG .... Rechtspflegergesetz

S. .... Je nach Zusammenhang: Satz; Seite
SanInsFoG ...... Gesetz zur Fortentwicklung des Sanierungs- und Insolvenzrechts (Sanierungs- und Insolvenzrechtsfortentwicklungsgesetz)
SGB III .... Sozialgesetzbuch (SGB) Drittes Buch (III) – Arbeitsförderung –
sog. .... sogenannt
st. Rspr. .... ständige Rechtsprechung
StaRUG .... Gesetz über den Stabilisierungs- und Restrukturierungsrahmen für Unternehmen (Unternehmensstabilisierungs- und Restrukturierungsgesetz)
StGB .... Strafgesetzbuch
str. .... streitig

u. .... unten
u. a. .... unter anderen/anderem
u. U. .... unter Umständen
UrhG .... Gesetz über Urheberrecht und verwandte Schutzrechte

v. .... vom, von
Var. .... Variante
VerglO .... Vergleichsordnung
vgl. .... vergleiche
VO (EG) 1346/2000 ..... Verordnung (EG) Nr. 1346/2000 des Rates vom 29. Mai 2000 über Insolvenzverfahren (EuInsVO 2000)
VO (EU) 1215/2012 ..... Verordnung (EU) Nr. 1215/2012 des Europäischen Parlaments und des Rates vom 12. Dezember 2012 über die gerichtliche Zuständigkeit und die Anerkennung und Vollstreckung von Entscheidungen in Zivil- und Handelssachen [EuGVVO, Brüssel Ia-VO]
VO (EU) 2015/848 Verordnung (EU) 2015/848 des Europäischen Parlaments und des Rates vom 20. Mai 2015 über Insolvenzverfahren (EuInsVO)
Vorb. .... Vorbemerkung
VwGO .... Verwaltungsgerichtsordnung

WEG .... Gesetz über das Wohnungseigentum und das Dauerwohnrecht
wistra .... Zeitschrift für Wirtschafts- und Steuerstrafrecht
WM .... Zeitschrift für Wirtschafts- und Bankrecht, Wertpapier-Mitteilungen
WRV .... Die Verfassung des Deutschen Reichs (Weimarer Reichsverfassung)

ZEV .... Zeitschrift für Erbrecht und Vermögensnachfolge
ZfDR .... Zeitschrift für Digitalisierung und Recht

ZGR . . . . Zeitschrift für Unternehmens- und Gesellschaftsrecht
ZInsO . . . . Zeitschrift für das gesamte Insolvenz- und Sanierungsrecht
ZIP . . . . Zeitschrift für Wirtschaftsrecht
ZPO . . . . Zivilprozessordnung
zustimm. . . . . zustimmend
zutr. . . . . zutreffend
ZVG . . . . Gesetz über die Zwangsversteigerung und die Zwangsverwaltung
ZVI . . . . Zeitschrift für Verbraucher- und Privatinsolvenzrecht
ZZP . . . . Zeitschrift für Zivilprozess (Band, Seite)

Verzeichnis der abgekürzt zitierten Literatur

Bork InsR	Bork, Einführung in das Insolvenzrecht, Monografie, 9. Aufl. 2019
Buth/Hermanns Restrukturierung	Buth/Hermanns, Restrukturierung Sanierung Insolvenz, Handbuch, 4. Aufl. 2014
Erman	Erman, BGB, Kommentar, 16. Aufl. 2020
FK-InsO	Wimmer, FK-InsO: Frankfurter Kommentar zur Insolvenzordnung, Kommentar, 9. Aufl. 2018
Gottwald/Haas InsR-HdB	Gottwald/Haas, Insolvenzrechts-Handbuch, Handbuch, 6. Aufl. 2020
Grüneberg	Grüneberg, Bürgerliches Gesetzbuch, Kommentar, 81. Aufl. 2022
Häsemeyer InsR	Häsemeyer, Insolvenzrecht, Handbuch, 4. Aufl. 2007
Heinrich Wirkungsvolle Gestaltung von Arbeitsbedingungen	Heinrich, Wirkungsvolle Gestaltung von Arbeitsbedingungen, Symposion Insolvenz- und Arbeitsrecht, 2007
Jaeger	Jaeger, Insolvenzordnung, Kommentar, Band 1, 2, 3, 4, 5/1, 5/2, 6, 7, 8, 9, 1. Aufl. 2004
Jaeger/Henckel	Jaeger/Henckel, Konkursordnung, Kommentar, 9. Aufl. 1997
Jauernig	Jauernig, Bürgerliches Gesetzbuch, Kommentar, 18. Aufl. 2021
JMSST Forschungsbericht ESUG	Jacoby/Madaus/Sack/Schmidt/Thole, ESUG-Evaluierung. Forschungsbericht zur Evaluierung des Gesetzes zur weiteren Erleichterung der Sanierung von Unternehmen (ESUG) vom 7. Dezember 2011, Monografie, 1. Aufl. 2019
K. Schmidt InsO	K. Schmidt, Insolvenzordnung: InsO, Kommentar, 19. Aufl. 2016
K. Schmidt Möglichkeiten der Sanierung von Unternehmen	K. Schmidt, Möglichkeiten der Sanierung von Unternehmen durch Maßnahmen im Unternehmens-, Arbeits-, Sozial- und Insolvenzrecht – Unternehmens- und insolvenzrechtlicher Teil – Gutachten für den 54. Deutschen Juristentag, 1982
K. Schmidt/Uhlenbruck Sanierung	K. Schmidt/Uhlenbruck, Die GmbH in Krise, Sanierung und Insolvenz, Handbuch, 5. Aufl. 2015
Kayser/Thole	Kayser/Thole, Heidelberger Kommentar Insolvenzordnung, Kommentar, 10. Aufl. 2020
Klein	Klein, AO – Abgabenordnung, Kommentar, 15. Aufl. 2020
Kölner Schrift InsO	Arbeitskreis für Insolvenz- und schiedsgerichtswesen e.V, Kölner Schrift zur Insolvenzordnung, Monografie, 3. Aufl. 2009
KPB	Kübler/Prütting/Bork, InsO, Kommentar zur Insolvenzordnung, Kommentar, 90. Aufl. 2022
Kübler HRI	Kübler, HRI – Handbuch Restrukturierung in der Insolvenz, Handbuch, 3. Aufl. 2018
MMS	Mankowski/Müller/Schmidt, EuInsVO 2015, Kommentar, 1. Aufl. 2016
MüKoInsO	Stürner/Eidenmüller/Schoppmeyer, Münchener Kommentar zur Insolvenzordnung, Kommentar, Band 1, 2, 3, 4, 4. Aufl. 2019
Nerlich/Römermann	Nerlich/Römermann, Insolvenzordnung/Insolvenzrecht, Kommentar, 43. Aufl. 2021
Staudinger	Staudinger, BGB – J. von Staudingers Kommentar zum Bürgerlichen Gesetzbuch mit Einführungsgesetz, Kommentar, 18. Aufl. 2018
Stein/Jonas	Stein/Jonas, Kommentar zur Zivilprozessordnung, Kommentar, Band 1, 2, 3, 4, 5, 6, 8, 9, 10, 11, 23. Aufl. 2014

Theiselmann Restrukturie-rungsR-HdB .... Theiselmann, Praxishandbuch des Restrukturierungsrechts, Handbuch, 3. Aufl. 2016

Uhlenbruck ..... Uhlenbruck, Insolvenzordnung: EuInsVO, Kommentar, Band 1, 2, 15. Aufl. 2019

WGE SachenR ... Westermann/Gursky/Eickmann, Sachenrecht, Lehrbuch, 8. Aufl. 2011

1. Kapitel: Grundlagen

§ 1. Einführung in das Insolvenzrecht

Literatur: Ahrens, Privatinsolvenzrecht – Umrisse eines Systems, ZZP 122 (2009), 133; Balz, Aufgaben und Strukturen des künftigen einheitlichen Insolvenzverfahrens, ZIP 1988, 273; ders., Die Ziele der Insolvenzordnung, in: KölSch 2000, S. 3; Dorndorf, Zur Dogmatik des Verfahrenszwecks in einem marktadäquaten Insolvenzrecht, FS Merz, 1992, S. 31; Frind, Insolvenzordnung 2021: Überzeugendes Sanierungsrecht oder Stückwerk?, NZI 2020, 865; Funke, Die bestmögliche Befriedigung der Gläubiger als Hauptziel des Insolvenzverfahrens, BFuP 1995, 26; Gerhardt, Zielbestimmung und Einheitlichkeit des Insolvenzverfahrens, in: Leipold, Insolvenzrecht im Umbruch, 1991, S. 1; von Gleichenstein, Par condicio creditorum: Subsidiäre Verteilungsregel oder abstrakte Ausprägung des verfassungsrechtlichen allgemeinen Gleichheitssatzes?, NZI 2015, 49; Heese, Die Funktion des Insolvenzrechts im Wettbewerb der Rechtsordnungen, JZ 2018, 179; Hoffmann, Prioritätsgrundsatz und Gläubigergleichbehandlung, 2016; Huber, Neues Insolvenzrecht – Eine Einführung mit Fallbeispielen, JuS 1998, 437, 543, 644, 744, 830, 924, 1036, 1140; Knospe, Scharfes Schwert oder harmlose Gerechtigkeitsregel? – Die insolvenzrechtliche Monstranz der Gläubigergleichbehandlung, ZInsO 2014, 861; Konold, Prüfungsrelevante Grundlagen der InsO, JuS 2015, 1067; Landfermann, Das neue Unternehmenssanierungsgesetz (ESUG), WM 2012, 821, 869; Lissner, Die Reform des Verbraucherinsolvenzrechts, ZVI 2012, 93; Prütting, Allgemeine Verfahrensgrundsätze der Insolvenzordnung, in: KölSch 2009, S. 1; Römermann, Neues Insolvenz- und Sanierungsrecht durch das ESUG, NJW 2012, 645; K. Schmidt, Insolvenzordnung und Unternehmensrecht – Was bringt die Reform?, in: KölSch 2000, S. 1199; Wuttke, Grundlagen des Insolvenzrechts und prüfungsrelevante Schwerpunkte, JURA 2010, 411; Zipperer, Das Insolvenzverfahrensrecht – Disziplin oder Disziplinlosigkeit?, NZI 2012, 385.

A. Gegenstand des Insolvenzrechts

Ausgangspunkt des Insolvenzrechts ist der drohende oder bereits eingetretene wirtschaftliche Zusammenbruch des Schuldners. Dieser Schuldner wird im **Insolvenzverfahren** und in dem maßgeblichen Gesetz – der Insolvenzordnung (InsO) – als „Insolvenzschuldner" bezeichnet. Das Insolvenzrecht knüpft – grob formuliert – an einen Zustand an, in dem das Vermögen des Insolvenzschuldners nicht mehr ausreicht, um alle Gläubiger zu befriedigen und/oder der Insolvenzschuldner nicht in der Lage ist, seinen Verpflichtungen gegenüber den Gläubigern nachzukommen. Zum **Insolvenzrecht in einem weiteren Sinne** gehören aber auch diejenigen Regelungen, die sich mit der wirtschaftlichen Krise des Schuldners, mit einer Restrukturierung im Vorfeld des eigentlichen Insolvenzverfahrens und zum Zwecke von dessen Abwendung mit einer sonstigen Schuldenanpassung oder Sanierung in diesem Zusammenhang beschäftigen. Heutzutage ist daher vermehrt vom **Restrukturierungsrecht** (aus dem englischen *restructuring*) die Rede. Es schließt eine außerhalb des „echten" Insolvenzverfahrens angestrebte und gerade der Vermeidung eines Insolvenzverfahrens dienende Unternehmensrestrukturierung oder Sanierung und die dafür maßgeblichen rechtlichen Regelungen ein. Das betrifft insbesondere auch eine Sanierung mittels des Regelungsregimes des Unternehmensstabilisierungs- und -restrukturierungsgesetzes (StaRUG), das zum 1. 1. 2021 in Kraft getreten ist (→ Rn. 42 ff. und § 34). 1

Für das Verständnis des Insolvenzrechts ist zunächst die Unterscheidung zwischen der sogenannten **materiellen Insolvenz** (Insolvenzreife) und dem eigentlichen **förmlichen Insolvenzverfahren** im Sinne der InsO zentral. Der Umstand, dass ein Insolvenzschuldner materiell insolvent (= insolvenzreif) ist, bedeutet nicht zwingend, dass er automatisch Subjekt eines Insolvenzverfahrens ist oder wird. Erst wenn das Insol- 2 venzverfahren, d. h. staatliche Rechtspflegeverfahren tatsächlich in Gang gesetzt (= beantragt, § 13 InsO) und dann eröffnet wird, lässt sich davon sprechen, dass der Insolvenzschuldner sich in einem Insolvenzverfahren befindet.

3 Allerdings ist schon an dieser Stelle weiter zu differenzieren. Das Insolvenzverfahren nach der InsO wird durch einen Antrag eingeleitet, der zunächst zu einem **Eröffnungsverfahren** führt. Im Eröffnungsverfahren können sichernde Maßnahmen angeordnet werden (§ 21 InsO) und es werden nunmehr die Eröffnungsvoraussetzungen geprüft. Erst nach diesem vorläufigen Verfahren ergeht der Eröffnungsbeschluss (§ 27 InsO) und wir befinden uns im endgültigen Insolvenzverfahren. Es sind daher auch die Stadien „Eröffnungsverfahren" und **eröffnetes Verfahren** zu trennen. Erst mit der Eröffnungsentscheidung ist der Insolvenzgrund bejaht und vom Gericht festgestellt worden.

B. Bedeutung des Insolvenzverfahrens

4 Warum gibt es das Insolvenzrecht und das Insolvenzverfahren? Jede **marktwirtschaftliche Ordnung** muss darauf achten, dass nicht lebensfähige Unternehmen aus dem Markt ausscheiden, denn volkswirtschaftlich betrachtet bedeutet es eine ineffiziente Ressourcenverschwendung, wenn verlustträchtige Unternehmen weiter betrieben werden. Die dafür aufgewendeten Ressourcen (Arbeitskraft, Geld und sonstiger Aufwand) könnten an anderer Stelle zum besseren Nutzen für die Allgemeinheit verwendet werden. Mit dem Ausscheiden eines Marktteilnehmers verbindet sich immer auch die Chance darauf, dass etwas Neues, Produktives entsteht. Das Insolvenzverfahren hat daher eine **Marktausscheidungsfunktion** und damit zugleich eine **Ordnungsfunktion.**[1] Agieren „tote" Unternehmen weiter am Markt, steigen die Unsicherheiten. Gläubiger und Lieferanten werden Angst haben, ob sie bezahlt werden und ihr Verhalten darauf anpassen, zum Beispiel auf Vorkasse oder Sicherheiten bestehen. Das Misstrauen wächst. Solche Unsicherheiten sind Gift für den Wirtschaftskreislauf.

5 Die **Ordnungsfunktion** des Insolvenzverfahrens äußert sich beispielsweise darin, dass im Insolvenzverfahren eine Verfahrensaufsicht durch das Gericht und, soweit keine Eigenverwaltung angeordnet ist, durch den unabhängigen Insolvenzverwalter besteht (in der Eigenverwaltung übernimmt der sog. Sachwalter die Überwachung des Schuldners). Benachteiligende Rechtshandlungen können im Insolvenzverfahren über die Insolvenzanfechtung wieder rückgängig gemacht werden (§§ 129ff. InsO); der Schuldner selbst verliert die Verwaltungs- und Verfügungsbefugnis zugunsten des Insolvenzverwalters (§ 80, § 148 InsO).

6 Indes geht es auch im Insolvenzverfahren nicht nur oder **nicht ausschließlich um Marktausscheidung.** In jüngerer Zeit hat die Idee, Unternehmen und Schuldnern eine „zweite Chance" zu verschaffen, eine wachsende Bedeutung gewonnen.[2] Das Insolvenzverfahren soll nicht nur Liquidation oder Zerschlagung bedeuten können, son-

[1] Begründung RegE, BR-Drs. 1/92, 75; Heese JZ 2018, 179.

[2] Das wird deutlich durch die Richtlinie (EU) 2019/1023 des Europäischen Parlaments und des Rates vom 20. Juni 2019 über präventive Restrukturierungsrahmen, über Entschuldung und über Tätigkeitsverbote sowie über Maßnahmen zur Steigerung der Effizienz von Restrukturierungs-, Insolvenz- und Entschuldungsverfahren und zur Änderung der Richtlinie (EU) 2017/1132 (Richtlinie über Restrukturierung und Insolvenz) (ABl. L 172 S. 18). Die Richtlinie ist mit dem Sanierungs- und Insolvenzrechtsfortentwicklungsgesetz (SanInsFoG), das ua das StaRUG enthält, umgesetzt worden.

dern auch eine **Sanierung bzw. Restrukturierung** des Unternehmens und/oder des Unternehmensträgers (= Rechtsträgers)[3] ermöglichen. Dies ist bereits in § 1 InsO angedeutet mit dem Hinweis auf den Erhalt des Schuldners und den Insolvenzplan (§§ 217 ff. InsO). Darüber hinaus kennt die InsO insbesondere mit der Eigenverwaltung (§§ 270 ff. InsO) eine besondere Verfahrensform, die eine Sanierung erleichtern soll, weil die mit dem Auftreten eines von außen neu in das Unternehmen kommenden Insolvenzverwalters möglichen Unsicherheiten vermieden werden. In der Eigenverwaltung führt der Schuldner selbst das Insolvenzverfahren (wenngleich unter der Aufsicht des Sachwalters und typischerweise unter entsprechender Beratung durch insolvenzrechtlich ausgewiesene Anwälte oder Berater).

C. Der Grundsatz der Gläubigergleichbehandlung

Das Ziel des Insolvenzverfahrens ist in § 1 S. 1 InsO beschrieben. Danach dient das 7
Verfahren dazu, „die Gläubiger eines Schuldners **gemeinschaftlich** zu befriedigen, indem das Vermögen des Schuldners verwertet und verteilt oder in einem Insolvenzplan eine abweichende Regelung, insbesondere zum Erhalt des Unternehmens, getroffen wird". Es geht im Insolvenzverfahren mithin um ein **Kollektivverfahren,** in dem die gemeinschaftliche Befriedigung der Gläubiger angestrebt wird. Obwohl es der Wortlaut des § 1 S. 1 InsO nicht unmittelbar zum Ausdruck bringt, verbindet sich mit dem Ziel der gemeinschaftlichen Gläubigerbefriedigung zugleich auch das Ziel der **bestmöglichen Gläubigerbefriedigung.**[4] Um dieses Ziel zu erreichen, folgt die InsO bestimmten Prinzipien und Grundsätzen.

Das zentrale insolvenzrechtliche Prinzip ist der Grundsatz der **Gläubigergleich-** 8
behandlung (par conditio creditorum).[5] Dieses Prinzip tritt **an die Stelle des einzelzwangsvollstreckungsrechtlichen Prioritätsprinzips** (§ 804 Abs. 3 ZPO). Da das Vermögen nicht für alle Gläubiger ausreicht, sollen sie gleichmäßig befriedigt werden. Gleichmäßig bedeutet nicht zu absolut gleichen Beträgen, sondern mit einer einheitlichen Insolvenzquote auf die angemeldeten Forderungen. Dieser Gleichbehandlungsgedanke betrifft zunächst die sog. Insolvenzgläubiger i. S. d. § 38 InsO, die auf diese Weise einheitlich behandelt werden. In diesem Sinne bilden die vom Gleichbehandlungsgrundsatz erfassten Gläubiger eine *Art Verlustgemeinschaft.* Allerdings ist mit der Gläubigerstellung in einem Insolvenzverfahren nicht etwa die Stellung als Gesellschafter in einer unter den Gläubigern gebildeten Gesellschaft und/oder als Teilhaber einer Bruchteilsgemeinschaft gemeint. Die Interessen der Gläubiger müssen keineswegs gleichläufig sein. Wohl aber löst das Insolvenzverfahren das entstandene Problem der Knappheit des haftenden Vermögens, indem den Insolvenzgläubigern jeweils nur eine anteilige Quote auf ihre Forderung ausgezahlt wird

Beispiel: Beträgt das zur Verteilung verfügbare Schuldnervermögen 5000 EUR, die Gesamtsumme der 9
Forderungen aber 100 000 EUR, so erhält jeder Gläubiger im Insolvenzverfahren einen Betrag von 5 % des Nennwerts seiner Forderung. Gläubiger G1 mit einer Forderung von 10 000 EUR kann 500 EUR er-

[3] Der Rechts- bzw. Unternehmensträger ist der eigentliche Schuldner, nämlich die Gesellschaft, z. B. eine A-GmbH oder B-AG. Diese Gesellschaft ist z. B. Eigentümerin des Fabrikgrundstücks etc. Das Unternehmen bezeichnet die von der Gesellschaft betriebene und zu ihrem Vermögen zählende Wirtschaftseinheit.

[4] BGHZ 225, 90 (98) Rn. 26; Begründung RegE, BT-Drs. 12/2443, 108.

[5] Statt aller: MüKoInsO/Stürner Einleitung Rn. 62.

warten, G2 mit einer Forderung von 30000 EUR erhält 1500 EUR und G3 mit einer Forderung von 60000 EUR erhält 3000 EUR. – Hätte G1 das Schuldnervermögen im Wege der Einzelzwangsvollstreckung vor G2 und G3 gepfändet, stünde ihm der gesamte Vollstreckungserlös vorrangig zu (§ 804 Abs. 3 ZPO; dazu → Rn. 12).

10 Der mit dem Insolvenzverfahren und § 1 S. 1 InsO verbundene Gleichbehandlungsgrundsatz bedeutet nicht, dass ausnahmslos *jeder* Gläubiger, der in einem Insolvenzverfahren eine entsprechende Forderung gegen den Insolvenzschuldner und/oder die vom Insolvenzverwalter repräsentierte Insolvenzmasse hat, nur die sog. **Insolvenzquote** bekommt. Andere Arten von Gläubigern und Beteiligten können durchaus auch **besser behandelt** werden (z. B. **Massegläubiger,** §§ 53–55 InsO), aber der Gleichbehandlungsgedanke bleibt dennoch prägend für die InsO. Das Gesetz achtet sehr genau darauf, diesen Grundsatz nicht übermäßig durch Ausnahmen und Privilegierungen zu durchbrechen.

11 Insofern ist der Gleichbehandlungsgrundsatz als zugrunde gelegtes maßgebliches Prinzip stets zu beachten. Der Gleichbehandlungsgrundsatz richtet sich **gegen Insolvenzvorrechte,** wie sie insbesondere im 19. Jahrhundert weit verbreitet waren. Für die Verteilung des Schuldnervermögens in der Insolvenz und im Insolvenzverfahren kommt es rein formal allein auf den Nennbetrag der Forderung an, nicht auf den Zeitpunkt der Entstehung oder der Geltendmachung der Forderung. Auch die Art und Herkunft und die wirtschaftliche oder soziale Bedeutung der Forderung für den Gläubiger sind im Grundsatz irrelevant. Man darf also nicht etwa mit Hinweis auf ein diffuses Gerechtigkeitsgefühl oder eine vermeintlich höhere Schutzwürdigkeit bestimmter Gläubiger gegenüber anderen ein Vorrecht ohne gesetzliche Grundlage annehmen. Bei der Einführung der Insolvenzordnung war es gerade ein Grundanliegen, die zuvor unter der Konkursordnung vorherrschenden und bekannten Vorrechte (z. B. für Arbeitnehmerforderungen) zu reduzieren.[6] Dementsprechend sind Forderungen von Arbeitnehmern auf rückständigen Lohn nicht bessergestellt als zum Beispiel Forderungen von Lieferanten. Es handelt sich gleichwohl bei dem Gleichbehandlungsgrundsatz nicht um ein materielles Haftungsprinzip, sondern um ein eher **formales Verteilungsprinzip.**[7]

D. Abgrenzung zur Einzelzwangsvollstreckung

12 Mit dem Gleichbehandlungsgrundsatz, der dem Gesetz zugrunde liegt, zeigt sich ein maßgeblicher Unterschied zu dem Regime der Einzelzwangsvollstreckung, wie es in der ZPO geregelt ist. In der Einzelzwangsvollstreckung gilt das Prioritätsprinzip, wie es in § 804 Abs. 3 ZPO zum Ausdruck kommt. In einer Einzelzwangsvollstreckung darf derjenige Gläubiger, der zuerst in das schuldnerische Vermögen vollstreckt, sich mit dem vollen Betrag seiner Forderung aus dem Vollstreckungsgegenstand befriedigen. Demgegenüber wird im Insolvenzverfahren durch die **geordnete Verwertung und Abwicklung** in der Hand des Insolvenzverwalters und durch die vom Insolvenzverwalter vorgenommene Quotenausschüttung ein solcher Wettlauf der Gläubiger verhindert.

[6] Stürner NZI 2005, 597.

[7] Brehm FS Jelinek, 2002, S. 15, 23ff.; Berger ZZP 121 (2008), 407; grundlegend a. A. mit beachtlichen Gründen Häsemeyer KTS 1982, 507.

Warum ist das sinnvoll? Das Gleichbehandlungsprinzip hat maßgebliche Vorteile.[8] Denn die Einzelvollstreckung mit dem Prioritätsprinzip funktioniert nur so lange, wie ausreichend Vermögen vorhanden ist, um alle Gläubiger vollständig zu befriedigen. Entsteht eine Vermögensknappheit, führt das Prioritätsprinzip zum **Wettlauf der Gläubiger** und kann auf diese Weise auch destruktive Wirkungen entfalten. Das ist unmittelbar einsichtig, wenn beispielsweise betriebsnotwendige Gerätschaften und Maschinen von Vollstreckungsgläubigern gepfändet und verwertet werden. Es kann zudem zu Zufälligkeiten kommen. Ein Vollstreckungsgläubiger würde vollständig befriedigt, ein nachfolgend vollstreckender Gläubiger ginge leer aus. Um dies zu verhindern, tritt der Gleichbehandlungsgrundsatz an die Stelle des vollstreckungsrechtlichen Prioritätsgrundsatzes. Zugleich erfasst das Insolvenzverfahren grundsätzlich das *gesamte Vermögen* des Schuldners, das in die Verwaltungs- und Verfügungsbefugnis des Insolvenzverwalters übergeht. Das ist die sog. Insolvenzmasse (§ 35 Abs. 1 InsO). Demgegenüber bezieht sich die Einzelzwangsvollstreckung der ZPO grundsätzlich nur auf die einzelnen, jeweils vom Vollstreckungszugriff erfassten Vermögensgegenstände. Allerdings sind auch im Insolvenzverfahren unpfändbare Sachen und Forderungen nicht von dem Übergang der Verwaltungs- und Verfügungsbefugnis auf den Insolvenzverwalter, d. h. nicht von der Insolvenzmasse erfasst, soweit nicht § 36 Abs. 2 InsO eine Ausnahme macht. 13

Die Gläubiger müssen im Insolvenzverfahren – anders als in der Einzelvollstreckung – nicht schon vorher einen Vollstreckungstitel erlangt haben. Vielmehr werden die Forderungen der Insolvenzgläubiger im Verfahren der §§ 174ff. InsO zur **Insolvenztabelle** festgestellt. Die rechtskräftige Feststellung zur Tabelle begründet das **Recht auf Zuteilung** der entsprechenden Quote bei der anschließenden Verteilung. Daher ist es grundsätzlich auch gleichgültig, ob ein Insolvenzgläubiger für seine Forderung bereits vor dem Insolvenzverfahren einen Vollstreckungstitel erwirkt hat oder nicht (Unterschiede können sich hier nur bei den Modalitäten der Feststellung zur Insolvenztabelle ergeben, vgl. auch § 179 Abs. 2 InsO).[9] 14

E. Das Insolvenzverfahren als letztes Krisenstadium

Ein Unternehmen, das in wirtschaftliche Schwierigkeiten gerät, wird in aller Regel nicht von heute auf morgen (materiell) insolvent. Vielmehr zeichnen sich die Dinge **oft über einen längeren Zeitraum** ab. Der typische Verlauf geht von einer Strategiekrise zu einer Ertragskrise bis hin zu einer Liquiditätskrise.[10] In der Phase der **Strategiekrise** zeichnet sich ab, dass die Geschäftsstrategie nicht wie erwartet aufgeht. Ein eingeführtes Produkt verkauft sich nicht, ein bestimmter regionaler Markt kann nicht erobert werden, eine aggressive, aber kostenträchtige Expansionspolitik erweist sich als Fehlschlag. Daraus folgt ein Rückgang der Erträge. Aufwand und Kosten übersteigen die Erlöse und Gewinne. Eine **Ertragskrise** muss notwendigerweise irgendwann die Liquidität belasten, weil verfügbare Zahlungsmittel nicht unerschöpflich sind und folglich irgendwann dahinschmelzen. 15

[8] Häsemeyer InsR Rn. 2.18ff; Brehm FS Jelinek, 2002, S. 15, 24.
[9] Zu den Modalitäten s. etwa: FK-InsO/Kießner InsO § 174 Rn. 23.
[10] Kübler HRI/Zabel § 3 Rn. 9.

16 Eine **Liquiditätskrise** bedeutet ebenfalls noch nicht automatisch eine materielle Insolvenz oder Insolvenzreife, d. h. das Vorliegen eines **Insolvenzgrundes** im Sinne der InsO. Davon spricht man erst, wenn eine Überschuldung oder Zahlungsunfähigkeit oder zumindest eine drohende Zahlungsunfähigkeit vorliegt (§§ 17–19 InsO). Bei der drohenden Zahlungsunfähigkeit ist gemäß § 18 InsO jedoch ein prognostischer Blick in die Zukunft (in der Regel bis zu 24 Monate) erforderlich, so dass schon zu einem frühen Zeitpunkt drohende Zahlungsunfähigkeit vorliegen kann, etwa wenn absehbar ist, dass nach Maßgabe der Liquiditätsplanung in 18 Monaten eine Zahlungsunfähigkeit eintreten wird. Das Unternehmen und seine Leitungsorgane müssen also handeln, wenn sie den Eintritt der endgültigen Zahlungsunfähigkeit verhindern wollen. Einzelheiten zu den Insolvenzgründen → § 14.

17 Nicht immer ist ein Insolvenzverfahren zwingend oder unerlässlich. Bei nur drohender Zahlungsunfähigkeit besteht für Organe von juristischen Person und Gesellschaften ohne voll haftende natürliche Person in der Gesellschafterstellung (gemeint ist vor allem die GmbH & Co. KG) noch keine Antragspflicht gemäß § 15a InsO, sondern erst bei tatsächlicher Zahlungsunfähigkeit und Überschuldung (dazu → § 11 Rn. 12). Die Geschäftsleitung wird mehrere Optionen zu prüfen haben. In Betracht kommt auch eine **außergerichtliche Sanierung** bzw. moderner: **Restrukturierung.** Eine außergerichtliche, freie Sanierung bedeutet, dass mit den Gläubigern und Vertragspartner über Anpassungen verhandelt wird, beispielsweise Stundungen, Forderungserlasse u. a. m. Der Erfolg dieses Vorgehens beruht jedoch auf freiwilligen Zugeständnissen der Gläubiger.

18 Alternativ kommt in einem frühen Stadium, nämlich bei nur drohender Zahlungsunfähigkeit, auch der Gang in den **„präventiven Restrukturierungsrahmen"**, d. h. eine Inanspruchnahme von Instrumenten des **Unternehmensstabilisierungs- und -restrukturierungsgesetzes (StaRUG)** in Betracht (dazu genauer → § 34). Generell gilt: Je schwieriger die wirtschaftliche Lage, umso mehr verengen sich die Handlungsoptionen. So kommt eine Restrukturierung auf der Grundlage des StaRUG grundsätzlich nicht mehr in Betracht, wenn bereits Überschuldung oder (endgültige) Zahlungsunfähigkeit eingetreten sind (vgl. § 33 Abs. 2 Nr. 1 StaRUG).

19 Weiterhin besteht die Möglichkeit, **zwecks Sanierung ein Insolvenzverfahren** einzuleiten. Ein Insolvenzverfahren bedeutet also nicht automatisch Zerschlagung eines Unternehmens und Vollbeendigung, sondern kann auch ein Weg zur Sanierung sein. Dies kann auch schon bei drohender Zahlungsunfähigkeit mit einem „freiwilligen", weil nach § 15a InsO noch nicht verpflichtendem Insolvenzantrag erfolgen (vgl. § 18 InsO). Häufig wird der Schuldner, d. h. in der Unternehmensinsolvenz der jeweilige Rechtsträger (z. B. die A-GmbH oder B-AG), diesen Antrag auf Eröffnung des Verfahrens verbinden mit Anträgen zur Anordnung der Eigenverwaltung, §§ 270, 270a, 270d InsO n. F. Auf diese Weise soll vermieden werden, dass das Gericht einen vorläufigen Insolvenzverwalter einsetzt. In der **Eigenverwaltung** bleibt der Schuldner weitgehend selbst für die Verfahrensführung verantwortlich. Das hat, wenn der Schuldner dazu in der Lage und gut beraten ist, Vorteile, weil die mit dem Eintritt einer externen Person verbundenen Friktionen (z. B. Verunsicherung bei den Geschäfts- und Vertragspartnern und Lieferanten) vermieden werden können. Die Eigenverwaltung wird dann häufig dazu benutzt, einen Insolvenzplan zu entwerfen; das Schutzschirmverfahren des § 270d InsO n. F., das eine besondere Form des Eröffnungsverfahrens ist, zielt gerade darauf ab. Aber auch in einem „klassischen" Insolvenzverfahren mit Insolvenz-

verwalter (d. h. ohne Eigenverwaltung) ist eine Sanierungslösung denkbar, insbesondere ist ein Insolvenzplan auch hier möglich.

Die nachfolgende Übersicht veranschaulicht Möglichkeiten der Restrukturierung: 20

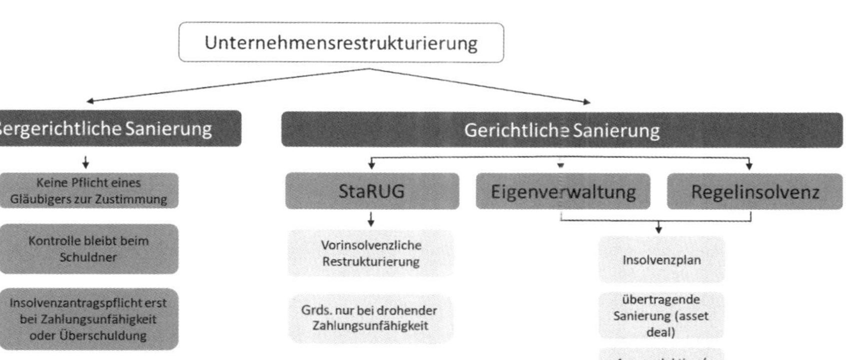

Abb. 1: Restrukturierungsoptionen

Die besonderen Fragen der Sanierung werden noch im Einzelnen besprochen (→ § 31 bis § 34).

F. Gläubigerbefriedigung und Vermögenshaftung als Verfahrensziel

21 Die folgende Darstellung beschränkt sich zunächst auf das gewöhnliche Insolvenzverfahren. Aus § 1 S. 1 InsO ergibt sich, dass die gemeinschaftliche Befriedigung der Gläubiger durch eine entsprechende **Verwertung des Schuldnervermögens** erfolgen kann. Nach seiner Grundkonzeption ist das Insolvenzverfahren darauf angelegt, dass das Schuldnervermögen durch den nunmehr zur Verwaltung und Verfügung befugten Insolvenzverwalter verwertet wird und die Erlöse aus der Verwertung an die Gläubiger ausgekehrt werden. Das ist die folgerichtige Konsequenz aus dem allgemeinen **Prinzip der Vermögenshaftung.**[11] Ebenso wie der Schuldner im Rahmen der Einzelzwangsvollstreckung grundsätzlich sein gesamtes Vermögen dem Vollstreckungszugriff des Vollstreckungsgläubigers offenhalten muss, haftet das gesamte Vermögen des Insolvenzschuldners für die Befriedigung der Gläubigerforderungen. Insofern ist das Insolvenzverfahren seiner Natur nach auf die Realisierung der Vermögenshaftung gerichtet und wird deshalb teils auch als **Gesamtvollstreckungsverfahren** verstanden. Das ändert nichts daran, dass auch im Insolvenzverfahren eine Sanierung in Betracht kommt.

22 § 1 InsO ist zugleich Ausdruck des Grundsatzes der bestmöglichen Gläubigerbefriedigung. Daraus ergibt sich, dass es das **Ziel des Verfahrens ist, die Gläubiger zu schützen.** Es geht nicht, jedenfalls **nicht** in erster Linie um den Schutz von Arbeitsplätzen, **staatliche, fiskalische oder sozialstaatliche Interessen.** Da die Gläubiger mit ihren

[11] Bork InsR § 1 Rn. 3.

Finanzierungen und letztlich den von ihnen zu tragenden Verlusten diejenigen sind, deren wirtschaftliche Interessen auf dem Spiel stehen, muss sich das Verfahren an ihren Interessen ausrichten. Daraus folgt beispielsweise, dass die Gläubiger ein gewisses Mitspracherecht im Verfahren haben (sog. Gläubigerautonomie, siehe für die Verwalterauswahl z. B. § 56a InsO) und dass der Erhalt des Unternehmens oder von Arbeitsplätzen kein Selbstzweck ist. Verspricht es gegenüber einer auf die Fortführung des Geschäftsbetriebs ausgerichteten Sanierungsstrategie eine bessere Gläubigerbefriedigung, das Unternehmen zu liquidieren, die Produktion einzustellen oder nur noch auslaufen zu lassen, so ist dieser Weg einzuschlagen, selbst wenn dann Arbeitsplätze verloren gehen.

23 Grundsätzlich kann ein Insolvenzverfahren im Rahmen eines Unternehmensinsolvenzverfahrens drei Wege einschlagen, wobei selbstverständlich Mischformen denkbar sind.

I. Liquidation

24 Der vom Gesetz zugrunde gelegte **Regelfall ist die Liquidation.** Gemeint ist, dass der Insolvenzverwalter das Schuldnervermögen durch Veräußerung und/oder Versteigerung *verwertet* und den dadurch generierten Erlös als Teil der Quotenausschüttung an die Gläubiger auskehrt. Damit verbindet sich bei der Unternehmensinsolvenz zugleich, dass der Rechtsträger, also die GmbH, die AG, die KG etc., nicht fortbesteht, sondern vom Markt genommen wird und dann später im Handelsregister auch gelöscht wird.

25 **Beispiel:** Die A-GmbH befindet sich im Insolvenzverfahren. Insolvenzverwalterin I spricht zunächst potentielle Investoren an, die das Unternehmen als Ganzes kaufen sollen. Doch alle winken ab. Nunmehr muss I die einzelnen Vermögenswerte durch Verkauf an verschiedene Personen verwerten. Demnach werden die Fahrzeuge an Autohändler B versteigert, die Büromöbel an Gebrauchtmöbelverkäufer V verkauft usw. Aus den jeweils an die Masse (genauer: an I) bezahlten Kaufpreisen wird dann nach Vorabbefriedigung der Masseverbindlichkeiten (§ 53 InsO) die Quotenausschüttung für die Insolvenzgläubiger finanziert.

II. Sanierung des Rechtsträgers

26 Im Rahmen des Insolvenzverfahrens kann auch eine **Sanierung/Restrukturierung** im Vordergrund stehen. Gemeint ist damit bei einer „echten Sanierung", dass der **Rechtsträger,** d. h. der eigentliche Insolvenzschuldner, *fortbesteht* und nach Aufhebung des Insolvenzverfahrens weiter *am Markt teilnehmen kann.* Im Fall einer Sanierung innerhalb eines Insolvenzverfahrens geht es insoweit darum, dass notwendige Einschnitte vorgenommen werden, um den Schuldner von der Schuldenlast zu befreien, aber ihm zugleich auch eine Zukunftsperspektive zu geben. § 1 S. 1 InsO deutet dies bereits an, weil in einem Insolvenzplan der Erhalt des Unternehmens angestrebt werden kann. Der Wortlaut ist insofern allerdings missverständlich. Es ist häufig sinnvoll, aber nicht zwingend erforderlich, ein Insolvenzplanverfahren (§§ 217ff. InsO) einzuleiten, um im Rahmen des Insolvenzverfahrens Sanierungsschritte zu unternehmen. Das Insolvenzplanverfahren bietet allerdings die Möglichkeit einer „maßgeschneiderten" Sanierungslösung, weil es ausweislich § 217 InsO eine Abweichung von den regulären Verwertungsvorschriften ermöglicht. Beispielsweise können auch innerhalb der Insolvenzgläubigerschaft unterschiedliche Gruppen unterschiedlich behandelt werden.

Beispiel: Insolvenzverwalterin I will die A-GmbH wieder „flott machen". Sie baut Personal ab und entwickelt einen Insolvenzplan i. S. d. §§ 217ff. InsO. Der Insolvenzplan sieht vor, dass die Lieferanten (Gruppe 1) auf 60% ihrer Forderungen verzichten, dass die Finanzgläubiger (Gruppe 2) auf 80% ihrer Forderungen verzichten, von den restlichen 20% werden jeweils 5% sofort ausgeschüttet (cash out), die anderen 15% werden für ein Jahr gestundet. Außerdem werden Sicherheiten, die an Vermögensgegenständen der A-GmbH bestehen, wieder enthaftet und damit frei für die A-GmbH. Der Gesellschafter G gewährt der A-GmbH ein neues Darlehen, um Liquidität für die folgende Zeit zu sichern. So gestärkt stellt sich die A-GmbH wieder neu auf und setzt ihre Geschäftstätigkeit nach Bestätigung des Insolvenzplans und Aufhebung des Insolvenzverfahrens (§ 258 InsO) fort. 27

III. Übertragende Sanierung

Von einer **übertragenden Sanierung**[12] **(asset deal)** spricht man, wenn das **Unternehmen als Ganzes** oder jedenfalls abtrennbare, funktionierende Betriebs- und Unternehmensteile an einen Investor übertragen werden. Auch das wird häufig als echte Restrukturierung oder Sanierung verstanden. In diesem Fall handelt es sich aber letztlich um eine **Liquidationsmaßnahme** mit der Besonderheit, dass das **Unternehmen als Einheit** verkauft und veräußert wird. Hier besteht der *Rechtsträger,* d. h. bspw. die GmbH oder AG, zunächst fort, wird aber dann, nachdem er nun vermögenslos geworden ist (das Unternehmen ist verkauft und der Kaufpreis als Quote an die Gläubiger geflossen), im Handelsregister gelöscht. Wohl aber wird das *Unternehmen* vom Investor (dessen Vermögen das Unternehmen nunmehr einverleibt ist) außerhalb des dann abgeschlossenen Insolvenzverfahrens über das Vermögen des Rechtsträgers fortgeführt. Die Arbeitsverhältnisse gehen auf den Investor über (§ 613a BGB). Es obliegt nun dem Investor, die ggfs. notwendigen Sanierungsmaßnahmen einzuleiten. 28

Beispiel: I veräußert das „Unternehmen" der A-GmbH, also die einzelnen *assets* = Vermögensgegenstände in ihrer Gesamtheit an den Investor X-AG. Die X-AG erwirbt also das gesamte Vermögen der A-GmbH hinzu. Die A-GmbH bzw. I erhält im Gegenzug einen Kaufpreis, hat aber im Übrigen jetzt keine *assets* mehr. Der Kaufpreis dient der Finanzierung der im Rahmen der Schlussverteilung auszuschüttenden Quote an die Gläubiger. Nach dieser Ausschüttung ist die A-GmbH vermögenslos. Das Insolvenzverfahren ist beendet. Es folgt die Löschung im Handelsregister. Die A-GmbH existiert damit nicht mehr, wohl aber lebt das Unternehmen nunmehr als Vermögensbestandteil der X-AG fort. 29

Freilich finden sich häufig auch Mischformen der angesprochenen Grundformen. So wird der Einstieg eines Investors häufig durch begleitende Schritte vorbereitet wie z. B. Personalabbau, Änderungen der Gesellschaftsstruktur, operative Maßnahmen, Abstreifen bestimmter Verträge (zu § 103 InsO: → § 19) etc. Denkbar ist auch, dass nur Betriebsteile im Rahmen der übertragenden Sanierung übertragen werden, während der verbleibende Rest bzw. andere Betriebsteile zerschlagen werden. 30

G. Rechtsquellen und Entwicklung des Insolvenzrechts

I. Die Insolvenzordnung als zentrale Rechtsquelle

Die *zentrale Rechtsquelle* des Insolvenzrechts ist seit dem 1.1.1999 die Insolvenzordnung vom 5.10.1994.[13] Sie trat an die Stelle der **Konkursordnung** v. 10.2.1877 und der Vergleichsordnung v. 26.2.1935 sowie der Gesamtvollstreckungsordnung, die nur im Gebiet der ehemaligen DDR galt (Art. 9 II EVertr i. V. m. Anlage II Kapitel III Sachgebiet A Abschnitt II Nr. 1 Buchst. a EVertr). Die Aufhebung der Konkurs- und der Vergleichsordnung *beseitigte das Nebeneinander* der Verfahren, die zwar glei- 31

[12] K. Schmidt ZIP 1980, 328; Theiselmann RestrukturierungsR-HdB Kapitel 8 Rn. 49ff.

[13] Einführend mit Blick auf die Reform Windel Jura 1999, 1.

che Eröffnungsvoraussetzungen aufwiesen (§ 2 Abs. 1 S. 3 VerglO), aber unterschiedliche Ziele verfolgten: Das Konkursverfahren zielte regelmäßig auf die Liquidation des Schuldnervermögens, das Vergleichsverfahren hingegen bezweckte die Abwendung des Konkurses (§ 1 VerglO). Es war auf Sanierung statt Liquidation ausgerichtet.

32 Die InsO geht demgegenüber vom **Grundsatz des Einheitsverfahrens** aus. Es kennt im Prinzip nur noch *ein* Insolvenzverfahren, so dass keine grundlegende Trennung nach Verfahrenszielen stattfindet (zur vorinsolvenzlichen Sanierung → § 34). Welches Verfahrensergebnis sich zeigt, ob Sanierung oder Liquidation, stellt sich innerhalb desselben Verfahrensrahmens heraus. Es muss also *nicht schon* bei Einleitung des Verfahrens *verbindlich entschieden* werden, ob eine Liquidation oder Sanierung angestrebt wird, weil sich dies ohnehin häufig erst im Zeitablauf sicher sagen lässt. Scheitert der Sanierungsversuch, kann unmittelbar die Liquidation eingeleitet werden, ohne dass die Verfahrensart zu wechseln wäre.

33 Indes kennt die InsO **besondere** Verfahrensabläufe und **Verfahrenstypen,** die speziell auf eine Sanierung ausgerichtet sind. Neben dem Regelverfahren (mit einem Insolvenzverwalter) gibt es insbesondere die **Eigenverwaltung** (mit einem Sachwalter als Überwachungsperson, §§ 270ff. InsO). Die Eigenverwaltung ist zwar ebenfalls nicht zwingend auf die Sanierung ausgerichtet, dient aber typischerweise genau diesem Zweck. Die für das Regelinsolvenzverfahren in der InsO aufgestellten Vorgaben, die sich an dem Leitbild einer Liquidation orientieren, können durch einen Insolvenzplan (§§ 217ff. InsO) erheblich modifiziert werden. Daneben gibt es weitere besondere Verfahrenstypen wie das **Verbraucherinsolvenzverfahren** (§§ 304ff. InsO) und das **Nachlassinsolvenzverfahren** (§§ 315ff. InsO).

II. Gründe für die Einführung der InsO

34 Grund für die Einführung der Insolvenzordnung war nicht die Herstellung der Rechtseinheit nach der Wiedervereinigung (die Reformarbeiten begannen schon 1978 mit der Einsetzung einer Kommission durch den Bundesminister für Justiz); ebenso wenig gab die praktische Bedeutungslosigkeit der VerglO allein den Anstoß zur Reform. Hauptgrund war vielmehr der **zunehmende Funktionsverlust des Konkursverfahrens** der KO als Mittel zur partiellen Befriedigung von Gläubigern, deren Schuldner in Vermögensverfall geraten war. Das zeigte sich am deutlichsten daran, dass in den weitaus meisten Insolvenzfällen sämtliche „Konkurs"-Gläubiger leer ausgingen, da „mangels Masse" schon die Eröffnung des Konkursverfahrens abgelehnt wurde. Das war 1996 im früheren Bundesgebiet bei 23.078 Insolvenzen in ca. 73% aller Eröffnungsanträge der Fall. Da von den eröffneten Konkursen erfahrungsgemäß 20% eingestellt werden mussten, weil diese sog. Massearmut erst während des Verfahrens zum Vorschein kam, konnte insgesamt nur bei rund 22% aller Konkursanträge das Verfahren ordnungsgemäß zu Ende geführt werden. Allein dieser Befund rechtfertigte das Schlagwort vom **„Konkurs des Konkurses"**[14]. Daher musste es das Hauptanliegen der Einführung der InsO sein, ein Insolvenzverfahren zu schaffen, das jedenfalls in der Regel eröffnet und durchgeführt werden kann, weil dafür genügend Masse vorhanden ist.

35 Das Ergebnis der über anderthalb Jahrzehnte dauernden Reformbemühungen war dann die Einführung der Insolvenzordnung samt Einführungsgesetz vom 5.10.1994.

[14] Kilger KTS 1975, 142.

Die InsO trat zum 1.1.1999 in Kraft. Sie ist wie schon die KO unverändert auf das Ziel der bestmöglichen Gläubigerbefriedigung ausgelegt. Gleichzeitig wurde der Insolvenzplan als Sanierungsmittel stärker in den Vordergrund gerückt. Er wurde als ein Kernstück der Einführung der Insolvenzordnung angesehen. Zu den Neuerungen der Insolvenzordnung gehörte auch das Institut der Restschuldbefreiung für den redlichen Schuldner. Das ist in § 1 S. 2 InsO angesprochen. Mittels der Restschuldbefreiung soll einem Schuldner die Möglichkeit gegeben werden, nach einer mehrjährigen Wohlverhaltensperiode (nunmehr nur noch 3 Jahre, § 287 Abs. 2 InsO i.V.m. § 300 Abs. 1 InsO), auch von den nicht vollständig befriedigten Verbindlichkeiten befreit zu werden. Die **Restschuldbefreiung** ist auf die Insolvenz natürlicher Personen ausgerichtet und darauf beschränkt. Einzelheiten → § 35 Rn. 8ff.

Die Einführung der Insolvenzordnung konnte die in der Praxis in sie gesetzten Erwar- 36
tungen *zunächst nicht vollständig erfüllen.* Das Hauptziel, die Masse anzureichern, um massearme Insolvenzverfahren zu vermeiden, konnte nur in bescheidenem Umfang erreicht werden. Die vielfach beklagte Massearmut beruht nämlich weitgehend darauf, dass die *Masse durch Sicherungsrechte* (Grundpfandrechte, Eigentumsvorbehaltssicherungsübereignung und Abtretung, Pfandrechte der Kreditinstitute und Finanzgläubiger) *in erheblichem Umfang ausgezehrt* wird. Der Gesetzgeber der Insolvenzordnung hat zwar die Rechte dieser sog. absonderungsberechtigten Gläubiger teils beschnitten, mit Recht jedoch nichts an der grundlegenden Entscheidung geändert, dass die Sicherungsrechte insolvenzfest sind. Die Hoffnung, dass viele Schuldner seit der Einführung der drohenden Zahlungsunfähigkeit als Eröffnungsgrund (§ 18 InsO) frühzeitig den Gang in ein Insolvenzverfahren antreten, um dort eine Sanierung zu erreichen, hatte sich zunächst ebenfalls nicht bewahrheitet. Auch die Restschuldbefreiung blieb anfangs ohne nennenswerte Bedeutung, denn sie schied aus, wenn das Insolvenzverfahren mangels Masse nicht eröffnet wurde (vgl. § 26 Abs. 1 S. 1 InsO), so dass den meist „unpfändbar" eingerichteten Schuldnern dieser Weg der Schuldenentlastung versperrt war. Gerade völlig mittellose Schuldner konnten danach keine Restschuldbefreiung erhalten. Diese Inkonsequenz der InsO beseitigte der Gesetzgeber später durch das InsEntG 2001 mit der Einführung des Stundungsmodells in §§ 4a–4d InsO. Damit wird auch völlig mittellosen Schuldnern der Zugang zum Insolvenzverfahren und zur Restschuldbefreiung eröffnet.

III. Die ESUG-Reform von 2012

Eine weitere maßgebliche Reform von grundlegender Bedeutung für die Insolvenzord- 37
nung und das Insolvenzrecht im Ganzen war die Einführung des Gesetzes **zur weiteren Erleichterung der Sanierung von Unternehmen** zum 1.3.2012.[15] Dieses sog. ESUG hatte insbesondere das Ziel, die Sanierungsmöglichkeiten im Insolvenzverfahren weiter zu stärken und damit also den Anreiz zu setzen, das Insolvenzverfahren „freiwillig" und frühzeitig, insbesondere schon bei drohender Zahlungsunfähigkeit zu nutzen. Dazu gehörten die Regelungen zur vorläufigen Eigenverwaltung und zum sog. Schutzschirmverfahren nach den §§ 270a, 270b InsO a.F. (heute §§ 270b, 270d InsO n.F.). Der Gesetzgeber des ESUG entschied sich noch dagegen, ein vorinsolvenzliches, auf Vermeidung eines Insolvenzverfahrens abzielendes, Sanierungsverfahren einzuführen (wie seit 1.1.2021 mit dem StaRUG), und strebte weiter die Sanie-

[15] BGBl. 2011 I 2582.

rung *innerhalb* des Rahmens des Insolvenzverfahrens an, wollte aber mit den genannten Verfahrenstypen Anreize für den Schuldner und dessen Organe geben, frühzeitig den Gang in ein Insolvenzverfahren anzutreten. Der Zugang zur Eigenverwaltung wurde erleichtert, u. a. damit Geschäftsführer und Gesellschafter weniger „Angst" vor dem Kontrollverlust haben müssen, der mit der Einsetzung eines Insolvenzverwalters zwangsläufig verbunden ist.

38 Es wurden auch Blockademöglichkeiten im Insolvenzplanverfahren abgebaut, etwa durch stärkere (auch zwangsweise) Einbindung der Gesellschafter und die Möglichkeit, auch in Gesellschafterrechte einzugreifen, vgl. § 225a InsO (dazu → § 33 Rn. 1ff.). Auch wurden die Befugnisse der Gläubiger und die Gläubigerautonomie gestärkt. Seit Einführung des ESUG haben die Gläubiger bei der Wahl des Insolvenzverwalters eine größere Mitsprachebefugnis, vgl. § 56a InsO. Das Institut des vorläufigen Gläubigerausschusses wurde gestärkt (→ § 6 Rn. 20).

39 Nach anfänglicher Zurückhaltung ist das ESUG mittlerweile fest in der Praxis angekommen und es wird zunehmend die mit dem ESUG geförderte Eigenverwaltung als Einstieg in ein Insolvenzverfahren gewählt. Das ESUG war Gegenstand einer umfassenden Evaluation im Jahre 2018, die dem Deutschen Bundestag vorgelegt worden ist.[16] Insgesamt hat das ESUG eine Entwicklung begleitet und gefördert, die das Sanierungsziel stärker betont. Das **Insolvenzrecht** entwickelt sich zunehmend zu einem **umfassenden Restrukturierungsrecht.**

IV. Änderungen durch das SanInsFoG zum 1.1.2021

40 Mit dem **Sanierungs- und Insolvenzrechtsfortentwicklungsgesetz** vom 28.12.2020, das zum 1.1.2021 in Kraft getreten ist, hat der Gesetzgeber das Insolvenzrecht weiter maßgeblich reformiert. Das SanInsFoG ist ein umfassendes Artikelgesetz mit Änderungen in einer ganzen Reihe von Gesetzen. Für die InsO hat das SanInsFoG vor allem zwei maßgebliche Änderungen mit sich gebracht:[17]

41 Die Insolvenzgründe der *Überschuldung* (§ 18 InsO) und der *drohenden Zahlungsunfähigkeit* (§ 19 InsO) wurden angepasst, um sie besser handhabbar und voneinander abgrenzbar zu machen (dazu → § 14 Rn. 8ff.). Daran knüpft auch die aus verschiedenen Gesetzen (z. B. § 64 GmbHG a. F.) in § 15b InsO übernommene Haftungsregel für Geschäftsleiter an.

Das *Recht der Eigenverwaltung* wurde in partieller Umsetzung der Erkenntnisse aus der ESUG-Evaluation *angepasst und geändert.* Die Antragsvoraussetzungen wurden konkretisiert und die Verfahrensmodalitäten näher ausgestaltet.

Insbesondere wurde mit dem StaRUG eine *europäische Richtlinie* über den präventiven Restrukturierungsrahmen umgesetzt und damit ein Instrument zur vorinsolvenzlichen Restrukturierung eingeführt (dazu gleich → Rn. 42ff.).[18]

16 Jacoby/Madaus/Sack, ESUG-Evaluierung, 2019.

17 S. etwa Brinkmann ZIP 2020, 2361; Frind ZIP 2021, 171; Thole BB 2021, 1347.

18 Umfassende Einführungsaufsätze in der NZI-Beilage 2021, Heft 1.

H. Vorinsolvenzliche Restrukturierung nach dem StaRUG als Teil des Insolvenzrechts

Das Herzstück des SanInsFoG betrifft demgegenüber nicht die InsO, sondern die Einführung eines vorinsolvenzlichen, d. h. auf Vermeidung des Insolvenzverfahrens abzielenden **„präventiven Restrukturierungsrahmens“.** Dies ist mit dem **Unternehmensstabilisierungs- und Restrukturierungsgesetz (StaRUG)** geschehen.[19] Dieses Gesetz beruht auf der RL (EU) 2019/1023,[20] die bis Juli 2022 in deutsches Recht umzusetzen war. Im Kern zielt die Richtlinie auf die Einführung eines *vorinsolvenzlichen Verfahrens* ab, das nicht zwingend alle Gläubigergruppen im Sinne eines Gesamtverfahrens umfassen muss. Es handelt sich auch nicht um ein durchgängiges Verfahren im eigentlichen Sinne; das Gericht soll nur dann hinzugezogen werden, wenn es gebraucht wird. Diesen Regelungsvorgaben der Richtlinie kommt der deutsche Gesetzgeber mit dem in das SanInsFoG eingefügten StaRUG nach. 42

Es kann z. B. eine Vollstreckungs- und Verwertungssperre erwirkt werden (§ 49 ff. StaRUG) und zugleich ein Restrukturierungsplan zur Abstimmung und sodann zur gerichtlichen Bestätigung (§ 60 ff. StaRUG) gestellt werden. Das „Verfahren“ soll Schuldnern die Möglichkeit geben, noch vor Eintritt der Insolvenzreife Restrukturierungs- und Sanierungsschritte vornehmen zu können und dabei auch opponierende Gläubiger (sog. Akkordstörer) „ins Boot holen“ zu können bzw. notfalls mit gerichtlichem Zwang an die notwendigen Sanierungsschritte wie z. B. den Forderungserlass zu binden. 43

Um die Ausgangslage und eines der zentralen Regelungsziele des StaRUG zu verdeutlichen, muss man sich zunächst eine freie, weil außerhalb eines Gerichtsverfahrens erfolgende, **Sanierungsverhandlung** zwischen den Beteiligten vorstellen. Vielfach ist es so, dass sich die Gläubiger mit dem Schuldner schon im Vorfeld eines Insolvenzantrags auf eine bestimmte Lösung und ein entsprechendes **Restrukturierungs- und Sanierungskonzept** einigen. Dieses Konzept kann beispielsweise vorsehen, dass die Gläubiger ihre Forderungen stunden oder auf einen Teil ihrer Forderungen verzichten. Bestimmte Sanierungsbeiträge werden dann ggf. von bestimmten Fortschritten (neudeutsch: milestones) auf der Grundlage eines entsprechenden Eckpunktepapiers (neudeutsch: Term sheet) abhängig gemacht. Dabei handelt es sich, wenn es allein um privatautonome Verhandlungen mit den Gläubigern geht, um eine freie, außergerichtliche Sanierung. In der Praxis führt sie häufig zum Erfolg, weil zumeist keiner der Gläubiger ein Interesse daran hat, dass das bereits kriselnde Unternehmen in das Insolvenzverfahren gehen muss. Allerdings besteht bei einer freien außergerichtlichen Sanierung die sogenannte **Akkordstörerproblematik.**[21] Der BGH hat es nämlich abgelehnt, Gläubiger zu verpflichten, einem bestimmten Sanierungskonzept zuzustimmen.[22] Ist also noch kein gerichtliches Verfahren in Gang gesetzt, kann ein Gläubiger 44

19 BGBl. 2020 I 3256.

20 Richtlinie (EU) 2019/1023 des Europäischen Parlaments und des Rates vom 20. Juni 2019 über präventive Restrukturierungsrahmen, über Entschuldung und über Tätigkeitsverbote sowie über Maßnahmen zur Steigerung der Effizienz von Restrukturierungs-, Insolvenz- und Entschuldungsverfahren und zur Änderung der Richtlinie (EU) 2017/1132 (Richtlinie über Restrukturierung und Insolvenz) (ABl. L 172 S. 18).

21 BGHZ 116, 319.

22 BGHZ 116, 319 (321 ff.).

frei entscheiden, ob er beispielsweise einem Forderungsverzicht zustimmt und sich darauf einlässt, solche oder andere Sanierungsbeiträge zu leisten. Tut er dies nicht, weil er ohnehin umfassende Sicherheiten hat oder weil er davon ausgeht, der Schuldner werde wieder gesunden und seine Forderung werde wieder voll werthaltig, so ist das seine Entscheidung.

45 **Diese fehlende Zustimmungspflicht von Gläubigern** hat allerdings gerade in jüngerer Zeit vermehrt aggressive Gläubiger auf den Plan gerufen, die mitunter an einer langfristigen Zusammenarbeit mit dem Schuldner wenig, dafür aber mehr an kurzfristigem Gewinn interessiert sind. Dazu gehören möglicherweise auch Investmentgesellschaften, die Forderungen anderer Gläubiger zu einem günstigen Preis aufkaufen und nunmehr versuchen, sich zu einem höheren Preis befriedigen zu lassen. Zu solchen Forderungs(ver-)käufen kommt es in der Krise des Unternehmens häufig deshalb, weil beispielsweise Banken ein Interesse daran haben können, die gegen den Schuldner bestehende Kreditforderung schnell aus ihren Büchern *„loszuwerden"*, selbst wenn dafür ein erheblicher Abschlag vom Nennwert hinzunehmen ist. Das verhindert aus Sicht des Forderungsverkäufers eine monatelange „Hängepartie" und die Unsicherheit darüber, ob die Forderung ausfällt oder doch befriedigt wird. Bei Banken bestehen zudem regulatorische Vorgaben, bei einem entsprechenden Volumen risikoreicher Kreditengagements zusätzlich Eigenkapital aufbauen zu müssen, was möglichst vermieden werden soll.

46 Dass nun der Forderungskäufer als neuer Gläubiger versucht, vom Schuldner mehr zu bekommen als er für die Forderung bezahlt hat, ist ohne weiteres legitim. Diese Gläubiger können allerdings einen Anreiz haben, die anderen Beteiligten am Tisch der Sanierungsverhandlungen zu „erpressen".

47 **Beispiel:** Z hat Forderungen von Banken und anderen Gläubigern gegen Schuldner S im Nennwert von 100 zu einem günstigen Preis von 30 aufgekauft. S hat noch weitere Verbindlichkeiten gegenüber weiteren Großgläubigern. Die Gläubiger verhandeln unter Einschluss von Z über eine Lösung, wie die hohe Finanzierungslast von S gesenkt werden kann. Das angedachte Konzept, das u. a. teilweise Forderungserlasse vorsieht, würde voraussichtlich eine nachhaltige Sanierung sicherstellen. Als das Konzept finalisiert werden soll, sind alle Gläubiger bis auf Z bereit, dem Konzept zuzustimmen. Z verweigert seine Zustimmung zu einem Teilerlass und verlangt weiterhin Rückzahlung des vollen Nennwerts von 100. Er sagt, ob das Sanierungskonzept mangels seiner Zustimmung scheitere, sei ihm egal, denn er werde im anschließenden Insolvenzverfahren noch mindestens eine Quote von 30 + x rausbekommen. Die anderen Gläubiger und der Schuldner stehen nun vor der Frage, ob sie Z „rauskaufen" sollen, um das Sanierungskonzept erfolgreich umsetzen zu können.

48 Im eben gebildeten Beispiel ist Z ein **sog. Akkordstörer.** Insbesondere um den Akkordstörer einbinden zu können, gibt es seit dem 1.1.2021 das StaRUG. Das StaRUG ermöglicht es Unternehmen, die bereits drohend zahlungsunfähig sind, aber noch nicht zahlungsunfähig oder überschuldet sind, bei denen also noch kein zwingender Insolvenzgrund vorliegt, sich in einem gerichtlich überwachten Verfahren zu restrukturieren. Ziel des Vorgehens unter dem StaRUG ist das Aufstellen eines **Restrukturierungsplans.** Dieser Restrukturierungsplan muss nicht zwingend alle Gläubigergruppen betreffen, sondern es ist möglich, sich zielgerichtet auf diejenigen Gläubiger zu beschränken, von denen als sog. *Planbetroffene* Sanierungsbeiträge (z. B. Forderungserlasse) eingefordert werden (§ 8 StaRUG). Ist also beispielsweise das Problem allein bei Finanzierungsverbindlichkeiten gegeben, die absehbar nicht voll bezahlt werden können, so kann man allein diese Finanzgläubiger an den Tisch bitten,

einen entsprechenden Restrukturierungsplan mit Forderungsverzichten oder ähnlichem vorlegen und diesen Plan dann zur Abstimmung bringen. Stimmen die betroffenen Gläubiger mit einer 75-prozentigen Summenmehrheit dem Plan zu, sind auch die bei der Abstimmung unterlegenen Gläubiger an diesen Plan gebunden, wenn das Restrukturierungsgericht den Plan bestätigt *(sog. cram down)*. Die Akkordstörerproblematik ist damit bereinigt. Anders als das Insolvenzverfahren ist das Verfahren nach StaRUG also ein nur **teilkollektives Verfahren.** Es werden nicht automatisch sämtliche Gläubigergruppen einbezogen, sondern die Auswahl der Planbetroffenen obliegt dem Schuldner. Zudem dürfen bestimmte Forderungen gar nicht einbezogen werden, z. B. Forderungen von Arbeitnehmern aus dem Arbeitsverhältnis, § 4 Nr. 1 StaRUG. Das **Restrukturierungsgericht** (i. d. R. das AG, das am OLG-Sitz das Insolvenzgericht bildet, § 34 StaRUG) wird im Wesentlichen nur dann eingebunden, wenn ein sog. „Instrument", eine gerichtliche Verfahrenshilfe benötigt wird. Zwar beginnt das StaRUG-Verfahren bereits mit einer Anzeige der Restrukturierungssache bei Gericht, doch das Gericht hat an dieser Stelle noch keine weiteren Anordnungen zu treffen, soweit sie nicht beantragt werden. Zu den möglicherweise dann beantragten Instrumenten zählt insbesondere die gerichtliche Bestätigung des Restrukturierungsplans (§§ 60ff. StaRUG). Auch im Vorfeld der Planabstimmung und -bestätigung kann das Restrukturierungsgericht eingebunden sein, etwa bei Anordnung einer sog. Stabilisierung (§§ 49ff. StaRUG). Einzelheiten: → § 34 Rn. 4.

Obwohl es sich nur um ein teilkollektives Verfahren handelt, sind gewisse Überschneidungen und Parallelen des Restrukturierungsrahmens unter dem StaRUG zum Insolvenzverfahren, und insbesondere zum Insolvenzplanverfahren unverkennbar. Bei drohender Zahlungsunfähigkeit, die für eine Inanspruchnahme von Instrumenten des StaRUG vorausgesetzt wird, kann gleichermaßen auch das Insolvenzverfahren, insbesondere ein Eigenverwaltungsverfahren wie namentlich das Schutzschirmverfahren (§ 270d InsO) angestrebt werden. Das StaRUG ist damit im *Kern auch Bestandteil des weiter gefassten Insolvenzrechts* in dem Sinne, dass das Insolvenzrecht heute nicht mehr als reines Liquidationsrecht verstanden wird, sondern in Gestalt eines umfassenden Restrukturierungsrechts auch und gerade auf die Sanierung von Unternehmen und Rechtsträgern abzielt. 49

2. Kapitel: Die Beteiligten eines Insolvenzverfahrens

§ 2. Das Insolvenzgericht

Literatur: Beck, Das Konzernverständnis im Gesetzesentwurf zum Konzerninsolvenzrecht, DStR 2013, 2468; Fölsing, Konzerninsolvenz: Gruppen-Gerichtsstand, Kooperation und Koordination, ZInsO 2013, 413; Freesen, Rechtsweggarantie und Insolvenzrecht, 2011; Fuchs, Die Zuständigkeitsverteilung zwischen Richter und Rechtspfleger im Insolvenzeröffnungs- und eröffneten Insolvenzverfahren, ZInsO 2001, 1033; Gerloff, Funktionen und Aufgaben des Insolvenzgerichts, 2008; Holzer, Entscheidungsträger im Insolvenzverfahren, 3. Auflage 2004; Laroche, Das neue Konzerninsolvenzrecht nach InsO und EuInsVO – Probleme und Fragen aus gerichtlicher Sicht, ZInsO 2017, 2585; Schmerbach, Das „Große" Insolvenzgericht als Kompetenzzentrum, ZInsO 2011, 405; Stamer, Das System der Rechtsbehelfe im Insolvenzverfahren, 2015; Thole, Das neue Konzerninsolvenzrecht in Deutschland und Europa, KTS 2014, 351.

A. Aufgaben des Insolvenzgerichts

1 Bei dem Insolvenzverfahren unter der InsO handelt es sich um ein *gerichtliches Verfahren.* Das Gericht ist – anders als im StaRUG – fortlaufend eingebunden. Das bedeutet indessen nicht, dass das Insolvenzgericht die maßgeblichen wirtschaftlichen Entscheidungen innerhalb eines Insolvenzverfahrens zu treffen hätte. Vielmehr **obliegt** die **Verwertung und Verwaltung der Insolvenzmasse dem Insolvenzverwalter** (§ 148 InsO). Der Insolvenzverwalter hat die Masse nach Maßgabe der von der Gläubigerversammlung zu treffenden Beschlüsse zu verwerten (§ 159 InsO). Die Aufgabe des Insolvenzgerichts besteht demgegenüber darin, den *verfahrensmäßigen Rahmen* für das Insolvenzverfahren *zu setzen* und den Gang des Verfahrens zu **überwachen.** Zu den zentralen Aufgaben des Insolvenzgerichts gehört es insbesondere, den Insolvenzverwalter zu bestellen (§§ 56, 56a InsO). Das Gericht hat eine „geschäftskundige" (natürliche) Person zum Verwalter zu bestellen, § 56 Abs. 1 InsO. Vergleichbare Anforderungen stellt das Gesetz weder an den Richter noch an den Rechtspfleger. Immerhin wird in § 22 Abs. 6 GVG vorgesehen, dass ein Richter auf Probe im ersten Jahr nach seiner Ernennung Geschäfte in Insolvenzsachen nicht wahrnehmen darf. In § 22 Abs. 6 S. 2 GVG findet sich eine Sollvorschrift. Danach sollen Richter in Insolvenzsachen über belegbare Kenntnisse auf den Gebieten des Insolvenzrechts, des Handels- und Gesellschaftsrechts sowie über Grundkenntnisse der für das Insolvenzverfahren notwendigen Teile des Arbeits-, Sozial- und Steuerrechts und des Rechnungswesens verfügen. In der Praxis wird dieser Sollvorschrift nicht immer Rechnung getragen. Zudem lässt es auch § 22 Abs. 6 S. 3 GVG zu, eine Person zum Insolvenzrichter zu machen, wenn der Erwerb der genannten Kenntnisse nur alsbald zu erwarten ist. Der Grund für die eher geringen Anforderungen an die wirtschaftlichen Kenntnisse des Insolvenzgerichts liegt darin, dass dem Insolvenzgericht vorwiegend juristische Entscheidungen übertragen sind, die von rechtlichen Voraussetzungen und nicht von wirtschaftlichen Überlegungen abhängen. Doch hat das Gericht in gewissem Umfang auch Entscheidungen zu treffen, die auf der Abwägung wirtschaftlich relevanter Umstände beruhen. Dazu gehören die Zustimmung zu einer Stilllegung des schuldnerischen Unternehmens (§ 22 Abs. 1 S. 2 Nr. 2 InsO) oder deren vorläufige Untersagung (§ 158 Abs. 2 S. 2 InsO), ferner die vorläufige Untersagung von wirtschaftlich besonders bedeutsamen Rechtshandlungen des Verwalters (§ 161 S. 2 InsO) sowie die Anbindung einer Betriebsveräußerung unter Wert an die Zustimmung der Gläubigerversammlung (§ 163 Abs. 1 InsO).

Außerdem ist das Insolvenzgericht v. a. dort gefragt, wo es verbindlicher **staatlicher Anordnungen** bedarf. Paradigmatisch ist dafür der Erlass des Eröffnungsbeschlusses (§ 27 InsO). Nicht zu den Aufgaben des Insolvenzgerichts gehören allerdings die Entgegennahme der Forderungsanmeldungen, die Verwaltung und Verwertung der Masse, die Verteilung des Erlöses, die Aufstellung und Überwachung der Erfüllung eines Insolvenzplans. Dafür ist der Insolvenzverwalter zuständig. Er wird vom Insolvenzgericht lediglich beaufsichtigt. Zur Aufsicht gehört nicht die Erteilung von Weisungen, die sich auf wirtschaftliche Maßnahmen beziehen. 2

Im Einzelnen ergeben sich folgende Aufgaben des Insolvenzgerichts: 3

(1) Das Insolvenzgericht beschließt über die **Eröffnung, Aufhebung und Einstellung** des Insolvenzverfahrens (§§ 27, 200, 258, 207, 211–213 InsO). Aufgrund dieses jeweiligen gerichtlichen Beschlusses stehen Anfang und Ende der mit dem Insolvenzverfahren verbundenen Rechtswirkungen unzweifelhaft fest (→ § 15 Rn. 1, § 30 Rn. 1, 8 ff., § 32 Rn. 13).

(2) Das Insolvenzgericht *bestellt* sowohl den vorläufigen **Insolvenzverwalter** als auch den endgültigen Insolvenzverwalter mit Verfahrenseröffnung (§ 21 Abs. 2 S. 1 Nr. 1 InsO, § 27 Abs. 1 InsO). Darüber hinaus nimmt das Insolvenzgericht die *Aufsicht* über den Insolvenzverwalter wahr (§§ 58, 59 InsO).

(3) Das Insolvenzgericht setzt auch die **Organisationen der Gläubigerschaft** ein. Dabei handelt es sich um den (vorläufigen) Gläubigerausschuss (§ 21 Abs. 2 S. 1 Nr. 1 a InsO, § 67 InsO) und die Leitung der Gläubigerversammlung (§ 76 Abs. 1 InsO). Diese Gläubigerversammlung kommt insbesondere im sog. Berichtstermin (§§ 29, 156 InsO) und im Prüfungstermin (§§ 29, 176 InsO) zusammen.

(4) Das Insolvenzgericht stellt die **Schuldenmasse fest,** also die Forderungen der Insolvenzgläubiger, die in die Insolvenztabelle eingetragen sind und Anspruch auf Teilnahme an der späteren Quotenverteilung haben (§ 178 InsO). Dabei handelt es sich um eine Art Beurkundung.

(5) Auch **verfahrensleitende Entscheidungen** im Rahmen des Insolvenzplanverfahrens werden vom Insolvenzgericht getroffen, wie z. B. die Zurückweisung des Insolvenzplans (§ 231 InsO), seine Bestätigung oder deren Versagung (§§ 248–251 InsO).

(6) Anordnungen und Aufhebungen der Eigenverwaltung und/oder der vorläufigen Eigenverwaltung bzw. im Schutzschirmverfahren trifft das Insolvenzgericht (§§ 270, 270f InsO, §§ 270b, 270d, 270e InsO).

(7) Auch die Entscheidungen im Rahmen der **Restschuldbefreiung** werden vom Gericht getroffen (§§ 289–290, 296–299, 300, 303 InsO).

B. Zuständigkeit des Insolvenzgerichts

I. Sachliche Zuständigkeit

Sachlich zuständig für das Insolvenzverfahren ist das **Amtsgericht,** § 2 Abs. 1 InsO. 4
Die Zuständigkeit ist eine *ausschließliche.* Sie kann also durch Vereinbarung nicht verändert werden, § 4 InsO i. V. m. § 40 Abs. 2 Nr. 2 ZPO analog.

II. Die örtliche Zuständigkeit

5 Die örtliche Zuständigkeit ist in § 3 InsO geregelt. Der eigentliche *Grundfall* ist nicht jener des § 3 Abs. 1 S. 1 InsO, sondern des § 3 Abs. 1 S. 2 InsO. Es kommt dementsprechend im Falle einer **selbständigen wirtschaftlichen Tätigkeit** des Schuldners auf den Ort an, in dessen Bezirk der Ort der selbständigen wirtschaftlichen Tätigkeit liegt. Fehlt es an einer solchen Tätigkeit, gilt § 3 Abs. 1 S. 1 und der allgemeine Gerichtsstand des Schuldners ist maßgebend. Er bestimmt sich nach den Regeln der §§ 12–17 ZPO. Für die Bestimmung des örtlich zuständigen AG „als Insolvenzgericht“ ist zu beachten, dass dessen Gerichtsbezirk erweitert ist. Er deckt sich mit dem Bezirk des übergeordneten Landgerichts, § 2 Abs. 1 InsO. Diese Erweiterung des Gerichtsbezirks ist eine Frage der örtlichen, nicht der sachlichen Zuständigkeit.[1] Durch Landesrecht können die Bezirke der Amtsgerichte als Insolvenzgerichte anders festgelegt und andere oder weitere Amtsgerichte zu Insolvenzgerichten bestimmt werden, § 2 Abs. 2 InsO. Auch das berührt die örtliche Zuständigkeit. Auch die örtliche Zuständigkeit ist eine ausschließliche Zuständigkeit und kann nicht durch Gerichtsstandsvereinbarung abbedungen werden. Bei mehrfacher Zuständigkeit (der Insolvenzschuldner hat mehrere Wohnsitze, § 13 ZPO, was möglich ist, § 7 Abs. 2 BGB) schließt das Gericht, bei dem zuerst die Verfahrenseröffnung beantragt ist, die anderen Gerichte aus (§ 3 Abs. 2 InsO).

6 Für die Antragsstellung und die Eröffnungszuständigkeit gilt der Grundsatz der sog. **perpetuatio fori.** Dementsprechend fällt die begründete Zuständigkeit nicht weg, wenn sich die zuständigkeitsbegründenden Umstände nach Antragstellung ändern, § 4 InsO i. V. m. § 261 Abs. 3 Nr. 2 ZPO.

7 **Beispiel:** Hat der Schuldner bei Antragstellung den Ort seiner selbständigen wirtschaftlichen Tätigkeit in Köln und wird dort der Antrag gestellt, so bleibt eine Eröffnung durch das Amtsgericht Köln als Insolvenzgericht auch dann möglich, wenn während des Eröffnungsverfahrens der Ort der wirtschaftlichen Tätigkeit nach Düsseldorf verlagert wird.

8 Von der perpetuatio fori zu unterscheiden ist die Situation, in der die zuständigkeitsbegründenden Umstände erst nach Antragstellung bei dem angerufenen Gericht eintreten. Wird bspw. der Insolvenzantrag in Köln gestellt, hat der Schuldner dort aber bei Antragstellung noch keine wirtschaftliche Tätigkeit und/oder seinen allgemeinen Gerichtsstand, genügt es, wenn diese Umstände bis zur Entscheidung über die Insolvenzeröffnung eingetreten sind.[2] Denn andernfalls müsste nach Abweisung des Antrags gleich wieder neu eröffnet werden.

III. Der Gruppen-Gerichtsstand des § 3 a InsO

9 Der Gesetzgeber hat mit Wirkung zum 21.4.2018[3] spezifische Regelungen zur Zuständigkeit der Gerichte bei **Unternehmensgruppen bzw. Konzernunternehmen** in das Gesetz[4] aufgenommen. Den maßgeblichen Begriff der Unternehmensgruppe definiert § 3 e InsO. Nach § 3 e InsO besteht eine Unternehmensgruppe aus rechtlich selbständigen Unternehmen, die den **Mittelpunkt ihrer hauptsächlichen Interessen** im

[1] Stein/Jonas/Roth ZPO Vor § 12 Rn. 15; a. A. BGHZ 14, 72 (75).
[2] KPB/Prütting InsO § 3 Rn. 20.
[3] BGBl. 2017 I 866.
[4] BGBl. 2017 I 866.

Inland haben und die unmittelbar oder mittelbar durch die Möglichkeit der Ausübung eines beherrschenden Einflusses oder eine Zusammenfassung unter einheitlicher Leitung miteinander verbunden sind. Das Gesetz orientiert sich hier an handelsbilanzrechtlichen Vorgaben (§ 290 HGB). Insbesondere ist unter § 3e Abs. 2 InsO auch der Fall einer GmbH & Co. KG erfasst.[5] Da die Insolvenz eines wichtigen Konzernunternehmens häufig Folgeinsolvenzen bei den anderen Konzerngliedern mit sich bringt, knüpft die InsO an die Zugehörigkeit zur Unternehmensgruppe weitere Vorgaben. Für die gruppenangehörigen Schuldner besteht die Möglichkeit eines **Gruppen-Gerichtsstands** nach § 3a InsO. Die Regelungen in §§ 3a–3e InsO ändern nichts daran, dass die Insolvenzordnung **keinen stets und automatisch einheitlichen Konzerngerichtsstand** für die verschiedenen Konzerngesellschaften (genauer in der Diktion des Gesetzes: für die gruppenangehörigen Schuldner) kennt. Es bleibt also im Ausgangspunkt bei dem Grundsatz *„eine Gesellschaft, ein Verfahren"*. Demgemäß wird für jede Konzerngesellschaft, die dann jeweils ins Insolvenzverfahren geht, ein eigenes Verfahren geführt. Dementsprechend ist bei der Beurteilung der Gerichtszuständigkeit auf den konkreten Schuldner abzustellen. § 3a InsO gibt indes die Möglichkeit, die einzelnen Verfahren über das Vermögen der jeweiligen Gesellschaften der Gruppe *an einem Ort zu konzentrieren.* Damit soll verhindert werden, dass an verschiedenen Orten einzelne Verfahren über gruppenangehörige Schuldner geführt werden, die dann nicht aufeinander abgestimmt werden. Eine solche fehlende Abstimmung kann insbesondere sanierungsschädlich sein, wenn und weil eine Sanierung häufig am besten gelingt, wenn alle Konzernglieder daran beteiligt sind. Deshalb sieht § 3a InsO vor, dass sich das für einen gruppenangehörigen Schuldner angerufene Insolvenzgericht für die übrigen konzernangehörigen Gesellschaften (sog. Gruppenfolgeverfahren) ebenfalls als zuständig erklärt oder erklären kann. § 3a Abs. 1 S. 1 i.V.m. S. 2 InsO und § 3a Abs. 2 InsO sehen dazu zusätzliche Voraussetzungen vor. Davon zu unterscheiden ist, welches Insolvenzgericht überhaupt Gruppen-Gericht i.S.d. § 3a InsO sein kann (sachliche Zuständigkeit). § 2 Abs. 3 InsO erlaubt es den Landesregierungen in Gestalt einer Soll-Vorschrift, durch Rechtsverordnungen für den Bezirk eines Oberlandesgerichts jeweils ein mögliches Gruppen-Gericht zu bestimmen, z. B. für den Bezirk des OLG Köln das Insolvenzgericht Köln (d. h. nicht auch die Insolvenzgerichte in Bonn und Aachen). Damit soll für die Gruppen-Verfahren eine Konzentration der Gerichtstandorte erreicht werden, die in den komplexen Konzernsachverhalten mehr Kompetenzaufbau bei den Richtern erwarten lässt.

Erklärt sich das angerufene Gericht zum Gruppengericht, können andere Insolvenzgerichte, die nachfolgend in Bezug auf Insolvenzanträge anderer Konzerngesellschaften angerufen werden, ihr jeweiliges Verfahren an das Gericht des Gruppengerichtsstands verweisen (§ 3d InsO). Auf diese Weise soll möglichst verhindert werden, dass an verschiedenen Gerichtsorten unterschiedliche Insolvenzverwalter bestellt werden. Daher steht die Regelung auch im Kontext des § 56b InsO. Danach kann bei gruppenangehörigen Schuldnern eine einheitliche Person, sprich **dieselbe Person, zum Verwalter aller Gruppengesellschaften** bestellt werden (→ § 4 Rn. 13). Der Gruppengerichtsstand schließt es allerdings nicht aus, mehrere Insolvenzverwalter für die weiterhin selbständig bleibenden Verfahren zu bestellen. Mit der Konzentration an einem Gerichtsort ist jedoch selbst dann rein faktisch eine bessere Koordinierung der **10**

[5] Begr. RegE, BR-Drs. 18/11436, 21 f.

einzelnen Verfahren möglich. Das gilt insbesondere deshalb, weil nach § 3c Abs. 1 InsO auch innerhalb des Gerichts der konkrete Richter zuständig ist, der für das den Gruppengerichtsstand begründende Erstverfahren zuständig ist. Im Idealfall hat daher ein Richter die Verfahrensleitung über alle Verfahren der jeweiligen Unternehmensgruppe an diesem Ort. Besonderheiten ergeben sich, wenn einzelne Konzerngesellschaften nicht in Deutschland ansässig sind (→ § 37 Rn. 8ff.).

IV. Funktionelle Zuständigkeit

11 Funktionell zuständig ist innerhalb des Insolvenzgerichts weitgehend der **Rechtspfleger** (§ 3 Nr. 2 Buchst. e RPflG). Dem Richter sind insbesondere die Entscheidung über die Eröffnung des Insolvenzverfahrens einschließlich des Verfahrens über einen Schuldenbereinigungsplan und die Ernennung des Insolvenzverwalters, ferner bestimmte Entscheidungen im Rahmen der Restschuldbefreiung sowie insbesondere auch im **Insolvenzplanverfahren,** § 18 Abs. 1 RPflG, vorbehalten. Doch kann der Richter das Verfahren stets an sich ziehen, § 18 Abs. 2 RPflG. Zwangsweise Vorführung und Haft des Schuldners (§ 98 Abs. 2 InsO, vgl. auch § 101 Abs. 1 S. 1, 2 InsO) kann nur der Richter anordnen, § 4 Abs. 2 Nr. 2, Abs. 3 RPflG. Die Unterteilung der funktionellen Zuständigkeit zwischen Richter und Rechtspfleger hat bisweilen erhebliche Nachteile, weil der Richter in gewöhnlichen Insolvenzverfahren nur bei Eröffnung des Verfahrens eingeschaltet ist, im Übrigen aber kaum mit dem Verfahrensgang und dem Verfahrensablauf betraut wird. Dies kann es in manchen Fällen verhindern, dass der Insolvenzrichter hinreichende materiell-rechtliche Expertise im Insolvenzrecht gewinnt.

C. Form der Entscheidung und Rechtsbehelfe

I. Form

12 Das Insolvenzgericht entscheidet aufgrund freigestellter **mündlicher Verhandlung,** § 5 Abs. 3 S. 1 InsO, also stets durch **Beschluss** oder verfahrensleitende **Verfügung** (§ 329 ZPO). Sind die Vermögensverhältnisse des Insolvenzschuldners überschaubar und die Zahl der Gläubiger oder die Höhe der Verbindlichkeiten gering, kann das Insolvenzgericht ein schriftliches Verfahren anordnen, § 5 Abs. 2 InsO.

13 Die **öffentliche Bekanntmachung** einer Entscheidung erfolgt in der Regel ausschließlich im Internet über die bundeseinheitliche Plattform *www.insolvenzbekanntmachungen.de,* § 9 Abs. 1 S. 1, Abs. 2 S. 2, 3 InsO; die nach § 9 Abs. 2 InsO weiterhin ergänzend mögliche Veröffentlichung (etwa in Amtsblättern, Tageszeitungen oder, bei Insolvenzverfahren mit bundesweiten Auswirkungen, im Bundesanzeiger) dürfte dadurch überflüssig werden. Nach §§ 8, 9 Abs. 3 InsO werden Entscheidungen nur ausnahmsweise zugestellt, etwa die Anordnung oder Aufhebung von Verfügungsbeschränkungen (§ 23 Abs. 1 S. 2 InsO, § 25 Abs. 1 InsO) oder der Eröffnungsbeschluss (§ 30 Abs. 2 InsO).

II. Rechtsbehelf

14 Entscheidungen des Insolvenzgerichts sind nur in den Fällen mit einem **Rechtsmittel anfechtbar,** in denen **die InsO die sofortige Beschwerde** vorsieht, § 6 Abs. 1 InsO. Sieht das Gesetz die sofortige Beschwerde vor, kommt es auch nicht darauf an, ob der Richter oder der Rechtspfleger entschieden hat, § 11 Abs. 1 RPflG. Die

Beschwerdefrist beträgt zwei Wochen (§ 4 InsO mit § 569 Abs. 1 ZPO) und beginnt mit Verkündung oder Zustellung der Entscheidung, § 6 Abs. 2 S. 1 InsO. Ist die sofortige Beschwerde begründet, hat das Insolvenzgericht ihr im Abhilfeverfahren abzuhelfen, § 4 InsO mit § 572 Abs. 1 S. 1 Hs. 1 ZPO (gerichtsintern ist der Richter oder der Rechtspfleger abhilfebefugt, je nachdem, wer den abhilfefähigen Beschluss erlassen hat). Wird nicht abgeholfen, so ist die Beschwerde dem LG als Beschwerdegericht vorzulegen, § 4 InsO mit § 572 Abs. 1 S. 1 Hs. 2 ZPO. Dessen Entscheidung wird erst mit ihrer Rechtskraft, d. h. mit Unanfechtbarkeit, wirksam, doch kann das LG die sofortige Wirksamkeit seiner Beschwerdeentscheidung anordnen, § 6 Abs. 3 InsO.

Hat das Insolvenzgericht durch den Rechtspfleger entschieden und ist gegen die Entscheidung im Gesetz die sofortige Beschwerde nicht vorgesehen (vgl. § 6 Abs. 1 InsO), so ist die **befristete Erinnerung** gegeben, § 11 Abs. 2 S. 1 RPflG (ausgenommen die Entscheidungen über die Gewährung eines Stimmrechts nach § 77 InsO, § 11 Abs. 3 S. 2 RPflG). Ihr kann der Rechtspfleger abhelfen (§ 11 Abs. 2 S. 5 RPflG). Hilft der Rechtspfleger nicht ab, so legt er die Erinnerung dem Richter zur Entscheidung vor, § 11 Abs. 2 S. 6 RPflG. Dieser entscheidet abschließend und unanfechtbar (arg. § 11 Abs. 2 S. 1 RPflG am Anfang). 15

Wer zur sofortigen Beschwerde *beschwerdebefugt* ist, sagt das Gesetz (z. B. in § 59 Abs. 2 InsO, § 64 Abs. 3 S. 1 InsO, § 78 Abs. 2 InsO). Zulässig ist der Rechtsbehelf nur, wenn der Beschwerdeführer durch die Entscheidung beschwert ist. 16

Gegen die Entscheidung des Beschwerdegerichts ist unter den allgemeinen Voraussetzungen die Rechtsbeschwerde zum BGH statthaft; auf das Verfahren sind über § 4 InsO die §§ 574 ff. ZPO anwendbar. Das bedeutet, dass die Rechtsbeschwerde, soweit im Gesetz nichts anderes bestimmt ist, zugelassen werden muss, § 574 Abs. 1 Nr. 2 ZPO. 17

D. Grundsätzliche Ausgestaltung des gerichtlichen Verfahrens

Für das vom Insolvenzgericht zu beachtende Verfahren hat der Gesetzgeber in § 4 InsO eine **Verweisungsnorm auf die Zivilprozessordnung** eingeführt. Das Insolvenzverfahren, das ein Antragsverfahren ist (§ 13 InsO), wird deshalb grundsätzlich nach zivilprozessualen Maßstäben abgewickelt. Eine wichtige Besonderheit enthält aber schon § 5 Abs. 1 InsO. Er sieht den **Untersuchungsgrundsatz** vor; im Gegensatz zu dem zivilprozessualen Verhandlungs- oder Beibringungsgrundsatz. Nach § 5 Abs. 1 InsO hat das Insolvenzgericht die für das Verfahren relevanten Umstände von Amts wegen zu ermitteln. Es kann dazu insbesondere Zeugen und Sachverständige vernehmen. Auch für den eigentlichen Betrieb des Verfahrens, wie insbesondere die Zustellungen, gilt der Grundsatz des Amtsbetriebs, wie sich aus § 8 InsO ergibt. Allerdings ergeben sich Besonderheiten. Zustellungsaufgaben sind oft an den Verwalter delegiert, § 8 Abs. 3 InsO. Die Verweisung des § 4 InsO auf die ZPO ist jeweils an die Besonderheit des Insolvenzverfahrens zu messen. So ist für das Insolvenzverfahren keine mündliche Verhandlung vorgeschrieben (§ 5 Abs. 3 InsO). Es handelt sich um ein parteiöffentliches Verfahren, für das § 169 GVG nicht gilt. 18

§ 3. Der Insolvenzschuldner

Literatur: Bartholomäus, Die führungslose GmbH in Zivilprozess und Insolvenz, 2014; Berger, Bankenkrisen und Insolvenzrecht, 2013; Gaiser, Die Auskunfts- und Mitwirkungspflichten des Schuldners gem. § 97 InsO und die Frage nach alternativen Auskunftsquellen, ZInsO 2002, 472; Grub, Die Stellung des Schuldners im Insolvenzverfahren, in: KölSch 2009, S. 491; Korkmaz, Die Doppelinsolvenz bei der Kommanditgesellschaft, 2014; Kühne, Die Insolvenz des selbstständig tätigen Schuldners, 2013; Schädlich, Insolvenzverfahren über das Vermögen natürlicher Personen, 2014; Richter, Auskunfts- und Mitwirkungspflichten nach §§ 20, 97 Abs. 1 ff. InsO, wistra 2000, 1; Siemon/Frind, Der Konzern in der Insolvenz, NZI 2013, 1; Stahlschmidt, Die GbR in der Insolvenz, 2004; Starrost, Die juristische Person in der Insolvenz, 2012; Szodruch, Staateninsolvenz und private Gläubiger, 2008; Uhlenbruck, Auskunfts- und Mitwirkungspflichten des Schuldners und seiner organschaftlichen Vertreter im Insolvenzverfahren, NZI 2002, 401.

A. Begriff

1 Das Insolvenzverfahren richtet sich ausweislich des Wortlauts der Normen der InsO gegen den **„Schuldner"**. In der InsO ist zwar nur vom Schuldner die Rede, aber es geht gerade um den Schuldner, dessen Vermögen zum Gegenstand der Verwertung im Rahmen des Insolvenzverfahrens gemacht wird. Insofern ist auch der Begriff des **Insolvenzschuldners** gleichermaßen gebräuchlich.

2 Der Begriff des (Insolvenz-)Schuldners bezeichnet diejenige Person, gegen die sich die Ansprüche der Gläubiger richten und damit denjenigen, gegen den sich das Insolvenzverfahren richtet. Der Insolvenzschuldner ist der **Rechtsträger des zu verwertenden Vermögens.** Dabei haftet der Schuldner grundsätzlich mit seinem gesamten Vermögen, soweit nicht ein Sonderfall vorliegt. So werden aus der **Insolvenzmasse** *(„Masse" = das vom Insolvenzverfahren erfasste Vermögen)* insbesondere die unpfändbaren Gegenstände ausgeschieden. Sie sind damit nicht Teil des Insolvenzverfahrens, sondern bleiben außen vor (§ 36 Abs. 1 InsO mit Ausnahme in Abs. 2). Zudem kennt die InsO auch Sonderfälle wie insbesondere das Nachlassinsolvenzverfahren, bei dem zwischen dem Nachlass als dem in das Vermögen des Erben übergegangenen Vermögensteil und dem übrigen Vermögen des Erben unterschieden wird. Dies kennzeichnet eine sog. Partikularinsolvenz, bei der zwar eine Person Rechtsträger des gesamten Vermögens ist, aber dennoch nur eine Teilabwicklung einzelner gesonderter Vermögensbereiche erfolgt.

3 Obgleich der Schuldner der Verfahrensgegner ist und in gewisser Weise das Subjekt des Insolvenzverfahrens, hat er eine **Stellung als Verfahrensbeteiligter.** Schon aus rechtsstaatlichen Gründen muss ihm zugestanden werden, dass er im Rahmen des Insolvenzverfahrens bei der Abwicklung und Verwertung des ihm gehörenden Vermögens seine Rechte wahren kann. Die Insolvenzordnung erkennt dies auch an verschiedenen Stellen an, bspw. mit eigenen Antragsrechten (z. B. § 59 Abs. 1 S. 1, 3 InsO; § 218 InsO), mit der Statthaftigkeit von Rechtsbehelfen (z. B. §§ 34 Abs. 2, 64 Abs. 3 InsO) und mit der Verpflichtung, den Schuldner zu hören (z. B. § 14 Abs. 2 InsO).

4 Das Insolvenzverfahren ist nicht auf Kaufleute beschränkt. In den §§ 304 ff. InsO ist aber eine besondere Regelung für das Insolvenzverfahren über das Vermögen eines Insolvenzschuldners getroffen, der keine selbstständige wirtschaftliche Tätigkeit ausübt (§ 304 Abs. 1 S. 1 InsO), also privater „Verbraucher" ist (daher: „Verbraucherinsolvenzverfahren"). Die Bestimmungen finden nach § 304 Abs. 1 S. 2 InsO auch bei

Kleinunternehmern Anwendung, wenn die Vermögensverhältnisse überschaubar sind (vgl. § 304 Abs. 2 InsO: maximal 19 Gläubiger bei Verfahrenseröffnung) und keine Forderungen aus Arbeitsverhältnissen bestehen. Einzelheiten unter → § 35 Rn. 1 ff.

B. Insolvenzfähigkeit

Die InsO regelt in § 11 InsO die „Zulässigkeit des Insolvenzverfahrens". Gemeint ist unter dieser irreführenden Überschrift nicht die gesamte Zulässigkeit eines Insolvenzantrages, sondern vielmehr die Frage, unter welchen Voraussetzungen einer Person die Fähigkeit zukommt, Schuldner und insofern **Verfahrenssubjekt und Beteiligter** des Insolvenzverfahrens sein zu können. So wird in § 11 Abs. 2 Nr. 1, Abs. 3 InsO und § 12 InsO bestimmt, welche Rechtsträger eines Vermögens insolvenzfähig sind. Diese Insolvenzfähigkeit entspricht in *prozessualer Hinsicht der Parteifähigkeit,* wie sie im Rahmen der ZPO für einen Zivilprozess erforderlich ist (§ 50 ZPO). Es geht mithin um die Frage, welche Person Partei des Insolvenzverfahrens sein kann. Dabei gibt es ebenso wie im Bereich der ZPO eine *grundsätzliche Korrelation zur Rechtsfähigkeit.* Wer rechtsfähig ist, ist auch insolvenzfähig, wer nicht rechtsfähig ist, ist grundsätzlich auch nicht insolvenzfähig. Zudem werden bestimmte Sondervermögen als insolvenzfähig erachtet, und zwar als solche, obwohl sie nicht rechtsfähig sind, sondern nur ihr Rechtsträger. Das betrifft den Fall des § 11 Abs. 2 Nr. 2. Demnach kann der Nachlass Gegenstand eines Insolvenzverfahrens sein oder das Gesamtgut bei einer Gütergemeinschaft. Der Schuldner dieses Verfahrens bleibt aber der Rechtsträger selbst, also der Erbe (→ § 36 Rn. 7). 5

Im Einzelnen ergeben sich folgende Maßstäbe: 6

I. Natürliche und juristische Personen

Insolvenzfähig ist jeder **Mensch** (auch ein Geschäftsunfähiger, z. B. ein sechsjähriges Kind) und jede **juristische Person des Privatrechts** (§ 11 Abs. 1 S. 1 InsO): GmbH (§ 13 GmbHG), AG (§ 1 AktG), eingetragene Genossenschaft (§§ 2, 17 GenG), rechtsfähiger Verein (§§ 22 f. BGB), Stiftung (§ 80 BGB;[1] dieser steht der nichtrechtsfähige Verein gleich (§ 11 Abs. 1 S. 2 InsO)[2]. 7

Es ist jeweils sauber zu trennen, wer Schuldner des jeweiligen Insolvenzverfahrens ist. Ist eine natürliche Person der Schuldner, so bildet sein Vermögen die Insolvenzmasse. Zu diesem Vermögen kann selbstverständlich auch der von dem Schuldner erworbene Gesellschaftsanteil an einer Gesellschaft gehören. Davon zu unterscheiden ist aber die Frage, ob diese Gesellschaft selbst Schuldner eines Insolvenzverfahrens ist. Umgekehrt folgt daraus, dass mit der Insolvenz einer juristischen Person, wie bspw. einer GmbH, nicht notwendigerweise ein Insolvenzverfahren über das Vermögen der jeweiligen Gesellschafter verbunden ist. Insofern sind die einzelnen Rechtsträger jeweils strikt zu trennen. Das gilt auch im Falle einer Konzernstruktur und bei Unternehmensgruppen. Der „Konzern" als solcher ist nicht insolvenzfähig, sondern nur die jeweiligen beteiligten Gesellschaften sind für sich genommen insolvenzfähig. Hier gilt der Grundsatz „eine Gesellschaft, ein Verfahren" (→ Rn. 26 ff.). Bei einer Vielzahl von 8

[1] Dazu Roth/Knof KTS 2009, 163.

[2] Ein als nicht eingetragener Verein organisierter Gebietsverband einer politischen Partei ist insolvenzfähig, BGH NZI 2021, 268 Rn. 11 ff.

zur Unternehmensgruppe gehörenden Gesellschaften können daher unter Umständen zahlreiche Insolvenzverfahren eröffnet werden. Wie die dann zu eröffnenden Verfahren miteinander koordiniert werden, ist eine Frage für die in der InsO enthaltenen Vorschriften zum Konzerninsolvenzrecht (§§ 3a–3f InsO, §§ 269a–269i InsO), dazu → Rn. 26 ff.

II. Rechtsfähige Personengesellschaften

9 Insolvenzfähig sind gemäß § 11 Abs. 2 Nr. 1 InsO ferner „Gesellschaften ohne Rechtspersönlichkeit", die mit dem *MoPEG*[3] künftig **„rechtsfähige Personengesellschaften"**[4] heißen: OHG, KG, Partnerschaftsgesellschaft, rechtsfähige Gesellschaft bürgerlichen Rechts (nicht die nicht rechtsfähige „Innen-GbR", siehe § 705 Abs. 2 BGB n. F.), Partenreederei (§§ 489, 491 Abs. 1 S. 3 HGB), Europäische wirtschaftliche Interessenvereinigung (Sonderform der OHG).

10 Diese rechtsfähigen Personengesellschaften sind zwar keine juristischen Personen, da sie – im Ausgangspunkt – von der Zusammensetzung und dem Bestand ihrer jeweiligen Mitglieder und Gesellschafter abhängig sind. Sie können aber aufgrund ihrer *Rechtsfähigkeit* selbst Schuldner eines Insolvenzverfahrens sein, und zwar wiederum unabhängig von der Frage eines Insolvenzverfahrens über das Vermögen ihrer jeweiligen Gesellschafter. Auch die persönliche Gesellschafterhaftung des § 128 HGB gegenüber den Gläubigern der OHG, die nach § 92 InsO vom Insolvenzverwalter der OHG geltend gemacht wird (gesetzliche Einziehungs- und Prozessführungsermächtigung), führt nicht dazu, dass über das Vermögen des Gesellschafters das Insolvenzverfahren eröffnet wird, sobald die Gesellschaft insolvent geworden ist. Dies hängt vielmehr davon ab, ob auch hinsichtlich des Gesellschafters ein Eröffnungsantrag gestellt wird und insofern die Voraussetzungen für die Eröffnung beim Gesellschafter vorliegen.

III. Fehlende Insolvenzfähigkeit

11 Nicht erfasst in der Aufzählung des § 11 Abs. 2 Nr. 1 InsO ist die bloße **Bruchteilsgemeinschaft.**[5] Sind bspw. Eheleute zu je 1/2 Bruchteilseigentümer einer Immobilie, so bilden sie insoweit eine Bruchteilsgemeinschaft (Miteigentumsgemeinschaft, §§ 741 ff., 1008 ff. BGB) mit jeweils ideellen Bruchteilen. Diese Grundstücksgemeinschaft ist als solche nicht insolvenzfähig. Davon zu unterscheiden ist, dass die beiden Eheleute für sich genommen jeweils Schuldner eines Insolvenzverfahrens als natürliche Person sein können und insofern in die jeweilige Insolvenzmasse auch der von den Eheleuten jeweils gehaltene Bruchteil an der Grundstücksgemeinschaft fällt. Die **Erbengemeinschaft** ist zwar eine Gesamthandsgemeinschaft, aber keine rechtsfähige Gesellschaft i. S.v § 11 Abs. 2 Nr. 1 InsO. Sie ist in der Aufzählung, die insofern abschließend ist, nicht genannt. Geht es um Ansprüche, die sich aus einer Nachlassverbindlichkeit ergeben, kommt hier ein Sonderinsolvenzverfahren über den Nachlass nach § 11 Abs. 2 Nr. 2 InsO in Betracht.

---

[3] Das Personengesellschaftsmodernisierungsgesetz (kurz: MoPEG), veröffentlicht im BGBl. 2021 I 3436, tritt zum 1. 1. 2024 in Kraft.

[4] Begründung RegE, BT-Drs. 19/27635, 41.

[5] Bork ZIP 2001, 545.

Nicht insolvenzfähig ist die **Wohnungseigentümergemeinschaft.** Sie ist zwar rechtsfähig (§ 9a WEG),[6] doch steht die Unauflöslichkeit der Gemeinschaft (§ 11 Abs. 1 WEG) einem Insolvenzverfahren entgegen, § 9a Abs. 5 WEG. 12

IV. Juristische Personen des öffentlichen Rechts

Juristische Personen des öffentlichen Rechts sind weitgehend **insolvenzunfähig.** Das gilt uneingeschränkt für den *Bund und die Länder* (§ 12 Abs. 1 Nr. 1 InsO). Das schließt zwar eine „Staatspleite" nicht aus, dessen Folgen sind aber andere als die einer Insolvenz im Sinne der InsO.[7] Insolvenzunfähig sind ferner juristische Personen des öffentlichen Rechts (Körperschaften, rechtsfähige Anstalten und Stiftungen), die der *Aufsicht eines Landes* unterstehen, wenn die Insolvenzunfähigkeit landesrechtlich angeordnet ist (§ 12 Abs. 1 Nr. 2 InsO). Das ist z. B. in Baden-Württemberg (§ 45 BWAGGVG), Bayern (Art. 25 BayAGGVG) und Sachsen (§ 19 SächsJG) geschehen, doch wurden etwa die Landesbanken, Sparkassen und Landesbausparkassen regelmäßig davon ausgenommen. Über § 12 Abs. 1 InsO hinaus besteht Insolvenzunfähigkeit *für kirchliche Körperschaften des öffentlichen Rechts* (folgt aus Art. 140 GG i. V. m. Art. 137 Art. 3 S. 1 WRV[8]) sowie im Lichte der Rundfunkfreiheit des Art. 5 Abs. 1 S. 2 GG für öffentlich-rechtliche *Rundfunkanstalten.*[9] 13

Die Frage der Insolvenz(un)fähigkeit ist bedeutsam, weil sie bei Aufbringung der Mittel für die Insolvenzsicherung der betrieblichen Altersversorgung und für das sog. Insolvenzgeld eine Rolle spielt.[10] Hat ein Land die Insolvenzunfähigkeit einer juristischen Person bestimmt, so können deren Arbeitnehmer zwar nichts nach § 17 Abs. 2 BetrAVG oder § 358 Abs. 1 S. 2 SGB III verlangen, doch muss das Land entsprechende Leistungen erbringen (§ 12 Abs. 2 mit Abs. 1 Nr. 2 InsO). 14

V. Sondervermögen

Gegenstand eines Insolvenzverfahrens, nicht dessen Insolvenzschuldner (→ Rn. 5), können bestimmte *Sondervermögen* sein (§ 11 Abs. 2 Nr. 2 InsO): ein **Nachlass,** das von den Ehegatten gemeinschaftlich verwaltete **Gesamtgut** einer Gütergemeinschaft und das Gesamtgut einer fortgesetzten Gütergemeinschaft. Die Eröffnungsgründe beziehen sich auf die Sondervermögen (z. B. Überschuldung oder Zahlungsunfähigkeit des Nachlasses bzw. des Gesamtguts, vgl. §§ 320, 333 Abs. 2 S. 2 Hs. 1 InsO), nicht auf die Rechtsträger (z. B. Erben oder Ehegatten). 15

C. Pflichten und persönliche Beschränkungen des Insolvenzschuldners

Die Eröffnung des Insolvenzverfahrens, aber u. U. auch schon das sog. Eröffnungsverfahren, haben einen maßgeblichen *Einfluss auf die persönliche Stellung* des Insolvenzschuldners. Die §§ 97–99 InsO gelten für den Schuldner, aber auch entsprechend für Mitglieder des Vertretungs- oder Aufsichtsorgans und die vertretungsberechtigten persönlich haftenden Gesellschafter des Schuldners, wenn der Schuldner keine natürliche Person ist, § 101 InsO. Demnach muss bspw. der Geschäftsführer einer GmbH, die Schuldne- 16

[6] So auch schon BGH NJW 2005, 2061 (2062ff.); BGHZ 204, 325 Rn. 32.
[7] Lesenswert BVerfGE 15, 126 (135f., 140f.); 45, 83 (100f.); 53, 164 (176f.).
[8] BVerfGE 66, 1 (19ff.).
[9] Vgl. näher BVerfGE 89, 144 (151ff.).
[10] Vgl. Uhlenbruck/Hirte InsO § 12 Rn. 18.

rin ist, die entsprechenden Auskunfts- und Mitwirkungspflichten erfüllen und dafür Sorge tragen, dass sie erfüllt werden. Auch insofern gilt über § 20 InsO, dass die Auskunfts- und Mitwirkungspflichten auch schon im Eröffnungsverfahren greifen können.

I. Mitwirkungspflicht

17 Den Insolvenzschuldner trifft die allgemeine Pflicht, den Verwalter bei der Erfüllung seiner Aufgaben zu *unterstützen,* § 97 Abs. 2 InsO, § 20 Abs. 1 S. 1 InsO. Der Insolvenzschuldner muss bspw. Schlüssel herausgeben, *Zugang* zu Räumen ermöglichen und **Unterlagen,** etwa Buchführungsunterlagen, zusammenstellen und dem Verwalter *zur Verfügung stellen.*[11] Zur Mitarbeit im Betrieb oder bei der Verwaltung ist der Schuldner nicht verpflichtet, denn seine **Arbeitskraft** ist nicht von der Beschlagnahmewirkung des Insolvenzverfahrens betroffen.

II. Auskunftspflicht

18 Der Insolvenzschuldner ist zur **Auskunft** gegenüber dem Insolvenzgericht, dem Insolvenzverwalter, dem Gläubigerausschuss und der Gläubigerversammlung verpflichtet, §§ 97, 20 InsO. Hervorzuheben ist, dass der Insolvenzschuldner **auch strafbare Handlungen** zu offenbaren hat („Selbstbezichtigung“), etwa wenn er Gelder veruntreut hat. Diese Auskünfte dürfen aber nur mit seiner Zustimmung in einem Strafverfahren gegen ihn oder einen nahen Angehörigen verwendet werden, § 97 Abs. 1 S. 3 InsO.[12] Erscheint es zur Herbeiführung einer richtigen und vollständigen Auskunft erforderlich, so kann das Insolvenzgericht vom Insolvenzschuldner eine eidesstattliche Versicherung verlangen, § 98 Abs. 1 InsO.

19 Nach Aufstellung einer **Vermögensübersicht,** in der alle Massegegenstände und die Verbindlichkeiten des Insolvenzschuldners aufgeführt sind, kann der Verwalter oder ein Gläubiger beim Insolvenzgericht beantragen, dass der Insolvenzschuldner die Vollständigkeit der Übersicht eidesstattlich zu versichern hat; dem Antrag ist stattzugeben, wenn die Versicherung erforderlich erscheint, um eine wahrheitsgemäße Aussage zu erreichen, § 153 InsO (mit § 98 Abs. 1 S. 1 InsO).

III. Einschränkung der Bewegungsfreiheit

20 Die Bewegungsfreiheit des Insolvenzschuldners kann vom Gericht eingeschränkt werden, um die Erfüllung seiner Auskunfts- und Mitwirkungspflichten *sicherzustellen,* § 97 Abs. 3 S. 1 InsO, § 20 InsO. Dass der Insolvenzschuldner alle pflichtwidrigen Handlungen zu unterlassen hat (§ 97 Abs. 3 S. 2 InsO, § 20 InsO), ist selbstverständlich. Die Einschränkung der Bewegungsfreiheit ist verfassungsrechtlich (vgl. Art. 2 Abs. 2 S. 2, 1 Abs. 1 GG) unbedenklich.

IV. Zwangsweise Vorführung und Haft

21 Kommt der Insolvenzschuldner seinen Auskunfts- und Mitwirkungspflichten nicht nach oder erscheint es zur Sicherung der Masse geboten, so kann das Gericht den Insolvenzschuldner zwangsweise vorführen und nach Anhörung verhaften lassen, § 98 Abs. 2 InsO, § 20 InsO. Voraussetzung ist ein **Haftbefehl,** in dem die durchzusetzenden Mitwirkungshandlungen des Insolvenzschuldners bestimmt zu bezeichnen sind.[13]

---

[11] BGH ZInsO 2006, 264.

[12] Das entspricht den Vorgaben in BVerfGE 56, 37 (41 ff.).

[13] BGH NJW 2005, 1505 (1508).

Nach § 98 Abs. 3 S. 1 InsO (§ 20 Abs. 1 S. 2 InsO) gelten für die „Anordnung der Haft", d. h. den Erlass des Haftbefehls die § 802g Abs. 2 ZPO, § 802h ZPO und § 802j Abs. 1 ZPO entsprechend. Gegen den Haftbefehl gibt es die sofortige Beschwerde, § 98 Abs. 3 S. 3 InsO, § 20 Abs. 1 S. 2 InsO. Der Haftbefehl ist bei Wegfall seiner Voraussetzungen von Amts wegen aufzuheben; ein dahinzielender „Antrag" ist zwar in Wahrheit eine bloße Anregung, seine Ablehnung ist aber mit der sofortigen Beschwerde anfechtbar, § 98 Abs. 3 S. 2, 3 InsO, § 20 Abs. 1 S. 2 InsO.

V. Postsperre

Das Insolvenzgericht kann gegen den Insolvenzschuldner von Amts wegen oder auf Antrag des Verwalters eine Postsperre verhängen, § 99 InsO. Dann sind bestimmte oder alle an den Insolvenzschuldner gerichteten *Postsendungen dem Verwalter zuzuleiten.* Die Anordnung kann der Insolvenzschuldner anfechten (§ 99 Abs. 3 S. 1 InsO). Im Eröffnungsverfahren kann das Gericht eine vorläufige Postsperre anordnen, § 21 Abs. 2 S. 1 Nr. 4 InsO i. V. m. §§ 99, 101 Abs. 1 S. 1 InsO (entsprechend). 22

VI. Berufliche Einschränkungen

Berufliche Einschränkungen treffen denjenigen, der wegen einer **Insolvenzstraftat** (§§ 283–283d StGB) rechtskräftig verurteilt ist: Er darf fünf Jahre lang weder Geschäftsführer einer GmbH noch Vorstandsmitglied einer AG sein (§ 6 Abs. 2 S. 3 GmbHG; § 76 Abs. 3 S. 3 AktG). Wer in Vermögensverfall geraten ist (was bei Eröffnung eines Insolvenzverfahrens vermutet wird), kann Rechtsanwalt weder werden noch in der Regel bleiben (§ 7 Nr. 9 BRAO, § 14 Abs. 2 Nr. 7 BRAO). Entsprechendes gilt für Notare (§ 50 Abs. 1 Nr. 6 BNotO). 23

Zudem kann die Insolvenz auch weitere berufsrechtliche Folgen mit sich bringen. Wer in Vermögensverfall geraten, soll bspw. nicht zum ehrenamtlichen Richter oder Schöffen berufen werden, § 33 Nr. 5, § 109 Abs. 3 S. 2 GVG (zur Amtsenthebung § 113 Abs. 2 GVG); § 21 Abs. 2 S. 2 ArbGG, § 37 Abs. 2 ArbGG, § 43 Abs. 3 ArbGG; § 18 Abs. 2 FGO (zur Amtsenthebung § 21 Abs. 1 Nr. 1 FGO); § 17 Abs. 1 S. 2 SGG, § 35 Abs. 1 SGG, § 47 SGG; § 21 Abs. 2 VwGO, § 34 VwGO. Außerdem können sich aus der Eröffnung des Insolvenzverfahrens auch weitere Einschränkungen ergeben, bspw. bei dem Betrieb einer Apotheke (wegen der Pflicht zur persönlichen Leitung, § 7 ApoG[14]) oder auch mit Blick auf gewerberechtliche Erlaubnisse. Auch in weiteren Gesetzen und bei vertraglichen Regelungen können sich aus der Eröffnung des Insolvenzverfahrens weitere Folgen ergeben. 24

VII. Vermögensrechtliche Folgen

Zu den vermögensrechtlichen Folgen, die sich aus dem Übergang der Verwaltungs- und Verfügungsbefugnis auf den Insolvenzverwalter ergeben, → § 16. 25

D. Mehrheit von Schuldnern in der Konzerninsolvenz

Wie bereits angesprochen, rüttelt die Insolvenzordnung nicht an dem Grundsatz, dass jede Gesellschaft für sich genommen als Schuldner zu betrachten ist. Allerdings darf man die Einbindung eines Schuldners in eine Unternehmensgruppe auch nicht igno- 26

[14] Deshalb ist hier nur die Eigenverwaltung möglich und sinnvoll, OVG Berlin ZVI 2004, 620.

rieren. Aufgrund der Verflechtungen ergeben sich zahlreiche prozessrechtliche und materiell-rechtliche Verknüpfungen. Zudem hängt häufig etwa der Erfolg einer angestrebten Sanierung auch von den Querverbindungen innerhalb des Konzerns ab. Deshalb ist in jüngerer Zeit vermehrt der Versuch unternommen worden, besondere Regelungen für **gruppenangehörige Schuldner** zu formulieren. Dies ist teilweise im grenzüberschreitenden Kontext in der Europäischen Insolvenzverordnung geschehen (Art. 56ff. EuInsVO), aber auch innerhalb der InsO im nationalen Kontext. § 3e InsO definiert, wann eine Unternehmensgruppe vorliegt. Nach §§ 3a–3d InsO kann u. U. die Zuständigkeit an einem Gruppengerichtsstand begründet werden (→ § 2 Rn. 9f.). Nach § 56b InsO kommt ggfs. die Bestellung einer Person zum Verwalter in allen zugehörigen Insolvenzverfahren in Betracht. Zudem kennt das Gesetz in §§ 269a–269i InsO Regelungen über die Kooperation und Koordination der Verfahren (→ Rn. 27).

27 Die **Kooperation** betrifft bei § 269a InsO die Zusammenarbeit der Insolvenzverwalter der jeweiligen Verfahren. Das **Koordinationsverfahren** (§ 269a–§ 269i InsO) ist eine Art „Über-Verfahren", in dem ein Verfahrenskoordinator versucht, die einzelnen Verfahrensziele und Strategien in den einzelnen Verfahren aufeinander abzustimmen. Dies geschieht durch den Vorschlag eines **Koordinationsplans** (§ 269h InsO), der dann in den einzelnen Verfahren zur Grundlage eines Insolvenzplans gemacht werden kann (aber nicht muss). Der Koordinationsplan wird insbesondere eine **Gesamtverwertungsstrategie** vorsehen, die eine Abwicklung des gesamten Konzerns „aus einem Guss" ermöglicht und auf diese Weise einen Mehrwert generiert. Diese Vorschriften ändern nichts an der rechtlichen Selbständigkeit der einzelnen Verfahren. Aus Sicht der einzelnen Verfahren ist jeweils die bestmögliche Befriedigung der konkreten Gläubigerschaft anzustreben. In der Regel entspricht es aber dem Interesse an der bestmöglichen Gläubigerbefriedigung für das einzelne Verfahren, wenn eine Gesamtverwertungsstrategie auf abgestimmter Grundlage erfolgt und damit ein sog. **Koordinationsmehrwert** geschaffen wird. Das gilt insbesondere, wenn eine Sanierung angestrebt wird. Insbesondere in diesem Fall ist es sinnvoll, dass die Sanierungsstrategie abgestimmt wird und nicht jedes Verfahren „sein eigenes Süppchen kocht". Den Hintergrund beschreibt die Einsicht, dass eine solche Gesamtstrategie im Zweifel für alle Beteiligten besser ist.[15] So wird etwa ein Investor bereit sein, einen höheren Betrag zu bieten, wenn er Zugriff auf alle wertvollen Konzernglieder erhält. Anders formuliert ist der Konzern als Ganzes möglicherweise mehr wert als die Summe seiner Einzelteile. Damit soll die Koordination auch eine **Gesamtsanierung ermöglichen.** Würde etwa in einem einzelnen der beteiligten Verfahren der Verwalter einen „fire sale" vornehmen und die Vermögenswerte dieses einzelnen Schuldners verwerten, so kann dies dazu führen, dass eine Sanierung des Gesamtkonzerns ohne dieses nunmehr ausgeschiedene Teilglied nicht mehr möglich ist.

Beispiel: Die A-Unternehmensgruppe besteht aus mehreren selbständigen Gesellschaften, darunter die hoch profitable IT-Gesellschaft, eine defizitäre Vertriebsgesellschaft und eine Verwaltungsgesellschaft. Über alle Gesellschaften werden Insolvenzverfahren eröffnet. Die Verwalter der Vertriebs- und der Verwaltungsgesellschaft streben eine Sanierung an, indem die Strukturen verschlankt, Kosten gesenkt und der Markauftritt zugunsten einer stärkeren Digitalisierung geändert würde; ein Investor soll frisches Geld zuschießen. Würde der Insolvenzverwalter der IT-Gesellschaft dieses Unternehmen verkaufen, wäre diese Strategie gefährdet, wenn und weil die Sanierung ohne leistungsfähige IT nicht möglich wäre.

[15] Vgl. Begründung RegE, BR-Drs. 663/13, 29.

§ 4. Der Insolvenzverwalter

Literatur: Bork, Die Unabhängigkeit des Insolvenzverwalters – ein hohes Gut, ZIP 2006, 58; Bork/Thole, Die Verwalterauswahl, 2018; Eckert/Berner, Der ungetreue Verwalter – Möglichkeiten einer gerichtlichen Überprüfung der Insolvenzverwaltertätigkeit, ZInsO 2005, 1130; Frind, Das Anforderungsprofil gem. § 56a InsO, NZI 2012, 650; ders., Reichweite und Grenzen der gerichtlichen Kontrolle des Insolvenzverwalters – was kann das Insolvenzgericht verhindern?, ZInsO 2006, 182; Frind/Schmidt, Insolvenzverwalterbestellung: Auswahlkriterien und Grenzen der Justiziabilität in der Praxis, NZI 2004, 533; Keller, Die gerichtliche Aufsicht bei Unklarheiten der Insolvenzabwicklung, NZI 2009, 633; Kluth, Die Rechtsstellung des Insolvenzverwalters oder die „Insolvenz" der Verwaltertheorien, NZI 2000, 351; Lissner, Die Person des Insolvenzverwalters – Schicksalsfrage für die erfolgreiche Insolvenz?, BB 2014, 265; Paulus, Insolvenzverwalter und Gläubigerorgane, NZI 2008, 705; Rechel, Die Aufsicht des Insolvenzgerichts über den Insolvenzverwalter, 2009; Riggert, Die Auswahl des Insolvenzverwalters Gläubigerbeteiligung des Referentenentwurfs zur InsO (RefE-ESUG) aus Lieferantensicht, NZI 2011, 121; Schmidberger, Möglichkeiten und Grenzen der insolvenzgerichtlichen Aufsicht, NZI 2011, 928; Stapper, Neue Anforderungen an den Insolvenzverwalter, NJW 1999, 3441; Sterzinger, Angestellte Insolvenzverwalter als Unternehmer, NZI 2009, 208; Uhlenbruck, Das Bild des Insolvenzverwalters, KTS 1998, 1.

A. Unterscheidung zwischen dem Insolvenzverwalter im eröffneten Verfahren und im Eröffnungsverfahren

Beim Insolvenzverwalter ist zunächst zu unterscheiden zwischen dem vorläufigen, 1
d. h. im Eröffnungsverfahren bestellten Insolvenzverwalter und dem endgültigen, mit der Verfahrenseröffnung eingesetzten Insolvenzverwalter. Die ausgewählten Personen sind zwar in der Regel identisch, dennoch sind sie in ihrer Rechtsstellung zu unterscheiden. Bei der Einsetzung eines vorläufigen Insolvenzverwalters handelt es sich um eine **Sicherungsmaßnahme,** § 21 Abs. 2 Nr. 1 InsO. Dementsprechend können die Rechtsstellung und die Handlungsmacht eines vorläufigen Insolvenzverwalters unterschiedlich ausgestaltet sein. Gemäß § 21 Abs. 2 S. 2 Nr. 1 InsO kann das Gericht einen vorläufigen Insolvenzverwalter bestellen, der im Wesentlichen in seiner Rechtsstellung bereits dem endgültigen Insolvenzverwalter entspricht ***(starker vorläufiger Verwalter).*** Denkbar ist es aber auch, dass dem Schuldner kein allgemeines Verfügungsverbot auferlegt wird, sondern lediglich angeordnet wird, dass Verfügungen des Schuldners nur mit Zustimmung des vorläufigen Insolvenzverwalters wirksam sind (§ 21 Abs. 2 Nr. 2 InsO). In diesem letztgenannten Fall kann der vorläufige Insolvenzverwalter nicht selbst verfügen, sondern lediglich seine Zustimmung zu den vom Schuldner eingegangenen Verfügungen erteilen oder verweigern. Das Gesetz unterscheidet insofern zwischen zwei grundsätzlichen Situationen, wie sich aus § 22 InsO ableiten lässt.

Wird ein vorläufiger Insolvenzverwalter bestellt und dem Schuldner ein allgemeines 2
Verfügungsverbot auferlegt, dann geht die Verwaltungs- und Verfügungsbefugnis bereits während des Eröffnungsverfahrens auf den vorläufigen Insolvenzverwalter über. Seine Aufgaben im Einzelnen ergeben sich dann aus § 22 Abs. 1 S. 2 InsO. Sie entsprechen im Wesentlichen bereits den Aufgaben eines endgültigen Verwalters, mit den Besonderheiten, die sich daraus ergeben, dass das Verfahren noch nicht eröffnet ist. Insofern muss der vorläufige Insolvenzverwalter das Unternehmen zunächst fortführen und kann noch keine Verwertungsmaßnahmen vornehmen, da ja ungewiss ist, ob das Verfahren überhaupt eröffnet werden wird. Von diesem sog. starken vorläufigen Insolvenzverwalter zu unterscheiden ist ein **schwacher Insolvenzverwalter** oder – als Zwischending – ein **halbstarker vorläufiger Insolvenzverwalter** (= schwacher vorläufiger

Verwalter mit Zustimmungsvorbehalt). Dies lässt sich aus § 22 Abs. 2 InsO ableiten. Wird nämlich dem Schuldner kein allgemeines Verfügungsverbot auferlegt, bestimmt das Gericht die Pflichten des vorläufigen Insolvenzverwalters. Hier ist also eine Reihe von Möglichkeiten denkbar. Sie richten sich nach den Anordnungen des Gerichts, näher zum vorläufigen Insolvenzverwalter → § 12 Rn. 3ff.

B. Auswahl und Bestellung des Insolvenzverwalters im eröffneten Verfahren

I. Sachliche und persönliche Anforderungen

3 Die wesentlichen Aufgaben im eröffneten Insolvenzverfahren sind dem Insolvenzverwalter anvertraut, soweit nicht der besondere Fall einer Eigenverwaltung vorliegt (→ § 5). Die Amtsführung des Insolvenzverwalters entscheidet über den Erfolg des Verfahrens. Er ist daher **die zentrale Figur** des Insolvenzverfahrens.[1] Die maßgebliche Vorschrift für die Auswahl des Insolvenzverwalters findet sich in § 56 Abs. 1 InsO. Zum Verwalter ist eine für das einzelne **Insolvenzverfahren geeignete, geschäftskundige und unabhängige natürliche Person** zu bestellen.

4 Juristische Personen oder Gesellschaften ohne Rechtspersönlichkeit (rechtsfähige Personengesellschaften) scheiden aus.[2] Eine GmbH kann nicht als Verwalter bestellt werden. Ein Wechsel in den Vertretungsorganen der Gesellschaft würde faktisch eine andere handelnde und verantwortliche Person zur Folge haben. Das ist mit der Auswahlbefugnis des Insolvenzgerichts nicht vereinbar. Zudem soll die Auswahl einer natürlichen Person im stärkeren Maße dafür sorgen, dass diese Person für die Ordnungsgemäßheit und Rechtskonformität des Verfahrens geradesteht.

5 Der Verwalter hat das Amt **höchstpersönlich** zu führen. Das schließt es aber nicht aus, die Wahrnehmung bestimmter Aufgaben zu delegieren, beispielsweise die Verwertung der Masse, die Steuerberatung und die Prozessvertretung. Aufgaben von besonderer Bedeutung muss der Verwalter selbst wahrnehmen. Stets trifft ihn die Pflicht zur Überwachung von Hilfspersonen (arg. § 60 Abs. 2 InsO). Überhaupt darf man sich die Insolvenzverwaltung nicht so vorstellen, als würde der Insolvenzverwalter „alles selbst" machen oder gar in Prozessen, die er als sog. Partei kraft Amts führt, stets selbst vor Gericht stehen. Die moderne Insolvenzverwalterkanzlei ist sehr **arbeitsteilig** aufgestellt. Der Verwalter ist zwar nach außen verantwortlich, aber bedient sich seiner Kanzleimitarbeiter, etwa bei der Vorbereitung und Führung von Anfechtungsprozessen, bis hin zur Einsetzung eines „Grau- oder Schattenverwalters". In diesen Fällen ist zwar der eingesetzte Verwalter weiter die einzig verantwortliche Person, überlässt aber im Innenverhältnis die Zügel weitgehend einem anderen, etwa einer Nachwuchskraft, die sich praktische Erfahrungen verschaffen will. Ebenso üblich ist es, dass bestimmte Dinge ausgelagert werden. So mag die Führung mancher Prozesse auch extern vergeben werden an eine vom Verwalter unabhängige Kanzlei, die dann den Insolvenzverwalter als Prozessbevollmächtigte vertritt.

6 Der Verwalter muss **geschäftskundig** sein. Er sollte nicht nur über juristische Kenntnisse verfügen, sondern auch Kenntnisse und Erfahrungen in dem *wirtschaftlichen Betätigungsfeld* des Insolvenzschuldners mitbringen. Unter diesem Blickwinkel kommen

[1] Vgl. Lissner BB 2014, 265.
[2] BVerfGE 141, 121 (130) Rn. 31ff.

insbesondere Rechtsanwälte, Wirtschaftsprüfer und Betriebswirte in Betracht. Der Verwalter muss ferner für das einzelne Insolvenzverfahren *geeignet* sein. Die Auswahl darf daher nicht schematisch erfolgen. Für Großinsolvenzen ist bspw. ein erfahrener Verwalter mit einer intakten und leistungsfähigen Büroorganisation zu bestellen, der in ein solches komplexes Verfahren „handeln" kann..

Ein wesentliches Kriterium für die Verwalterauswahl ist schließlich die **Unabhängigkeit** des Verwalters. Gläubiger und Schuldner sowie deren Organmitglieder und Arbeitnehmer scheiden aus. In Anlehnung an § 41 ZPO können die dort genannten Personen nicht zum Verwalter bestellt werden. Ein Rechtsanwalt, der den Schuldner beraten hatte, kommt als Verwalter grundsätzlich nicht in Betracht. Das gilt insbesondere für den Sanierer eines (gescheiterten) außergerichtlichen Sanierungsversuchs. 7

Allerdings wird die erforderliche Unabhängigkeit gemäß § 56 Abs. 1 S. 4 InsO nicht schon dadurch ausgeschlossen, dass die Person vom Schuldner oder einem Gläubiger vorgeschlagen worden ist oder die Person den Schuldner vor dem Eröffnungsantrag in allgemeiner Form über den Ablauf eines Insolvenzverfahrens und dessen Folgen beraten hat. Mit dieser durch das ESUG eingefügten Vorschrift wollte der Gesetzgeber die bisweilen zu beobachtende gerichtliche Praxis des „benannt und verbrannt" zurückschneiden. Ein Vorschlag soll nicht dazu führen, dass diese Person als nicht unabhängig angesehen wird. Auch eine sog. Vorbefassung ist denkbar, allerdings gemäß § 56 Abs. 1 S. 4 Nr. 2 InsO nur in allgemeiner Form, d. h. im Wesentlichen ohne eine ganz konkrete Befassung mit der individuellen Situation des Schuldners. 8

Beispiel: I hat dem Geschäftsleiter der X-AG im Vorfeld des Insolvenzverfahrens dargelegt, dass es Insolvenzantragspflichten gibt und ein Insolvenzverfahren zur Einsetzung eines Insolvenzverwalters führt, wenn keine Eigenverwaltung angeordnet wird. Diese allgemeine Beratung schließt die Unabhängigkeit des I bei einer Bestellung im Insolvenzverfahren des X-AG nicht notwendigerweise aus. 9

Anders wäre es, wenn I im Vorfeld umfassend in den Einzelheiten beraten und z. B. Sanierungskonzepte verfolgt hätte.

Eine Vorbefassung von Kanzleiangehörigen bedeutet nicht ohne weiteres, dass die Person nicht mehr unabhängig ist; es gibt jedenfalls keine allgemeine Zurechnungsnorm.[3] 10

II. Gläubigerbeteiligung

Mit dem ESUG ist auch die Gläubigerbeteiligung bei der **Verwalterbestellung** gestärkt worden. Sie ergibt sich nunmehr aus § 56a InsO. Vor der Bestellung des Verwalters ist nämlich dem vorläufigen Gläubigerausschuss Gelegenheit zu geben, sich zu den **Anforderungen an den Verwalter und zur Person des Verwalters zu äußern.** Das gilt nur dann nicht, wenn diese Befassung des vorläufigen Gläubigerausschusses zu einer nachteiligen Veränderung der Vermögenslage des Schuldners führen würde, etwa wegen der Notwendigkeit raschen Handelns. Auf diese Weise wollte der Gesetzgeber sicherstellen, dass das Gericht nicht in eigener Machtherrlichkeit entscheidet, sondern auf die Vorschläge aus dem letztlich betroffenen Personenkreis, d. h. den Gläubigern Rücksicht nimmt. Gemäß § 56a Abs. 2 InsO ist das Gericht sogar an einen einstimmigen Vorschlag des vorläufigen Gläubigerausschusses gebunden, soweit nicht die vorgeschlagene Person für die Übernahme des Amtes nicht geeignet ist. Entsprechendes gilt für den Sachwalter in der Eigenverwaltung. Im Fall eines vorherigen 11

[3] Thole FS Smid, 2022, S. 535ff.

gescheiterten Restrukturierungsverfahrens nach dem StaRUG muss der Gläubigerausschuss ebenfalls zustimmen, § 56a Abs. 1 S. 2 InsO.

12 In der Praxis führt die vom Gesetz gewollte Gläubigerbeteiligung freilich gelegentlich auch zu einem **Mitspracherecht des Schuldners.** Häufig besteht nämlich das Problem darin, überhaupt Personen aus dem Gläubigerkreis zu finden, die zur Übernahme des Amtes im vorläufigen Gläubigerausschuss bereit sind. Der Schuldner und seine Berater können dann in Einzelfällen durch die Auswahl ihnen genehmer oder verbundener Personen die Zusammensetzung des vorläufigen Gläubigerausschusses zumindest zum Teil steuern und auf diese Weise dann auch einen (ggfs. einstimmigen) Vorschlag des vorläufigen Gläubigerausschusses zur Person des Insolvenzverwalters herbeiführen.

III. Verwalterbestellung im Falle einer Konzerninsolvenz

13 Besonderheiten gelten nach § 56b InsO bei der Verwalterbestellung im Falle einer Konzerninsolvenz. Hier bleiben die Insolvenzverfahren über die einer Unternehmensgruppe angehörigen Schuldner zwar voneinander getrennt. Die jeweils angegangenen Insolvenzgerichte müssen sich jedoch darüber abstimmen, ob es im Interesse der Gläubiger liegt, lediglich eine *einzelne Person* zum Insolvenzverwalter über alle Gruppengesellschaften zu bestellen. Die Bestellung eines einzigen Insolvenzverwalters soll es insbesondere ermöglichen, dass eine Führung der verschiedenen Verfahren „aus einem Guss“ erfolgt und eine Gesamtverwertungs- oder Sanierungsstrategie verfolgt werden kann. Mögliche Interessenkonflikte zwischen den einzelnen Verfahren, z. B. wechselseitige Ansprüche, können dann durch die Bestellung von Sonderinsolvenzverwaltern ausgeräumt werden, § 56b Abs. 1 S. 2 InsO.

IV. Bestellung eines vorläufigen Insolvenzverwalters

14 Die Auswahlkriterien des § 56 Abs. 1 S. 1 InsO gelten auch für den vorläufigen Insolvenzverwalter, § 21 Abs. 2 Nr. 1 InsO. Regelmäßig wird der vorläufige Insolvenzverwalter zum endgültigen Verwalter bestellt. Ein Rechtsmittel (isoliert) gegen die Bestellungsentscheidung als solche können weder der Schuldner noch Gläubiger einlegen (§ 6 InsO); § 34 Abs. 2 InsO betrifft nur die sofortige Beschwerde des Insolvenzschuldners gegen die Eröffnung des Insolvenzverfahrens insgesamt.

V. Vorauswahlliste

15 § 56 Abs. 1 InsO spricht bei der Auswahl des Insolvenzverwalters von der Auswahl *aus dem Kreis* aller zur Übernahme von Insolvenzverwaltungen *bereiten Personen.* Hier nimmt das Gesetz Bezug auf die Praxis der sog. **Vorauswahlliste.**

16 In der Praxis erfolgt die Auswahl des Insolvenzverwalters zweistufig: Die Insolvenzgerichte nehmen zunächst eine Vorauswahl über den Kreis derjenigen Personen, die Interesse an der Übernahme des Verwalteramts haben und überhaupt als Verwalter in Betracht kommen vor. Erfüllt ein Bewerber die persönlichen und fachlichen Anforderungen für das Amt des Insolvenzverwalters (im Allgemeinen → Rn. 3ff.), wird er in eine Vorauswahlliste aufgenommen.[4] Im Zusammenhang mit dem Eröffnungsbeschluss trifft der Richter dann auf der Basis dieser Vorauswahlliste die eigentliche Auswahlentscheidung anhand der Kriterien des § 56 Abs. 1 S. 1 InsO und bestimmt

[4] BGH NJW-RR 2008, 717 (718) Rn. 20; KG ZIP 2020, 2027 (2030).

den für das konkrete Verfahren am besten geeigneten Verwalter. Die Betätigung als Insolvenzverwalter hat sich zum *„Beruf" i. S. d. Art. 12 GG entwickelt.* Die Vorauswahl gebietet daher eine Art. 12 GG und Art. 3 GG entsprechende Verfahrensgestaltung; die Vorauswahlentscheidung ist gerichtlich überprüfbar.[5] Ein Anspruch auf Verwalterbestellung besteht nicht; wegen der einzelfallbezogenen Auswahl auch nicht auf proportionale Beteiligung an den Bestellungen des jeweiligen Insolvenzgerichts. Ein Bewerber darf jedoch nicht willkürlich ausgeschlossen werden. Eine konkrete Bestellentscheidung unterliegt nicht der Überprüfung im Verfahren nach §§ 23 ff. EGGVG.[6] Es ist auch keine Konkurrentenklage und ein einstweiliger Rechtsschutz wie bei Beamtenposten möglich, mit dem die Bestellung des Konkurrenten verhindert werden könnte. Denn damit würde die Gefahr eines Stillstands gegeben sein, die angesichts der finanziellen und wirtschaftlichen Situation des Insolvenzschuldners gerade verhindert werden muss.

VI. Bestellung mit Verfahrenseröffnung

Die Bestellung des Verwalters erfolgt durch das Insolvenzgericht (den Richter, 17 § 18 Abs. Nr. 1 RPflG) gleich bei der **Eröffnung des Verfahrens,** § 27 Abs. 1 S. 1 InsO. In der ersten Gläubigerversammlung kann ein anderer Verwalter gewählt werden. Erforderlich ist neben der gemäß § 76 Abs. 2 InsO berechneten **Stimmenmehrheit** auch die Mehrheit der abstimmenden Gläubiger **(„Kopfmehrheit"),** § 57 S. 2 InsO. Das Erfordernis doppelter Mehrheit verhindert, dass ein oder mehrere „Großgläubiger" einen ihnen genehmen Verwalter installieren.[7] Das Amt des Verwalters erlangt der Gewählte nicht schon mit der Wahl, sondern erst mit der Bestellung durch das Insolvenzgericht. Das Insolvenzgericht kann die Bestellung versagen, wenn der Gewählte nach den Maßstäben des § 56 Abs. 1 S. 1 InsO nicht geeignet ist.

C. Aufsichtsführung durch das Gericht

Der Verwalter untersteht in seiner Amtsführung der Aufsicht des Gerichtes, § 58 18 Abs. 1 S. 1 InsO. Gemeint ist hier der Richter oder Rechtspfleger, § 3 Nr. 2 Buchst. e RPflG, § 18 Abs. 1 Nr. 1 RPflG. Es handelt sich um eine **Rechtsaufsicht.** Das Insolvenzgericht darf dem Verwalter nicht in fachlicher bzw. inhaltlicher Weise die Wahl zwischen mehreren als zweckmäßig erachteten Vorgehensweisen abschneiden. Der Insolvenzverwalter hat Auskunft zu geben, § 58 Abs. 1 S. 2 InsO. Das Gericht kann notfalls auch Zwangsmittel einsetzen. So kann bei mangelhafter Pflichterfüllung das Gericht Zwangsgeld als Beugemaßnahme festsetzen, § 58 Abs. 2 InsO. Nach Anhörung des Verwalters kann der Verwalter auch u. U. entlassen werden, nämlich von Amts wegen oder auf Antrag des Verwalters, des Gläubigerausschusses oder der Gläubigerversammlung. Voraussetzung dafür ist stets ein wichtiger Grund, § 59 Abs. 1 InsO. Ein solcher wichtiger Grund liegt beispielsweise bei Wegfall der Bestellungsvoraussetzungen, wiederholter oder einmaliger schwerwiegender Pflichtverletzung (insbesondere Straftat), Amtsunfähigkeit (dauerhaft schwere Erkrankung, Trunksucht), Interessenkollisionen (wirtschaftliche Verflechtung mit Schuldner oder einzelnen Gläubigern),

[5] Art. 19 Abs. 4 GG, vgl. BVerfG NJW 2004, 2725.

[6] OLG Hamm NZI 2005, 111. Das ist vereinbar mit dem Gebot effektiven Rechtsschutzes, BVerfG NZI 2006, 453 (456) Rn. 47 ff.; a. A. OLG Koblenz NZI 2005, 453 (454): Antrag auf Feststellung nach § 28 Abs. 1 S. 4 EGGVG zulässig; dazu Vallender NZI 2005, 473.

[7] BT-Drs. 14/5680, 26.

vor. Ein Verschulden ist nicht erforderlich. Kein Entlassungsgrund sind nur persönliche Spannungen zwischen dem Verwalter und anderen Beteiligten; erforderlich sind sachliche Gründe. Das Insolvenzgericht hat von Amts wegen zu ermitteln (§ 5 Abs. 1 InsO) und den Verwalter zu hören (§ 59 Abs. 1 S. 3 InsO); gegen die Entlassung findet die sofortige Beschwerde statt, § 59 Abs. 2 InsO.

19 Die in § 58 InsO genannte Aufsicht betrifft das konkrete Verfahren. Davon zu unterscheiden ist eine sozusagen generelle Aufsicht durch das Gericht, die mit der Listung bei diesem Gericht zusammenhängt. In diesem Zusammenhang stellen die Gerichte oft gewisse Anforderungen an die Listung auf der Vorauswahlliste bei ihrem Gericht. Gelegentlich führen die Gerichte auch bestimmte Nachweispflichten für die bei ihnen gelisteten Verwalter ein oder fragen Verfahrenskennzahlen ab, aus denen sie die Qualität eines Verwalters abzuleiten glauben. So hat beispielsweise das Insolvenzgericht in Hannover ein Punktesystem etabliert, das allerdings wegen der nicht abgesicherten Punktwerte nicht plausibel ist und mit Recht vom BGH als verfassungswidrig bzw. rechtswidrig angesehen wurde.[8]

D. Aufgaben des Verwalters

I. Übernahme der Verwaltungs- und Verfügungsbefugnis

20 Der Insolvenzverwalter nimmt im Insolvenzverfahren eine Reihe von wichtigen Aufgaben wahr. Insbesondere geht das **Verwaltungs- und Verfügungsrecht** über die Masse mit Verfahrenseröffnung vom Insolvenzschuldner auf den Verwalter über § 80 Abs. 1 InsO. Daher hat er das Recht und die Pflicht, die Masse sofort in Besitz und Verwaltung zu nehmen, § 148 Abs. 1 InsO. Im Einzelnen → § 16.

21 Die Verfügungsmacht des Verwalters nach § 80 Abs. 1 InsO dient dazu, das Ziel des Insolvenzverfahrens – gemeinschaftliche Befriedigung der Gläubiger (§ 1 S. 1 InsO) – zu erreichen. Sie ist daher *objektiv durch den Verfahrenszweck begrenzt.* Evident zweckwidrige Rechtshandlungen des Verwalters sind unwirksam.[9] Zum Schutze des Rechtsverkehrs setzt die Unwirksamkeit des Rechtsgeschäfts des Verwalters neben der Evidenz der Insolvenzzweckwidrigkeit – in Anlehnung an die Grundsätze vom Missbrauch der Vertretungsmacht – weiter voraus, dass sich dem Geschäftspartner begründete Zweifel an der Vereinbarkeit des Verwalterhandelns mit dem Insolvenzzweck aufdrängen mussten.[10] Selbstkontrahieren (§ 181 BGB) ist dem Verwalter nicht gestattet, das Rechtsgeschäft daher unwirksam.[11]

22 Weitere wichtige **Aufgaben** sind:

(1) In der ersten Gläubigerversammlung, dem sog. **Berichtstermin** (§ 29 Abs. 1 Nr. 1 InsO), hat der Verwalter über die wirtschaftliche Lage des Insolvenzschuldners und ihre Ursachen zu berichten. Dieser Bericht dient als Grundlage für die Entscheidung, ob das Unternehmen im Ganzen oder in Teilen erhalten bzw. saniert wird und welche Art der Verwertung erfolgen soll.

[8] BGH ZIP 2022, 279; so auch mit Recht KG NZI 2020, 753 zum ähnlichen Modell in Berlin.
[9] BGH NJW 1994, 323, 326; Jauernig FS F. Weber, 1975, S. 307.
[10] BGH NJW 2002, 2783 (2785).
[11] Vgl. BGHZ 113, 262 (270).

(2) Bei der **Feststellung der Schuldenmasse** hat der Verwalter maßgebend mitzuwirken. Die Anmeldung der Insolvenzforderungen erfolgt nicht bei Insolvenzgericht, sondern beim Insolvenzverwalter, § 174 Abs. 1 S. 1 InsO. Der Insolvenzverwalter muss die angemeldeten Forderungen in eine Tabelle eintragen, § 175 InsO. Unberechtigte Forderungen muss er durch Erhebung des Widerspruchs abwehren, § 178 Abs. 1 InsO, § 179 InsO.

(3) Insbesondere muss der Insolvenzverwalter die **Verwertung der Massegegenstände** vornehmen, soweit diese nicht durch einen Insolvenzplan modifiziert wird. Dazu gehört die Veräußerung von Gegenständen, die Schließung oder Stilllegung des Betriebes, der Umgang mit Vertragsverhältnissen und den Arbeitnehmern und anderes mehr.

(4) Der Verwalter hat später auch die *Verteilung* der Barmittel der Insolvenzmasse vorzunehmen, §§ 178ff. InsO. Er legt schließlich Schlussrechnung und muss nach Aufforderung auch Zwischenrechnungen legen, § 66 Abs. 1, 3 InsO. Wichtige Aufgaben betreffen auch die *Wahrnehmung des Anfechtungsrechts* nach §§ 129ff. InsO. Er führt Prozesse für und gegen die Masse und hat insofern die *Prozessführungsbefugnis.* Der Insolvenzverwalter kann auch einen *Insolvenzplan* vorlegen und ist ggfs. bei der Überwachung der Erfüllung dieses Plans eingeschaltet, §§ 217ff., 260 InsO.

II. Vergütung

Die **Vergütung** des Insolvenzverwalters richtet sich nach §§ 63ff. InsO i.V. m. der Insolvenzrechtlichen Vergütungsverordnung (InsVV) v. 19.8.1998. Die Höhe der Vergütung bemisst sich nach dem Wert der Aktivmasse am Verfahrensende; dem Verwalter kommen daher beispielsweise erfolgreich geführte Anfechtungsprozesse (§§ 129ff. InsO) auch persönlich zugute. Die Vergütung wird vom Gericht festgesetzt. Zu- und Abschläge (§ 3 InsVV) sind denkbar. 23

Einfaches Berechnungsbeispiel: Die Insolvenzaktivmasse beträgt am Ende des Verfahrens 250.000 EUR; das Verfahren wies keine besonderen Schwierigkeiten auf (§ 63 Abs. 1 S. 3 InsO); allerdings hat der Verwalter – ein Rechtsanwalt – einen Anfechtungsprozess geführt. Die Vergütung beträgt hier nach § 2 Abs. 1 InsVV: 40% aus 35.000 EUR plus 26% aus 35.000 EUR (nur Mehrbetrag!) plus 7,5% aus 180.000 EUR (nur Mehrbetrag!); ergibt zusammen 36.600 EUR. Zudem kann der Verwalter Gebühren und Auslagen nach dem RVG wegen des Prozesses verlangen (§ 5 InsVV). 24

E. Die Haftung des Verwalters

Literatur: Bachmann/Becker, Haftung des Insolvenz-Geschäftsführers in der Eigenverwaltung, NJW 2018, 2235; Bauer, Keine Business Judgment Rule für Insolvenzverwalter, ZIP 2020, 2272; Gehrlein, Sorgfaltsmaßstab der Organ- und Insolvenzverwalterhaftung – Anwendbarkeit der Business Judgement Rule, NZG 2020, 801; Jungmann, Business Judgments in der Insolvenz: Freiräume trotz richterlicher Sachlichkeitskontrolle, NZI 2020, 651; Korch, Insolvenzverwalterhaftung für unternehmerische Entscheidungen, ZIP 2020, 1596.

Für die Haftung des Insolvenzverwalters kennt das Gesetz mit **§§ 60, 61 InsO** zwei maßgebliche Vorschriften. Diese Vorschriften sind vom BGH auch auf die Organe einer eigenverwaltenden Schuldnerin analog übertragen worden.[12] Der Gesetzgeber hat dies in § 276a Abs. 2 und 3 InsO kodifiziert. Der Verwalter (oder in der Eigenverwaltung die Geschäftsleitung) haftet allen Beteiligten gegenüber auf **Schadensersatz,** wenn er schuldhaft die ihm von der InsO auferlegten Pflichten verletzt. § 60 Abs. 1 25

[12] BGHZ 218, 290 (294) Rn. 13ff.

InsO erfasst die sog. **insolvenzspezifischen Pflichten.** Vom Verwalter wird die Sorgfalt eines ordentlichen und gewissenhaften Insolvenzverwalters gefordert. Dieser Maßstab erlaubt es, die besonderen Schwierigkeiten zu berücksichtigen, denen sich der Verwalter namentlich bei Insolvenz eines Unternehmensträgers gegenübersieht. Die Fortführung des Unternehmens bedarf einer Einarbeitungszeit, der Erfolg einer Fortführung ist schwer zu prognostizieren und der Rückgriff auf zuverlässige Mitarbeiter des Schuldners wird häufig nicht ohne weiteres möglich sein. Daher genießt der Verwalter bei seinen Verwertungsengscheidungen auch einen *breiten Beurteilungsspielraum,* der allerdings nicht identisch ist mit der sog. *business judgment rule* des Aktienrechts.[13]

26 Die Haftung beruht auf einem **gesetzlichen Schuldverhältnis,** so dass der Verwalter für das *Verschulden seiner Hilfspersonen* nach § 278 BGB einstehen muss. Davon macht § 60 Abs. 2 InsO im Hinblick auf Angestellte des Insolvenzschuldners, deren sich der Verwalter notgedrungen in ihrem bisherigen Tätigkeitsbereich bedienen muss und die dafür nicht offensichtlich ungeeignet sind (wie z. B. ein an Finanzmanipulationen eindeutig beteiligter Buchhalter) eine Ausnahme; hier ist der Verwalter nur für die Überwachung und für besonders bedeutsame Entscheidungen verantwortlich. Fehlt der Zwang (das „Muss") zur Weiterbeschäftigung dieser Angestellten, so haftet der Verwalter nach § 278 BGB.[14] Der Ersatzanspruch **verjährt** gemäß § 62 InsO.

27 Als **Beteiligte** sind alle Personen anzusehen, denen gegenüber der Verwalter nach der InsO Pflichten hat (arg. § 60 Abs. 1 S. 1 InsO). Dazu gehören die Insolvenzgläubiger, der Insolvenzschuldner, die Massegläubiger (mit ergänzender Spezialregelung in § 61 InsO), die Aus- und Absonderungsberechtigten und die Neugläubiger (§§ 264 ff. InsO). Es kommt dabei aber auf die konkrete Pflicht an, so dass der Begriff des Beteiligten keine konstitutive Bedeutung hat. Entscheidend ist, wem gegenüber der Verwalter **insolvenzspezifische Pflichten** hat. Die Haftung aus § 60 InsO ist auf den Ersatz des negativen Interesses gerichtet; der Geschädigte ist so zu stellen, wie wenn der Insolvenzverwalter die Pflichtverletzung nicht begangen hätte, § 249 Abs. 1 BGB.[15]

28 **Beispiele:** Nimmt der Verwalter eine festgestellte Forderung nicht in das Verzeichnis der bei einer Verteilung zu berücksichtigenden Forderungen auf (§ 188 InsO) und fällt der Gläubiger deshalb bei der Schlussverteilung aus, haftet der Verwalter persönlich; hat der Gläubiger gegen das Verzeichnis keine Einwendungen erhoben, kann die Ersatzpflicht nach § 254 BGB gemindert sein.[16]

Behandelt der Verwalter oder eine Hilfsperson (§ 278 BGB) massefremde Gegenstände nicht sorgfältig, so haftet der Verwalter dem Aussonderungsberechtigten nach § 60 InsO; ebenso, wenn er den Gegenstand nicht herausgibt.

Klagt der Verwalter eine Forderung der Masse gegen einen Drittschuldner erst nach Ablauf der Verjährungsfrist ein und beruft sich der Drittschuldner auf Verjährung, haftet der Verwalter den Insolvenzgläubigern auf Schadensersatz, wenn er die Hemmung der Verjährung etwa durch rechtzeitige Klageerhebung (§ 204 Abs. 1 Nr. 1 BGB) versäumt hat. Der Schaden besteht in der geringeren Quote, die auf jeden einzelnen Insolvenzgläubiger entfällt. Geltend gemacht werden kann der Schaden freilich nicht von dem einzelnen Insolvenzgläubiger; vielmehr liegt ein **Gesamtschaden** vor, der nach § 92 S. 1 InsO in die Masse zu leisten ist. Damit erhöht sich die Quote jedes einzelnen Gläubigers. Geltend gemacht wird der Gesamtschadensanspruch von einem neu bestellten Verwalter (§ 92 S. 2 InsO). Gemeint ist ein Sonderverwalter oder der Nachfolger des entlassenen schadenersatzpflichtigen Verwalters.

---

[13] BGH NJW 2020, 1800 (1801) Rn. 29ff.
[14] Näher BGH NZI 2016, 352 (353) Rn. 19.
[15] BGH NJW 2007, 1596 (1597) Rn. 14.
[16] BGH NJW 1994, 2286 (2287) [zur KO].

§ 61 InsO beinhaltet eine eigenständige weitergehende Haftungsregelung. Sie betrifft den Fall, dass der Verwalter Masseverbindlichkeiten begründet hat, die nicht voll aus der Insolvenzmasse befriedigt werden können. Diese Regelung soll die Bereitschaft erhöhen, der Masse noch Kredit zu geben, indem das Ausfallrisiko durch die persönliche Verwalterhaftung ausgeglichen wird. Aus § 61 InsO folgt, dass der Verwalter zu jedem Zeitpunkt **Liquiditätsprognosen** vornehmen muss und sicherstellen muss, dass die von ihm eingegangenen Verpflichtungen auch im Fälligkeitszeitpunkt erfüllt werden können. Kauft der Verwalter zur Fortführung des Schuldnerunternehmens Rohstoffe ein, hat er persönlich einzustehen, wenn die Bezahlung aus der Masse nicht möglich ist. Seine Haftung umfasst das negative Interesse.[17] Sie entfällt nach § 61 S. 2 InsO, wenn der Verwalter beweist, dass entweder objektiv von einer zur Erfüllung der Verbindlichkeit ausreichenden Masse auszugehen war oder er die Unzulänglichkeit nicht erkennen konnte; der Verwalter muss dazu einen **Liquiditätsplan** erstellen und diesen bis zum Zeitpunkt der Begründung der Verbindlichkeit ständig überprüfen.[18] Anders als bei § 60 InsO wird bei § 61 InsO kein Gesamtschaden reguliert; es handelt sich um einen **Individualanspruch,** den nur der **Neugläubiger,** nicht aber der Verwalter gegen seinen Amtsvorgänger geltend machen kann.[19] 29

Führt der Verwalter einen **Prozess** für die Masse und unterliegt, haftet er für den nicht aus der Masse beitreibbaren Prozesskostenerstattungsanspruch des Gegners (vgl. § 91 ZPO) weder nach § 60 InsO (keine insolvenzspezifischen Pflichten gegenüber dem Prozessgegner[20]) noch nach § 61 S. 1 InsO.[21] 30

Nichtbeteiligten Dritten, denen gegenüber **keine insolvenzspezifischen** Pflichten bestehen, haftet der Verwalter nach allgemeinen *deliktsrechtlichen Grundsätzen,* insbesondere gemäß §§ 823ff. BGB. Bedeutung gewinnt diese Haftung bei der Verletzung von Verkehrssicherungspflichten hinsichtlich von Massegegenständen, etwa beim Betrieb gefährlicher Anlagen oder der Verletzung der Räum- und Streupflicht. Die Eigenhaftung des Verwalters für Pflichtverletzungen beim Vertragsschluss nach § 311 Abs. 3 BGB setzt allerdings besondere Umstände voraus, denn der Dritte muss regelmäßig damit rechnen, dass der Verwalter seine besondere Sachkunde nur für die i. S. d. § 60 InsO Beteiligten einsetzt. Allein das Auftreten als Verwalter genügt deshalb nicht.[22] 31

Von der persönlichen Haftung des Verwalters zu unterscheiden ist die Haftung der Masse für deliktisches Handeln des Verwalters analog § 31 BGB.[23] Entsprechende Schadensersatzansprüche sind Masseverbindlichkeiten (§ 55 Abs. 1 Nr. 1 InsO). Der Verwalter wiederum kann der Masse nach § 60 Abs. 1 InsO regresspflichtig sein.[24] 32

In der Praxis schließen Verwalter *Berufshaftpflichtversicherungen* ab.[25] 33

[17] BGH NJW 2004, 3334 (3337f.).
[18] BGH NJW 2004, 3334 (3337).
[19] BGH NZI 2006, 580.
[20] BGH NJW 2001, 3187.
[21] BGH NJW 2005, 901 (902).
[22] BGH NJW-RR 1990, 94 (96); 2005, 1137 [zu § 82 KO].
[23] Häsemeyer InsR Rn. 14.10.
[24] Häsemeyer InsR Rn. 6.34.
[25] Dazu van Bühen NZI 2003, 465.

F. Die Einordnung der Rechtsstellung des Insolvenzverwalters

34 Der Insolvenzverwalter ist eine von hoheitlicher Seite eingesetzte Person, aber nicht selbst Hoheitsperson, insbesondere kein Beliehener. Schon seit Inkrafttreten der Konkursordnung im Jahre 1879 gibt es einen dogmatischen Streit darüber, wie die Rechtsstellung des Insolvenzverwalters ausgestaltet ist. Dieser Streit hat in erster Linie eine dogmatische, weniger eine praktische Bedeutung.

35 Nach der von der Rechtsprechung und herrschenden Meinung vertretenen **Amtstheorie** übt der Insolvenzverwalter ein ihm übertragenes Amt **im eigenen Namen** aus.[26] Er ist insofern *Partei kraft Amtes,* wie sich auch aus § 116 S. 1 Nr. 1 ZPO entnehmen lässt. In einem Prozess über einen Massegegenstand würde also bspw. Rechtsanwalt R als Insolvenzverwalter über das Vermögen der X-GmbH als Partei geführt werden. Insofern ist der Insolvenzverwalter nicht nur bloßer Vertreter, sondern handelt im eigenen Namen. Gleichwohl wird der Insolvenzverwalter nicht mit seinem Privatvermögen verpflichtet, sondern in seiner Amtsstellung, d. h. für die Masse. Rein materiell-rechtlich verbindet sich gleichwohl mit dieser Amtsstellung auch, dass die vom Verwalter vorgenommenen Handlungen für und gegen den Insolvenzschuldner wirken, soweit sie nicht insolvenzzweckwidrig sind.

36 Insofern ist der Graben zur sog. **Vertretertheorie** eher schmal. Nach der Vertretertheorie ist der Verwalter *gesetzlicher Vertreter des Insolvenzschuldners* in Bezug auf die Masse.[27] Nach diesem Vorstellungsbild handelt er im fremden Namen, nämlich im Namen des Schuldners.

37 Daneben werden auch weitere Theorien vertreten. Dazu gehört insbesondere auch die **Organtheorie.** Sie sieht die Insolvenzmasse selbst als eine *Art juristische Person und den Verwalter als deren Organ.* Freilich ist das mit dem Gesetz nicht vereinbar, da die Insolvenzmasse selbst keine juristische Person ist und insofern auch keine Rechtsfähigkeit hat. Die Organtheorie wird daher heute vor allem noch in modifizierter Form als *neue Organ- und Vertretertheorie* vertreten.[28] Danach soll bei juristischen Personen und insolvenzfähigen Personenvereinigungen der Verwalter als Fremdliquidator deren Vertretungsorgan sein, bei natürlichen Personen gesetzlicher Vertreter, wenngleich beschränkt auf die Masse. Diese Anleihe an das außerinsolvenzrechtliche Liquidationsrecht, wie es im Gesellschaftsrecht und bspw. in den §§ 65ff. GmbHG geregelt ist, hat v. a. eine Bedeutung bei der Möglichkeit einer sog. Freigabe von Gegenständen aus der Masse. Nach dieser Theorie soll eine solche Freigabe gerade nicht möglich sein, weil es liquidationsloses Vermögen nicht geben solle. Die h. M. lässt aber massefreies Vermögen und eine Freigabe zu (→ § 17 Rn. 13f.).

38 Wieder anders lautet die **Theorie vom neutralen Handeln.**[29] Sie geht davon aus, der Verwalter handele weder im eigenen noch im fremden Namen, sondern *objektbezogen auf das Massevermögen.* Diese Theorie verzichtet auf ein Rechtssubjekt, für das der Verwalter handelt, was zugleich ihre inhaltliche Schwäche ist.

---

[26] StRspr: RGZ 29, 29 (36); BGHZ 24, 393 (396); 32, 114 (118); 88, 331 (334).
[27] Etwa: Bley ZZP 62 (1941), 111; Lent ZZP 62 (1941), 129.
[28] Entwickelt von: K. Schmidt KTS 1984. 345.
[29] So Dölle FS Fr. Schulz, 1951, S. 268.

§ 5. Der Sachwalter in der Eigenverwaltung

Literatur: Frind, Der Aufgabenkreis des vorläufigen Sachwalters in der Eigenverwaltung, NZI 2014, 937; Reus/Höfer/Harig, Voraussetzungen und Ablauf eines Eigenverwaltungsverfahrens, NZI 2019, 57; Spiekermann, Die Unabhängigkeit des Insolvenzverwalters und Sachwalters, NZI 2020, 977; Taras, Haftung der Geschäftsleitung in der Eigenverwtraltung, NJW-Spezial 2018, 405; Thole, Die Reform der Eigenverwaltung: Eine Umsetzung der ESUG-Evaluation?, NZI-Beilage 2021, 90; Weber, Analoge Anwendung der Haftungsnormen aus §§ 60, 61 InsO auf die Geschäftsleiter von eigenverwalteten Schuldnern, NZI 2018, 553.

Die InsO sieht auch bestimmte Mechanismen vor, um eine Sanierung – neuerdings häufiger auch Restrukturierung genannt – zu erleichtern und zu ermöglichen. In verfahrensrechtlicher Hinsicht geschieht dies durch die **Eigenverwaltung,** in materiell-rechtlicher Hinsicht über den **Insolvenzplan.** Beides ist zwar nicht zwingend miteinander verknüpft. Es kann eine Eigenverwaltung geben, ohne dass ein Insolvenzplan angestrebt ist, und umgekehrt kann auch ein Insolvenzverwalter (also außerhalb der Eigenverwaltung) einen Insolvenzplan vorlegen. Häufig wird aber beides zusammen angestrebt. 1

Im Regelinsolvenzverfahren geht mit der Verfahrenseröffnung das Recht des Insolvenzschuldners, sein zur Insolvenzmasse gehörendes Vermögen zu verwalten und darüber zu verfügen, auf den Insolvenzverwalter über (§ 80 Abs. 1 InsO). Diese Folgen treten nicht ein, wenn das Insolvenzgericht die **Eigenverwaltung** anordnet. Auch die Eigenverwaltung ist ein Insolvenzverfahren. Wie der Name dieser besonderen Verfahrensvariante andeutet, behält aber der Insolvenzschuldner das Recht zur *Verwaltung und Verfügung* (§ 270 Abs. 1 S. 1 InsO, auch § 271 S. 1 InsO), folgerichtig wird auch kein Insolvenzverwalter bestellt, sondern ein **Sachwalter,** dem die Aufsicht über den eigenverwaltenden Insolvenzschuldner obliegt (§ 270 Abs. 1 S. 1 InsO), und dem außerdem einige Aufgaben zugewiesen sind, die im Regelverfahren der Insolvenzverwalter zu erfüllen hat. In der Eigenverwaltung werden also die Funktionen des Insolvenzverwalters auf den Sachwalter und den Insolvenzschuldner verteilt. 2

Bei der Eigenverwaltung ist zwischen dem Eröffnungsverfahren und der Eigenverwaltung im eröffneten Verfahren zu unterscheiden. Bereits im Eröffnungsverfahren werden die Weichen für eine Eigenverwaltung gestellt. Diese vorläufige Eigenverwaltung und die besondere Variante des Schutzschirmverfahrens werden (→ § 13 Rn. 7 ff., 15 ff.) noch gesondert dargestellt. Daher enthalten die folgenden Passagen lediglich ergänzende Ausführungen zur Person des Sachwalters. 3

Für das Eigenverwaltungsverfahren gelten grundsätzlich die „allgemeinen Vorschriften" (§ 270 Abs. 1 S. 2 InsO) – eine verfehlte Bezeichnung, da nicht nur die Vorschriften des 1. Teils der InsO („Allgemeine Vorschriften", §§ 1–10 InsO) gemeint sind, sondern *die gesamten Vorschriften über das Regelinsolvenzverfahren.* Diese Bestimmungen werden in den §§ 270 ff., 274–285 InsO erheblich modifiziert, da in der Eigenverwaltung die Aufgaben des Insolvenzverwalters auf Sachwalter und Insolvenzschuldner verteilt sind. 4

Der Insolvenzschuldner verwaltet und verfügt über die Insolvenzmasse unter steter **Aufsicht** des Sachwalters (§ 270 Abs. 1 S. 1 InsO). Die Aufsichtsmittel sind mannigfaltig. Sie reichen von der Beratung (bei Aufstellung eines Insolvenzplans, § 284 Abs. 1 S. 2 InsO), über die Prüfung (der wirtschaftlichen Lage, § 274 Abs. 2 S. 1 InsO), die Mitwirkung bei der Buchführung und Unterstützung von Verhandlungen oder auch bei der sog. Insolvenzgeldvorfinanzierung je nach Anordnung des Gerichts 5

(§ 274 Abs. 2 S. 2 InsO), die Prüfung und Stellungnahme (so für die Verzeichnisse, den Bericht und die Schlussrechnung des Insolvenzschuldners, §§ 281, 283 Abs. 2S. 2 InsO), den Widerspruch (gegen die Eingehung gewöhnlicher Geschäftsschulden, § 275 Abs. 1 S. 2 InsO), das Einvernehmen (bei Ausübung bestimmter Rechte, § 279 S. 2 InsO; bei Ausübung des Rechts zur Verwertung von Sicherungsgut, § 282 Abs. 2 InsO), die Auferlegung einer Pflicht (den Zahlungsverkehr dem Sachwalter zu überlassen, § 275 Abs. 2 InsO), die Soll-Zustimmung (zur Eingehung von Verbindlichkeiten außerhalb des gewöhnlichen Geschäftsbetriebs, § 275 Abs. 1 S. 1) bis zur Zustimmung als Wirksamkeitsvoraussetzung (bei Ausübung der Rechte aus §§ 120, 122, 126 InsO: § 279 S. 3 InsO; bei Anordnung der Zustimmungsbedürftigkeit für bestimmte Rechtsgeschäfte, § 277 Abs. 1 InsO).

6 Eine starke Einschränkung der Befugnisse des Insolvenzschuldners bringt die gerichtliche Anordnung, dass er bestimmte Rechtsgeschäfte nur mit **Zustimmung des Sachwalters** wirksam vornehmen kann. Sie ergeht auf Antrag der Gläubigerversammlung (§ 277 Abs. 1 S. 1 InsO), in Eilfällen auch auf Antrag eines Absonderungsberechtigten oder eines Insolvenzgläubigers, wenn die Eilbedürftigkeit glaubhaft gemacht ist (§ 277 Abs. 2 InsO). Wird das Recht zur Verfügung über ein Grundstück eingeschränkt, so wird diese Anordnung im Grundbuch eingetragen (§ 277 Abs. 3 S. 3 InsO mit § 32 InsO entsprechend).

7 Die Rechtsstellung des Sachwalters entspricht – trotz seiner geringeren Aufgaben – in wesentlichen Punkten der eines Insolvenzverwalters.

8 Seine *Bestellung, Haftung, Vergütung und die gerichtliche Aufsicht* richten sich nach den Vorschriften über den Insolvenzverwalter (§ 274 Abs. 1 InsO). Die Forderungen sind bei ihm anzumelden (§ 270f Abs. 2 S. 2 InsO; vgl. § 174 Abs. 1 S. 1 InsO). Einen Gesamtschaden der Insolvenzgläubiger kann nur der Sachwalter geltend machen (§ 280 InsO; vgl. § 92 InsO), ebenso das Anfechtungsrecht (§§ 129–147 InsO: § 280 InsO). Die Erfüllung eines Insolvenzplans hat der Sachwalter zu überwachen (§ 284 Abs. 2 InsO; vgl. § 261 Abs. 1 S. 1 InsO). Masseunzulänglichkeit hat er anzuzeigen (§ 285 InsO; vgl. § 208 Abs. 1 S. 1 InsO).

9 Was dem Sachwalter fehlt, ist die *Verwaltungs- und Verfügungsbefugnis* über die Insolvenzmasse (§ 270 Abs. 1 S. 1 InsO, anders § 80 Abs. 1 InsO), dementsprechend das Recht zur Verwertung von Sicherungsgut (§ 282 InsO, anders §§ 165, 166 InsO) und das Recht zur Verteilung (§ 283 Abs. 1 S. 1 InsO, anders § 187 Abs. 3 S. 1 InsO).

10 Die Hauptaufgabe des Sachwalters ist die **Aufsicht** über den Insolvenzschuldner. Daher hat er dem Insolvenzgericht und, wenn vorhanden, dem Gläubigerausschuss (sonst den Absonderungsberechtigten und den Anmeldern) unverzüglich anzuzeigen, dass die Fortsetzung der Eigenverwaltung aufgrund bestimmter Umstände Nachteile für die Gläubiger erwarten lässt (§ 274 Abs. 3 InsO). Daraufhin wird die Eigenverwaltung aber nicht von Amts wegen, sondern nur auf Antrag eines nach § 272 Abs. 1 InsO dazu Berechtigten aufgehoben.

11 Dass dem Insolvenzschuldner grundsätzlich die Verwaltungs- und Verfügungsbefugnis bleibt, hat eine wichtige Konsequenz. Widerspricht er einer Insolvenzforderung bei ihrer Prüfung, so gilt sie als nicht festgestellt (§ 283 Abs. 1 S. 2 InsO, anders § 178 Abs. 1 S. 2 InsO). Sein Widerspruch wirkt also wie einer des Sachwalters oder eines Insolvenzgläubigers (§ 283 Abs. 1 S. 2 InsO).

§ 6. Die Gläubiger im Insolvenzverfahren

Literatur: Becker, Umfassendes Recht der Gläubigerversammlung zur Wahl des Insolvenzverwalters – Ein Plädoyer für mehr Gläubigerautonomie NZI 2011, 961; Brinkmann, Die Auflösung des Gläubigerausschusses durch die Gläubigerversammlung, ZIP 2019, 241; De Bruyn, Der vorläufige Gläubigerausschuss im Insolvenzverfahren, 2015; Ehricke, Beschlüsse einer Gläubigerversammlung bei mangelnder Teilnahme der Gläubiger, NZI 2000, 57; Göbl/Schnieders/Mönig, Praxishandbuch Gläubigerausschuss, 2016; Graeber, Die Wahl des Insolvenzverwalters durch die Gläubigerversammlung nach § 57 InsO, ZIP 2000, 1465; Groh, Stimmvereinbarungen zwischen Gläubigern in der Insolvenz, 2016; Hoppe, Rechtsgeschäfte der Gläubigerversammlung und des Gläubigerausschusses, 2018; Huntemann/Brockdorff, Der Gläubiger im Insolvenzverfahren, 1999; Kortleben, Der Gläubiger im Insolvenzverfahren, 2018; Lachmann, Gläubigerrechte in Krise und Insolvenz, 2. Auflage 2010; Mock, Gläubigerausschuss: Austritt, Ausschluss, Auflösung, ZInsO 2019, 1991; Niemeyer, Die Gläubigerbeteiligung im Regelinsolvenzverfahren, 2009; Pape, Gläubigerbeteiligung im Insolvenzverfahren, 2000; ders., Zur Stellung und Bedeutung der Gläubigerversammlung im Konkurs, ZIP 1990, 1251; Pape/Schultz, Der Gläubigerausschuss im Eröffnungsverfahren und im eröffneten Insolvenzverfahren mit Eigenverwaltung des Schuldners, ZIP 2016, 506; dies., Die Pflichten der Mitglieder des Gläubigerausschusses im eröffneten Verfahren, ZIP 2015, 1662; Plathner/Sajogo, Das Stimmrecht in der Gläubigerversammlung, ZInsO 2011, 1090; Rikovsky, Das Genussrecht als mezzanines Finanzierungsinstrument und seine Rolle in der Insolvenz des Emittenten, 2019; Sponagel, Informationsrechte des Gläubigers im Insolvenzverfahren, 2011; Theewen, Rechtsstellung der Insolvenzgläubiger, 2. Auflage 2013; Thole, Gläubigerinformation im Insolvenzverfahren – Akteneinsicht und Auskunftsrecht, ZIP 2012, 1533; Vallender, Rechtsstellung und Aufgaben des Gläubigerausschusses, WM 2002 Heft 41, 2040; Wolff, Stimmrechte im Insolvenzverfahren, 2014.

A. Unterteilung der Gläubiger im Überblick

Bei den in einem Insolvenzverfahren beteiligten Gläubigern können verschiedene Arten unterschieden werden. Von zentraler Bedeutung sind die sog. **Insolvenzgläubiger,** die Inhaber von Insolvenzforderungen. Insolvenzgläubiger ist, wer als persönlicher (nicht: dinglicher) Gläubiger einen *zur Zeit der Eröffnung* des Insolvenzverfahrens begründeten Vermögensanspruch gegen den Schuldner hat, § 38 InsO. Die Insolvenzgläubiger sind von der individuellen Rechtsverfolgung ausgeschlossen und müssen ihre Forderungen zur **Insolvenztabelle** anmelden. Wer Insolvenzgläubiger ist, darf grundsätzlich an der Ausschüttung der Insolvenzquote partizipieren, ist aber eben auch darauf beschränkt. 1

Zu den Insolvenzgläubigern gehören auch die **nachrangigen Insolvenzgläubiger,** § 39 InsO, die allerdings in der Regel leer ausgehen, weil sie erst dann zum Zuge kommen, wenn die normalen Insolvenzgläubiger voll befriedigt worden sind. Daher dürfen die nachrangigen Gläubiger ihre Forderungen auch erst anmelden, wenn sie dazu gesondert vom Insolvenzgericht aufgefordert werden, § 174 Abs. 3 InsO. Regelmäßig erhalten indes selbst die gewöhnlichen Insolvenzgläubiger i. S. d. § 38 InsO nur eine Quote auf ihre Forderungen (anteilige Befriedigung), so dass sie in aller Regel in einem Insolvenzverfahren nicht vollständig befriedigt werden. Für diese Gläubigergruppe gilt der Grundsatz der Gläubigergleichbehandlung (par condicio creditorum), so dass die Insolvenzgläubiger im Ergebnis eine (rechtlich aber nicht selbständige) **Verlustgemeinschaft** bilden.[1] 2

Neben den Insolvenzgläubigern kennt das Insolvenzverfahren noch die sog. **Massegläubiger.** Sie halten Forderungen, die aus Sicht des Schuldners **Masseverbindlich-** 3

[1] Jaeger/Henckel/Henckel InsO § 38 Rn. 4.

keiten sind, §§ 53–55 InsO. Charakteristisch für die Massegläubiger ist, dass sie sich *vorweg* aus der Insolvenzmasse befriedigen dürfen, § 53 InsO, so dass sie in aller Regel, soweit die Masse ausreicht, volle Befriedigung ihrer Forderungen erhalten (keine bloße Quote!). Paradebeispiel für die Massegläubiger sind diejenigen Gläubiger, die erst durch den Vertragsschluss mit dem **Insolvenzverwalter** in eine Gläubigerstellung eintreten und mithin erst **nach Verfahrenseröffnung** – im Gegensatz zu den Insolvenzgläubigern – Gläubiger werden. Die Masseverbindlichkeiten werden gegenüber dem Verwalter nach allgemeinen Regeln geltend gemacht (anders im Fall der sog. Masseunzulänglichkeit, → § 10 Rn. 15).

4 **Beispiel:** Der Insolvenzverwalter I der X-AG führt den Geschäftsbetrieb zunächst fort. Für die weitere Produktion bestellt er Rohstoffe bei Z. Z würde nicht liefern, wenn er wüsste, dass er auf den Kaufpreis nur eine Quote bekäme. Daher ist Z hier Massegläubiger i. S. d. § 55 Abs. 1 Nr. 1 InsO. Er kontrahiert mit dem Insolvenzverwalter und vertraut insoweit auf volle Befriedigung.

5 Besondere Arten von Gläubiger sind die **Absonderungsberechtigten** (§§ 49 ff. InsO) und die **Aussonderungsberechtigten** (§§ 47 f. InsO). Bei der Aus- und Absonderung geht es um den *Zugriff auf bestimmte Gegenstände.* Prototyp des Absonderungsberechtigten ist der Pfandgläubiger (§ 50 InsO), der ein Verwertungsrecht und damit das Recht zur vorzugsweisen Befriedigung aus einem bestimmten Gegenstand der Masse hat. Wer absonderungsberechtigt ist, kann zugleich auch Insolvenzgläubiger sein. Mit einer Insolvenzforderung wird in Gestalt des Rechts auf eine Insolvenzquote der Zugriff auf das gesamte Schuldnervermögen bzw. die Masse eröffnet, während die Absonderungsberechtigung nur bestimmte Gegenstände betrifft. Grob gesprochen kann man sagen, dass Absonderungsberechtigte die gesicherten Gläubiger sind.

6 Davon zu unterscheiden sind **Aussonderungsberechtigte,** die im Gesetz als Nichtinsolvenzgläubiger bezeichnet werden und nicht im eigentlichen Sinne am Insolvenzverfahren teilnehmen müssen. Hier geht es darum, dass der Aussonderungsberechtigte die **Massefremdheit** eines bestimmten Gegenstandes geltend macht, bspw. der Eigentümer einer Sache, der geltend macht, die Sache gehöre gar nicht dem Schuldner und sei deshalb vom Insolvenzverwalter herauszugeben. Solche Aussonderungsansprüche – wie in diesem Beispiel ein Anspruch aus § 985 BGB – werden außerhalb des für Insolvenzgläubiger relevanten Tabellenfeststellungsverfahrens der §§ 174 ff. InsO durch gesonderte Geltendmachung gegenüber dem Insolvenzverwalter gemäß allgemeinen Regeln (§ 47 InsO) verfolgt. Näher → § 9.

7 Eine besondere Kategorie von Gläubigern bilden die sog. **Neugläubiger.**[2] Neugläubiger stehen *außerhalb* des Rahmens des Insolvenzverfahrens und haben einen Anspruch gegen den Schuldner, den sie aber nicht gegenüber dem Insolvenzverwalter und der Masse geltend machen können. Das betrifft Ansprüche, die sich auf *massefreies Vermögen* beziehen. So sind insbesondere unpfändbare Gegenstände nicht von der Verwaltungs- und Verfügungsbefugnis des Insolvenzverwalters umfasst (§ 36 InsO), so dass mögliche Ansprüche bezogen auf diese unpfändbaren, massefreien Gegenstände auch keine Ansprüche gegen die Masse auslösen. Neugläubigerforderungen müssen daher außerhalb des Insolvenzverfahrens geltend gemacht werden, was sich regelmäßig als schwierig erweist, weil der Schuldner auf sein Vermögen im Allgemei-

[2] Vgl. BGH NZI 2014, 310.

nen – das nunmehr die Masse bildet – gerade nicht mehr zugreifen kann und darf und folglich daraus auch keine Ansprüche mehr bedienen kann. Denn das massegebundene Vermögen untersteht jetzt der Verwaltungs- und Verfügungsbefugnis des Insolvenzverwalters, § 80 InsO. Es kann also nur Befriedigung aus dem massefreien Vermögen gesucht werden, das sehr beschränkt ist.

B. Begrifflichkeiten

Die Terminologie der InsO ist wenig stringent. Der 2. Teil 2. Abschnitt enthält zwar eine **„Einteilung der Gläubiger"** in Insolvenzgläubiger (mit der oben angeführten Untergliederung), Aussonderungsberechtigte als „Nicht-Insolvenzgläubiger" (§ 47 S. 1 InsO), Absonderungsberechtigte (§§ 49–52 InsO), die zugleich auch Insolvenzgläubiger sein können (§ 52 S. 1 InsO), und Massegläubiger (§ 53 InsO). Von einem einheitlichen und klaren Gebrauch dieser Begriffe kann aber keine Rede sein. Das *erschwert das Verständnis.* So sind mit dem Globalbegriff „Gläubiger" in zahlreichen Vorschriften, ohne dass das ohne weiteres erkennbar wäre, nur die Insolvenzgläubiger und die absonderungsberechtigten Gläubiger gemeint (so z. B. in § 1 S. 1 InsO, § 152 Abs. 1 InsO, § 153 Abs. 2 S. 1, § 230 Abs. 2 InsO, auch § 213 InsO; Überschrift von § 28 InsO). „Insolvenzgläubiger" gemäß § 174 Abs. 1 S. 1 InsO sowie im Sinne der Überschrift von § 224 InsO sind nur die nichtnachrangigen, während in der Überschrift von § 225 InsO (wie bei § 39 InsO) die nachrangigen Insolvenzgläubiger genannt werden. Nachrangige Insolvenzgläubiger (§ 39 InsO) sind z. B. in § 187 Abs. 2 S. 2 InsO, § 222 Abs. 1 S. 2 Nr. 3 InsO korrekt genannt, während sie in § 77 Abs. 1 S. 2 InsO, § 174 Abs. 3 InsO, § 177 Abs. 2 InsO, § 266 Abs. 2 InsO nur als „nachrangige Gläubiger" bezeichnet werden. 8

Das Gesetz kennt ferner **„Kleingläubiger"**, die in § 67 Abs. 2 S. 1 InsO Insolvenzgläubiger (einschließlich der nachrangigen Insolvenzgläubiger) sind, in § 222 Abs. 3 S. 2 InsO aber auch absonderungsberechtigte Gläubiger mit geringen Forderungen sein können. Einen ganz eigenständigen Begriff des „Gläubigers" verwendet § 265 InsO, der in der Überschrift, aber nicht im Normtext als „Neugläubiger" erscheint. 9

Daher ist bei der Heranziehung der gesetzlichen Vorschrift stets darauf zu achten, den Inhalt der Vorschrift und die Normaussage richtig zu erfassen. 10

C. Die Organisation der Gläubiger

I. Gläubigerversammlung

Im Insolvenzverfahren stehen die Interessen der Gläubiger auf dem Spiel. Die Insolvenzordnung sieht deshalb an verschiedenen Stellen die **Mitwirkung der Gläubigerschaft** bei den im Insolvenzverfahren zu treffenden Entscheidungen vor. Prototyp ist etwa die Entscheidung der Gläubigerversammlung im Rahmen des sog. Berichtstermins, ob das Unternehmen fortgeführt werden soll oder liquidiert werden soll (§§ 157, 158 InsO). Gleichwohl wäre es umständlich, wenn der Insolvenzverwalter gleichsam jeden einzelnen Schritt mit der Gläubigerschaft abzustimmen hätte. Das stößt bei größeren Verfahren mit einer größeren Anzahl von Gläubigern schon auf logistische Schwierigkeiten. Zudem bilden die Gläubiger auch keine homogene Masse und sind auch nicht als eine Bruchteilsgemeinschaft und/oder Gesellschaft anzusehen. 11

Zwar gibt es ein zugrundeliegendes gemeinsames Interesse an der bestmöglichen Verwertung und Gläubigerbefriedigung, doch ist es keineswegs so, dass die Gläubigerschaft im Ganzen einheitliche Interessen verfolgt. Während bspw. eine der Gruppen der Gläubiger auf die schnelle Auskehr einer Quote drängen mag, mag eine andere Gruppe von Gläubigern eher ein Interesse an einer besseren Quote auf lange Sicht im Rahmen einer Sanierungsstrategie haben. Es bedarf deshalb der **Koordination der Gläubigerinteressen** sowohl innerhalb der Gläubigerschaft als auch im Zusammenwirken und in der Zusammenarbeit mit dem Insolvenzverwalter und dem Insolvenzgericht. Die Gläubigerschaft hat zu diesem Zweck zwei Organe: die **Gläubigerversammlung** und den **Gläubigerausschuss.** Die Gläubigerversammlung ist in jedem Insolvenzverfahren zwingend einzuberufen, während der Gläubigerausschuss nicht zwingend ist (§ 67 Abs. 1 InsO: „kann"). Allerdings besteht ggf. die Pflicht, im Eröffnungsverfahren einen vorläufigen Gläubigerausschuss zu bilden (§ 22a Abs. 1 InsO, dazu gleich → Rn. 20).

12 Die Gläubigerversammlung ist gewissermaßen das *Plenarorgan* bzw. die Vollversammlung der Gläubiger. Die Gläubigerversammlung umfasst alle absonderungsberechtigten Gläubiger und alle Insolvenzgläubiger, § 74 Abs. 1 InsO.

13 Die **Aufgaben** der Gläubigerversammlung sind:

(1) Die *Wahl eines Insolvenzverwalters,* wenn statt des vom Gericht bereits bestellten Verwalters ein anderer bestellt werden soll, § 57 S. 1 InsO. Versagung der Bestellung ist nur bei Ungeeignetheit des Gewählten möglich (§ 57 S. 3 InsO), was merkwürdig ist, weil der Bestellte schon aus wichtigem Grund von Amts wegen wieder entlassen werden kann, § 59 Abs. 1 S. 1, 2 InsO.

(2) Die Entscheidung, ob ein *Gläubigerausschuss* eingesetzt oder ein bereits vom Gericht eingesetzter (§ 67 Abs. 1 InsO) beibehalten werden soll sowie die *Ab- und Neuwahl von Mitgliedern,* § 68 InsO.

(3) Die Entscheidung über *den Fortgang des Verfahrens* aufgrund eines Berichts des Verwalters in einer Gläubigerversammlung (Berichtstermin, §§ 29 Abs. 1 Nr. 1, 156 InsO), insbesondere über Stilllegung oder vorläufige Fortführung eines Unternehmens des Insolvenzschuldners, über Aufstellung und Ziel eines Insolvenzplans, über Hinausschieben einer Verwertung der Masse, §§ 157–159 InsO.

(4) *Die Kontrolle des Verwalters* durch Anfordern von Auskünften sowie von Berichten über Sachstand und Geschäftsführung (§ 79 InsO), ferner von Zwischenrechnungen (§ 66 Abs. 3 InsO) und durch Entgegennahme und Erörterung der Schlussrechnung (§§ 66 Abs. 1, 197 Abs. 1Nr. 1 InsO).

(5) Die vorherige *Zustimmung* zu besonders bedeutsamen Rechtshandlungen des Verwalters, sofern ein Gläubigerausschuss nicht bestellt ist, § 160 Abs. 1 InsO. Dazu nennt § 160 Abs. 2 InsO Beispiele in nicht abschließender Weise. Die Gläubigerversammlung kann Zustimmungskompetenzen auch dann an sich ziehen, wenn ein Gläubigerausschuss bestellt ist und der Maßnahme zugestimmt hat. Auch das Gericht kann eine solche Kompetenzverlagerung anordnen, § 161 S. 2 InsO. Das Gesetz macht insbesondere Unternehmens- und Betriebsveräußerungen an besonders Interessierte oder Großgläubiger von der Zustimmung der Gläubigerversammlung abhängig, § 162 InsO. Gleiches gilt für eine Unternehmens- oder Betriebsveräußerung unter

Wert, wenn das Gericht auf Antrag die Zustimmungsbedürftigkeit anordnet, § 163 InsO. Das dient dem Schutz der Gläubigerinteressen, die selbst darüber befinden sollen, ob Ihnen unter den gegebenen Umständen eine unter Wert erfolgende Veräußerung tragbar erscheint. Ein Verstoß gegen die §§ 160–163 InsO macht die Handlung des Verwalters im Außenverhältnis nicht unwirksam, § 164 InsO. Umgekehrt bedeutet die Zustimmung noch nicht zwingend, dass der Verwalter von jeder Haftung nach § 60 InsO befreit ist.

(6) Das Stellen eines *Antrags auf Aufhebung der Eigenverwaltung,* § 272 Abs. 1 Nr. 1 InsO, oder ein Auftrag an den Schuldner oder Sachwalter zu Ausarbeitung eines Insolvenzplans, § 284 Abs. 1 S. 1 InsO.

(7) Im Rahmen der Restschuldbefreiung die *Beauftragung des Treuhänders,* die Erfüllung der Obliegenheiten des Schuldners zu überwachen, § 292 Abs. 2 S. 1 InsO;

(8) Die *Gewährung von Unterhalt* aus der Masse für den Schuldner und seine Familie, § 100 Abs. 1 InsO; Entsprechendes gilt für bestimmte Gesellschafter des Schuldners, § 101 Abs. 1 S. 3 InsO.

Das **Stimmrecht** in der Gläubigerversammlung haben uneingeschränkt die nicht- 14
nachrangigen Insolvenzgläubiger, deren (nicht aufschiebend bedingte) Forderungen angemeldet und weder vom Verwalter noch einem stimmberechtigten Gläubiger bestritten worden sind, § 77 Abs. 1 S. 1, Abs. 3 Nr. 1 InsO. Nachrangige Insolvenzgläubiger sind Teil der Gläubigerversammlung, haben aber kein Stimmrecht, § 77 Abs. 1 S. 2 InsO. Gläubiger bestrittener oder aufschiebend bedingter Forderungen sowie absonderungsberechtigte Gläubiger sind stimmberechtigt, wenn sich der Verwalter und die stimmberechtigten Gläubiger geeinigt haben; anderenfalls entscheidet das Gericht, § 77 Abs. 2, 3 InsO. Die InsO nennt keine Kriterien für die Entscheidung nach § 77 Abs. 2 S. 2 InsO. Im Rahmen seines Ermessens hat sich das Insolvenzgericht an der Darlegungslast zu orientieren; der Gläubiger ist zuzulassen, wenn er seine Forderung substantiiert darlegt und Tatsachen jedenfalls glaubhaft macht. Aber auch wenn eine Glaubhaftmachung nicht gelungen ist, insbesondere, weil Beweismittel nicht präsent sind, scheidet das Stimmrecht nicht zwingend aus.

Ist die Forderung bereits tituliert, hat der sie Bestreitende ihr Nichtbestehen glaubhaft 15
zu machen. Gegen die Entscheidung des Insolvenzgerichts ist nach § 77 Abs. 2 S. 3 InsO eine Art Gegenvorstellung statthaft, hingegen weder die sofortige Beschwerde (§ 6 Abs. 1 InsO) noch die befristete Erinnerung (§ 11 Abs. 3 S. 2 RPflG). Hat der Rechtspfleger entschieden und diese Entscheidung das Ergebnis einer Abstimmung beeinflusst, so kann der Richter auf Antrag das Stimmrecht neu festsetzen und die Wiederholung der Abstimmung anordnen, § 18 Abs. 3 S. 2 RPflG.

Beschlüsse der Gläubigerversammlung kommen zustande, wenn die zustimmenden 16
Gläubiger mehr als die Hälfte der Forderungssumme aller abstimmenden Gläubiger auf sich vereinigen **(„Summenmehrheit“).** In besonderen Fällen muss auch die sog. **Kopfmehrheit** dazukommen, so bei § 57 S. 2 InsO (Wahl eines anderen Verwalters) und beim Insolvenzplan (§ 244 Abs. 1 Nr. 1 InsO).

Bei absonderungsberechtigten Gläubigern, die keine Forderung gegen den Insolvenz- 17
schuldner haben (z. B. der Hypothekar, dessen Hypothek am Grundstück des Insolvenzschuldners eine Forderung gegen dessen Ehegatten sichert), tritt der **Wert des Ab-**

sonderungsrechts an die Stelle des Forderungsbetrags, § 76 Abs. 2 InsO. Gläubiger, die sich der Stimme enthalten, stimmen nicht ab. Bei Summengleichheit ist ein Beschluss nicht gefasst. Ein Beschluss, der dem „gemeinsamen Interesse der Insolvenzgläubiger" widerspricht, ist auf Antrag vom Insolvenzgericht aufzuheben, § 78 Abs. 1 InsO.

18 **Einberufung** und **Leitung** der Versammlung obliegen dem Gericht, § 74 Abs. 1 S. 1 InsO, § 76 Abs. 1 InsO. Die Einberufung muss auf Antrag des Verwalters, des Gläubigerausschusses oder einer bestimmten Minderheit von Absonderungsberechtigten oder nichtnachrangigen Insolvenzgläubigern erfolgen, § 75 Abs. 1 InsO.

II. Der (vorläufige) Gläubigerausschuss

19 Das Gericht kann vor der ersten Gläubigerversammlung einen **Ausschuss** einsetzen, § 67 Abs. 1 InsO. Über Einsetzung, Beibehaltung und Besetzung entscheidet endgültig erst die Gläubigerversammlung, § 68 InsO. Gegen die Wahl eines Ausschussmitglieds hat das Gericht kein Vetorecht, es kann aber das Mitglied aus wichtigem Grund von Amts wegen entlassen, § 70 S. 1, 2 InsO. Die Entlassung ist auch auf Antrag der Gläubigerversammlung und des Mitglieds selbst möglich, § 70 S. 2 InsO, sofern ein wichtiger Grund vorliegt. Die Ausschussmitglieder haben Anspruch auf Vergütung und Auslagenersatz, § 73 InsO.

20 In der Praxis entscheiden sich die Dinge meist schon im Laufe des **Eröffnungsverfahrens.** Gemäß § 21 Abs. 2 Nr. 1a InsO kann schon im Eröffnungsverfahren ein vorläufiger Gläubigerausschuss eingesetzt werden. In bestimmten Fällen *muss* sogar ein vorläufiger Gläubigerausschuss gebildet werden (sogleich → Rn. 22). Die Mitglieder des vorläufigen Gläubigerausschusses werden dann regelmäßig auch Mitglieder in dem Gläubigerausschuss des eröffneten Verfahrens. Dem **vorläufigen Gläubigerausschuss** kommen bereits maßgebliche Kompetenzen zu. Ebenso wie der endgültige Gläubigerausschuss hat er den (vorläufigen) Insolvenzverwalter bei der Geschäftsführung zu *unterstützen* und zu *überwachen* und insofern auch sich über die Geschäfte und die Bücher zu *unterrichten* (§ 69 InsO, ggfs. i. V. m. § 21 Abs. 2 Nr. 1a InsO). Von zentraler Bedeutung ist der vorläufige Gläubigerausschuss deshalb, weil er vor Anordnung der (vorläufigen) Eigenverwaltung gehört werden muss und ein die Eigenverwaltung unterstützender einstimmiger Beschluss des vorläufigen Gläubigerausschusses das Gericht bindet, § 270b Abs. 3 S. 3 InsO. Auch außerhalb der Eigenverwaltung wirkt der vorläufige Gläubigerausschuss bei der Wahl des vorläufigen Insolvenzverwalters mit, der in der Praxis typischerweise dann auch der endgültige Insolvenzverwalter wird; § 21 Abs. 2 Nr. 1 InsO i. V. m. § 56a Abs. 1 InsO. Der einstimmige Vorschlag des vorläufigen Gläubigerausschusses ist grundsätzlich für das Insolvenzgericht bindend, § 56a Abs. 2 InsO. Entsprechendes gilt wegen § 274 Abs. 1 InsO auch für die Wahl des (vorläufigen) Sachwalters.

21 Die **Besetzung** des gerichtlich eingesetzten Ausschusses ist vorgeschrieben. Vertreten sein sollen die absonderungsberechtigten Gläubiger, die Größt- und Kleininsolvenzgläubiger sowie ein Vertreter der Arbeitnehmer, wenn diese nicht insgesamt nur unerhebliche Insolvenzforderungen haben. § 67 Abs. 3 InsO sieht nunmehr sogar vor, dass auch Personen Mitglieder des Gläubigerausschusses werden können, die selbst keine Gläubiger sind. Das ist u. a. relevant für Mitglieder einer Gewerkschaft, die für die Arbeitnehmerbelange eintreten können, oder auch für Bankenvertreter, die zwar persönlich Mitglied des Ausschusses werden, aber letztlich die dahinterstehende als

Gläubigerin fungierende Bank vertreten. Für den vorläufigen Gläubigerausschuss des § 21 Abs. 2 Nr. 1a InsO gilt § 67 Abs. 3 InsO seit dem 1.1.2021 ebenfalls, weil der Verweis auf diese Norm ergänzt wurde. Soweit es ausnahmsweise zu einer Besetzung des Gläubigerausschusses durch die Gläubigerversammlung kommt (Fall des § 68 InsO), gelten dafür die Einschränkungen des § 67 Abs. 2 InsO nicht, arg. § 68 Abs. 2 InsO.[3] Mitglieder können niemals der Insolvenzverwalter, der vom Ausschuss gerade überwacht werden soll, und der Insolvenzschuldner sein.

Für die Frage, ob ein vorläufiger Gläubigerausschuss i. S. d. § 21 Abs. 2 Nr. 1a InsO **einzusetzen** ist, enthält § 22a InsO eine besondere Regelung. Hier wird unterschieden zwischen **Pflicht-Gläubigerausschüssen** in Fällen des § 22a Abs. 1 InsO („hat ... einzusetzen") und der antragsabhängigen, **fakultativen** Einsetzung gemäß § 22a Abs. 2 InsO („soll"). Die Pflicht-Gläubigerausschüsse betreffen Verfahren von einem entsprechenden Gewicht, wie die Kriterien des § 22a Abs. 1 InsO (lesen!) zeigen. Davon unberührt bleibt als weitere Möglichkeit stets die Einsetzung **vom Amts wegen** auch ungeachtet der in § 22a Abs. 1 und 2 InsO genannten Voraussetzungen. Diese erfolgt auf der allgemeinen Grundlage von § 21 Abs. 1 Nr. 1a InsO. Es gibt also drei verschiedene Einsetzungsfälle. 22

Beschlussfähig ist der Ausschuss bei Anwesenheit der **Mehrheit seiner Mitglieder.** Ein Beschluss kommt zustande, wenn die **Mehrheit der Abstimmenden** dafür stimmt. Wer sich enthält, stimmt nicht ab, vgl. § 72 InsO, der nicht klar zwischen Beschlussfähigkeit und Abstimmungsmehrheit trennt. 23

Die Mitglieder **haften** für schuldhafte Pflichtverletzungen nur den Absonderungsberechtigten und den Insolvenzgläubigern, § 71 InsO, also weder dem Insolvenzschuldner noch den Massegläubigern oder Neugläubigern. Haften mehrere Ausschussmitglieder nebeneinander, sind sie Gesamtschuldner, § 421 BGB. Verschulden von Hilfspersonen ist über § 278 BGB zurechenbar, so dass ein Verweis auf § 60 Abs. 2 InsO entbehrlich war; wegen der Verjährung der Ersatzansprüche gilt § 62 InsO entsprechend, § 71 S. 2 InsO. Die Haftung der Gläubigerausschussmitglieder hat v. a. dann Bedeutung, wenn die Gläubigerausschussmitglieder der Pflicht zur Überwachung der Kassenführung (§ 69 S. 2 InsO) nicht hinreichend nachkommen und es damit dem Insolvenzverwalter ermöglichen, Gelder aus der Masse zu veruntreuen.[4] 24

Das Gesetz normiert die **Aufgaben** des Gläubigerausschusses an verschiedenen Stellen. Bereits hingewiesen wurde auf die maßgebliche Mitwirkung des vorläufigen Gläubigerausschusses bei der Eigenverwaltung (§ 270b Abs. 3 S. 3 InsO) und bei der Verwalterbestellung (§ 56a InsO). Letzteres gilt über den Verweis in § 274 Abs. 1 InsO dann auch für die Bestellung des Sachwalters bei der Eigenverwaltung. Der Gläubigerausschuss ist auch im Übrigen ein wichtiges Gremium, das im Idealfall den Verwalter beratend unterstützen kann und bei dem sich der Verwalter über den richtigen Kurs vergewissern kann – selbst dann, wenn eine Zustimmung des Gläubigerausschusses nicht zwingend erforderlich ist. 25

[3] Erforderlich sind aber mindestens zwei Mitglieder, BGHZ 124, 86 (91).

[4] BGH NJW 2015, 64 (68) Rn. 35; BGH NZI 2015, 799 (800) Rn. 16ff.

26 Daneben sieht das Gesetz folgende **Aufgaben** des Gläubigerausschusses vor:

(1) Besonders bedeutsame Rechtshandlungen des Verwalters bedürfen der *Zustimmung* des Ausschusses, die vor der Vornahme einzuholen ist („wenn er Rechtshandlungen vornehmen will"), § 160 Abs. 1 S. 1 InsO (nur Beispiele in Abs. 2, keine abschließende Aufzählung). Ist die einberufene Gläubigerversammlung beschlussunfähig, gilt die Zustimmung als erteilt; auf diese Fiktion sind die Gläubiger bei der Ladung zur Gläubigerversammlung hinzuweisen, § 160 Abs. 1 S. 3 InsO. Ein Verstoß gegen § 160 InsO macht die Handlung des Verwalters nicht unwirksam, § 164 InsO.

Beispiel: Der Insolvenzverwalter veräußert ein Massegrundstück. Da das Geschäft rasch abgeschlossen werden soll, wird die Zustimmung des Gläubigerausschusses nach § 160 Abs. 2 Nr. 1 InsO nicht eingeholt. Die Rechtsgeschäfte sind gleichwohl wirksam, § 164 InsO. Der Verwalter hat sich allerdings ggf. schadensersatzpflichtig gemacht, wenn das Geschäft für die Masse nachteilig ist (§ 60 InsO). In der Praxis schließt der Verwalter unter § 160 InsO fallende Verträge häufig unter dem Vorbehalt der Zustimmung des Gläubigerausschusses; darin liegt eine aufschiebende Bedingung.

(2) *Auskunftsverlangen* gegenüber dem Insolvenzschuldner, § 97 Abs. 1 InsO (→ § 3 Rn. 18).

(3) *Zustimmung* zur Stilllegung oder Veräußerung des insolvenzschuldnerischen Unternehmens vor dem Berichtstermin (§ 156 InsO), § 158 InsO.

(4) Zustimmung zu *Verteilungen,* § 187 Abs. 3 S. 2 InsO, und *Bestimmung* des Bruchteils bei Abschlagsverteilungen, § 195 Abs. 1 S. 1 InsO.

(5) *Antrag auf Entlassung* des Verwalters, § 59 Abs. 1 S. 2, Abs. 2 S. 2 InsO, und auf *Einberufung der Gläubigerversammlung,* § 75 Abs. 1 Nr. 2 InsO.

(6) *Stellungnahme* zur Schlussrechnung des Verwalters, § 66 Abs. 2 S. 2 InsO.

(7) *Mitwirkung* bei Aufstellung und Durchführung eines *Insolvenzplans,* §§ 218 Abs. 3, 231 Abs. 2, 232 Abs. 1 Nr. 1, 233 S. 2, 261 Abs. 2, 262 InsO.

3. Kapitel: Die beteiligten Forderungen und Rechtspositionen

§ 7. Insolvenzforderungen (§ 38 InsO)

Literatur: Becker, Kapitalmarktrechtliche Schadensersatzansprüche als Insolvenzforderungen nach § 38 InsO, NZI 2021, 302; Ehricke, Die Rückforderung gemeinschaftsrechtswidriger Beihilfen in der Insolvenz des Beihilfenempfängers, ZIP 2000, 1656; Ganter, Erweiterungen und Einschränkungen des Anwendungsbereichs von § 39 I Nr. 5 InsO, NZI 2021, 1; Keller, Der Unterhaltsanspruch als Insolvenzforderung und die Stellung des Unterhaltsgläubigers im Insolvenzverfahren, NZI 2007, 143; Körner, Der Schuldbefreiungsanspruch in der Insolvenz des Befreiungsgläubigers, 2013; Madaus, Sind Vorzugsaktionärsrechte letztrangige Insolvenzforderungen?, ZIP 2010, 1214; Schelp, Arbeitnehmerforderungen in der Insolvenz, NZA 2010, 1095; Wazlawik, Die Hemmung der Verjährung nachrangiger Insolvenzforderungen, NZI 2020, 1081.

A. Insolvenzgläubiger im Sinne des § 38 InsO

Vermögensansprüche i. S. v. § 38 InsO sind **obligatorische, persönliche Ansprüche bzw. Forderungen.** Der Anspruch muss noch nicht bei Verfahrenseröffnung fällig sein und es genügt auch ein bedingter Anspruch. Noch nicht fällige Forderungen (sog. betagte Verbindlichkeiten) gelten als fällig, § 41 Abs. 1 InsO. 1

Beispiel: A hat gegen I eine Darlehensrückzahlungsforderung wegen eines im Vorjahr ausgereichten Darlehens, die erst zum 1.10. fällig wird. Am 1.2. wird das Insolvenzverfahren über das Vermögen des I eröffnet. Die Forderung wird im Insolvenzverfahren so behandelt, als wäre Fälligkeit mit dem 1.10. schon eingetreten. A kann die Forderung anmelden und erhält darauf die Quote. 2

Auflösend bedingte Forderungen werden vor Eintritt der Bedingung wie unbedingte berücksichtigt, § 42 InsO. Tritt dann die auflösende Bedingung während des Verfahrens ein, sodass die Forderung erlischt, so kann der Verwalter der Feststellung zur Tabelle widersprechen (§ 176 InsO) und bereits geleistete Zahlungen zurückfordern (bei Eintritt nach dem Schlusstermin: § 203 Abs. 1 Nr. 2 InsO im Rahmen der Nachtragsverteilung). **Aufschiebend bedingte Forderungen** sind ebenfalls schon begründete Forderungen i. S. d. § 38 InsO und zählen daher als Insolvenzforderungen. Sie werden bei der Abschlagsverteilung voll berücksichtigt, doch wird der Betrag nicht ausgezahlt, sondern zurückbehalten, § 191 Abs. 1 InsO. Ist auch im Zeitpunkt der Schlussverteilung (§ 196 InsO) der Bedingungseintritt praktisch nicht mehr zu erwarten, so wird der zurückbehaltene Betrag für die Schlussverteilung zugunsten der anderen Insolvenzgläubiger frei, § 191 Abs. 2 InsO. 3

Maßgebend für die Einordnung als Insolvenzforderung ist mithin, dass die Forderung im Zeitpunkt der Eröffnung *bereits begründet* ist. Demnach muss der **Anspruch schon entstanden** sein. Gemeint ist das in dem Sinne, dass der „Schuldrechtsorganismus“ schon gelegt ist. Voll durchsetzbar muss der Anspruch nicht sein. Künftige Ansprüche, die im Zeitpunkt der Eröffnung noch nicht begründet sind, können keine Insolvenzforderungen sein. Hier stellt sich ggfs. die Abgrenzungsfrage, ob es sich um eine noch gar nicht entstandene Forderung oder eine nur betagte, noch nicht fällige Forderung handelt.

Beispiele: V und I haben im Jahre 2021 einen Mietvertrag auf unbestimmte Zeit geschlossen. Am 1.2.2022 wird über das Vermögen des I das Insolvenzverfahren eröffnet. Die Mietforderungen des V für z. B. März 2022 sind keine betagten Forderungen, sondern noch gar nicht entstanden (trotz des vorherigen Mietvertrags), denn sie entstehen ratierlich, zeitabschnittsgemäß jeweils neu. 4

Insolvenzschuldner I hat vor Verfahrenseröffnung staatliche Subventionen in Gestalt von Hilfen zur Bewältigung der COVID-19-Pandemie erhalten. Doch schon vor Insolvenzantragstellung wurde der Zweck der Hilfe verfehlt, weil I den Betrieb eingestellt und die Gelder für private Zwecke verbraucht hat. Nach Verfahrenseröffnung widerruft die Behörde den Bewilligungsbescheid und erlässt einen Rückforderungsbescheid. Hier ist der Rückforderungsanspruch bereits vor Eröffnung entstanden, auch wenn die Bewilligung erst nach Eröffnung widerrufen wird. Daher handelt es sich um eine Insolvenzforderung.

I hat von D ein Darlehen erhalten. Der Darlehensvertrag wurde am 1.4. geschlossen, am 2.4. wurde die Darlehensvaluta ausgezahlt. Die Rückzahlung ist für den 1.12. vorgesehen. Am 1.10. wird bereits das Insolvenzverfahren eröffnet. Hier ist der Anspruch auf Rückzahlung (§ 488 Abs. 1 S. 2 BGB) im Sinne des § 38 InsO „begründet" und entstanden, auch wenn er erst am 1.12. fällig wird.

5 Entsteht die Forderung erst **nach Verfahrenseröffnung,** so handelt es sich nicht um eine Insolvenzforderung, doch kann eine Masseverbindlichkeit vorliegen. Denkbar ist das etwa auch dann, wenn ein Honorar- oder Lohnanspruch für erst nach Verfahrenseröffnung geleistete Dienste in Rede steht.

6 § 38 InsO spricht von Vermögensansprüchen und meint damit **vermögensrechtliche Ansprüche.** Dass nur vermögensrechtliche Ansprüche in Frage kommen, folgt aus dem Zweck des Insolvenzverfahrens, die Insolvenzgläubiger aus dem Erlös der Masse zu befriedigen. Gemeint sind also Ansprüche auf **Geld oder geldwerte Leistung.**

7 **Familienrechtliche Unterhaltsansprüche** im Sinne von § 40 S. 1 InsO entstehen ständig neu; daher sind nur die bis zur Verfahrenseröffnung entstandenen Forderungen Insolvenzforderungen – die später entstandenen dann, wenn der Insolvenzschuldner als Erbe des Verpflichteten haftet, § 40 S. 1 InsO. Wegen der nach Verfahrenseröffnung unmittelbar gegen den Insolvenzschuldner entstandenen Unterhaltsansprüche kann in den nicht zur Insolvenzmasse gehörenden Teil des Arbeitseinkommens (§ 36 Abs. 1 InsO; § 850c ZPO einerseits, § 850d ZPO andererseits) vollstreckt werden, vgl. § 89 Abs. 2 S. 2 InsO.

8 Forderungen, die nicht selbst auf Geld, sondern auf eine **geldwerte Leistung** gerichtet sind (z. B. die Lieferung von Waren), sind in Geld umzurechnen, **§ 45 InsO.** Der Insolvenzgläubiger muss den Wert zunächst schätzen und mit diesem Schätzbetrag zur Insolvenztabelle anmelden. Selbstverständlich kann er dabei keine überhöhten Fantasiewerte anlegen, denn im Rahmen der Feststellung zur Insolvenztabelle wird und muss der Insolvenzverwalter auch die Sachgerechtigkeit des Schätzwertes überprüfen. Aus § 45 InsO folgt nicht, dass die Forderung sich schon automatisch mit Verfahrenseröffnung in eine Geldforderung umwandelt. Sie bleibt vielmehr zunächst in der alten Gestalt bestehen. Endgültig zur Geldforderung wird sie erst, wenn die Forderung in der Insolvenztabelle als festgestellt eingetragen ist. Diese Feststellung steht einem rechtskräftigen Urteil gleich (§ 178 Abs. 3 InsO). Das ist bedeutsam, wenn das Insolvenzverfahren vor dem Prüfungstermin (§ 176 InsO) mangels Masse eingestellt wird (§ 207 InsO), denn ohne die Feststellung im Prüfungstermin erfolgt noch keine Umwandlung, sodass die Forderung dann in der alten Gestalt als Anspruch auf die geldwerte Leistung bestehen bleibt.

9 **Naturalobligationen** berechtigen nicht zur Teilnahme am Verfahren. Das betrifft etwa Ansprüche aus Spiel und Wette. Hier ist schon keine Verbindlichkeit begründet worden (§§ 656, 762 ff. BGB). Bei **verjährten** Forderungen bleibt es bei dem aus dem allgemeinen Zivilrecht bekannten Regime. Die Forderung ist wegen der Verjährungseinrede nicht mehr durchsetzbar, wenn und soweit im Rahmen der Feststellung zur

Tabelle ein Widerspruch nach § 178 Abs. 1 S. 1 InsO erfolgt mit der Erhebung der Verjährungseinrede.

Ansprüche auf eine durch den Insolvenzschuldner vorzunehmende **persönliche Handlung** sind keine Vermögensansprüche i. S. d. § 38 InsO. Sie können nicht in das Vermögen des Schuldners vollstreckt werden. Folglich wäre im Insolvenzverfahren eines Konzertveranstalters der Anspruch auf Durchführung eines Konzertes keine Insolvenzforderung in diesem Sinne. Bei **Unterlassungsansprüchen** ist zu unterscheiden. Vertragliche Unterlassungsansprüche, die zur Zeit der Verfahrenseröffnung bereits begründet sind, können als Insolvenzforderungen behandelt werden.[1] Dingliche Unterlassungsansprüche nach § 1004 BGB wird man nicht als Insolvenzforderungen ansehen können. Möglicherweise handelt es sich aber um Aussonderungsansprüche, wenn die Störung auch nach Verfahrenseröffnung andauert. Was Beseitigungsansprüche des § 1004 Abs. 1 S. 1 BGB angeht, hat der BGH solche Ansprüche, die bereits vor Eröffnung entstanden sind, als mit ihrem Geldwert (§ 45 InsO) anzumeldende Insolvenzforderungen anerkannt.[2] 10

Bei **Gesamtschuldnern** (§ 421 BGB) und in anderen Fällen, in denen mehrere Personen für dieselbe Leistung auf das Ganze haften, wie etwa im Verhältnis zwischen dem selbstschuldnerischen Bürgen und dem Hauptschuldner, kann der Insolvenzgläubiger den Anspruch im Insolvenzverfahren eines jeden Schuldners mit dem vollen Nennwert anmelden. Mithin ist bspw. gegen den Bürgen die Anmeldung mit dem vollen offenen Betrag möglich, ohne dass sich der Gläubiger auf eine bloße Ausfallforderung beschränken müsste. Besonderheiten gelten hier allerdings bei Gesellschaftersicherheiten für Drittdarlehen gemäß § 44a InsO sowie im Nachlassinsolvenzverfahren (§ 331 InsO i. V. m. § 52 InsO). 11

Insolvenzforderungen können auch mögliche **Rückgriffsansprüche** eines Gesamtschuldners oder Bürgen gegen den Insolvenzschuldner sein. Sie sind zwar materiellrechtlich ggfs. aufschiebend bedingt durch die erfolgte Befriedigung des außenstehenden Gläubigers, können aber nach den eben dargestellten Grundsätzen gleichwohl schon Insolvenzforderungen sein. Das betrifft etwa den Ausgleichsanspruch nach § 426 Abs. 1 BGB. Anderes gilt jedoch, wenn der Hauptgläubiger seine Forderung auch gegen den Hauptschuldner angemeldet hat, da Hauptverbindlichkeit und Rückgriffsanspruch wirtschaftlich identisch sind. Letzteres erkennt man daran, dass nach Zahlung durch den leistenden Gesamtschuldner oder Bürgen an den Gläubiger die getilgte Forderung durch Legalzession auf die leistende Person übergeht, § 426 Abs. 1 S. 1 BGB, § 774 Abs. 1S. 1 BGB. Daher können Rückgriffsansprüche nur dann berücksichtigt werden, wenn der außenstehende Gläubiger die Forderung nicht selbst angemeldet hat, § 44 InsO. 12

B. Nachrangige Insolvenzgläubiger im Sinne des § 39 InsO

Nachrangige Insolvenzgläubiger i. S. d. § 39 InsO werden erst nach den gewöhnlichen Insolvenzgläubigern befriedigt. Innerhalb der nachrangigen Insolvenzgläubiger des Katalogs des § 39 InsO erfolgt dann eine weitere Unterteilung. Darauf kommt es in der Regel deshalb nicht an, weil regelmäßig für die nachrangigen Insolvenzgläubiger 13

[1] BGHZ 155, 371 (378).
[2] BGH NJW-RR 2002, 1198 (1200).

insgesamt keine verteilungsfähige Masse verbleibt. Bei den nachrangigen Insolvenzforderungen i. S. d. § 39 Abs. 1 InsO handelt es sich um Ansprüche

(1) auf *Zinsen seit Eröffnung* des Verfahrens (es werden also nicht wie nach § 367 BGB, § 12 ZVG die Zinsen vor der Kapitalforderung befriedigt),

(2) wegen der *Kosten,* die den einzelnen Insolvenzgläubigern durch die *Teilnahme am Verfahren* entstanden sind (z. B. Reisen zu Gläubigerversammlungen, Zeitverlust), vorbehaltlich § 39 Abs. 3 InsO,

(3) auf Geldstrafen, Geldbußen, Ordnungsgelder und Zwangsgelder,

(4) aus Freigebigkeit des Schuldners unter Lebenden *(Schenkung);* denn wer seine Schulden nicht bezahlen kann, soll nichts wegschenken. Freigebigkeiten von Todes wegen *(Vermächtnisse)* kommen nur in Nachlassinsolvenzverfahren in Betracht und haben dort einen noch schlechteren Rang (§ 327 Abs. 1 Nr. 2 InsO, aber auch Abs. 2 S. 1);

(5) gemäß Nr. 5 auf *Rückgewähr des Darlehens eines Gesellschafters* oder gleichgestellte Ansprüche nach Maßgabe von § 39 Abs. 4, 5 InsO; dazu noch → § 26 Rn. 41.

14 Ein Nachrang kann auch vereinbart werden. Ist der vereinbarte Rang unklar, gilt die Auslegungsregel des § 39 Abs. 2 InsO. Dann ist im Zweifel davon auszugehen, dass der jeweilige Gläubiger ganz am Ende rangieren soll. Ein vereinbarter Nachrang hat als **sog. Rangrücktritt** eine gewisse Bedeutung bei Gesellschafterforderungen auf Rückzahlung eines vom Gesellschafter gewährten Darlehens. Hier geht es darum, die Überschuldung und damit einen zwingenden, d. h. eine Antragspflicht i. S. d. § 15a InsO begründenden Insolvenzgrund zu vermeiden, weil mit einem Nachrang versehene Forderungen auf Rückgewähr von Gesellschafterdarlehen nicht als Verbindlichkeiten anzusetzen sind, § 19 Abs. 2 S. 2 InsO. Der BGH hat allerdings entschieden, dass dafür ein einfacher Nachrang nach § 39 Abs. 2 InsO nicht genügt, sondern ein sog. **qualifizierter Rangrücktritt** erforderlich ist.[3] Während § 39 Abs. 2 InsO allein auf die Zeit des Insolvenzverfahrens abstellt, bedeutet ein qualifizierter Rangrücktritt, dass der jeweilige Gläubiger auch schon vor Verfahrenseröffnung seine Forderung nicht durchsetzen kann **(vorinsolvenzliche Durchsetzungssperre).**[4] Nur wenn die Vereinbarung als auch eine solche vorinsolvenzliche Wirkung haben soll (was notfalls durch Auslegung zu ermitteln ist), darf die jeweilige Forderung bei der Prüfung der Überschuldung nicht angesetzt werden.

15 Die Bedeutung des § 39 InsO ist gering. In der Praxis werden schon die nicht nachrangigen Insolvenzgläubiger bei weitem nicht voll befriedigt; die nachrangigen Insolvenzgläubiger gehen dann leer aus. Immerhin nehmen die nachrangigen Insolvenzgläubiger grundsätzlich am Verfahren teil; was generell für Insolvenzgläubiger angeordnet ist, gilt auch für sie (z. B. § 89 InsO: Vollstreckungsverbot; § 129 Abs. 1 InsO: Gläubigerbenachteiligung). Allerdings sind sie *gegenüber den gewöhnlichen Insolvenzgläubigern stark zurückgesetzt* (§ 39 Abs. 1 InsO: Rang; § 77 Abs. 1 S. 2 InsO, § 78 InsO: Stimmrecht; § 174 Abs. 3 InsO, § 177 Abs. 2 InsO: Anmeldung der Forderung nur nach gerichtlicher Aufforderung; § 187 Abs. 2 S. 2 InsO: keine Berücksichtigung bei Abschlagsverteilungen; §§ 222, 225, 237 Abs. 1 S. 1 InsO, § 246 InsO: Rechtsminderungen beim Insolvenzplan).

[3] BGHZ 204, 231 (237) Rn. 17.
[4] BGHZ 204. 231 (238 f.) Rn. 19.

§ 8. Aussonderung

Literatur: Achsnick/Opp, Die doppelnützige Treuhand in der Sanierung, 2. Auflage 2013; Brinkmann, Der einfache Eigentumsvorbehalt in der Insolvenz, FS Vallender, 2015, S. 39; v. Danckelmann, Aus- und Absonderung im deutschen Konkursrecht, 2008; Eckardt, Grundpfandrechte im Insolvenzverfahren, 15. Auflage 2019; Franke, Eigentumsvorbehalt und Ersatzaussonderung, KTS 1957, 139; Funk, Der verlängerte Eigentumsvorbehalt in der Insolvenz, Diss. Würzburg 2000; Ganter, Zweifelsfragen bei der Ersatzaussonderung und Ersatzabsonderung, NZI 2005, 1; ders., Zur – ersten und zweiten – Ersatzaussonderung/Ersatzabsonderung, ZInsO 2020, 1752; ders., Zweifelsfragen bei der Ersatzaussonderung und Ersatzabsonderung NZI 2005, 1; Geißler, Ausgewählte Rechtsprobleme der Ersatzaussonderung in der Praxis der Insolvenzverwaltung, ZInsO 2017, 2727; Gundlach, Der Ersatzaussonderungsberechtigte, 1994; Hochmuth, Die Ersatzaussonderung, 1931; Janssen, Betriebsfortführung des Insolvenzverwalters mit Mobiliarsicherungsgut trotz Sicherungsübereignung und Eigentumsvorbehalt, 2005; Keller, Die Einziehung unbelasteter sowie sicherungsabgetretener Außenstände im Insolvenzverfahren, 2016; Kreuzberg, Die Insolvenzfestigkeit von Drittsicherheiten, 2013; Kuhn, Ersatzaussonderungsrecht und Drittwiderspruchsklage, 2008; Mitlehner, Mobiliarsicherheiten im Insolvenzverfahren, 4. Auflage 2016; Spickerhoff, Aus- und Absonderungsrechte in der Insolvenz nach deutschem und französischem Recht, 2005; Thole, Die doppelnützige Sanierungstreuhand in der Insolvenz, KTS 2014, 45; Vitt, Der Grundstücksnießbrauch in der Insolvenz, 2017; Voß, Die Vorausabtretung in der Insolvenz, 2010.

A. Aussagen des § 47 InsO

1 Zur Aussonderung berechtigt ist, wer aufgrund eines **dinglichen** oder **persönlichen** Rechts geltend machen kann, ein vom Verwalter für die Insolvenzmasse in Anspruch genommener Gegenstand gehöre nicht in die Masse. Der Aussonderungsberechtigte verlangt also keine Befriedigung aus der Masse und ist deshalb kein Insolvenzgläubiger, § 47 S. 1 InsO einerseits, § 38 InsO andererseits.

2 Grundlage des Aussonderungsrechts ist die **Nichtzugehörigkeit des Gegenstands zur Masse,** d. h. zum insolvenzbefangenen Vermögen des Insolvenzschuldners (§§ 35, 36 InsO). Hier zeigt sich, dass jede Vollstreckung – sowohl das Insolvenzverfahren als Gesamtvollstreckung wie die Einzelzwangsvollstreckung – nur das schuldnereigene Vermögen erfassen darf. Daher entspricht das Aussonderungsrecht im Grundsatz dem Drittwiderspruchsrecht nach § 771 ZPO in der Einzelzwangsvollstreckung.

3 Zu beachten ist, dass das „Aussonderungsrecht" kein materielles Recht im eigenständigen Sinne ist, sondern die Frage beantwortet, welche Rechte eine Person hat, die ein materielles Recht (wie z. B. Eigentum) hat, das verfahrensmäßig als Aussonderungsrecht behandelt wird. Einen eigenständigen **Aussonderungs*anspruch* gibt es nicht;** gemeint ist mit diesem Begriff der zugrundeliegende materielle Anspruch, z. B. jener des § 985 BGB auf Herausgabe einer Sache. Entsprechendes gilt für das Absonderungsrecht (→ § 9).

4 § 47 InsO trifft zwei wesentliche Aussagen.[1] Der Rechtsinhaber ist **kein Insolvenzgläubiger,** muss also seinen Aussonderungsanspruch nicht zur Tabelle anmelden und ist am Verfahren nicht beteiligt. Er kann vielmehr – § 47 S. 2 InsO – seinen Anspruch auf Aussonderung (z. B. auf Herausgabe gemäß § 985 BGB) außerhalb des Verfahrens nach allgemeinen Regeln geltend machen. Die einzige Besonderheit ist, dass der Anspruch gegen den Verwalter (und nicht gegen den Schuldner persönlich) zu verfolgen ist, weil der Verwalter den herauszugebenden, auszusondernden Gegenstand für

[1] Näher dazu etwa Uhlenbruck/Brinkmann InsO § 47 Rn. 1 ff.

die Masse in Anspruch nimmt und jetzt die Verwaltungs- und Verfügungsbefugnis hat.

5 Da der Aussonderungsberechtigte außerhalb des Verfahrens steht, hat er nicht etwa den besten oder höchsten Rang innerhalb der Gläubiger, sondern muss von vornherein seinen Anspruch nicht innerhalb dieses Rahmens geltend machen.

6 Was der Aussonderungsberechtigte verlangen kann, bestimmt das bürgerliche bzw. das *materielle Recht,* nicht das Insolvenzrecht. Der Inhalt des Aussonderungsrechts hängt von der jeweiligen Fallkonstellation ab. Es geht auf Herausgabe (z. B. nach § 985 BGB), wenn Sachen auszusondern sind, die der Verwalter unberechtigt in Besitz genommen hat (§ 148 Abs. 1 InsO). Bei berechtigtem Besitz des Verwalters, z. B. aufgrund eines Mietvertrags (§ 986 Abs. 1 S. 1 BGB), kommt lediglich eine Klage auf Feststellung des Eigentums in Betracht.

7 Wie der Berechtigte sein Verlangen durchsetzen kann, richtet sich nach allgemeinem Prozessrecht, nicht nach Insolvenzrecht. Einen besonderen insolvenzrechtlichen Aussonderungsanspruch gibt es nicht; § 47 S. 2 InsO ist insoweit missverständlich. Grundlage der Aussonderung ist der jeweilige materiell-rechtliche Anspruch bzw. die Rechtszuständigkeit. Kommt der Verwalter dem Aussonderungsverlangen nicht nach, so muss ihn der Berechtigte verklagen. Schwebt bei Verfahrenseröffnung schon ein Prozess, der der Sache nach auf Aussonderung (z. B. auf Herausgabe nach § 985 BGB) gerichtet ist, so wird er gemäß § 86 Abs. 1 Nr. 1 InsO aufgenommen und lediglich die Bezeichnung des Beklagten geändert (→ § 20 Rn. 7).

8 Im Eröffnungsverfahren kann das Insolvenzgericht gemäß § 21 Abs. 2 S. 2 Nr. 5 InsO anordnen, dass Gegenstände, die im Falle der Eröffnung des Verfahrens von § 166 InsO erfasst würden, oder deren Aussonderung verlangt werden könnte, vom Gläubiger nicht verwertet oder eingezogen werden dürfen und dass solche Gegenstände zur Fortführung des Unternehmens des Schuldners eingesetzt werden können, soweit sie hierfür von erheblicher Bedeutung sind. Entsprechendes gilt für Absonderungsgüter, die im Falle der Eröffnung des Verfahrens von § 166 InsO erfasst würden. Mit der gerichtlichen Anordnung werden Verwertungsbemühungen des Gläubigers (temporär) gestoppt. Die Anordnung bedeutet, dass der Schuldner die Gegenstände *nutzen* darf. Selbst *verwerten* zu eigenen Gunsten darf er sie deshalb aber ohne Zustimmung des Gläubigers nicht.

B. Einzelne Aussonderungsrechte

I. Eigentum

9 Das „beste" Aussonderungsrecht liefert in der Regel das **Eigentum** an einer Sache, die vom Verwalter für die Masse beansprucht wird; denn deutlicher als durch Dritteigentum kann nicht dargetan werden, dass die Sache nicht zum Vermögen des Schuldners gehört.

10 Bei der Aussonderung von Sachen aufgrund des Eigentums berechtigt der **dingliche Herausgabeanspruch** nach § 985 BGB zur Aussonderung. Die Folgeansprüche nach §§ 987 ff. BGB auf Nutzungsherausgabe und Schadensersatz aus der Zeit vor Verfahrenseröffnung sind hingegen reine Insolvenzforderungen (§ 38 InsO), es sei denn, der Verwalter hat die Sache genutzt oder beschädigt; dann liegen Masseforderungen (§ 55

Abs. 1 Nr. 1 InsO) vor[2] (zum Eröffnungsverfahren → § 12). Zur Aussonderung berechtigen auch die Ansprüche nach § 894 BGB und ggf. § 1004 BGB.

Beispiel: E hat an B ein Gewerbegrundstück veräußert; sowohl der Kaufvertrag als auch die Übereignung sind nichtig. In der Insolvenz des B kann E vom Verwalter V Herausgabe des Grundstücks nach § 985 BGB und Berichtigung des Grundbuchs nach § 894 BGB verlangen, ferner wegen der vom bösgläubigen B gezogenen Nutzungen (§§ 990, 987 BGB) eine Insolvenzforderung anmelden. Hatte V das Grundstück für die Masse genutzt, ist der Anspruch auf Nutzungsherausgabe als Masseverbindlichkeit zu berichtigen. Wurde auf dem Grundstück von B Müll abgelagert, schuldet V nicht die Entfernung; V kann das Grundstück dem E mitsamt dem Unrat überlassen. Der Beseitigungsanspruch nach § 1004 Abs. 1 S. 2 BGB hat nur dann Aussonderungskraft, wenn die Störung vom Verwalter ausging.[3] 11

II. Sicherungseigentum

Sicherungseigentum gewährt dem Sicherungseigentümer (Sicherungsnehmer) im Insolvenzverfahren des Sicherungsgebers kein Aussonderungsrecht, sondern **nur ein Absonderungsrecht.** Das ist – anders als in der KO – in der InsO ausdrücklich angeordnet (§ 51 Nr. 1 InsO), ohne dass sich damit die (bisherige) Rechtslage geändert hätte. Das fehlende Aussonderungsrecht mag zunächst überraschen, denn auch Sicherungseigentum ist ja dinglich betrachtet volles Eigentum des Sicherungsnehmers. Aber der Gesetzgeber ging davon aus, dass das Sicherungseigentum funktionell und wirtschaftlich betrachtet eher einem Pfandrecht entspricht, das nach § 50 InsO den Prototyp eines Absonderungsrechts darstellt. 12

Beispiel: S hat N eine Maschine zur Sicherheit nach §§ 929, 930 BGB übereignet. In der Insolvenz des S kann N vom Verwalter nicht Herausgabe der Maschine gemäß § 47 S. 2 InsO; § 985 BGB verlangen, sondern nach §§ 51 Nr. 1, 50 InsO wie bei einem besitzlosen Pfandrecht nur abgesonderte Befriedigung, d. h. die letztlich vorzugsweise Befriedigung aus dem Erlös. Das Verwertungsrecht liegt beim Verwalter (vgl. § 166 Abs. 1 InsO). 13

Die Einordnung als Absonderungsrecht betrifft aber nur die Berufung auf das Sicherungseigentum in der Insolvenz des Sicherungsgebers. **Gegenüber Dritten** kann sich der Sicherungsnehmer auf das Eigentum berufen und aussondern. 14

Beispiel: Hatte S die dem N sicherungsübereignete Maschine an D verliehen, kann N als Eigentümer in der Insolvenz des D aussondern und Herausgabe verlangen (§ 47 S. 2 InsO; § 985 BGB), ggf. nach § 986 Abs. 1 S. 2 BGB Herausgabe an den S. 15

Wird über das Vermögen des Sicherungseigentümers (= Sicherungsnehmers) das Insolvenzverfahren eröffnet, so steht dem Sicherungsgeber ein Aussonderungsrecht zu, sobald er die gesicherte Forderung erfüllt hat. Das ist unproblematisch, wenn die Sicherungsübereignung – was aber nicht dem Regelfall entspricht – durch Erlöschen der gesicherten Forderung auflösend bedingt (§ 158 Abs. 2 BGB) war; dann ist der Sicherungsgeber wieder Eigentümer. Bei unbedingter Sicherungsübereignung hat der Sicherungsgeber aus der Sicherungsabrede zwar nur einen schuldrechtlichen Rückübertragungs- und Freigabeanspruch. Dieser Anspruch begründet aber ebenfalls gewohnheitsrechtlich ein Aussonderungsrecht, wie § 47 S. 1 InsO klarstellt („persönlichen Rechts"). 16

[2] Uhlenbruck/Brinkmann InsO § 47 Rn. 11.
[3] Im Einzelnen streitig, vgl. Jaeger/Henckel/Henckel InsO § 47 Rn. 100; K. Schmidt/Thole InsO § 47 Rn. 21.

III. Eigentumsvorbehalt

17 Ein Verkäufer, der unter **Eigentumsvorbehalt** veräußert hat (vgl. § 449 BGB), d. h. unter der aufschiebenden Bedingung der vollständigen Kaufpreiszahlung, kann im Insolvenzverfahren über das Vermögen des Käufers die Kaufsache aussondern, sofern der Verwalter nicht mehr zum Besitz der Sache berechtigt ist (§ 47 InsO; § 986 BGB).

18 Das Besitzrecht entfällt insbesondere durch Rücktritt des Verkäufers gemäß §§ 323, 449 Abs. 2 BGB, sofern die Voraussetzungen schon bei Verfahrenseröffnung vorlagen, oder dadurch, dass der Verwalter des Vorbehaltskäufers die Erfüllung des Vertrags nach §§ 107 Abs. 2, 103 Abs. 2 InsO ablehnt (dazu → § 19 Rn. 25 ff.). Denn dann entfällt das Recht des Käufers zum Besitz, weil ein Bedingungseintritt nicht mehr möglich ist.

19 Der verlängerte Eigentumsvorbehalt mit **Vorausabtretungs- oder Verarbeitungsklausel** sowie der erweiterte Eigentumsvorbehalt gewähren nur Absonderungsrechte, soweit es um die „Verlängerung" geht. Denn insoweit geht es allein um die Sicherungsabtretung der Weiterverkaufsforderung oder das Eigentum an der neu hergestellten Sache (bei der Weiterverarbeitung). Ist die ursprüngliche, unter Eigentumsvorbehalt übereignet Sache noch vorhanden, kann insoweit das Aussonderungsrecht greifen.[4]

20 **Beispiel:** V hat I zwei Sachen unter verlängertem Eigentumsvorbehalt verkauft und übereignet. Demgemäß ist I zur Weiterveräußerung im ordnungsgemäßen Geschäftsgang gegen Abtretung der aus dem Weiterverkauf folgenden Kaufpreisforderung ermächtigt worden. Als über das Vermögen des I das Insolvenzverfahren eröffnet wird, hatte I Sache 1 bereits weiterveräußert an X, während Sache 2 noch bei ihm im Lager liegt. Hier kann V nach Rücktritt vom Kaufvertrag die Sache 2 aussondern. Bezüglich der aus dem Weiterverkauf folgenden Kaufpreisforderung, die an ihn sicherungshalber im Voraus abgetreten worden ist, hat er nur ein Absonderungsrecht (zur Ersatzabsonderung bei bereits erfolgter Einziehung dieser Forderung → § 9 Rn. 22).

IV. Beschränkt dingliche Rechte

21 Aussonderungsberechtigt ist auch der Inhaber eines **beschränkten dinglichen Rechts,** wenn es vom Verwalter für die Masse in Anspruch genommen wird (z. B. eine angeblich nicht valutierte Fremdhypothek als „verdeckte" Eigentümergrundschuld des Insolvenzschuldners) oder wenn das Bestehen des Rechts geleugnet wird (z. B. das Bestehen einer beim Grundstück des Insolvenzschuldners eingetragenen Grunddienstbarkeit).

22 **Beispiel:** E bestellt G eine Grundschuld, die dieser an Z abtritt. In der Insolvenz des E kann Z aus der Grundschuld abgesonderte Befriedigung verlangen (§ 49 InsO). – Wird über das Vermögen des G das Insolvenzverfahren eröffnet und ist der Verwalter V der Meinung, die Abtretung der Grundschuld von G an Z sei unwirksam, so ist der Z aussonderungsberechtigt (§ 47 InsO). Z macht V gegenüber nicht geltend, er habe ein Befriedigungsrecht an Gegenständen der Masse, sondern beide streiten über die Inhaberschaft an einem von V für die Masse in Anspruch genommenen Recht.

[4] FK-InsO/Imberger InsO § 47 Rn. 19; Elz ZInsO 2000, 478.

V. Forderungsinhaber

Aussonderungsberechtigt ist der **Inhaber einer Forderung,** die vom Insolvenzverwalter als Forderung des Insolvenzschuldners behandelt wird.[5] Ist die Forderung dem Gläubiger vom (späteren) Insolvenzschuldner sicherungshalber abgetreten worden, so kann der Gläubiger nicht aussondern. Ihm steht nur ein Absonderungsrecht zu, § 51 Nr. 1 InsO. 23

Hier ist § 354a Abs. 1 HGB zu beachten. Hat der (spätere) Insolvenzschuldner G eine Geldforderung, die aus einem beiderseitigen Handelsgeschäft mit S stammt, an den D abgetreten, so ist die Abtretung auch dann wirksam, wenn G und S ein Abtretungsverbot (§ 399 BGB) vereinbart hatten, es sei denn, der Gläubiger ist ein Kreditinstitut, § 354a Abs. 2 HGB. 24

VI. Schuldrechtliche Ansprüche

Aussonderungsberechtigt ist ferner, wer einen persönlichen, **obligatorischen Anspruch** (§ 47 InsO: ein „persönliches Recht") auf Herausgabe hat, sofern damit geltend gemacht wird, dass der vom Verwalter in Besitz genommene (§ 148 Abs. 1 InsO) oder in Anspruch genommene Gegenstand nicht zur Insolvenzmasse gehört. Hauptbeispiele sind die vertraglichen Herausgabeansprüche des Vermieters (§ 546 BGB), Verpächters (§ 581 Abs. 2 BGB, § 546 BGB), Verleihers (§ 604 BGB), Hinterlegers (§ 695 BGB) und Auftraggebers (§ 667 Alt. 1 BGB).[6] Eine besondere Rolle spielen diese Ansprüche, wenn die Herausgabeberechtigten nicht zugleich Eigentümer der auszusondernden Sache sind. 25

Beispiel: M hat ein Grundstück von E gemietet und an U untervermietet. Wird nach der Kündigung des Untermietvertrags das Insolvenzverfahren über das Vermögen des U eröffnet, kann E aufgrund seines Eigentums aussondern. Aber auch M kann aussondern; daran hat er ein besonderes Interesse, denn nach Ablauf des Hauptmietvertrags muss er seinerseits das Grundstück an E herausgeben. 26

Der Anspruch nach § 546 Abs. 1 BGB begründet allerdings nur in dem Umfang ein Aussonderungsrecht, wie auch ein Eigentümer nach § 985 BGB aussondern könnte; weitergehende mietvertragliche Ansprüche auf Räumung (beispielsweise die Beseitigung einer auf dem Grundstück erfolgten Verfüllung durch Bauschutt) sind nur als Insolvenzforderung zu erfüllen.[7] Der Insolvenzverwalter des Untermieters kann daher im Beispiel das Grundstück an den Mieter so herausgeben, wie er es bei der Übernahme seines Amts in der Masse vorfindet. Die Forderung auf Ersatz der Räumungskosten muss der Vermieter als Insolvenzforderung zur Tabelle anmelden. Ist das Mietverhältnis bei Insolvenzeröffnung noch nicht gekündigt worden, besteht es nach § 108 mit Wirkung für die Insolvenzmasse fort, dazu → § 19 Rn. 30ff. 27

Im Gegensatz zu persönlichen, schuldrechtlichen Herausgabeansprüchen berechtigen sog. **„Verschaffungsansprüche"** nicht zur Aussonderung, beispielsweise der Anspruch des Käufers auf Übergabe und Übereignung der Kaufsache (§ 433 Abs. 1 S. 1 BGB). Hier verlangt der Gläubiger eine Leistung aus der Masse und bringt damit – anders als beispielsweise der Herausgabe verlangende Vermieter – gerade die Zugehörigkeit des geschuldeten Gegenstands zur Masse zum Ausdruck. Mit dem Abschluss des Kauf- 28

[5] BGH NJW-RR 1989, 252 zu § 43 KO.

[6] BGH NZI 2008, 554 (555) Rn. 14 (Vermieter); MüKoInsO/Ganter InsO § 47 Rn. 341.

[7] BGHZ 148, 252 (255f.); BGH NZM 2021, 38 Rn. 10ff.; dazu Chr. Berger FS Kreft, 2004, S. 191.

vertrags erlangt der Käufer keine dingliche Rechtsposition an der Kaufsache (Trennungsprinzip!); auch die haftungsrechtliche Zuordnung der Kaufsache wird durch den Kaufvertrag nicht geändert.

29 Unabhängig davon, ob man den **Insolvenzanfechtungsanspruch** nach § 143 Abs. 1 S. 1 InsO als dinglichen oder schuldrechtlichen Anspruch qualifiziert, begründet er ein Aussonderungsrecht in der Insolvenz des Anfechtungsgegners.[8] Das gilt allerdings nicht für den Wertersatzanspruch des § 143 Abs. 1 S. 2 InsO.

VII. Treuhand

30 Ein Aussonderungsrecht besteht auch zugunsten des Treugebers in der Insolvenz des Treuhänders im Falle der **(„uneigennützigen Verwaltungs"-)Treuhand.**[9] Ein Beispiel ist die Inkassozession, aufgrund der der Treuhänder (Zessionar) im Interesse des Treugebers (Zedent) die Forderung beim Drittschuldner beitreiben soll. Der Treuhänder ist zwar rechtlich Inhaber der Forderung geworden, wirtschaftlich steht die Forderung aber weiterhin dem Treugeber zu. In der Insolvenz des Inkassozessionars (Treuhänder) kann der Treugeber die Forderung daher aussondern.[10] Der Treuhänder kann in der Insolvenz des Treugebers nicht aussondern.[11]

31 Als Voraussetzung der Aussonderung aufgrund eines Treuhandvertrags wurde bisweilen angenommen, dass das Treugut unmittelbar vom Treugeber auf den Treunehmer übertragen worden ist oder dass die Treuhand jedenfalls offenkundig ist, beispielsweise durch Einzahlung auf ein als solches bezeichnetes Treuhandkonto.[12] Kein Treuhandverhältnis begründet daher die schlichte schuldrechtliche Abrede, einen Gegenstand in Zukunft für einen anderen treuhänderisch zu verwalten.[13] Bei Grundstücken besteht nur dann ein Aussonderungsrecht, wenn der Herausgabeanspruch des Treugebers durch eine Vormerkung (§ 883 BGB) gesichert ist.[14] Diese Vormerkung wird im Grundbuch eingetragen und stellt damit die erforderliche Offenkundigkeit her.

C. Ersatzaussonderung

32 § 48 InsO meint den Fall der sogenannten **Ersatzaussonderung** (zur Ersatzabsonderung analog § 48 InsO → § 9 Rn. 20ff.). Er betrifft den Fall, dass der auszusondernde Gegenstand (z. B. die Sache) vor Eröffnung vom Schuldner oder nach Eröffnung vom Verwalter *unberechtigt veräußert wird.* Veräußerung meint eine Verfügung über den Gegenstand. Diese Verfügung muss wirksam sein, sonst wäre der Gegenstand noch „da", also weiter in der Masse vorhanden. Hier kann neben § 932 BGB auch ggf. § 366 HGB einschlägig sein, der einen gutgläubigen Erwerb vom Schuldner oder Verwalter ermöglichen mag. Denkbar ist auch eine nachträgliche Genehmigung.[15]

---

8 BGH NJW 2004, 214 (216).
9 BGH ZIP, 1993, 213 (214); 2012, 1517 (1518) Rn. 12; KPB/Prütting InsO § 47 Rn. 26.
10 Vgl. BGH NJW-RR 1993, 301 zu § 43 KO.
11 Uhlenbruck/Brinkmann InsO § 47 Rn. 83.
12 BGH NJW 1996, 1543; 2003, 3414 (3415).
13 BGH NJW 2003, 3414 (3415).
14 BGH NJW 2003, 3414 (3416f.); Henssler AcP 196 (1996), 37; Canaris FS Flume, 1978, S. 371.
15 MüKoInsO/Ganter InsO § 48 Rn. 43; K. Schmidt/Thole InsO § 48 Rn. 20; a. A. Häsemeyer InsR Rn. 11.22; diff. Jaeger/Henckel/Henckel InsO § 48 Rn. 42f.; Uhlenbruck/Brinkmann InsO § 48 Rn. 18.

Allerdings muss es sich um eine **unberechtigte Verfügung** handeln. Das bezieht sich auf das Verhältnis zum Aussonderungsberechtigten und bestimmt sich grundsätzlich nach dem materiellen Recht. So darf ein Schuldner über einen Gegenstand nicht verfügen, wenn er keine Verfügungsbefugnis/-ermächtigung i. S. d. § 185 BGB hat. Entsprechendes gilt für den Insolvenzverwalter. So erlischt eine Verfügungsbefugnis beim verlängerten Eigentumsvorbehalt mit Widerruf durch den Verkäufer oder spätestens mit Eröffnung des Insolvenzverfahrens, weil dann die Verfügung nicht mehr im ordnungsgemäßen Geschäftsgang erfolgt.[16] Über die unter Eigentumsvorbehalt erworbenen Waren darf dann nicht weiterverfügt werden. Eine gleichwohl erfolgende Veräußerung ist also unberechtigt. 33

Liegen diese Voraussetzungen vor, kann der Aussonderungsberechtigte **Abtretung des Rechts** auf die Gegenleistung (also z. B. des Kaufpreisanspruchs) verlangen **oder die Gegenleistung** selbst, wenn sie noch unterscheidbar in der Masse vorhanden ist. 34

Hat also der Erwerber die Gegenleistung (den Kaufpreis) bereits an den Verwalter geleistet, kann der Aussonderungsberechtigte Herausgabe verlangen, wenn diese noch unterscheidbar in der Masse vorhanden ist. Die **Unterscheidbarkeit** fehlt, wenn die Barzahlung mit anderen Kassenbeständen vermengt wurde. Bei unbarer Zahlung durch Überweisung auf ein Massekonto soll Unterscheidbarkeit gegeben sein, solange das Konto ein Guthaben mindestens in Höhe der Zahlung aufweist.[17] Bei fehlender Unterscheidbarkeit kommt eine Masseverbindlichkeit nach § 55 Abs. 1 Nr. 3 InsO in Betracht, wenn die Gegenleistung die Masse bereichert (§ 55 Abs. 1 Nr. 3 InsO gilt aber nur für Bereicherungen nach Verfahrenseröffnung). Handelt der Verwalter bei der Veräußerung schuldhaft, haftet er persönlich nach § 60 InsO, die Masse nach § 55 Abs. 1 Nr. 1 InsO (i. V. m. § 280 Abs. 1, 3 BGB, §§ 283; 823; 989, 990 BGB usw.). 35

Nach § 48 InsO besteht ein Ersatzaussonderungsrecht auch dann, wenn der Schuldner vor Verfahrenseröffnung den Gegenstand unberechtigt wirksam veräußert. Damit wird ein schuldrechtlicher Bereicherungsanspruch (§ 816 Abs. 1 BGB) *nachträglich mit Aussonderungskraft versehen.*[18] Darin äußert sich ein Surrogationsgedanke. Verfügungen des Schuldners über Aussonderungsgut nach Verfahrenseröffnung sind nicht nach §§ 81, 91 InsO unwirksam, denn sie betreffen keine Massegegenstände, es sei denn, man will diese Regelungen entsprechend anwenden.[19] Der Anspruch des Insolvenzschuldners auf und die erbrachte Gegenleistung fallen als Neuerwerb (§ 35 Abs. 1 InsO) in die Masse, können aber vom Berechtigten analog § 48 InsO ausgesondert werden; entscheidend ist nicht, ob der Schuldner oder der Verwalter (wirksam!) verfügt hat, sondern ob der Masse durch Veräußerung des aussonderungsfähigen Gegenstandes ein ungerechtfertigter Vorteil zugeflossen ist.[20] 36

[16] Nicht schon mit dem Insolvenzantrag s. BGH NJW 2019, 1940 (1942) Rn. 25 ff.

[17] BGHZ 141, 116 (119); BGH NJW 2019, 1940 (1944) Rn. 42; krit. Gerhardt KTS 1990, 1.

[18] Krit. Dieckmann FS Henckel, 1995, S. 95.

[19] So etwa Uhlenbruck/Brinkmann InsO § 48 Rn. 18.

[20] MüKoInsO/Ganter InsO § 48 Rn. 13; Jaeger/Henckel/Henckel InsO § 48 Rn. 39.

§ 9. Absonderung

Literatur: Blaum, Zurückbehaltungsrechte in der Insolvenz, 2008; Eckardt, Grundpfandrechte im Insolvenzverfahren, 15. Aufl. 2019; Ganter, Zweifelsfragen bei der Ersatzaussonderung und Ersatzabsonderung, NZI 2005, 1; ders., Zur – ersten und zweiten – Ersatzaussonderung/Ersatzabsonderung, ZInsO 2020, 1752; Grau, Realisierung von Absonderungsrechten an Forderungen aus nichterfüllten Verträgen, 2006; Janssen, Betriebsfortführung des Insolvenzverwalters mit Mobiliarsicherungsgut trotz Sicherungsübereignung und Eigentumsvorbehalt, 2005; Mitlehner, Wirkung der Eröffnung des Insolvenzverfahrens auf Kreditsicherungsrechte an Immobilien, Sachen, Rechten und Forderungen, ZIP 2015, 60; ders., Mobiliarsicherheiten im Insolvenzverfahren, 4. Aufl. 2016; Smid, Kreditsicherheiten in der Insolvenz des Sicherungsgebers, 2003.

A. Wesen des Absonderungsrechts

1 Neben den Insolvenzgläubiger kennt die InsO die Gruppe der **absonderungsberechtigten Gläubiger; §§ 49 ff. InsO.** Der wesentliche Unterschied zu den Aussonderungsberechtigten besteht darin, dass sie *in das Verfahren eingebunden* sind, also nicht einfach unbeschadet des Verfahrens auf ihr Sicherungsgut zugreifen können. Immerhin: Sie erhalten nicht nur quotale Befriedigung aus dem Sicherungsobjekt.

2 Sicherungseigentum, Sicherungsabtretung, Pfandrechte, Grundpfandrechte u. a. m. sind typische Absonderungsrechte. § 50 InsO und § 51 InsO legen dies fest. Diese Sicherheiten sollen sich gerade im Insolvenzverfahren des Schuldners bewähren, und dies wird mit der Absonderung erreicht. Während die wesentliche Grundlage des *Aus*sonderungsrechts die Nichtzugehörigkeit des Gegenstands zur Masse ist, richtet sich das *Ab*sonderungrecht auf **bevorzugte Befriedigung aus einem Massegegenstand.** Soweit dieser Gegenstand zur Befriedigung des Absonderungsberechtigten dient, geht er der Masse verloren, d. h. die (ungesicherten) Insolvenzgläubiger können auf ihn nicht mehr zugreifen. Je zahlreicher und wertvoller die Absonderungsrechte, desto schmaler die Masse und desto geringer die Befriedigungschancen ungesicherter Insolvenzgläubiger. Dieses Wechselspiel erklärt, warum es für das Erreichen des Verfahrenszwecks – die gemeinschaftliche Befriedigung der Gläubiger, § 1 S. 1 InsO – von ausschlaggebender Bedeutung ist, wieweit der Kreis der Absonderungsrechte gezogen wird.

3 Zwei Fragen sind zu unterscheiden: 1. Die Position als Absonderungsberechtigter und 2. Die Frage, wie die abgesonderte Befriedigung im Einzelnen funktioniert. Die zweite Frage richtet sich nach §§ 165 ff. InsO., dazu → § 24. Insbesondere ist trotz des Absonderungsrechts in der Regel der Insolvenzverwalter zur Verwertung des Gegenstands berechtigt (§ 166 InsO) bzw. in der Eigenverwaltung der eigenverwaltende Schuldner (§ 282 Abs. 1 S. 1 InsO).

4 Die Absonderungsberechtigten haben nicht im eigentlichen Sinne eine bessere Rangklasse als die Insolvenzgläubiger, sondern eine andere Art des Rechts. Die abgesonderte Befriedigung betrifft nämlich **bestimmte Vermögensgegenstände** (das Absonderungsgut bzw. das Sicherungsobjekt), aus deren Erlös der Absonderungsberechtigte zu befriedigen ist. Demgegenüber partizipieren Insolvenzgläubiger anteilig an der Verwertung des *gesamten* Vermögens des Schuldners über die Quotenausschüttung. In aller Regel sind die Absonderungsberechtigten zugleich auch Insolvenzgläubiger, wenn ihnen der Insolvenzschuldner auch persönlich haftet, § 52 S. 1 InsO. Das ist in

der Regel der Fall, weil das Absonderungsrecht durch ein Recht begründet wird, z. B. ein Pfandrecht, das eine gegen den Insolvenzschuldner gerichtete (Insolvenz-)Forderung sichert.

Beispiel: Hat eine Bank dem Schuldner ein Darlehen ausgereicht, so ist ihr Rückzahlungsanspruch eine Insolvenzforderung i. S. d. § 38 InsO. Hat der Schuldner eine Sicherheit in Form der Sicherungsübereignung von bestimmten Sachen vorgenommen oder eine Globalzession von Forderungen, ist die Bank zugleich Absonderungsberechtigte (§ 51 Nr. 1 InsO). 5

Die doppelte Stellung bedeutet natürlich nicht, dass die Bank doppelt abkassieren dürfte. Jeder Erlös aus der Verwertung der Sicherheit ist ebenso auf die Darlehensforderung **anzurechnen** wie umgekehrt jede bereits erfolgte Quotenausschüttung auf den Umfang der Sicherheitenverwertung. Näher zum Verhältnis → Rn. 18 f. 6

Eine doppelte Rechtsstellung *ist nicht zwingend.* Grundlage des Absonderungsrechts kann ein Recht sein, das keine Forderung voraussetzt. Hierher gehört die Grundschuld. Möglich ist aber auch, dass sich die gesicherte Forderung, z. B. beim Pfandrecht, nicht gegen den Insolvenzschuldner als Eigentümer der Pfandsache, sondern gegen einen Dritten richtet. Dann ist der Absonderungsberechtigte (z. B. der Pfandgläubiger) nicht zugleich Insolvenzgläubiger; denn der Verpflichtete seiner Forderung ist ja nicht der Insolvenzschuldner. Ist umgekehrt der Insolvenzgläubiger durch einen Gegenstand gesichert, der nicht dem Insolvenzschuldner gehört, so ist er in dessen Insolvenzverfahren nur Insolvenzgläubiger, nicht auch Absonderungsberechtigter. Es gibt also auch Fälle, in denen nur eine Absonderungsberechtigung besteht oder – trotz Sicherheit – nur eine Insolvenzforderung. 7

Beispiel: Großmutter M hat für einen Kredit ihres Enkels E eine Grundschuld an ihrem Grundstück zugunsten der Bank B bestellt. Fällt M in Insolvenz, hat B an dem Grundstück ein Absonderungsrecht, aber die Rückzahlungsforderung aus dem Darlehen besteht weiter allein gegen E. Fällt E in Insolvenz, hat die Bank gegen ihn als Insolvenzforderung den Rückzahlungsanspruch, aber keine Absonderungsrechte, weil sich das Grundstück nicht in seiner Masse befindet. 8

B. Einzelne Absonderungsrechte

I. Unbewegliches Vermögen

Absonderungsberechtigt ist, wer sich aus **Gegenständen des unbeweglichen Vermögens,** die zur Insolvenzmasse gehören, befriedigen kann, § 49 InsO. Zu ihnen rechnen insbesondere Grundstücke und grundstücksgleiche Rechte wie das Erbbaurecht (vgl. § 864 ZPO). Die abgesonderte Befriedigung folgt den Regeln des ZVG (§ 49 InsO). Dort ist bestimmt, wem ein Befriedigungsrecht zusteht, § 10 ZVG. Die wichtigste Personengruppe ist die der Grundpfandgläubiger, § 10 Abs. 1 Nr. 4 ZVG. 9

II. Pfandrecht

Absonderungsberechtigt ist ferner, wem an einem Gegenstand des beweglichen Vermögens, der zur Insolvenzmasse gehört, ein **Pfandrecht** zusteht, § 50 InsO. Pfandgegenstand kann sein eine bewegliche Sache, eine Forderung oder ein anderes Vermögensrecht (vgl. §§ 803–863 ZPO). Das Pfandrecht kann rechtsgeschäftlich, durch Pfändung oder gesetzlich begründet sein, § 50 Abs. 1 InsO. Praktisch wichtig sind die Pfandrechte des Vermieters und Verpächters (§§ 562, 581 Abs. 2 BGB), die aber zeitlich begrenzt sind, § 50 Abs. 2 InsO. 10

III. Sicherungsübereignung und Sicherungszession

11 Zu den sonstige Absonderungsberechtigten gehören der **Sicherungseigentümer** einer beweglichen Sache und der **Sicherungszessionar,** § 51 Nr. 1 InsO. Gegenstand einer Sicherungsübertragung können nicht nur Forderungen sein, sondern alle übertragbaren Rechte, beispielsweise Grundschulden, Patente, Markenrechte und Lizenzen.[1]

12 § 51 Nr. 1 InsO beschränkt die Rechtsstellung der Sicherungsnehmer in der Insolvenz des Sicherungsgebers. Die volle dingliche Rechtsinhaberschaft ist damit im Ergebnis haftungsrechtlich zu einem **bloßen Recht auf vorzugsweise Befriedigung** reduziert. Die schuldrechtliche Sicherungsabrede, wonach die Sicherungsübertragung dem Zweck der Forderungssicherung dient, hat also insolvenzrechtlich Drittwirkung.[2] Obgleich die Sicherungsnehmer aufgrund abstrakter dinglicher Verfügungen (§§ 929ff., 398 BGB) Vollrechtsinhaber werden, können sie das Sicherungsgut nicht vom Verwalter heraus verlangen (vgl. § 166 InsO). Das Sicherungseigentum begründet in der Insolvenz des Sicherungsgebers also nur eine Rechtsstellung wie ein besitzloses Pfandrecht. Das ist anders als in der Einzelzwangsvollstreckung, denn dort dürfte der Sicherungseigentümer über § 771 ZPO die Vollstreckung in den Gegenstand abwehren.

IV. Verlängerter Eigentumsvorbehalt

13 Besondere Aufmerksamkeit verdient der **verlängerte Eigentumsvorbehalt.** Der einfache Eigentumsvorbehalt gibt dem Vorbehaltseigentümer ein Aussonderungsrecht (wenn die Masse nicht zum Besitz berechtigt ist, dazu → § 8 Rn. 17). Eine Verlängerung ist irrelevant, solange es darum geht, auf die ursprüngliche Sache zuzugreifen, wenn sie noch beim Schuldner vorhanden ist – d. h. vor Verarbeitung oder Weiterveräußerung. Dann kann sie ausgesondert werden, weil dies dem einfachen Eigentumsvorbehalt entspricht,[3] (→ § 8 Rn. 19). Es geht also nur um den **Verlängerungsfall.** Beim verlängerten Eigentumsvorbehalt mit Verarbeitungsklausel ist der (spätere) Insolvenzschuldner berechtigt, die noch dem Verkäufer gehörende Sache zu verarbeiten (Leder zu Schuhen, Stoffe zu Mänteln). Dem Verkäufer steht an der neu hergestellten Sache ein Absonderungsrecht zu. Nach h. M. ist aufgrund der **Verarbeitungsklausel** der Verkäufer *„Hersteller"* i. S. v. § 950 BGB und erwirbt unmittelbar Eigentum an der neuen Sache,[4] das ihn allerdings nur zur abgesonderten Befriedigung berechtigt. Das ist eigentlich nicht konsequent, denn der Erwerb nach § 950 BGB ist ein originärer Eigentumserwerb kraft Gesetzes, der nicht durch Sicherungszweck beschränkt ist und daher zur Aussonderung berechtigen müsste. Es wird aber dem Umstand Rechnung getragen, dass das neue gesetzlich erworbene Eigentum doch nur den Kaufpreisanspruch sichern soll. Geht man indes davon aus, dass der Käufer trotz der Verarbeitungsklausel Hersteller nach § 950 BGB ist,[5] verliert der Verkäufer mit der Herstellung sein Eigentum. Absonderungsberechtigt ist der Verkäufer allerdings auf-

[1] Zu urheberrechtlichen Nutzungsrechten insbes., Chr. Berger FS Kirchhof, 2003, S. 1.
[2] Vgl. Jaeger/Henckel/Henckel InsO § 51 Rn. 6.
[3] Kayser/Thole/Lohmann InsO § 51 Rn. 35.
[4] BGHZ 20, 159, 164; MüKoBGB/Füller BGB § 950 Rn. 27.
[5] Grüneberg/Herrler BGB § 950 Rn. 6, 9; WGE SachenR § 53 Rn. 21.

grund einer antizipierten Sicherungsübereignung nach §§ 929, 930 BGB.[6] Dann liegt allerdings nur ein **„Durchgangserwerb"** vor.

Beim verlängerten Eigentumsvorbehalt mit **Vorausabtretungsklausel** ist der Käufer aufgrund einer Ermächtigung nach § 185 Abs. 1 BGB berechtigt, über die dem Verkäufer gehörende Ware im Rahmen des ordnungsgemäßen Geschäftsgangs zu verfügen. Die Verfügung ist deshalb wirksam, der Verkäufer verliert sein Eigentum. Aufgrund einer Vorausabtretungsklausel erlangt er allerdings die Forderung gegen den Abnehmer, die die ursprüngliche Kaufpreisforderung des Lieferanten sichert und diesen zur abgesonderten Befriedigung berechtigt.[7] Das Absonderungsrecht ist aber nur gegeben, wenn die vorausabgetretene Forderung bei Insolvenzeröffnung (oder vor Erlass eines allgemeinen Verfügungsverbots im Eröffnungsverfahren, § 21 Abs. 2 Nr. 2 InsO, § 22 Abs. 1 InsO) entstanden war. Entsteht die Forderung erst später, kann der Lieferant sie wegen § 91 InsO nicht mehr erwerben (dazu → § 18). 14

§ 51 Nr. 1 InsO erfasst auch den sog. **Kontokorrentvorbehalt,** wonach das vorbehaltene Eigentum nicht nur die entsprechende Kaufpreisforderung sichert, sondern alle weiteren Forderungen aus der Geschäftsverbindung zwischen dem Vorbehaltsverkäufer und dem Käufer. Das ist zutreffend, wenn die unter Eigentumsvorbehalt gelieferte Ware bezahlt ist. Ein Konzernvorbehalt ist nach § 449 Abs. 3 BGB unwirksam. 15

V. Sicherheitenpool

Nicht selten schließen sich aus- und absonderungsberechtigte Gläubiger zwecks gemeinsamer Verwaltung und Durchsetzung ihrer Rechte zu einem **Sicherheitenpool** zusammen.[8] Dieser kann eine Personengesellschaft bürgerlichen Rechts (mehrere Vorbehaltslieferanten bringen ihre vorausabgetretenen Forderungen ein) oder eine schlichte Rechtsgemeinschaft (Miteigentümergemeinschaft mehrerer Vorbehaltseigentümer) sein; mitunter erteilt man dem „Poolverwalter" auch nur eine Vollmacht. Der Sicherheitenpool dient der **Verwaltungsvereinfachung,** kann aber keine (weiteren) Absonderungsrechte schaffen. Denn es kann der Pool nicht mehr Rechte haben als ihre Mitglieder.[9] Eine unter den Mitgliedern eines Sicherheitenpools getroffene Vereinbarung, wonach die einbezogenen Sicherheiten treuhänderisch auch für die jeweils anderen am Pool beteiligten Gläubiger zu halten sind, begründet daher für diese kein Absonderungsrecht. Das gilt auch dann, wenn der spätere Insolvenzschuldner dem Poolvertrag (pauschal) zugestimmt hatte.[10] Vorteile hat der Sicherheitenpool insofern, als die Höhe der Anteile der einzelnen gesicherten Gläubiger nicht festgestellt werden müssen, wenn Rechte gegenüber der Masse geltend gemacht werden;[11] die Verteilung des aus den Absonderungsrechten gewonnen Erlöses ist eine Frage des Innenverhältnisses der Poolbeteiligten. Liefern beispielsweise mehrere Lieferanten unter verlängertem Eigentumsvorbehalt gleichartige Waren, kann der einzelne Lieferant oft nur schwer nachweisen, dass gerade seine Ware an einen bestimmten Abnehmer weiter 16

[6] Nerlich/Römermann/Andres InsO § 51 Rn. 24; Grüneberg/Herrler BGB § 950 Rn. 11.

[7] BGHZ 72, 308, 312 zur KO.

[8] Zur Zulässigkeit von Poolvereinbarungen: OLG Karlsruhe NJW 1979, 2317.

[9] Häsemeyer InsR Rn. 18.66; Stürner ZZP 94 (1981), 263 (274 ff.).

[10] BGH NZI 2005, 622 (623).

[11] Gottwald/Haas InsR-HdB/Adolphsen § 44 Rn. 21; Jaeger/Henckel/Henckel InsO § 48 Rn. 19; MüKoInsO/Ganter InsO § 47 Rn. 197; insoweit a. A. Häsemeyer InsR Rn. 18.66.

veräußert wurde und er daher an der entsprechenden Forderung ein Absonderungsrecht hat; andererseits steht fest, dass die Forderungen aus der Weiterveräußerung nicht zur Masse gehören, wenn alle Waren unter verlängertem Eigentumsvorbehalt geliefert worden sind. Schließen sich alle Lieferanten zu einem Pool zusammen, kann der Pool das Absonderungsrecht ausüben.[12]

VI. Zurückbehaltungsrecht

17 Absonderungsberechtigt sind Gläubiger, denen ein **Zurückbehaltungsrecht** wegen wertsteigernder Verwendungen (§ 51 Nr. 2 InsO, z. B. nach §§ 994ff., 1000 BGB) oder ein kaufmännisches Zurückbehaltungsrecht (§ 51 Nr. 3 InsO; §§ 369, 371 f. HGB) zusteht; vgl. ferner § 51 Nr. 4 InsO.

C. Die Regelung des § 52 InsO

18 Der absonderungsberechtigte Insolvenzgläubiger braucht seine Forderung *nicht zwingend anzumelden* (vgl. § 174 InsO). Unterlässt er die Anmeldung, dann ist er aber auf die abgesonderte Befriedigung aus dem haftenden Gegenstand beschränkt; wird die gesicherte Forderung nicht voll befriedigt, so trägt den Ausfall der Absonderungsberechtigte. Umgekehrt kann der absonderungsberechtigte Insolvenzgläubiger auf die abgesonderte Befriedigung verzichten; dann nimmt er – nur – als Insolvenzgläubiger am Verfahren teil und ist auf die anteilmäßige Befriedigung aus der Masse beschränkt, § 52 S. 2 Fall 1 InsO. Beide Möglichkeiten sind Ausnahmen. In der Regel nimmt der Gläubiger entsprechend seiner materiell-rechtlichen Doppelstellung als persönlicher Gläubiger und dinglich Berechtigter auch im Insolvenzverfahren eine Doppelstellung ein: als absonderungsberechtigter Gläubiger und als Insolvenzgläubiger. In dieser Eigenschaft kann er die Forderung in voller Höhe anmelden, sie wird geprüft, ggf. erörtert und festgestellt (§§ 174, 176, 178 InsO). **§ 52 InsO beschränkt nur die Verteilung,** nicht die Anmeldung![13] Die Forderung nimmt also lediglich nicht in voller Höhe an der anteilmäßigen Befriedigung teil; das wäre eine Bevorzugung, die durch das Absonderungsrecht nicht begründet wäre. Vielmehr kann der Gläubiger nur insoweit anteilmäßige Befriedigung verlangen, als er mit seiner Forderung nicht abgesondert befriedigt, sondern ausgefallen ist, § 52 S. 2 Fall 2 InsO.

19 **Beispiel:** Erreicht z. B. ein Hypothekengläubiger, der eine Forderung und Hypothek von 100.000 EUR hat, bei der Zwangsversteigerung des Grundstücks nur eine abgesonderte Befriedigung in Höhe von 60.000 EUR, so kann er als Insolvenzgläubiger nur wegen des Ausfalls von 40.000 EUR anteilmäßige Befriedigung verlangen. Werden auf die Insolvenzforderungen 5% verteilt, so erhält er diesen Prozentsatz nur auf seinen Ausfall von 40.000 EUR, nicht auf die ganze Forderung von 100.000 EUR.

D. Ersatzabsonderung

I. Allgemeine Regel

20 Das Absonderungsrecht bezieht sich – wie das Aussonderungsrecht – *auf bestimmte Vermögensgegenstände.* Deren unberechtigte, aber wirksame Veräußerung durch den Verwalter vernichtet das Recht, weil z. B. der Dritterwerber lastenfrei das Eigentum erwirbt und folglich die Sache auch nicht mehr herausgegeben muss. Analog § 48 InsO

[12] MüKoInsO/Ganter InsO § 47 Rn. 195.
[13] FK-InsO/Immberger InsO § 52 Rn. 8; vgl. MüKoInsO/Riedel InsO § 174 Rn. 8.

steht dem Berechtigten dann aber im Verhältnis zur Masse ein **Ersatzabsonderungsrecht** zu. Das geschieht entweder durch Abtretung des Anspruchs auf eine Gegenleistung oder dadurch, dass an dem noch unterscheidbar in der Masse vorhandenen Veräußerungserlös abgesonderte Befriedigung verlangt wird. Ein Ersatzabsonderungsrecht besteht auch bei Veräußerung durch den Schuldner oder durch den Schuldner mit Zustimmung des vorläufigen Verwalters.[14]

Beispiel: L liefert dem Schuhhersteller S Leder unter verlängertem Eigentumsvorbehalt mit „Herstellerklausel" (dazu → Rn. 13). Solange das Leder bei S vorhanden ist, besteht ein Aussonderungsrecht (→ § 8 Rn. 17f.). An den aus dem Leder hergestellten Schuhen besteht dagegen nur ein Absonderungsrecht des L. Veräußert S unberechtigt, aber wirksam die Schuhe, hat L in der Insolvenz des S analog § 48 InsO ein Ersatzabsonderungsrecht an dem Veräußerungserlös. Anders ist es, wenn S das ursprüngliche Leder schlicht veräußert (also nicht eine neue Sache herstellt). Dann verliert L daran nach §§ 929, 932 BGB sein Eigentum, kann aber in der Insolvenz des S nach § 48 InsO den Weiterveräußerungserlös ersatzaussondern. 21

II. Ersatzabsonderung im Eröffnungsverfahren

Eine von einer gerichtlichen Anordnung nach § 21 Abs. 2 S. 1 Nr. 5 InsO (→ § 8 Rn. 8) zu trennende Frage ist jene nach der Ersatzabsonderung analog § 48 InsO nach Widerruf einer Verfügungsbefugnis **im Laufe eines Eröffnungsverfahrens.** Darf nach den zugrundeliegenden Sicherungsvereinbarungen der Schuldner die sicherungsabgetretenen Forderungen weiter einziehen oder sicherungsübereignete Waren weiter veräußern, so besteht diese Berechtigung zwar nach Antragstellung zunächst grundsätzlich fort; dies aber nur solange, wie der Sicherungsnehmer die Befugnis *nicht widerruft.* Die nach Widerruf erfolgende Verfügung ist unberechtigt. Die vor Widerruf erfolgende Verfügung kann ebenfalls unberechtigt sein, wenn der Schuldner (oder vorläufige Verwalter) nicht durch Einziehung der sicherungsabgetretenen Forderungen oder Einbuchung der Weiterveräußerungserlöse auf ein Treuhandkonto sicherstellt, dass der Sicherungsnehmer Zugriff auf die eingezogenen Forderungsbeträge oder die Gegenleistung für die Waren erhält. Denn mit Insolvenzantragstellung sind die Sicherungsinteressen des Gläubiger elementar gefährdet und „im Feuer".[15] Folglich wird auf beiden Wegen weitgehend sichergestellt, dass der Sicherungsnehmer seine Sicherheit nicht kompensationslos verliert. Entweder wird er Begünstigter aus der Einziehung auf dem Treuhandkonto oder aber, wenn der Schuldner nicht separiert hat, die Einziehung ist unberechtigt. In diesem Fall greift dann die Ersatzabsonderung nach § 48 InsO am eingezogenen Betrag. Eine **Schutzlücke** für den Sicherungsnehmer besteht in diesem Fall nur dann, wenn der eingezogene Betrag nicht mehr unterscheidbar in der Masse vorhanden ist, weil dann wegen § 48 S. 2 InsO auch keine Ersatzabsonderung mehr möglich ist. 22

[14] MüKoInsO/Ganter InsO Vorbemerkungen vor §§ 49 bis 52 Rn. 177; krit. Marotzke ZZP 109 (1996), 429 (434).

[15] Vgl. BGH NZI 2010, 339; 2019, 274.

§ 10. Die Masseverbindlichkeiten

Literatur: Balz, Die Ziele der Insolvenzordnung, in: KölSch 2000, S. 3; Bley, Haftung des Gemeinschuldners für Masseansprüche, ZZP 62 (1941), 111, 342; Breitenbücher, Masseunzulänglichkeit, 2007; Busch, Der Insolvenzverwalter und die Überwindung der Massearmut, 2005; Häsemeyer, Die Regelung der Masseverbindlichkeiten, der Masseunzulänglichkeit und des Verfahrenskostenvorschusses, in: Leipold (Hrsg.), Insolvenzrecht im Umbruch, 1991, S. 101; Kaufmann, Die Unzulässigkeit der Berücksichtigung sonstiger Masseverbindlichkeiten bei der Verfahrenskostendeckungsprüfung, ZInsO 2006, 961; Kögel, Die Rechtsfolge der Masseunzulänglichkeitsanzeige auf beiderseitig nicht oder nicht vollständig erfüllte Verträge, 2007; Schröder, Die Abwicklung des masseunzulänglichen Insolvenzverfahrens, 2010; Walther, Das Verfahren bei Masseunzulänglichkeit nach den §§ 208 ff. InsO, 2005; Runkel/Schnurrbusch, Rechtsfolgen der Masseunzulänglichkeit, NZI 2006, 49; Schaltke, Verfahrenskostendeckung der Gesellschaftsinsolvenz durch persönliche Haftung der Gesellschafter?, ZInsO 2010, 1249.

A. Begriff

1 Von den Insolvenzforderungen und den Insolvenzgläubigern abzugrenzen sind die sog. **Massegläubiger oder Masseverbindlichkeiten, §§ 53–55 InsO.** Es handelt sich um Ansprüche, die grundsätzlich erst *nach Verfahrenseröffnung* entstanden sind und schon deshalb von den Insolvenzforderungen des § 38 InsO abgrenzbar sind. Masseverbindlichkeiten werden *vorweg* aus der Insolvenzmasse befriedigt, § 53 InsO. Demnach erhält der Massegläubiger grundsätzlich volle Befriedigung seiner Forderung, soweit die Masse zulänglich ist und für alle Masseverbindlichkeiten ausreicht. Während eines Eröffnungsverfahrens entstehende Verbindlichkeiten sind nach der Definition des § 38 InsO vor Verfahrenseröffnung entstanden, können aber gleichwohl Masseverbindlichkeiten sein. Das ergibt sich für den starken vorläufigen Insolvenzverwalter, auf den die Verfügungsbefugnis übergegangen ist, bereits aus § 55 Abs. 1 S. 1 InsO. Aber auch ein schwacher bzw. halbstarker vorläufiger Insolvenzverwalter (mit Zustimmungsvorbehalt) kann u. U. Masseverbindlichkeiten begründen, wenn das Gericht eine sog. Einzelermächtigung erteilt hat. Auch in der vorläufigen Eigenverwaltung und im sog. Schutzschirmverfahren (§§ 270b, 270d InsO) sind Masseverbindlichkeiten nach entsprechender gerichtlicher Anordnung denkbar, s. § 270c Abs. 4 InsO.[1]

2 Bei den Masseverbindlichkeiten unterscheidet das Gesetz zwischen den Massekosten im Sinne des § 54 InsO und den sonstigen Masseverbindlichkeiten des § 55 InsO. Die Unterteilung hat Bedeutung für die Frage, ob ein Verfahren mangels Masse nicht eröffnet wird oder eingestellt wird (dazu → § 15 Rn. 4; → § 30 Rn. 10).

B. Die Kosten des Insolvenzverfahrens (§ 54 InsO)

3 Zu den Kosten gehören die **Gerichtskosten** für das Insolvenzverfahren sowie die **Vergütungen** und **Auslagen** des Insolvenzverwalters, § 63 InsO, einschließlich des vorläufigen Insolvenzverwalters (§§ 21 Abs. 2 S. 1, 63 InsO) sowie die Vergütungen und Auslagen der Mitglieder des Gläubigerausschusses einschließlich – obwohl im Gesetz nicht ausdrücklich genannt – des vorläufigen Gläubigerausschusses.[2] Könnte bspw. der Insolvenzverwalter auf seine Vergütungsforderungen nur die Insolvenzquote erhal-

[1] Dazu näher Klinck ZIP 2021, 1189.
[2] MüKoInsO/Hefermehl InsO § 54 Rn. 49.

ten, wäre er kaum bereit, das Amt zu übernehmen. Daher ist es nur folgerichtig, dass das Gesetz eine Vorwegbefriedigung dieser Kostenposition anordnet.

C. Sonstige Masseverbindlichkeiten (§ 55 InsO)

I. Verbindlichkeiten aus Handlungen des Insolvenzverwalters

Zu den sonstigen Masseverbindlichkeiten zählen alle Verbindlichkeiten, die **durch Handlungen des Insolvenzverwalters begründet** worden sind, § 55 Abs. 1 Nr. 1 InsO. Dazu gehören z. B. Ansprüche aus Verkäufen oder Käufen des Verwalters zwecks Verwertung oder Ergänzung der Masse, Ansprüche aus vom Verwalter abgeschlossenen Dienst- und Werkverträgen, aber auch aus deliktischem Tun oder Unterlassen des Verwalters im Rahmen seines Amtes, z. B. die Verletzung einer Verkehrssicherungspflicht. 4

Diese Ansprüche sind zwar später als die Insolvenzforderungen begründet (vgl. § 38 InsO), dennoch ist es berechtigt, sie bevorzugt zu befriedigen. Das ist vor allem für Ansprüche aus Verträgen, die der Verwalter abgeschlossen hat, einsichtig. Wären diese Ansprüche nur Insolvenzforderungen, also mehr oder weniger wertlos, so würde kaum jemand mit dem Insolvenzverwalter Verträge schließen wollen. Das aber wäre ein großes Hindernis für die sachgerechte Verwertung, insbesondere wenn das Unternehmen des Insolvenzschuldners fortgeführt werden soll. 5

Zu § 55 Abs. 1 Nr. 1 InsO gehören ferner Verbindlichkeiten, die **in anderer Weise als durch Handlungen des Verwalters** im Rahmen der Verwaltung, Verwertung und Verteilung der Masse begründet sind (außer Verfahrenskosten, dafür § 54 InsO), z. B. Prämien für notwendige Versicherungen, Vergütung eines Rechtsanwalts für die Führung eines Masseprozesses. 6

II. Gegenseitige Verträge

Zu den Masseverbindlichkeiten gehören weiter die **Ansprüche aus gegenseitigen Verträgen,** die der Insolvenzschuldner vor Eröffnung des Insolvenzverfahrens geschlossen hat und deren Erfüllung zur Masse vom Verwalter verlangt wird (→ § 19 Rn. 3) oder die für die Zeit nach Eröffnung des Verfahrens erfolgen *muss* (z. B. weiterlaufende Arbeitsverträge), § 55 Abs. 1 Nr. 2 InsO. Das sind sog. oktroyierte Masseverbindlichkeiten, deren Entstehung der Verwalter zunächst nicht verhindern kann. Das Arbeitsverhältnis läuft wegen § 108 InsO zunächst weiter (näher → § 19 Rn. 40 ff.) und kann dann erst ex nunc gekündigt werden. 7

III. Bereicherungsansprüche

Schließlich sind Masseverbindlichkeiten **Ansprüche aus ungerechtfertigter Bereicherung** der Masse, die *nach Verfahrenseröffnung* eingetreten ist, § 55 Abs. 1 Nr. 3 InsO. Hierzu zählen z. B. die der Masse zugeflossene Gegenleistung im Fall von § 81 Abs. 1 S. 3 InsO (→ § 17 Rn. 10, 12), die für die Veräußerung einer Aussonderungssache erhaltene Gegenleistung, soweit sie in der Masse nicht mehr unterscheidbar vorhanden ist (sonst Ersatzaussonderung, § 48 S. 2 InsO; → § 8 Rn. 32 ff.) oder die versehentliche Zahlung einer Nichtschuld an den Verwalter. *Vor Verfahrenseröffnung* entstandene Bereicherungsansprüche sind auch dann lediglich Insolvenzforderungen, wenn der Rechtsgrund erst mit oder nach Verfahrenseröffnung weggefallen ist.[3] 8

[3] BGH NZI 2009, 475 (476) Rn. 12.

IV. Dauerschuldverhältnisse

9 **Bestimmte Verbindlichkeiten,** die gemäß § 38 InsO Insolvenzforderungen wären, **gelten** nach Verfahrenseröffnung **als Masseverbindlichkeiten,** § 55 Abs. 2 InsO. Damit wird praktisch die Wirkung der Eröffnung partiell vorverlegt, nämlich für die Begründung von Verbindlichkeiten und die Inanspruchnahme von Gegenleistungen aus Dauerschuldverhältnissen durch den verwaltungs- und verfügungsbefugten vorläufigen starken Insolvenzverwalter (§ 55 Abs. 2 InsO mit § 22 Abs. 1 S. 1 InsO), dazu eingehend → § 12 Rn. 5.

V. Steuerschuldverhältnisse

10 Eine besondere Form eines „Fiskusprivilegs“ bedeutet § 55 Abs. 4 InsO. Danach gelten **Umsatzsteuerverbindlichkeiten,** die von einem vorläufigen Insolvenzverwalter oder vom Schuldner mit Zustimmung eines vorläufigen Insolvenzverwalters oder vom Schuldner nach Bestellung eines vorläufigen Sachwalters begründet worden sind, nach Eröffnung als Masseverbindlichkeiten. Es geht also um Umsatzsteuerverbindlichkeiten aus dem Eröffnungsverfahren (nach Eröffnung gilt bereits § 55 Abs. 1 InsO). Die Vorschrift betrifft seit dem 1.1.2021 auch die vorläufige Eigenverwaltung.[4] Wenn also der Schuldner im Eröffnungsverfahren einen Umsatz tätigt und deshalb die vereinnahmte oder vereinbarte Umsatzsteuer an das Finanzamt abführen muss, ist diese Steuerforderung eine Masseverbindlichkeit. Gleiches gilt für die in § 55 Abs. 4 S. 2 InsO genannten Steuerarten.

11 **Beispiel:** Schuldner S veräußert im Rahmen der vorläufigen Eigenverwaltung eine Sache an K zum Preis von 100 EUR zuzüglich 19% MwSt. Er schuldet damit dem Fiskus 19 EUR. Diese Umsatzsteuerabführungspflicht ist, obwohl vor Verfahrenseröffnung entstanden, als Masseverbindlichkeit zu behandeln. Der Fiskus erhält auf die 19 EUR also nicht nur eine Quote.

VI. Sozialplan

12 **Verbindlichkeiten aus** einem **Sozialplan** (§ 112 BetrVG), der **nach Verfahrenseröffnung** aufgestellt wird, sind **Masseverbindlichkeiten,** § 123 Abs. 1, 2 S. 1 InsO, obwohl es sich eigentlich um Insolvenzforderungen handelt, denn ihre Grundlage ist das vor Verfahrenseröffnung begründete **Arbeitsverhältnis.** Diese Qualifizierung erspart die Anmeldung und Feststellung der Sozialplanforderungen. Die Ansprüche selbst werden summenmäßig doppelt begrenzt: durch eine Limitierung der Gesamtansprüche aus dem Sozialplan (§ 123 Abs. 1 InsO) und dadurch, dass – wenn kein Insolvenzplan zustande kommt – maximal ein Drittel der Masse, die ohne Sozialplan an die Insolvenzgläubiger verteilt werden könnte, zur Befriedigung von Sozialplanforderungen verwendet werden darf (§ 123 Abs. 2 InsO). Diese relative Begrenzung führt dazu, dass die Forderungen erst erfüllt werden können, wenn alle anderen Masseverbindlichkeiten voll befriedigt sind. Eine Zwangsvollstreckung in die Masse wegen einer Sozialplanforderung ist unzulässig, § 123 Abs. 3 S. 2 InsO (vgl. § 89 Abs. 1 InsO für Insolvenzforderungen).

13 Verbindlichkeiten aus einem **vor der Verfahrenseröffnung** aufgestellten Sozialplan sind **Insolvenzforderungen.** Geschah die Aufstellung in den drei Monaten vor dem Eröffnungsantrag, so kann der Plan vom Verwalter wie vom Betriebsrat widerrufen

[4] Änderung des § 55 Abs. 4 InsO durch Art. 5 Nr. 14 SanInsFoG, BGBl. 2020 I 3283 („Sachwalter“); zuvor nicht erfasst: s. etwa Kayser/Thole/Riedel InsO § 56 Rn. 35 (zur alten Fassung).

werden mit der Folge, dass Arbeitnehmer, denen aus dem alten Plan Forderungen zustanden, im neuen (für den § 123 InsO gilt!) berücksichtigt werden können (nicht: müssen), § 124 Abs. 1, 2 InsO; zur Behandlung schon erbrachter Leistungen § 124 Abs. 3 InsO.

D. Befriedigung der Masseverbindlichkeiten

Die Massegläubiger werden während des Verfahrens durch **Vorwegbefriedigung** befriedigt, § 53 InsO. Sie sind auch nicht an den Gläubigergleichbehandlungsgrundsatz gebunden und insbesondere unterliegen sie keinem Vollstreckungsverbot i. S. d. §§ 87, 89 InsO (Ausnahme § 123 Abs. 3 S. 2 InsO). Auch der Aufrechnungsausschluss nach § 96 InsO greift nicht. Eine gewisse Einschränkung gibt es aber für sog. **oktroyierte Masseverbindlichkeiten,** derentwegen die Vollstreckung in den ersten 6 Monaten seit Verfahrenseröffnung unzulässig ist, § 90 Abs. 1 InsO. Damit soll verhindert werden, dass die Insolvenzmasse in der Anfangsphase des Verfahrens durch den Entzug von Massegegenständen aufgezehrt wird und damit eine Unternehmensfortführung unmöglich gemacht wird. Eine Gegenausnahme enthält § 90 Abs. 2 InsO, wenn der Verwalter bei einem gegenseitigen Vertrag Erfüllung gewählt hat (§ 103 InsO), bei einem Dauerschuldverhältnis nicht zum ersten möglichen Termin gekündigt hat oder die Gegenleistung für die Masse in Anspruch nimmt. 14

Das Prinzip der Vorwegbefriedigung aus der Masse funktioniert, solange hinreichend Insolvenzmasse vorhanden ist, um die Masseverbindlichkeiten zu befriedigen. In der Regel wird dies durch eine hinreichende Liquiditätsvorschau auch sichergestellt. Gleichwohl kann es durch verschiedene Ereignisse oder die schlechte wirtschaftliche Entwicklung auch zu einer sog. **Masseunzulänglichkeit** kommen. Davon ist auszugehen, wenn die Masse zwar für die Kosten i. S. d. § 54 InsO ausreicht, aber nicht für die Erfüllung der sonstigen Masseverbindlichkeiten zum Fälligkeitstermin, § 55 InsO. Im Falle dieser **„Insolvenz in der Insolvenz"** hat der Verwalter die Masseunzulänglichkeit dem Gericht anzuzeigen, § 208 Abs. 1 InsO, bleibt aber weiter zur Amtsführung verpflichtet, § 208 Abs. 3 InsO. Von der Masseunzulänglichkeit ist die **Massearmut** zu unterscheiden, bei der noch nicht einmal die Kosten des Verfahrens gedeckt werden. In diesem letztgenannten Fall kommt es zur Einstellung des Verfahrens gemäß § 207 InsO. Die weiteren Folgen bei bloßer Masseunzulänglichkeit richten sich dann nach den §§ 209ff. InsO; → § 30 Rn. 11ff. 15

4. Kapitel: Das Eröffnungsverfahren

§ 11. Der Eröffnungsantrag

Literatur: Barthel, Deutsche Insolvenzantragspflicht und Insolvenzverschleppungshaftung in Scheinauslandsgesellschaften nach dem MoMiG, 2009; Benndorf, Insolvenzverschleppungshaftung im deutschen und englischen Recht, 2008; Bitter, Geschäftsleiterhaftung in der Insolvenz – Alles neu durch SanInsFoG und StaRUG?, ZIP 2021, 321; ders., Neues Zahlungsverbot in § 15b InsO-E und Streichung des § 64 GmbHG, GmbHR 2020, 1157; Brinkmann, Die Haftung der Geschäftsleiter in der Krise nach dem Gesetz zur Fortentwicklung des Sanierungs- und Insolvenzrechts (SanInsFoG), ZIP 2020, 2361; Brünkmans, Geschäftsleiterpflichten und Geschäftsleiterhaftung nach dem StaRUG und SanInsFoG – Nachtrag zu ZInsO 2021, 1, ZInsO 2021, 125; Eckhoff, Die Haftung der Geschäftsleiter gegenüber den Gläubigern der Gesellschaft wegen Insolvenzverschleppung, 2010; Frings, Die zivil und strafrechtliche Haftung des GmbH Geschäftsführers in der Insolvenz, 2008; Ganter, Die Anforderungen der höchstrichterlichen Rechtsprechung an eine zuverlässige Fortführungsprognose bei der Sanierungsprüfung, NZI 2014, 673; Hartmann, Die Insolvenzantragspflicht des faktischen Organs, 2005; Heil, Insolvenzantragspflicht und Insolvenzverschleppungshaftung bei der Scheinauslandsgesellschaft in Deutschland, 2008; Hübert, Sorgfaltskonforme Prognosen und Pflichten der Geschäftsleiter im Vorfeld der Insolvenz, 2018; Klein, Gemeinschaftskonformität der Insolvenzantragspflicht, 2010; Lang, Das Rechtsschutzinteresse beim Antrag auf Eröffnung des Insolvenzverfahrens, 2003; Mayer, Insolvenzantragspflicht und Scheinauslandsgesellschaften, 2008; Müller, Die Begrenzung der Haftung wegen masseschmälernder Zahlungen durch das SanInsFoG, GmbHR 2021, 737; Nickert/Lamberti, Überschuldungs- und Zahlungsunfähigkeitsprüfung im Insolvenzrecht, 3. Aufl. 2015; Poertzgen, Organhaftung wegen Insolvenzverschleppung, 2006; Rauert, Insolvenzantrag gegen eine geschäftsführerlose GmbH, 2005; Renner, Insolvenzverschleppungshaftung in internationalen Fällen, 2007; Schädlich, Die objektiven und subjektiven Voraussetzungen der Insolvenzantragspflicht (§ 15a Abs. 1 InsO), 2012; Schigallis, Rechtsschutz des Schuldners bei fahrlässig unberechtigten Insolvenzanträgen, 2006; Schlenkhoff, Insolvenzgründe, Prognose und Antragspflicht, 2014; Schmittmann, Haftung von Organen in Krise und Insolvenz, 2. Aufl. 2018; Seime, Der Fremdinsolvenzantrag durch die öffentliche Hand, 2006; Siemon, Das Konzept für ein vorinsolvenzliches Sanierungsverfahren, NZI 2016, 57.

1 Das Insolvenzverfahren ist **zweigeteilt** konzipiert. Es beginnt nach Stellung des Insolvenzantrags ein sog. **Eröffnungsverfahren.** Ein Antrag ist zwingend Voraussetzung; eine Einleitung von Amts wegen kennt die InsO nicht. Für den Antrag und den Verfahrensgang gelten über § 4 InsO ergänzend die Regelungen der ZPO.

2 Davon zu unterscheiden ist die Frage einer **Antragspflicht.** Eine solche besteht nach **§ 15a InsO** insbesondere für die Geschäftsleiter einer juristischen Person.

3 Das Eröffnungsverfahren hat das Ziel zu prüfen, ob die **Zulässigkeitsvoraussetzungen** des Antrags vorliegen und ob ein Insolvenzgrund/Eröffnungsgrund (§§ 16–19 InsO) vorliegt und zudem die Kosten des Verfahrens gedeckt sind (§ 26 InsO), der Antrag also begründet ist. Erst wenn das Gericht zu dieser Überzeugung gelangt, wird das Insolvenzverfahren tatsächlich mit dem **Eröffnungsbeschluss** eröffnet, § 27 InsO. Im Eröffnungsverfahren können Sicherungsmaßnahmen angeordnet werden, § 21 InsO. Dazu gehört insbesondere die Einsetzung eines vorläufigen Insolvenzverwalters, § 21 Abs. 2 S. 2 Nr. 1 InsO. Das ist häufig sinnvoll, um eine nachteilige Veränderung der Vermögenslage zu verhindern, etwa weil der Schuldner weiter Geld „verbrennt" bzw. weitere Verluste anhäuft und zudem auch Fehlanreize für den Schuldner bestehen, das verbliebene Vermögen vor dem Gläubigerzugriff zu sichern. Der vorläufige Verwalter wird regelmäßig zugleich als gerichtlicher Sachverständiger (§ 5 InsO) eingesetzt und beauftragt, das Vorliegen der Eröffnungsgründe beim Schuldner zu überprüfen.

Erst mit dem Eröffnungsbeschluss ist das Insolvenzverfahren mit seinen vollen Wirkungen in Kraft gesetzt. Die Verwaltungs- und Verfügungsbefugnis über das Vermögen des Schuldners geht auf den Insolvenzverwalter über, § 80 Abs. 1 InsO, der das Vermögen in Besitz und Verwaltung nimmt, § 148 InsO. 4

Von dem Antrag auf Eröffnung eines Insolvenzverfahrens strikt zu unterscheiden ist ein Antrag auf Anordnung der (vorläufigen) Eigenverwaltung gemäß §§ 270, 270b, 270c InsO, der dazu führen soll, dass kein Insolvenzverwalter eingesetzt wird und kein allgemeines Verfügungsverbot angeordnet wird. Ebenfalls vom Insolvenzantrag abzugrenzen ist der weitere Antrag des § 270d Abs. 1 InsO auf Anordnung einer Frist zur Vorlage des Insolvenzplans und zur Anordnung eines Vollstreckungsstopps (Schutzschirmverfahren). Die Anträge für die Eigenverwaltung setzen den Eröffnungsantrag also voraus, sind aber damit nicht identisch. Dazu → § 13. 5

A. Anforderungen an den Eröffnungsantrag

Eröffnet wird das Insolvenzverfahren **nur auf Antrag, nie von Amts wegen,** § 13 Abs. 1 S. 1 InsO. Antragsberechtigt sind der (künftige) Insolvenzschuldner und jeder „Gläubiger", § 13 Abs. 1 S. 2 InsO. Für **Gläubigeranträge** gelten ergänzende Vorgaben des § 14 InsO. Eine besondere Regelung über Anträge auf Begründung von Gruppen-Gerichtsständen enthält § 13a InsO. 6

Die näheren Anforderungen an einen **Schuldnerantrag** sind in § 13 Abs. 1 InsO bezeichnet. Bei nicht eingestelltem Geschäftsbetrieb sollen gemäß § 13 Abs. 1 S. 4 und 5 InsO die Forderungen sowie bestimmte Kennzahlen angegeben und näher unterteilt werden. Diese Angaben sind gemäß § 13 Abs. 1 S. 6 InsO sogar zwingend, wenn Eigenverwaltung beantragt wird oder die Einsetzung eines vorläufigen Gläubigerausschusses beantragt oder gemäß § 22a InsO verpflichtend ist. Mit den Angaben zur Struktur der Gläubigerschaft soll das Gericht insbesondere in die Lage versetzt werden, eine repräsentative Zusammensetzung des (vorläufigen) Gläubigerausschusses sicherzustellen. 7

B. Antragsrecht

Ist Schuldnerin eine juristische Person (z. B. AG, GmbH, Verein) oder eine „Gesellschaft ohne Rechtspersönlichkeit" (z. B. OHG, KG) (§ 11 Abs. 1 S. 1 InsO), stellt sich die Frage, wer hier konkret den Antrag stellen darf. Eine GmbH als juristische Person handelt natürlich nicht selbst, und Gleiches gilt neben den juristischen Personen auch für die Personengesellschaften. Hierzu macht § 15 Abs. 1 S. 1 InsO eine Grundaussage: Jedes *Mitglied des Vertretungsorgans* ist zur Antragstellung berechtigt. 8

Beispiel: Hat beispielsweise eine GmbH mehrere Geschäftsführer, genügt der Antrag eines jeden, bei einer OHG der Antrag eines jeden persönlich haftenden Gesellschafters. 9

Damit wird vermieden, dass eine Uneinigkeit innerhalb der Geschäftsführer oder Gesellschafter auf die Antragsberechtigung durchschlägt. Könnte ein persönlich haftender Gesellschafter den Antrag nicht stellen, müsste er tatenlos zusehen, wie seine persönliche Haftung (§ 128 HGB) weiter anwächst. Allerdings muss gemäß § 15 Abs. 2 InsO dann, wenn der Antrag nicht von allen Mitgliedern des Vertretungsorgans oder 10 allen persönlich haftenden Gesellschaftern gestellt wird, der Eröffnungsgrund glaubhaft gemacht werden.

11 Daneben sieht § 15 InsO gewisse **„Ersatz"-Antragsrechte** vor. So ist im Falle der *„Führungslosigkeit"* auch jeder Gesellschafter, bei einer AG oder Genossenschaft jedes Mitglied des Aufsichtsrats zur Antragstellung berechtigt, § 15 Abs. 1 S. 2 InsO. Führungslosigkeit liegt vor, wenn kein organschaftlicher Vertreter besteht (Geschäftsführer ist z. B. verstorben) oder er nicht auffindbar ist (Geschäftsführer hat sich ins Ausland abgesetzt).[1]

C. Antragspflicht

12 Vom Antragsrecht ist die **Antragspflicht** zu unterscheiden. Gemäß **§ 15a InsO** (und entsprechend § 42 Abs. 2 BGB beim Verein) haben die Mitglieder des Vertretungsorgans **ohne schuldhaftes Zögern,** spätestens aber drei Wochen nach Eintritt der Zahlungsunfähigkeit (§ 17 InsO) oder spätestens sechs Wochen nach Eintritt der Überschuldung (§ 19 InsO) den Insolvenzantrag zu stellen. Gleiches gilt für die organschaftlichen Vertreter einer Gesellschaft im Sinne des. § 11 Abs. 2 Nr. 1 InsO, bei der kein persönlich haftender Gesellschafter eine natürliche Person ist (Prototyp: GmbH & Co. KG). Es besteht also eine persönliche Verpflichtung der Organmitglieder zur Antragstellung nach Eintritt der Insolvenzreife (bei Führungslosigkeit § 15a Abs. 3 InsO).

13 Verletzt das Organmitglied diese Verpflichtung und begeht damit eine **„Insolvenzverschleppung"** (verschleppt wird nicht die Insolvenz, sondern der Antrag), droht ihm die Strafbarkeit (§ 15a Abs. 4 InsO) und eine zivilrechtliche Haftung gemäß § 823 Abs. 2 BGB i. V. m. § 15a InsO.

14 Ein noch schärferes Haftungsschwert ist auch die Haftung des § 15b InsO (zuvor: § 64 Abs. 1 S. 1 GmbHG, § 92 Abs. 2 AktG, § 93 Abs. 3 Nr. 6 AktG, §§ 130a, 177a HGB, § 99 GenG). Der Geschäftsführer haftet der Gesellschaft (und damit ihrem Insolvenzverwalter) persönlich grundsätzlich für sämtliche einzelne Zahlungen, die nach Eintritt der Insolvenzreife erfolgen, § 15b Abs. 4 S. 1 InsO. Allerdings kann der Geschäftsleiter gemäß § 15b Abs. 4 S. 2 InsO den Beweis führen, dass ein geringerer Schaden entstanden ist. Geringer bedeutet, dass der Schaden nicht der Höhe der Zahlung entspricht. Das ist als eine Vermutung des Gesamtgläubigerschadens in Höhe der einzelnen Zahlung zu verstehen, die dann widerleglich ausgestaltet ist.[2] Das SanInsFoG hat einige weitere Änderungen eingeführt. § 15b Abs. 1 S. 1 InsO lässt wie bisher Raum für Zahlungen, die mit der Sorgfalt eines ordentlichen und gewissenhaften Geschäftsleiters vereinbar sind. Der **Sorgfaltsmaßstab** wird aber nunmehr in § 15b InsO konkretisiert, und zwar entlang der grundsätzlichen Weichenstellung, ob der Geschäftsleiter seiner Insolvenzantragspflicht nachkommt bzw. nachgekommen ist. Kommt er ihr ordnungsgemäß nach, läuft also nach Eintritt der Insolvenzreife noch die Drei- bzw. für die Überschuldung die Sechs-Wochen-Höchstfrist des § 15a Abs. 1 S. 2 InsO, sind während dieses Zeitraums Zahlungen im ordnungsgemäßen Geschäftsgang gemäß § 15b Abs. 2 InsO grundsätzlich mit der Sorgfalt eines ordentlichen Geschäftsleiters vereinbar. Wurden die Fristen des § 15a InsO gerissen, gilt

[1] Zu der Interpretation des Begriffs Brand/Brand NZI 2010, 712.
[2] Begründung des RegE, BR-Drs. 619/20, 227.

nunmehr allein das strikte Regime des § 15b Abs. 3 InsO. Ab diesem Zeitpunkt sind Zahlungen in der Regel nicht mehr sorgfaltsgemäß.

Eine wichtige Neuerung beinhaltet schließlich § 15b Abs. 8 InsO, der einen **Vorrang der Massesicherungspflicht,** d. h. des Zahlungsverbots, vor der Steuerabführungspflicht enthält und wieder die Antragspflicht in den Blick nimmt. Eine Verletzung steuerrechtlicher Pflichten liegt insbesondere nicht vor, wenn der Geschäftsleiter in dem Drei- bzw. Sechs-Wochen-Höchstzeitraum seiner Pflicht zum Insolvenzantrag rechtzeitig nachkommt, und in dieser Zeit fällige Steuerpflichten nicht erfüllt. Das hat Auswirkungen auf die steuerrechtliche persönliche Haftung eines Geschäftsführers gemäß § 69 AO.[3] 15

Die skizzierten Haftungsfragen hat allerdings das Insolvenzgericht, das die Zulässigkeit und Begründetheit des (ggf. verspäteten) Insolvenzantrag prüft, nicht zu beantworten. Ob Haftungsansprüche gegen den Geschäftsführer bestehen, prüft der Insolvenzverwalter nach Eröffnung und macht diese zum Zwecke der **Anreicherung der Masse** nach allgemeinen Regeln geltend. Bei der gegenüber den Gläubigern bestehenden Haftung des § 823 Abs. 2 BGB i. V. m. § 15a InsO ist der Insolvenzverwalter allerdings nur für den Quotenschaden der sog. Altgläubiger prozessführungsbefugt über § 92 Abs. 1 InsO. Das ist der Gesamtschaden, der dadurch eintritt, dass bei der verspäteten Antragstellung weniger Masse vorhanden ist als bei rechtzeitiger Antragstellung vorhanden gewesen wäre. Der Schaden von sog. Neugläubigern, die erst nach der Insolvenzreife und daher nach dem Zeitpunkt, in dem eigentlich der Antrag hätte gestellt werden müssen, in Rechtsbeziehungen zum Schuldner treten und kontrahieren, wird von diesen Gläubigern individuell außerhalb des Verfahrens geltend gemacht.[4] 16

D. Gläubigeranträge

Für Gläubigeranträge gelten die **besonderen Zulässigkeitsvoraussetzungen des § 14 InsO.** Der jeweilige Antragsteller muss ein rechtliches Interesse an der Verfahrenseröffnung haben und seine Forderung sowie den Eröffnungsgrund glaubhaft machen, § 14 Abs. 1 InsO. Gläubiger in diesem Sinne sind solche, die ihre Forderungen im Verfahren durchsetzen können, mithin Insolvenzgläubiger (auch nachrangige[5]) und Absonderungsberechtigte. 17

I. Rechtliches Interesse

Das rechtliche Interesse meint das **Rechtsschutzinteresse/Rechtsschutzbedürfnis.** 18 Es fehlt, wenn mit dem Antrag verfahrensfremde Ziele verfolgt werden. Dies festzustellen ist nicht einfach. Denkbar ist es, wenn beispielsweise ein solventer, aber zahlungsunwilliger Schuldner mit dem Antrag nur unter Druck gesetzt werden sollen, es darum geht, die Reputation eines Konkurrenten mit einem öffentlichkeitswirksamen Insolvenzantrag zu schädigen u. a. m. Außerdem hat der BGH das Rechtsschutzinteresse bei sog. Firmenbestattungen verneint, dort allerdings für einen Schuldnerantrag. Dort sollte der Antrag nicht wirklich zur Eröffnung des Insolvenzverfahrens, sondern gerade zur Abweisung mangels Masse (mit anschließender Lö-

[3] KPB/Bork/Kebekus InsO § 15b Rn. 56ff; zu § 69 AO s. Klein/Rüsken AO § 69.
[4] BGHZ 138, 211 (214ff.); dazu ausf. K. Schmidt/Uhlenbruck Sanierung/K. Schmidt Rn. 11.21ff.
[5] BGH ZIP 2010, 2055 Rn. 8ff; LG Berlin NZI 2021, 632 Rn. 4.

schung der Gesellschaft) führen. Der Antragsteller wollte nur der Geschäftsführerhaftung entgehen.[6]

II. Glaubhaftmachung

19 Die Glaubhaftmachung von Forderung und Eröffnungsgrund (z. B. Zahlungsunfähigkeit) bedeutet, dass das Beweismaß des § 4 InsO i. V. m. § 294 ZPO erreicht werden muss, d. h. die *überwiegende Wahrscheinlichkeit* bestehen muss. Wohlgemerkt betrifft dies nur die Zulässigkeit des Antrags. Für die Begründetheit des Antrags reicht die Glaubhaftmachung des Eröffnungsgrundes nicht aus. Dazu hat das Insolvenzgericht, wenn nötig, wie beim Antrag des Insolvenzschuldners von Amts wegen alle Umstände zu ermitteln, um sich vom Vorliegen eines Eröffnungsgrundes zu überzeugen, § 5 Abs. 1 InsO.

III. Rechtsfolgen

20 Ist der Antrag zulässig, so hat das Gericht den (künftigen) Insolvenzschuldner zu hören, § 14 Abs. 2 InsO (Einschränkung in § 10 InsO). Es kann von ihm Auskünfte verlangen, die zur Entscheidung über den Antrag erforderlich sind, § 20 InsO (→ § 3 Rn. 18f.). Das Bestehen der glaubhaft gemachten Forderung wird vom Insolvenzgericht nicht geprüft (vgl. → § 28 Rn. 5), denn dies erfolgt über das Tabellenfeststellungsverfahren der §§ 174ff. InsO im Insolvenzverfahren. Anders könnte es nur liegen, wenn die Zahlungsunfähigkeit am Bestehen oder Nichtbestehen eben dieser Forderung abhängt und sich davon die im Rahmen der Begründetheit des Antrags erforderliche Überzeugungsbildung bezüglich des Eröffnungsgrunds abhängt.

21 Der Insolvenzantrag kann **zurückgenommen** werden, bis über ihn durch Insolvenzeröffnung oder rechtskräftige Zurückweisung entschieden ist, § 13 Abs. 2 InsO. Der Antragsteller trägt die Kosten (§ 4 InsO mit § 269 Abs. 3 S. 2 ZPO). Ein Gläubiger kann seinen Insolvenzantrag bis zur Entscheidung darüber auch für **erledigt erklären,** wenn die Forderung nach Antragstellung beglichen wird. Dieser Weg kann kostengünstiger sein: Die Kostentragung richtet sich danach, ob sich der Schuldner der Erledigung anschließt (§ 4 InsO mit § 91 a ZPO) oder nicht (§ 4 InsO mit § 91 ZPO). Vergleichbar der einseitigen Erledigungserklärung im Zivilprozess ist der Antrag im letzteren Falle nur noch auf den Ausspruch gerichtet, dass sich das frühere Eröffnungsbegehren durch ein nachträgliches Ereignis erledigt habe.[7] Vorzugswürdig ist es, die Kostenentscheidung entsprechend (§ 4 InsO mit) § 269 Abs. 3 S. 3 ZPO zu treffen. Die Rechtsprechung der Insolvenzgerichte neigt dazu, bei Erledigungserklärungen stärker auch den Gläubiger in die Pflicht zu nehmen. Erklärt ein sog. **„Zwangsgläubiger"** (Sozialversicherungsträger wegen der Ansprüche auf Abführung von Sozialversicherungsbeiträgen) den von ihm gestellten Eröffnungsantrag allein auf der Grundlage einer Zahlung der dem Insolvenzantrag zugrundeliegenden Forderung in der Hauptsache für erledigt, obgleich sich nach ersten gerichtlichen Ermittlungen bereits das Vorliegen von Insolvenzgründen abzeichnet und vereitelt er hierdurch ohne erkennbares Motiv weitere Ermittlungen, so liegt hierin nach teilweise vertretener Auffassung ein starkes Beweisanzeichen für einen **unzulässigen Druckantrag.**[8] In diesem Fall können dem Antragsteller die Kosten des Verfahrens im Rahmen der Billigkeits-

[6] BGH NZI 2020, 679 (680) Rn. 8.
[7] BGH NJW 2002, 515 (516); Uhlenbruck/Wegener InsO § 14 Rn. 171.
[8] AG Köln NZI 2019, 617 (620) Rn. 24.

entscheidung nach § 4 InsO i. V. m. § 91 a ZPO vollständig auferlegt werden. Der BGH ist hier aber mit Recht zurückhaltender.[9]

IV. Die Regelung des § 14 Abs. 1 S. 2 InsO

Eine schwer verständliche Regelung ist § 14 Abs. 1 S. 2 InsO. Der Antrag wird „nicht allein" dadurch unzulässig, dass die Forderung erfüllt wird. Wird vom Schuldner die Forderung erfüllt, kann sie an sich nicht mehr glaubhaft gemacht werden. Dies durchbricht § 14 Abs. 1 S. 2 InsO. Die Vorschrift will insbesondere auf Fälle reagieren, in denen der Schuldner *immer den antragstellenden Gläubiger befriedigt,* so dass der Gläubiger seinen Antrag für erledigt erklären muss und es *nicht zu einer Eröffnung kommt*. Das betrifft vor allem Fälle wiederkehrender Zahlungspflichten wie bei Steuerverbindlichkeiten und insbesondere auch die Pflicht eines Schuldners, für seine Angestellten Sozialversicherungsbeiträge an die Einzugsstellen (das sind die gesetzlichen Krankenkassen) abzuführen.[10] Wird immer gerade der offene Rückstand ausgeglichen, kann der Schuldner quasi stets noch den Kopf aus der Schlinge ziehen und die Insolvenzeröffnung abwenden. In diesem Fall will es § 14 Abs. 1 S. 2 InsO ermöglichen, dass der Antrag zulässig bleibt. Allerdings hat die Rechtsprechung § 14 Abs. 1 S. 2 InsO von Anfang an eng verstanden. „Nicht allein" bedeutet, dass der Antrag sehr wohl noch aus anderen Gründen als der Erfüllung der Forderung scheitern kann. Die Rechtsprechung liest in § 14 Abs. 1 S. 2 InsO hinein, dass nur wiederkehrende öffentlich-rechtliche Zwangsgläubiger, die mithin das Entstehen weiterer Verbindlichkeiten nicht verhindern können, nach Erfüllung der Forderung noch ein Rechtsschutzbedürfnis für die Aufrechterhaltung des Eröffnungsantrags haben.[11] So entstehen beispielsweise Umsatzsteuerabführungspflichten mit jedem Umsatz; das Finanzamt kann die „Geschäftsbeziehung" zum Schuldner nicht einfach beenden. Daher muss hier eine Möglichkeit bestehen, den Zugang zum Ordnungsrahmen des Insolvenzverfahrens sicherzustellen. 22

Zu § 14 Abs. 1 S. 2 InsO gehört **§ 14 Abs. 3 InsO.** Wird die Forderung des Gläubigers nach Antragstellung erfüllt, so hat der Schuldner die Kosten des Verfahrens zu tragen, wenn der Antrag als unbegründet abgewiesen wird. Das überrascht. Der Antrag wird abgewiesen, und dennoch soll der Schuldner die Kosten tragen! Das gilt aber nur dann, wenn der Antrag als unbegründet abgewiesen wird, also kein Eröffnungsgrund im Entscheidungszeitpunkt (mehr) besteht. Hier geht es um Fälle, in denen es der Schuldner in der Hand hat, durch frühere Zahlung den Antrag zu vermeiden. Das wird mit der Kostenfolge „bestraft". Anders liegt es, wenn – etwa wegen Wegfalls des rechtlichen Interesses – der Antrag als unzulässig abgewiesen wird und/oder es zur Erledigung des Antrags kommt. Dann gelten die allgemeinen Regeln: der Antragsteller, dessen Antrag als unzulässig scheitert, trägt die Kosten (§ 91 Abs. 1 ZPO). 23

§ 14 Abs. 3 S. 2 InsO betrifft den Fall, dass ein Gläubigerantrag wegen einer laufenden Stabilisierungsanordnung (Verwertungs- und Vollstreckungssperre) nach dem StaRUG abgewiesen wird. Der Fall kann eigentlich gar nicht auftreten, denn im Falle einer Stabilisierung ist nach § 58 StaRUG ein Gläubigerantrag nicht unzulässig, sondern es wird lediglich die Entscheidung darüber ausgesetzt. Diese Divergenz hat der Gesetzgeber offensichtlich nicht bedacht. 24

[9] BGH NZI 2020, 1043 (1044) Rn. 18 ff.
[10] Uhlenbruck/Wegener InsO § 14 Rn. 103.
[11] BGH ZIP 2012, 1674 (1675) Rn. 7; vgl. auch BT-Drs. 17/3030, 42

§ 12. Ablauf des Eröffnungsverfahrens

Literatur: Andres/Hees, Weiterveräußerung von Vorbehaltsware im Insolvenzeröffnungsverfahren trotz Erlaubnis (§ 21 II 1 Nr. 5 InsO), NZI 2011, 881; Antholz, Zur Notwendigkeit der Objektivierung des Gläubigereinflusses bei der Verwalterauswahl, ZInsO 2012,1189; Bork, Insolvenz des Leasingnehmers und Sicherungsanordnung gem. § 21 II 1 Nr. 5 InsO, NZI 2012, 590; ders., Der zu allen Rechtshandlungen ermächtigte „schwache" vorläufige Insolvenzverwalter: ein „starker" vorläufiger Insolvenzverwalter, ZIP 2001, 1521; Buchalik/Kraus, Die Abführung von Sozialversicherungsbeiträgen im Eigenverwaltungseröffnungsverfahren, ZInsO 2014, 2354; Frind, Nach- und Umbesetzungen des (vorläufigen) Gläubigerausschusses, ZIP 2013, 2244; ders., Probleme bei Bildung und Kompetenz des vorläufigen Gläubigerausschusses, BB 2013, 265; ders., Der vorläufige Gläubigerausschuss – Rechte, Pflichten, Haftungsgefahren, ZIP 2012, 1380; Ganter, Kündigungsrecht trotz angeordneter Verwertungssperre? – Zum Spannungsverhältnis zwischen § 21 Abs. 2 Satz 1 Nr. 5 und § 112 InsO, ZIP 2015, 1767; ders., Sicherungsmaßnahmen gegenüber Aus- und Absonderungsberechtigten im Insolvenzeröffnungsverfahren – Ein Beitrag zum Verständnis des neuen § 21 II 1 Nr. 5 InsO, NZI 2007, 549; Göb/Schnieders/Mönig, Praxishandbuch Gläubigerausschuss, 2016; Grell/Klockenbrink, Verbesserung der Gläubigermitbestimmung in Insolvenzverfahren – Chancen und Risiken eines Engagements im vorläufigen Gläubigerausschuss, DB 2013, 1038; Gundlach/Frenzel/Jahn, Die Einziehungsermächtigung und der vorläufige Insolvenzverwalter, NZI 2010, 336; Gundlach/Schirrmeister, Die aus- und absonderungsfähigen Gegenstände in der vorläufigen Verwaltung, NZI 2010, 176; Haarmeyer, Bestellung eines vorläufigen Gläubigerausschusses und die Auswahl seiner Mitglieder, ZInsO 2012, 2109; ders., Verfahrensrechtliche Voraussetzungen für die Anordnung von Sicherungsmaßnahmen, ZInsO 2001, 203; Haberzettl, Der mitbestimmende vorläufige Insolvenzverwalter und Verträge im Eröffnungsverfahren, NZI 2020, 462; Harbrecht, Der vorläufige Gläubigerausschuss im Insolvenzverfahren unter besonderer Berücksichtigung des Verfahrens nach § 270 a InsO, in: FS Beck, 2016, S. 255; Heublein, Die Ausgleichsansprüche des Aussonderungsberechtigten bei Anordnung von Sicherungsmaßnahmen nach § 21 Abs. 2 Satz 1 Nr. 5 InsO, ZInsO 2009, 11; Kießling/Singhof, Verfügungsbeschränkungen in der vorläufigen Insolvenz – insbesondere zu Grundlagen und Wirkungen besonderer Verfügungsverbote und Zustimmungsvorbehalte, DZWIR 2000, 353; Marquardt, Finger wem vom Insolvenzgeld! Wider die Verlängerung des Insolvenzgeldzeitraums!, NZI 2020, 455; Pape/Schultz, Der Gläubigerausschuss im Eröffnungsverfahren und im eröffneten Insolvenzverfahren mit Eigenverwaltung des Schuldners, ZIP 2016, 506; Rauscher, Aufgaben, Kosten, Nutzen des vorläufigen Gläubigerausschusses, ZInsO 2012, 1201; Schaub, Insolvenzgeld, NZI 1999, 215; Schweiger, Die Ausschlussfrist beim Antrag auf Insolvenzgeld; Steinwachs, Die Wahl des vorläufigen Insolvenzverwalters durch den (vorläufigen) vorläufigen Gläubigerausschuss nach dem „ESUG", ZInsO 2011, 410.

A. Sicherungsmaßnahmen nach § 21 InsO

1 Wie gesehen stellt die Bestellung eines vorläufigen Insolvenzverwalters eine **vorläufige Sicherungsmaßnahme** i. S. d. § 21 Abs. 1 S. 1 Nr. 1 InsO dar. Entsprechendes gilt für den vorläufigen Sachwalter in der vorläufigen Eigenverwaltung. Generell hat das Gericht alle Maßnahmen zu treffen, die erforderlich erscheinen, um bis zur Entscheidung über den Antrag eine den Gläubigern nachteilige Veränderung in der Vermögenslage des Schuldners zu verhüten, § 21 Abs. 1 InsO.

2 Als solche Maßnahmen nennt § 21 Abs. 2 S. 1 InsO beispielhaft („insbesondere"): die Bestellung eines vorläufigen Insolvenzverwalters oder Sachwalters, die Anordnung eines allgemeinen Verfügungsverbots, die Bindung von Verfügungen des (künftigen) Insolvenzschuldners an die Zustimmung des vorläufigen Verwalters, die Untersagung oder einstweilige Einstellung von Vollstreckungsmaßnahmen unter Einschluss des Vollzugs von Arrest und einstweiliger Verfügung, aber nicht bei unbeweglichen Gegenständen (vgl. aber § 30 d Abs. 4 ZVG), die Anordnung einer vorläufigen Postsperre. Im Interesse der Unternehmensfortführung während des Eröffnungsverfahrens kann das Gericht Verwertungs- und Einzugssperren hinsichtlich solcher Sachen und

Forderungen anordnen, an denen ein Absonderungsrecht (mit Verwertungsrecht des Verwalters nach § 166 InsO) oder sogar ein Aussonderungsrecht[1] besteht. Der Schuldner kann sogar zwangsweise vorgeführt und nach Anhörung verhaftet werden, § 21 Abs. 3 InsO. Nach Maßgabe des § 21 Abs. 2 S. 2 InsO bleiben Verfügungen über Finanzsicherheiten und bestimmte „Verrechnungen" von den Sicherungsmaßnahmen unberührt. Mit Eröffnung des Insolvenzverfahrens werden nach § 21 Abs. 1 InsO angeordnete Sicherungsmaßnahmen ohne weiteres hinfällig; an ihre Stelle treten die Verfügungsbeschränkungen nach § 80 InsO.

B. Der vorläufige Insolvenzverwalter

Die wichtigste Sicherungsmaßnahme ist, wie bereits beschrieben, die Einsetzung eines vorläufigen Insolvenzverwalters, § 21 Abs. 2 Nr. 1 InsO. Davon wird häufig Gebrauch gemacht, wenn nicht ein Fall der vorläufigen Eigenverwaltung i. S. d. § 270b, 270c InsO und/oder ein Schutzschirmverfahren i. S. d. § 270d InsO vorliegt. 3

Die Befugnisse des vorläufigen Insolvenzverwalters hängen davon ab, ob zugleich ein **allgemeines Verfügungsverbot** erlassen wird. 4

Ordnet das Gericht ein allgemeines Verfügungsverbot an, verliert der Schuldner das Verwaltungs- und Verfügungsrecht über sein Vermögen. Es geht auf den vorläufigen Verwalter über, § 22 Abs. 1 S. 1 InsO. Dieser **„Verwalter mit Verfügungsmacht"** wird auch als **„starker vorläufiger Verwalter"** bezeichnet. Seine Rechtsstellung ist auch hinsichtlich der Verfügungsmacht weithin der des endgültigen Verwalters angenähert. Verstößt der Schuldner gegen das Verfügungsverbot, ist die Verfügung absolut unwirksam; es gelten die §§ 81, 82 InsO (nicht § 91 InsO) entsprechend, § 24 Abs. 1 InsO. Der „starke" vorläufige Verwalter kann ferner Passivprozesse und modifiziert auch Aktivprozesse aufnehmen, § 24 Abs. 2 InsO. Darüber hinaus hat der „starke" vorläufige Verwalter das Schuldnervermögen zu sichern und zu erhalten, § 22 Abs. 1 S. 2 Nr. 1 InsO. Der „starke" vorläufige Verwalter hat überdies das Unternehmen des Schuldners vorläufig fortzuführen, § 22 Abs. 1 S. 2 Nr. 2 InsO; stilllegen darf er es nur mit Zustimmung des Insolvenzgerichts und allein mit dem Ziel, eine weitere erhebliche Minderung des Schuldnervermögens abzuwenden. Zur Verwertung der Masse ist der „starke" vorläufige Verwalter hingegen nicht berechtigt. Seine Befugnisse dienen nur der Sicherung des Vermögens; *das Insolvenzverfahren darf nicht vorweggenommen werden.* Der „starke" vorläufige Verwalter darf allerdings betriebsnotwendige Anlagen warten und reparieren lassen, Gebäude im erforderlichen Umfang versichern (häufig ist der Schuldner in Verzug mit der Zahlung der Versicherungsprämien, so dass der Versicherungsschutz gefährdet ist), Rohstoffe verarbeiten, auch soweit sie unter Eigentumsvorbehalt geliefert worden sind, Forderungen einziehen und Herausgabeverlangen von Sicherungsberechtigten abwehren.[2] Die endgültige Klärung fremder Sicherungsrechte bleibt jedoch dem Insolvenzverfahren vorbehalten. Ferner hat der „starke" vorläufige Verwalter zu prüfen, ob genügend Masse zur Deckung der Verfahrenskosten vorhanden ist, § 22 Abs. 1 S. 2 Nr. 3 InsO (vgl. § 26 Abs. 1 InsO). 5

---

[1] Insoweit krit. und eine restriktive Auslegung anmahnend Kirchhof ZInsO 2007, 227; ferner Heinrich/Foerste, Wirkungsvolle Gestaltung von Arbeitsbedingungen, 2007, S. 81. Anders aber und die Verfassungsgemäßheit der Regelung verteidigend BGH NZI 2010, 95 (97 f.) Rn. 43 ff.

[2] BGH NJW 2001, 1496 (1497 f.).

Das Insolvenzgericht kann ihn schließlich als Sachverständigen einsetzen mit dem Auftrag, gutachtlich festzustellen, ob ein Eröffnungsgrund vorliegt und welche Aussichten zur Fortführung des Unternehmens bestehen. Verbindlichkeiten, die der „starke" vorläufige Verwalter eingeht, gelten nach Verfahrenseröffnung als Masseverbindlichkeiten, § 55 Abs. 2 InsO.

6 Verhängt das Insolvenzgericht kein allgemeines Verfügungsverbot, so spricht man von einem **„schwachen vorläufigen Verwalter".** Nicht das Gesetz, sondern das Gericht bestimmt dessen Befugnisse und Pflichten, § 22 Abs. 2 S. 1 InsO. Es darf dabei den Rahmen der Pflichten des „starken" vorläufigen Verwalters nicht überschreiten, § 22 Abs. 2 S. 2 InsO. Häufig werden die Rechtshandlungen des Schuldners an die *Zustimmung* eines „schwachen" vorläufigen Verwalters gebunden, § 21 Abs. 2 S. 1 Nr. 2 Fall 2 InsO. Man kann dann auch von einem halbstarken vorläufigen Insolvenzverwalter sprechen. In der Praxis ist dies der häufigste Fall.

7 Dies ist zu verstehen vor dem Hintergrund des *Verhältnismäßigkeitsprinzips.*[3] Insbesondere bei einem *kooperativen Schuldner* ist ein umfassendes Verfügungsverbot im Eröffnungsverfahren nicht erforderlich. Überdies hat die Bestellung des „schwachen" vorläufigen Verwalters die Folge, dass Masseverbindlichkeiten nicht entstehen, solange das Gericht nicht eine Einzelermächtigung ausspricht oder ein Fall des § 55 Abs. 4 InsO vorliegt. § 55 Abs. 2 InsO ist beim „schwachen" vorläufigen Verwalter nicht anwendbar. Damit scheidet auch die persönliche Haftung des vorläufigen Verwalters nach § 61 InsO (in Verbindung mit § 21 Abs. 2 Nr. 1 InsO) aus. Dass nicht jede Verbindlichkeit zur Masseverbindlichkeit wird, hat Vorteile. Denn dann wird die Liquidität geschont.

8 Häufig wurde in der Vergangenheit der „schwache" vorläufige Verwalter jedoch ganz allgemein ermächtigt, mit „rechtlicher Wirkung für den Schuldner zu handeln". Damit sollte im Ergebnis seine umfassende Handlungsmacht begründet werden, ohne dass Masseverbindlichkeiten und persönliche Haftungsrisiken entstehen. Eine solche allumfassende Ermächtigung ist im Rahmen des § 22 Abs. 2 InsO indes nicht zulässig. Vielmehr muss das Insolvenzgericht im Einzelnen spezifizieren, welche Befugnisse der „schwache" vorläufige Verwalter haben soll, um seine Pflichten erfüllen zu können.[4] Dabei soll das Insolvenzgericht den „schwachen" vorläufigen Verwalter ermächtigen können, einzelne Verpflichtungen zu Lasten der späteren Insolvenzmasse einzugehen, d. h. als (spätere) Masseverbindlichkeiten. Das sind die sog. **Einzelermächtigungen,** die auf der Grundlage von § 22 Abs. 2 InsO möglich sind. Manche Gerichte sind in der Praxis zu Unrecht sehr zurückhaltend bei den Einzelermächtigungen, weil sie auch mehr Aufwand machen. Außerhalb der rechtlichen Vorgaben wird in der Praxis oft auch mit sog. Treuhandkonten gearbeitet. Der vorläufige Insolvenzverwalter führt ein eigenes Konto treuhänderisch für die Schuldnerin und ihre Gläubiger; über dieses Konto wird der Zahlungsverkehr abgewickelt, so dass die Gläubiger auf diese Weise in ihrer Befriedigungserwartung gesichert werden, weil sie vom Treuhänder Auszahlung verlangen können.

9 Das Prinzip der Ermächtigung nur für einzelne Forderungen oder Gruppen von Forderungen ist auch in der vorläufigen Eigenverwaltung in § 270c Abs. 4 InsO um-

[3] BGH NJW 2002, 3326 (3328); MüKoInsO/Haarmeyer/Schildt InsO § 22 Rn. 70.
[4] BGH NJW 2002, 3326; ZIP 2020, 2079 Rn. 22.

gesetzt, denn danach dürfen grundsätzlich vorbehaltlich besonderer Begründung nur die im Finanzplan genannten Forderungen Masseverbindlichkeiten werden.

Beim vorläufigen Verwalter mit Zustimmungsvorbehalt hängt die dingliche Wirksamkeit einer vom Schuldner vorgenommenen Verfügung von der Zustimmung des vorläufigen Verwalters ab. Für Verpflichtungen gilt das nicht. Das Insolvenzgericht kann aber auf der Grundlage von § 22 Abs. 2 InsO durch die genannten Einzelermächtigungen auch bestimmte Verpflichtungen dem vorläufigen Verwalter übertragen. 10

Generell ist zu beachten, dass das Eröffnungsverfahren auf **Betriebsfortführung** ausgelegt ist. Das kann man für den starken vorläufigen Verwalter aus § 22 Abs. 1 S. 2 Nr. 2 InsO ableiten. Die Stilllegung des Unternehmens kommt nur mit Zustimmung des Insolvenzgerichts in Betracht. Auch bei schwächeren Formen der vorläufigen Verwaltung geht es zunächst darum, den Betrieb fortzuführen. Hier sieht man die Sanierungsorientierung des Insolvenzrechts, das vorerst den Betrieb „stabilisieren" helfen will. Erst im eröffneten Verfahren soll dann endgültig von der Gläubigerversammlung entschieden werden, §§ 156f. InsO. Allerdings kann mitunter eine Stillegung des Betriebs oder von Betriebsteilen nötig sein, entweder aus praktischen Gründen (keine Rohstoffe oder abzuarbeitende Aufträge mehr) oder schlicht, weil mit jedem Tag der Fortführung „Geld verbrannt" wird. Es darf aber im Eröffnungsverfahren jedenfalls nicht schon verwertet werden. 11

C. Insolvenzgeld

Für die Fortführung des Schuldnerunternehmens im Eröffnungsverfahren spielt das **Insolvenzgeld** (§§ 165ff. SGB III) eine wichtige Rolle. Das findet sich jetzt seit dem 1.1.2021 auch in § 274 Abs. 2 S. 2 InsO wieder, denn der vorläufige Sachwalter darf ggf. bei der **„Insolvenzgeldvorfinanzierung"** unterstützen. Was hat es damit auf sich? 12

Häufig reichen die liquiden Mittel nicht einmal dazu, die Arbeitnehmer zu bezahlen. Daher droht die Fortführung schon an der nicht erbrachten Arbeitsleistung der Arbeitnehmer zu scheitern, denn ohne Aussicht auf ihre Entlohnung werden die Arbeitnehmer nicht ihre Arbeitsleistung erbringen. Selbst wenn das Arbeitsentgelt bezahlt werden könnte, fehlen die Mittel für Sanierungszwecke. Allerdings haben Arbeitnehmer gegen die *Bundesagentur für Arbeit* einen Anspruch auf Insolvenzgeld in Höhe des Nettoarbeitsentgelts für Lohnrückstände aus den letzten drei Monaten vor Verfahrenseröffnung (§ 165 SGB III). Das Insolvenzgeld wird aus einer *Umlage* bei den Arbeitgebern gedeckt. Der Anspruch betroffener Arbeitnehmer entsteht zwar erst mit der Insolvenzeröffnung. Der vorläufige Insolvenzverwalter kann aber eine Vorfinanzierung des Insolvenzgelds erreichen: Die Lohnforderungen, für die ein Anspruch auf Insolvenzgeld besteht, werden an eine Bank abgetreten, die ihrerseits schon im Eröffnungsverfahren das Arbeitsentgelt an die Arbeitnehmer bezahlt. Die Bank erhält nach Verfahrenseröffnung das Insolvenzgeld von der Bundesagentur für Arbeit. Die auf die Bundesanstalt für Arbeit übergegangenen Arbeitsentgeltansprüche (§ 169 SGB III) sind – ggf. abweichend von § 55 Abs. 2 InsO – nach § 55 Abs. 3 InsO bloße Insolvenzforderungen. Insoweit bleibt der Insolvenzmasse ein erheblicher Liquiditätsvorteil, weil die Ansprüche nicht voll bedient werden müssen. 13

Das Insolvenzgeld und seine Vorfinanzierung sind also der Grund, wenn in Pressemitteilungen zu Insolvenzen mitgeteilt wird, dass die *„Löhne für drei Monate gesichert"* 14 seien. Zugleich ist das Insolvenzgeld auch der Grund, warum das Eröffnungsverfahren häufig auf mindestens drei Monate gestreckt wird. Die Vorfinanzierung erfasst genau den gesetzlichen Insolvenzgeldzeitraum. In dieser Zeit kann also der Betrieb häufig – dank des Liquiditätsvorteils – fortgeführt werden und damit die Sanierung erleichtert werden.

§ 13. Eröffnungsverfahren in Eigenverwaltung

Literatur: Blankenburg, Reform der Eigenverwaltung durch das SanInsFoG aus gerichtlicher Sicht, ZInsO 2021, 753; Erbe, Das Eigenverwaltungsverfahren nach der Gesetzesreform – Auswirkungen auf die Praxis für Eigenverwaltung und Sachwaltung, NZI 2021, 753; Frind, Neuregelung der Eigenverwaltung gemäß SanInsFoG: Mehr Qualität oder „sanierungsfeindlicher Hürdenlauf"?, ZIP 2021, 171; Hammes, Keine Eigenverwaltung ohne Berater?, NZI 2017, 233; Klinck, Die Begründung von Masseverbindlichkeiten im vorläufigen Eigenverwaltungsverfahren nach dem SanInsFoG, ZIP 2021, 1189; Thole, Die Reform der Eigenverwaltung: Eine Umsetzung der ESUG-Evaluation?, NZI-Beilage 2021, 90; Vallender, Konzernsanierung durch Aufrechterhaltung der faktischen Leitungsmacht mittels Eigenverwaltung, NZI 2020, 761.

1 In jüngerer Zeit ist dem Insolvenzverfahren häufig nicht mehr ein gewöhnliches, regelhaftes Insolvenzeröffnungsverfahren mit einem vorläufigen Insolvenzverwalter vorgeschaltet, sondern eine vorläufige Eigenverwaltung, also ein **Eigenverwaltungs-Eröffnungsverfahren.** Hier bleibt der Schuldner verwaltungs- und verfügungsbefugt, steht aber unter der Aufsicht eines vorläufigen Sachwalters. Diese vorläufige Eigenverwaltung soll dann mit der Eröffnung des Insolvenzverfahrens in eine Eigenverwaltung im eröffneten Verfahren übergehen. Dementsprechend unterscheidet das Gesetz in den §§ 270ff. InsO zwischen der vorläufigen Eigenverwaltung und der Eigenverwaltung (also dem eröffneten Verfahren). Der Antrag erfolgt einheitlich auf der Grundlage von §§ 270, 270a InsO, aber für die Anordnung der *vorläufigen* Eigenverwaltung gelten dann § 270b InsO und § 270c InsO, für deren Aufhebung § 270e InsO, für die Anordnung der Eigenverwaltung § 270f InsO, für deren Aufhebung § 272 InsO. Die Weichen für die Frage der Eigenverwaltung werden mithin nicht erst mit dem Eröffnungsbeschluss gestellt, sondern schon mit dem Eröffnungsverfahren. Es wäre auch wenig sinnvoll, das Eröffnungsverfahren mit einem vorläufigen Insolvenzverwalter zu führen und dann in die Eigenverwaltung zu wechseln.

2 Die Anordnung der Eigenverwaltung setzt einen **Antrag des Schuldners** voraus, § 270a InsO. Danach gelten bestimmte Anforderungen an den Antrag, nämlich eine umfassende **Eigenverwaltungsplanung.** Hier wird deutlich, dass der Gesetzgeber die Eigenverwaltung als für solche Fälle geeignet ansieht, in denen die Unternehmen gut vorbereitet und gut beraten den Insolvenzantrag und den Eigenverwaltungsantrag stellen. Denn dann sind auch die Sanierungschancen am höchsten. Derjenige, der seit sechs Monaten den Insolvenzantrag verschleppt hat und über die Eigenverwaltung nur den Kontrollverlust an den Insolvenzverwalter verhindern will, ist kein geeigneter Schuldner für eine Eigenverwaltung. Insbesondere ist ein Finanzplan vorzulegen, der den Zeitraum von sechs Monaten abdeckt und eine fundierte Darstellung der Finanzierungsquellen enthält, durch welche die Fortführung des gewöhnlichen Geschäftsbetriebes und die Deckung der Kosten des Verfahrens in diesem Zeitraum sichergestellt werden soll, § 270a Abs. 1 S. 1 Nr. 1 InsO. Außerdem gehört zur Eigenverwaltungsplanung ein entsprechendes Konzept und eine Darstellung getroffener

Vorkehrungen sowie zu den erwarteten Kosten im Vergleich zum Regelinsolvenzverfahren (§ 270a Abs. 1 Nr. 2–5 InsO).

3 Die Eigenverwaltung soll insbesondere bei der Sanierung helfen, auch wenn sie technisch nicht auf Sanierungsstrategien beschränkt ist. Theoretisch wäre sie auch bei reiner Liquidation denkbar.

4 Es ist wichtig zu verstehen, dass verschiedene *Anreize* zu bedenken sind. Ein Gesellschafter-Geschäftsführer, der ein Unternehmen in der Form einer Gesellschaft betreibt, unterliegt zwar ggf. der Antragspflicht des § 15a InsO, wird aber trotzdem häufig versuchen, ein Insolvenzverfahren möglichst zu vermeiden und den Insolvenzantrag hinauszuzögern, denn mit der Einsetzung eines Insolvenzverwalters hat er in „seiner" Gesellschaft im Grunde nichts mehr zu sagen. Zudem droht im Insolvenzverfahren stets die übertragende Sanierung oder Zerschlagung. Das Gesellschaftsvermögen wird verkauft, der bisherige „Eigentümer" ist damit sein Unternehmen los. Eine Sanierung eines kriselnden Schuldners funktioniert indes regelmäßig nur dann, wenn sie früh, schnell und still erfolgt.[1] Je länger man wartet, umso weniger Vermögen ist vorhanden, umso dramatischer werden die Dinge. Vertragspartner springen ab, Lieferungen können nicht bezahlt werden, es fehlen Mittel für einen Neustart oder eine Produktveränderung usw. Deshalb muss das Gesetz Anreize setzen, **frühzeitig Sanierungsschritte** zu gehen. Die InsO möchte auch Anreize setzen, gerade eine Sanierung im Insolvenzverfahren anzustreben. Die Eigenverwaltung kann ein solcher Anreiz sein, denn die Geschäftsführer bleibt – regelmäßig – an Bord, die Gesellschafter verlieren nicht ohne weiteres ihre Kapitalbeteiligung, nach außen ist die mit der Einsetzung eines Verwalters eintretende Zäsur nicht so deutlich und insbesondere über einen Insolvenzplan kann versucht werden, eine Entschuldung zu erreichen und das Unternehmen auf neue Füße zu stellen. Anders formuliert muss das Gesetz dem Schuldner und seinen Gesellschaftern etwas bieten, wenn es erreichen will, dass frühzeitig zum Zwecke der Sanierung ein Antrag gestellt wird.

5 Trotz allem muss das Gesetz darauf achten, dass die Eigenverwaltung nicht dazu führt, dass sich der Schuldner bzw. die Gesellschafter auf dem Rücken der Gläubiger sanieren bzw. entschulden oder gar die Eigenverwaltung, d. h. das Fehlen eines unabhängigen Verwalters dazu nutzen kann, sich aus dem Gesellschaftsvermögen zu bedienen. Denn in der insolvenzrechtlichen „Nahrungskette" stehen die Gesellschafter mit ihrer Eigenkapitalbeteiligung eigentlich an letzter Stelle (§ 199 InsO), sie müssen also als erste „bluten".

6 Zwischen diesen verschiedenen Ansätzen – Anreize für frühzeitige Sanierung einerseits, Schutz der Gläubiger andererseits – bewegen sich die Regelungen zur Eigenverwaltung.

A. Vorläufige Eigenverwaltung

7 Die vorläufige Eigenverwaltung wird angeordnet, indem ein **vorläufiger Sachwalter** bestellt wird, § 270b Abs. 1 InsO. Die Aufgabe des (vorläufigen) Sachwalters besteht insbesondere darin, die wirtschaftliche Lage des Schuldners zu prüfen und die Geschäftsführung sowie die Ausgaben für die Lebensführung zu überwachen, § 274

[1] K. Schmidt, Gutachten 54. DJT, Unternehmens- und Insolvenzrechtlicher Teil, 1982, S. D133.

Abs. 2 InsO. Das Gericht bestellt gemäß § 270b Abs. 1 InsO einen vorläufigen Sachwalter (vorläufige Eigenverwaltung), wenn

8 **(1)** die Eigenverwaltungsplanung des Schuldners *vollständig und schlüssig* ist und

(2) keine Umstände bekannt sind, aus denen sich ergibt, dass die Eigenverwaltungsplanung in wesentlichen Punkten auf *unzutreffenden Tatsachen* beruht.

In den Fällen des § 270b Abs. 2 InsO sind die Anforderungen erhöht. Das betrifft Fälle, in denen die Eigenverwaltung wesentlich teurer ist als die Insolvenzverwaltung (das hängt vor allem von der zu erwartenden Höhe der Beraterkosten ab) und solche, in denen bestimmten „Warnzeichen“ ersichtlich sind. In der Auflistung des § 270b Abs. 2 InsO sind genannt Zahlungsrückstände gegenüber Arbeitnehmern, vorherige – also offenbar erfolglose – Anordnungen nach dem StaRUG und der Verstoß gegen handelsrechtliche Offenlegungspflichten. In diesen Fällen ist die Eigenverwaltung nicht ausgeschlossen, wohl aber muss sich das Gericht davon überzeugen, dass der Schuldner gleichwohl bereit und in der Lage ist, die Geschäftsführung an den Interessen der Gläubiger auszurichten.

9 Hier zeigt sich ein grundlegender Punkt für das Verständnis der (vorläufigen) Eigenverwaltung. Die Eigenverwaltung steht nicht anders als das Regelverfahren mit Insolvenzverwalter *unter der Vorgabe des § 1 InsO.* Sie soll nicht dazu dienen, dass der Schuldner eigene Interessen bzw. die Interessen der Gesellschafter bedient. Bleibt der Schuldner verwaltungs- und verfügungsbefugt, besteht zumindest potentiell die Gefahr, dass er die Geschäfte auf dem Rücken der Gläubiger fortführt und/oder die Gesellschafter unangemessenen Einfluss nehmen.

10 **Beispiel:** Der beherrschende Gesellschafter und Geschäftsführer G der insolventen I-GmbH will die Eigenverwaltung nutzen, um wesentliche Vermögensgegenstände der I-GmbH an die X-GmbH, an der er mittelbar beteiligt ist, billig zu veräußern. Die Gläubiger der I-GmbH sollen mithin mit einer schlechten Insolvenzquote abgespeist, das wesentliche Vermögen auf diese Weise gerettet werden.

11 Nach § 270c Abs. 1 InsO kann der vorläufige Sachwalter vom Gericht mit bestimmten Prüfungs- und Berichterstattungspflichten versehen werden, insbesondere zur Schlüssigkeit der Planung und auch zu Haftungsansprüchen gegenüber Organen des Schuldners.

12 Wird der Antrag von einem **einstimmigen Beschluss** des vorläufigen Gläubigerausschusses unterstützt, ist das Gericht daran gebunden (§ 270b Abs. 3 S. 2 InsO), d. h. das Insolvenzgericht darf dann auf dieser Grundlage nicht die vorläufige Eigenverwaltung ablehnen. Deshalb ist es aus Schuldnersicht wichtig, dass der vorläufige Gläubigerausschuss mit Personen besetzt ist, die dem Sanierungsversuch des Schuldners wohlwollend und unterstützend gegenüberstehen. Einen gewissen faktischen Einfluss auf die Besetzung wird der Schuldner mittels Einholung von Bereitschaftserklärungen (§ 22a Abs. 2 und 4 InsO) haben können.

13 Unter den Voraussetzungen des § 270e Abs. 1 InsO kann die vorläufige Eigenverwaltung auch von *Amts wegen oder auf Antrag* (§ 270e Abs. 1 Nr. 4, 5, Abs. 2 InsO) wieder aufgehoben werden. Das geschieht dadurch, dass in ein gewöhnliches Eröffnungsverfahren gewechselt wird, also ein vorläufiger Insolvenzverwalter bestellt wird. Das ist insbesondere der Fall, wenn der Schuldner in schwerwiegender Weise gegen insolvenzrechtliche Pflichten verstößt oder zeigt, dass er seine Geschäftsführung nicht an den

Interessen der Gläubiger ausrichtet, § 270e Abs. 1 InsO. Solche Nachteile für die Gläubiger hat auch der (vorläufige) Sachwalter dem Gericht anzuzeigen, § 274 Abs. 3 InsO. Das betrifft Fälle, in denen das Eigenverwaltungsziel, in der Regel also die Sanierung, nicht mehr erreichbar erscheint, in denen der Schuldner den Gläubigern Vermögen kriminell vorenthält, wenn er unzutreffende Angaben gemacht hat (§ 270e Abs. 1 Nr. 1 InsO) u. a. m. In aller Regel muss der Schuldner gute Berater haben, die dem Schuldner sagen können, wie das Insolvenzverfahren zu führen ist. Man bedenke, dass es Aufgabe des Schuldners (nicht des Sachwalters) ist, Verwalterwahlrechte auszuüben (§ 279 S. 1 InsO) und Sicherungsgut zu verwerten. Im Eröffnungsverfahren muss der Schuldner darauf achten, die spätere Masse zu sichern und den Betrieb im Interesse der Gläubiger fortzuführen, ohne Geld zu verbrennen. Anders als ein Insolvenzverwalter hat die Geschäftsleitung in der Führung von Insolvenzverfahren aber (typischerweise) keine Erfahrung. Deshalb wird in der Praxis häufig aus dem Kreis der beratenden Kanzleien ein insolvenzerfahrener Sanierungsgeschäftsführer **(Chief Restructuring Officer)** eingesetzt, der „ins Organ geht", also zum Geschäftsführer gewählt wird.[2]

14 Da auch in der Eigenverwaltung das oberste Verfahrensziel die bestmögliche Gläubigerbefriedigung ist (§ 1 InsO) und dies mitunter auch bedingt, die Altgesellschafter „rauszudrängen", z. B. durch einen sog. Kapitalschnitt (Kapitalherabsetzung auf Null und anschließende Kapitalerhöhung), sieht § 276a InsO vor, dass die Gesellschafter grundsätzlich keinen Einfluss auf die Geschäftsführung nehmen können. Damit wird von den gewöhnlichen Regeln des Gesellschaftsrechts abgewichen, insbesondere von der Möglichkeit einer Gesellschafterversammlung, dem Geschäftsführer bindende Weisungen zu erteilen. Eine entsprechende Sperre gilt auch schon im Eröffnungsverfahren, § 276a Abs. 3 InsO.

B. Schutzschirmverfahren

15 Eine besondere Form des vorläufigen Eröffnungsverfahrens im Rahmen der Eigenverwaltung ist das sog. **Schutzschirmverfahren des § 270d InsO.** Es heißt Schutzschirmverfahren, weil der Schuldner *Zeit bekommt,* einen Insolvenzplan auszuarbeiten und auf Antrag während dieser Zeit von Gläubigern nicht gegen ihn vollstreckt werden kann, wenn ein Vollstreckungsschutz angeordnet wird (§ 270d Abs. 3 InsO i. V. m. § 21 Abs. 2 Nr. 3 InsO). Die Idee des Schutzschirmverfahrens ist es, dass der Schuldner in vorläufiger Eigenverwaltung innerhalb von maximal drei Monaten einen Insolvenzplan ausarbeitet, der dann nach Eröffnung zur Abstimmung gestellt wird. Das ist mithin gedacht als eine „pre-packaged bankruptcy" in dem Sinne, dass der Insolvenzplan noch vor Eröffnung ausgehandelt wird und dann unmittelbar nach Eröffnung zur Abstimmung gestellt wird.

16 Das Schutzschirmverfahren läuft also ebenfalls *auf die Eröffnung des Insolvenzverfahrens hinaus,* es ist kein außerinsolvenzliches Verfahren und auch nicht zu verwechseln mit dem präventiven Restrukturierungsrahmen (→ § 34)! Es kann beantragt werden bei drohender Zahlungsunfähigkeit oder Überschuldung, nicht bei tatsächlicher Zahlungsunfähigkeit, dann kommt aber noch eine normale vorläufige Eigenverwaltung (§ 270b, § 270c InsO) in Betracht.

[2] Vgl. Buth/Hermanns Restrukturierung/Kaufmann § 20 Rn. 10; Nimwegen/Rajan ZInsO 2020, 1178.

17 Die Besonderheit des § 270d InsO gegenüber § 270b, § 270c InsO ist es, dass der Schuldner nach außen das besondere Signal des (bloßen) Schutzschirmverfahrens („Insolvenzverfahren light") senden kann, also Irritationen bei Geschäftspartner ggf. geringer ausfallen. Vor allem gilt, dass der Schuldner einen (gleichwohl unabhängigen) **geeigneten Sachwalter „mitbringen" darf** (§ 270d Abs. 2 S. 2, 3 InsO), also das Gericht an den Vorschlag gebunden ist. Das ist aus Sicht des Schuldners ein Vorteil, denn er wird eine Person auswählen, mit der er gut zusammenarbeiten kann und von dem er Unterstützung bei einem Sanierungskurs erwarten kann. Der Preis für dieses bindende Vorschlagsrecht ist allerdings eine Bescheinigung eines insolvenzerfahrenen Experten i. S. d. § 270d Abs. 1 InsO zur drohenden Zahlungsunfähigkeit und zur Erfolgsaussicht der Sanierung, die vom Schuldner einzuholen und vorzulegen ist. Solche Bescheinigungen sind teuer.

18 Sie mögen allerdings die Bereitschaft der Gläubiger erhöhen, den Sanierungskurs zu unterstützen. Man beachte nämlich, dass jedenfalls die Unterstützung wesentlicher Gläubiger in dieser Phase von zentraler Bedeutung ist. Warum ist das so? Das hängt mit der Finanzierung der Betriebsfortführung zusammen. Ohne weitere Kredite von Banken wird häufig der weitere Betrieb mangels liquider Mittel nicht finanziert werden können. Daher müssen die Banken und sonstige Sicherungsnehmer insbesondere sog. **unechte Massekredite** geben. Dabei erlauben sie dem Schuldner weiterhin den Zugriff auf zur Sicherheit übereignete Warenlager oder sicherungsabgetretene Forderungen gegen Kunden, so dass der Schuldner Liquidität spart und erhält.

19 Unter den Voraussetzungen des § 270b Abs. 4 InsO kann der Schutzschirm wieder aufgehoben werden. Darüber hinaus kommt allgemein bei der Eigenverwaltung eine Aufhebung gemäß § 272 InsO in Betracht. Die Aufhebung der Anordnung der Eigenverwaltung führt (selbstverständlich) nicht zur Beendigung des Insolvenzverfahrens. In der Regel dürfte der bisherige Sachwalter als Insolvenzverwalter bestellt werden, denn er kennt das Schuldnerunternehmen aus seiner bisherigen Tätigkeit.

§ 14. Eröffnungsgründe

Literatur: Andresen, Die objektiven Kriterien der Zahlungsunfähigkeit nach der Rechtsprechung des BGH und dem IDW, 2014; Bitter/Hommerich, Die Zukunft des Überschuldungsbegriffs, 2012; Bitter/Kresser, Positive Fortführungsprognose trotz fehlender Ertragsfähigkeit?, ZIP 2012, 1733; Brahmstaedt, Die Feststellung der Zahlungsunfähigkeit, 2012; Dittmer, Die Feststellung der Zahlungsunfähigkeit von Gesellschaften mit beschränkter Haftung, 2013; Drews, Der Insolvenzgrund der Überschuldung bei Kapitalgesellschaften, Diss. Osnabrück 2003; Drukarczyk/Schüler, Die Eröffnungsgründe der InsO: Zahlungsunfähigkeit, drohende Zahlungsunfähigkeit und Überschuldung, in: KölSch 2009, S. 28; Ebke/Seagon/Piekenbrock (Hrsg.), Überschuldung: Quo vadis?, 2020; Ganter, Die Anforderungen der höchstrichterlichen Rechtsprechung an eine zuverlässige Fortführungsprognose bei der Sanierungsprüfung, NZI 2014, 673; Götz, Überschuldung und Handelsbilanz, 2004; Hater, Insolvenzrechtliche Fortbestehensprognose und handelsrechtliche Fortführungsprognose, 2013; Hornschuh, Die Finanzmarktkrise – Reaktionen des deutschen Gesetzgebers und der Wandel des Überschuldungsbegriffs, 2010; Karollus/Huemer, Die Fortbestehensprognose im Rahmen der Überschuldungsprüfung, 2. Aufl. 2006; Keßler, Interne und externe Patronatserklärungen als Instrumente zur Insolvenzvermeidung, 2015; Kirstein, Der früh beginnende und lang anhaltende Todeskampf juristischer Personen, ZInsO 2008, 131; Möser, Die drohende Zahlungsunfähigkeit des Schuldners als neuer Eröffnungsgrund, 2006; Nickert/Lamberti, Überschuldungs- und Zahlungsunfähigkeitsprüfung im Insolvenzrecht, 3. Aufl. 2015; Pabst, Materielle Insolvenz, 2015; Pfaff, Die Rückkehr zur Fortführungsbewertung im Überschuldungstatbestand, 2013; Pohl, Der Insolvenzgrund der Zahlungsunfähigkeit, 2011; Schäfer, Der Eröffnungsgrund der Überschuldung, 2012;

Schlenkhoff, Insolvenzgründe, Prognose und Antragspflicht, 2014; Stopp, Die Überschuldung der Personengesellschaft, 2019; Temme, Die Eröffnungsgründe der Insolvenzordnung, 1997; Thole, Quo vadis Überschuldungstatbestand? Bestandsaufnahme und Perspektiven im Lichte des präventiven Restrukturierungsrahmens, ZInsO 2019, 1622; Uhlenbruck, Der Insolvenzgrund im Verbraucherinsolvenzverfahren, NZI 2000, 15; Wolf/Schlagheck, Überschuldung, 2007.

A. Zahlungsunfähigkeit

Die Eröffnung eines Insolvenzverfahrens setzt einen **Eröffnungsgrund** voraus, § 16 InsO. Das Gesetz kennt drei Gründe: Zahlungsunfähigkeit, § 17 InsO, drohende Zahlungsunfähigkeit, § 18 InsO, und Überschuldung, § 19 InsO. 1

Die Zahlungsunfähigkeit des (künftigen) Insolvenzschuldners ist der **allgemeine Eröffnungsgrund,** denn er gilt allgemein für alle insolvenzfähige Rechtsträger (vgl. § 11 InsO), § 17 Abs. 1 InsO. Der (künftige) Insolvenzschuldner ist zahlungsunfähig, wenn er außerstande ist, seine fälligen Zahlungspflichten zu erfüllen, § 17 Abs. 2 S. 1 InsO. 2

Die Grundlage der Bestimmung der Zahlungsunfähigkeit bildet eine sog. **Liquiditätsbilanz.** Einzustellen sind die fälligen Zahlungspflichten, also Pflichten, die auf Leistung von Geld gerichtet sind. Den Zahlungspflichten gegenüber zu stellen sind die liquiden Mittel, die der Schuldner im konkreten Zeitpunkt zur Verfügung hat, also z. B. Bargeld, Kontoguthaben, Kreditlinien u. a. m. Wohlgemerkt: Auf die Herkunft der Mittel kommt es nicht an. Sie müssen nicht aus eigenen Erträgen folgen, sondern Kreditmittel genügen. 3

Die Zahlungsunfähigkeit ist abzugrenzen von der bloßen **Zahlungsstockung,** die keinen Insolvenzgrund darstellt. Der BGH hat dazu eine wichtige Leitentscheidung im Jahre 2005[1] erlassen. Maßgeblich sind zwei Kriterien: Die *Zeitdauer der Illiquidität und die relative Höhe der Liquiditätslücke.* Eine bloße Zahlungsstockung ist anzunehmen, wenn der Mangel an Zahlungsmitteln den Zeitraum nicht überschreitet, in dem ein kreditwürdiger Schuldner die nötigen Zahlungsmittel durch Darlehensaufnahme beschaffen kann.[2] Eine Zahlungsstockung darf danach grundsätzlich nicht länger als *drei Wochen* andauern, sofern nicht ausnahmsweise mit an Sicherheit grenzender Wahrscheinlichkeit zu erwarten ist, dass die Liquiditätslücke demnächst vollständig oder fast vollständig beseitigt werden wird und den Gläubigern ein Zuwarten nach den besonderen Umständen des Einzelfalls zuzumuten ist. Geringfügige **Liquiditätslücken von unter 10%** der fälligen Gesamtverbindlichkeiten führen grundsätzlich noch nicht zur Zahlungsunfähigkeit; konjunktur- und saisonal bedingte Liquiditätsengpässe sollen noch kein Insolvenzverfahren zur Folge haben. Anders ist das nur dann, wenn nicht mit Überwindung dieser geringen Lücke gerechnet werden kann. 4

Gerade die genannte Drei-Wochen-Grenze bei der Zahlungsstockung führt immer wieder zu Schwierigkeiten. Sie verlagert die Prüfung gewissermaßen drei Wochen in die Zukunft. Es ist zu fragen, ob der Schuldner die fälligen Verbindlichkeiten innerhalb der nächsten drei Wochen tilgen kann, ob also mit weiteren liquiden Mitteln gerechnet werden kann, die dann zur Tilgung der heute bereits fälligen Zahlungspflichten verwendet werden können. Würde man nur auf die liquiden Mittel schauen, 5

[1] BGH NJW 2005, 3062.
[2] BGH NJW 2005, 3062 (3064).

bliebe aber unberücksichtigt, dass innerhalb dieser drei Wochen weitere Verbindlichkeiten fällig werden.

6 **Beispiel:** IS hat am 1.4. liquide Mittel in Höhe von 100 und 120 fällige Zahlungspflichten. Er rechnet aber für den 15.4. mit dem Eingang von 30 weiteren Mitteln. Dann wären die 120 durch die dann vorhandene Liquidität von 130 abgedeckt. Das spricht für Zahlungsstockung. Wenn aber am 10.4. noch weitere 25 Zahlungspflichten fällig werden, stünden sich am 15.4. doch Zahlungspflichten i. H. v. 145 liquiden Mitteln von 130 gegenüber. Wollte man also die 25 unberücksichtigt lassen, könnte der Schuldner stets eine Bugwelle von Verbindlichkeiten vor sich hertragen, solange nur innerhalb der drei Wochen mit Tilgung der bereits fälligen Zahlungspflichten gerechnet werden könnte. Um das zu vermeiden, hat der BGH entschieden, dass bei der Prüfung der Zahlungsunfähigkeit auch die fällig werdenden Zahlungspflichten **(sog. Passiva II)** berücksichtigt werden müssen, ebenso wie ja umgekehrt auch die zu erwartenden frischen liquiden Mittel berücksichtigt werden **(sog. Aktiva II).**[3] Im Beispiel liegt also Zahlungsunfähigkeit vor, und zwar nicht erst am 10.4. oder 15.4., sondern im Betrachtungszeitpunkt, also am 1.4.

7 Nach außen erkennbar wird die Zahlungsunfähigkeit in der Regel, wenn der (künftige) Insolvenzschuldner seine Zahlungen **eingestellt** hat, § 17 Abs. 2 S. 2 InsO. § 17 Abs. 2 S. 2 InsO ist eine *gesetzliche Vermutung.* Die Zahlungseinstellung liegt entweder in der ausdrücklichen Erklärung, nicht mehr zahlen zu können, oder in einem gleichwertigen nach außen erkennbaren schlüssigen Verhalten, z. B. Schließung des Geschäfts oder Flucht[4]. Aus einem solchen Verhalten ist in der Regel auf die Zahlungsunfähigkeit zu schließen. Auch wird grundsätzlich und zumindest bei einem größeren Ausmaß einer Zahlungseinstellung vermutet, dass sie fortdauert, bis der Schuldner nicht allgemein die Zahlungen aufnimmt. Das ist relevant vor allem für die Insolvenzanfechtung. Hat etwa der Schuldner am 1.4. die Zahlung eingestellt, wird auch vermutet, dass er auch am 15.4. – bei Vornahme der relevanten Zahlung – noch zahlungsunfähig war.

B. Drohende Zahlungsunfähigkeit

8 Eröffnungsgrund ist auch die drohende Zahlungsunfähigkeit, § 18 InsO. Allerdings gilt dies nur, wenn der Schuldner selbst den Antrag stellt. Erforderlich ist daher ein **Eigenantrag.** Der Schuldner soll nämlich die Möglichkeit haben, durch eine frühzeitige Verfahrenseröffnung Sanierungschancen beispielsweise im Rahmen eines Insolvenzplans (vgl. § 218 InsO) wahrzunehmen. Hat beispielsweise der Schuldner eine Anleihe am Kapitalmarkt begeben, muss er in einem Jahr die Rückzahlung an die Anleihegläubiger vornehmen und ist absehbar, dass er dies nicht wird leisten können, kann er schon jetzt Sanierungsschritte, typischerweise in einem Insolvenzverfahren in der besonderen Variante der Eigenverwaltung, einschlagen. Auch die Anordnung von Vollstreckungsverboten im Rahmen von Sicherungsmaßnahmen (§ 21 Abs. 2, 3 InsO) und die Herausgabesperre (§§ 165, 166 InsO) können schuldnerschützend wirken. Eine **Antragspflicht** bei drohender Zahlungsunfähigkeit *besteht nicht.* Könnten auch (künftige) Insolvenzgläubiger ihren Antrag auf diesen Eröffnungsgrund stützen, so wäre zu befürchten, dass mit einem so begründeten Antrag gedroht wird, um vom (künftigen) Insolvenzschuldner (vorzeitige) Leistung oder unberechtigte Sicherungen zu erlangen. Insbesondere ist die drohende Zahlungsunfähigkeit auch Grund für die

[3] BGH NJW 2018, 1089 (1091) Rn. 34ff.
[4] BGH NJW 2021, 2651 Rn. 41.

Einleitung eines Schutzschirmverfahrens, § 270d Abs. 1 InsO, und – alternativ – die Nutzung des präventiven Restrukturierungsrahmens nach dem StaRUG (→ § 34).

Drohende Zahlungsunfähigkeit liegt vor, wenn der (künftige) Insolvenzschuldner 9
voraussichtlich (also mit überwiegender Wahrscheinlichkeit) nicht in der Lage sein wird, seine bestehenden Geldschulden bei Fälligkeit zu erfüllen, § 18 Abs. 2 S. 1 InsO. In der Regel ist dabei ein *Prognosezeitraum von 24 Monaten* anzulegen, § 18 Abs. 2 S. 2 InsO. Notwendig ist also in wirtschaftlich schwieriger Lage eine ständige Prognose, ein **Finanz- und Liquiditätsplan:** Die vorhandenen Barmittel und die künftigen, bis zur jeweiligen Forderungsfälligkeit erwarteten Geldeinnahmen müssen den fälligen und den bis zum erwarteten Geldeingang fällig werdenden Zahlungspflichten gegenübergestellt werden. Nicht ganz klar ist allerdings, welche Zahlungspflichten einzustellen sind.[5] Denn § 18 Abs. 2 S. 1 InsO spricht davon, dass der Schuldner nicht in der Lage sein wird, die *bestehenden* Zahlungspflichten bei Fälligkeit zu erfüllen. Das klingt so, dass es allein auf die heute, im Betrachtungszeitpunkt bereits bestehenden, Zahlungspflichten ankommt und anschließend geschaut wird, ob sie dann, wenn sie in den nächsten Monaten fällig werden, erfüllt werden können. Damit würde man aber ausblenden, dass in dem Prognosezeitraum bis zur Fälligkeit der heute bestehenden Verbindlichkeiten auch neue Verbindlichkeiten erst noch entstehen werden. Es kann ja heute schon absehbar sein, dass neue Mietverhältnisse oder neue Dienstverhältnisse eingegangen werden müssen. Aus heutiger Sicht bestehen sie noch nicht, aber sie werden die prognostizierte Liquidität belasten, wenn sie im *Prognosezeitraum entstehen und fällig werden.* Daher sind sie richtigerweise zu berücksichtigen, wenn die *Entstehung* und *Fälligkeit* im Betrachtungszeitraum *wahrscheinlich ist.*[6]

Überwiegen bei dieser Prognose die Zahlungspflichten gegenüber den absehbar ver- 10
fügbaren Mitteln, ohne dass eine bloße Zahlungsstockung anzunehmen ist, dann droht die Zahlungsunfähigkeit. Fraglich ist die Dauer des Prognosezeitraums. Theoretisch könnte man bis in alle Ewigkeiten gucken, ob irgendwann einmal eine Liquiditätslücke eintreten wird. Dies wäre aber keine verlässliche Prognose, sondern eher ein Blick in die Glaskugel. Daher wird die Prognosedauer in der Regel auf 24 Monate begrenzt. Wenn aber beispielsweise schon sicher erkennbar ist, dass in 30 Monaten „die Lichter ausgehen", könnte auf dieser Grundlage ausnahmsweise auch schon eine drohende Zahlungsunfähigkeit angenommen werden.

C. Überschuldung

Die insolvenzrechtliche Überschuldung ist in § 19 InsO geregelt. Nach § 19 Abs. 2 11
S. 1 InsO ist der Schuldner überschuldet, wenn das Vermögen des Schuldners die bestehenden Verbindlichkeiten nicht mehr deckt, es sei denn, die Fortführung des Unternehmens ist nach den Umständen überwiegend wahrscheinlich. Die Überschuldung ist kein allgemeiner Eröffnungsgrund und kein allgemeiner Antragspflichtgrund (§ 15a InsO). Vielmehr gilt er nur für juristische Personen (wie AG und GmbH), d. h. Kapitalgesellschaften und ferner auch für Personengesellschaften ohne natürliche Person als voll haftenden Gesellschafter (letzteres meint insbesondere die GmbH & Co. KG).

[5] S. hierzu etwa Uhlenbruck/Mock InsO § 18 Rn. 46ff.
[6] BGH ZInsO 2015, 841 (843) Rn. 13.

12 Der Überschuldungstatbestand hat zwei gleichwertige Elemente, nämlich die **rechnerische Überschuldung und die Fortführungsprognose,**[7] die in der Praxis der Wirtschaftsprüfer auch als Fort*bestehens*prognose bezeichnet wird (in Abgrenzung zur handelsrechtlichen Fort*führungs*prognose unter § 252 Abs. 2 Nr. 2 HGB). Die Prognose hat lediglich insofern Vorrang, als bei einer positiven Fortbestehensprognose eine Überschuldung stets ausgeschlossen ist. Nur bei einer negativen Fortbestehensprognose kommt es darauf an, ob nach dem Maßstab von Liquidationswerten[8] eine rechnerische Überschuldung vorliegt. Auf dieser Grundlage wird typischerweise zuerst die Fortbestehensprognose geprüft, bevor nachfolgend – falls die Prognose negativ ausfällt – die Frage der rechnerischen Überschuldung beantwortet wird. Indes gibt es keine rechtlich zwingend vorgegebene Prüfungsreihenfolge bei der Ermittlung der Überschuldung.[9]

13 Die rechnerische Überschuldung bedeutet ebenfalls eine *bilanzielle Gegenüberstellung* von zwei Werten. Anders als bei der Zahlungsunfähigkeit werden auf der Aktivseite aber alle Vermögensgegenstände angesetzt, auch wenn sie nicht liquide sind (z. B. Immobilien), auf der Passivseite alle Verbindlichkeiten (auch noch nicht fällige).

14 Der Begriff des Liquidationswerts, der bei der rechnerischen Überschuldung als Teilelement des § 19 InsO anzusetzen ist, bedarf der Abgrenzung zu sog. **Fortführungswerten.** Beide Werte sind Prognosewerte. Der angesetzte Liquidationswert ist nur zu erzielen, wenn sich im Liquidationsfall ein Käufer findet, der den Liquidationswert als Kaufpreis akzeptiert. Im Liquidationsszenario gibt es aber stets Druck auf die Preise, weil die potentiellen Käufer ja die Liquidationsnot des Verkäufers einpreisen. Der Fortführungswert hat die erfolgreiche Fortführung des Unternehmens zur Grundlage, die aber keineswegs sicher ist. Der Fortführungswert mag in der Regel über dem Liquidationswert liegen, doch muss das nicht zwingend sein. Z. B. können Maschinen, die in Bälde technisch überholt sind, jetzt noch gut verkäuflich sein; ihr Fortführungswert kann hingegen deutlich niedriger liegen, weil eine rentable Fortführung des Unternehmens nur mit modernen Maschinen möglich ist, also nicht bezahlbare Investitionen nötig sind, die einer Unternehmensfortführung im Wege stehen.

15 Die Fortbestehensprognose ist das **prognostische Element der Überschuldungsprüfung.** Der BGH geht bisher davon aus, dass die Prognose positiv ist, „wenn nach überwiegender Wahrscheinlichkeit die Finanzkraft des Unternehmens mittelfristig zur Fortführung ausreicht". Die Prognose ist also eine **Zahlungsfähigkeitsprognose.**[10] Damit aber verschmelzen partiell drohende Zahlungsunfähigkeit und Fortführungsprognose bei § 19 InsO. Wenn im Prognosezeitraum mit einer Liquiditätslücke, also mit Zahlungsunfähigkeit zu rechnen ist, ist auch die Fortführungsprognose negativ. Kommt dann rechnerische Überschuldung dazu, liegt auch Überschuldung im Sinne des § 19 InsO vor.

16 Der Gesetzgeber hat diese *Verschmelzung* aber mit dem SanInsFoG zum 1.1.2021 etwas vermindert. Denn bei § 18 InsO gilt jetzt der zwingende Prognosezeitraum von 12 Monaten, während bei der drohenden Zahlungsunfähigkeit in der Regel 24 Monate anzulegen sind. Im Monat 15 vor der prognostizierten Zahlungsunfähigkeit kann

[7] Statt aller K. Schmidt/K. Schmidt InsO § 19 Rn. 13.
[8] KPB/Pape InsO § 19 Rn. 56; Uhlenbruck/Mock InsO § 19 Rn. 130.
[9] KPB/Pape § 19 Rn. 32; Uhlenbruck/Mock InsO § 19 Rn. 41 ff.
[10] MüKoInsO/Drukarczyk/Schüler InsO § 19 Rn. 73; Frystatzki NZI 2011, 173; Baumert NZI 2020, 180 (184).

daher bspw. nur drohende Zahlungsunfähigkeit, nicht aber Überschuldung vorliegen. Außerdem ist zu berücksichtigen, dass bei der Fortbestehensprognose mit Wahrscheinlichkeit zu erwartende Sanierungsbeiträge eingepreist werden können. Ist wahrscheinlich, dass ein Gläubiger einen Teil der Forderung erlassen wird, kann das berücksichtigt werden.[11] Demgegenüber ist bei der drohenden Zahlungsunfähigkeit ein solcher Sanierungsbeitrag nicht ohne anzulegen. Geht es nämlich um einen freiwilligen Insolvenzantrag oder die Einleitung eines StaRUG-Verfahrens, darf man jedenfalls nicht das Ergebnis des Verfahrens vorwegnehmen, denn sonst geriete man in einen Zirkelschluss.[12]

Zahlungsunfähigkeit und Überschuldung *sind nicht identisch*, wie schon die Definitionen beider Eröffnungsgründe (§ 17 Abs. 2 S. 1 InsO, § 19 Abs. 2 InsO) erkennen lassen. Die Gründe können im Einzelfall zusammentreffen, doch notwendig ist das nicht. Ein zahlungsunfähiger Schuldner muss nicht überschuldet sein. So liegt es, wenn sein Sachvermögen (Aktiva) seine Geldschulden (Passiva) übersteigt, er aber **keine flüssigen („liquiden") Mittel hat,** weil er sein Sachvermögen nicht zu Geld machen und damit seine Schulden bezahlen kann. Solche Illiquidität kommt eher selten vor; denn wer über genügend Sachwerte verfügt, erhält zumeist kurzfristig Kredit und ist dann wieder liquide. Dann handelt es sich um bloße Zahlungsstockung, nicht um Zahlungsunfähigkeit. 17

Umgekehrt ist ein überschuldeter Schuldner zahlungsfähig, solange er Kredit erhält und zahlen kann. Daher sind Schuldner, bei denen die Zahlungsunfähigkeit, aber nicht die Überschuldung ein Eröffnungsgrund ist (→ Rn. 1 ff.), allein wegen Überschuldung (noch) nicht insolvenzreif. Aber auch für sie spielt die Überschuldung eine erhebliche Rolle. Diese Schuldner werden nämlich (weitere) Kredite nur erhalten, wenn sie Gewähr dafür bietet, dass die Krise in absehbarer Zeit überwunden werden kann. Sind mögliche Geldgeber, insbesondere Banken, davon nicht überzeugt, so bleiben Kredite aus und über kurz oder lang droht die Zahlungsunfähigkeit und schließlich tritt sie ein. Damit ist der eigentliche Grund für die Insolvenz gegeben. Das zeigt: Überschuldung bei (noch) bestehender Zahlungsfähigkeit ist im Zusammenwirken mit einer ungünstigen Zukunftsprognose weiter nichts als die prognostizierte Zahlungsunfähigkeit und verlegt – wie die drohende Zahlungsunfähigkeit (→ Rn. 8 ff.) – die Insolvenzreife zeitlich nach vorn. Das ist – im Verbund mit einer Antragspflicht des Schuldners und seiner Vertretungsorgane – sinnvoll für Schuldner als Unternehmer. Nach der InsO kommt es für den Eröffnungsgrund der Überschuldung aber nicht auf die Tätigkeit des (künftigen) Insolvenzschuldners an (kein *„Unternehmenskonkurs"*), sondern auf dessen Rechtsform *(„Unternehmensträgerkonkurs")*. 18

In der Beratung eines in die Krise geratenen Schuldners spielen Maßnahmen zur Beseitigung der Insolvenzgründe eine wichtige Rolle. Eine besondere Bedeutung gewinnt dabei der **Rangrücktritt.** Er zielt auf die Vermeidung bzw. Beseitigung der Überschuldung, indem Gläubiger mit dem in die Krise geratenen Schuldner vereinbaren, dass sie mit ihren Forderungen hinter die Forderungen anderer Gläubiger zurücktreten. Infolge des Rangrücktritts ist die Forderung in der Überschuldungsbilanz nicht mehr als Passiva zu erfassen. Der Rangrücktritt ist, wenn er nach der Begründung der Forderung vereinbart wird, eine inhaltsändernde Verfügung (§ 311 Abs. 1 19

[11] Näher zu den Anforderungen: BGH NZG 2021, 1175 (1183 f.) Rn. 79 ff.

[12] BR-Drs. 619/20, 99.

BGB) über die Forderung; zwar wird nicht die Leistungspflicht, wohl aber die haftungsrechtliche Einordnung der Forderung modifiziert. Ein Erlass liegt nicht vor (akzessorische Sicherheiten bleiben bestehen), auch keine Stundung, die die Überschuldung nicht beseitigen würde, weil auch nicht fällige Verbindlichkeiten als Passiva zu berücksichtigen sind.

20 Ein rechtsgeschäftlicher Rangrücktritt ist auch bei Forderungen erforderlich, die schon gesetzlich nachrangig sind, etwa bei **Gesellschafterdarlehen** nach § 39 Abs. 1 Nr. 5 InsO.[13] Sie bleiben in der Überschuldungsbilanz nach § 19 Abs. 1 S. 1 InsO nur dann unberücksichtigt, wenn ihr Rangrücktritt hinter die Forderungen aus § 39 Abs. 1 Nr. 1–5 InsO ausdrücklich gemäß § 39 Abs. 2 InsO vereinbart wurde, § 19 Abs. 2 S. 2 InsO. Nach dem Wortlaut des § 19 Abs. 2 InsO muss der Rangrücktritt eigentlich nur für das Insolvenzverfahren erklärt, nicht aber zeitlich auf die Krise vor dessen Eröffnung erstreckt werden.[14] Der BGH hat aber anders entschieden und gemeint, es bedürfe einer **vorinsolvenzlichen Durchsetzungssperre (qualifizierter Rangrücktritt),** damit der Rangrücktritt bei der Überschuldungsprüfung unberücksichtigt bleiben kann.[15] Dazu → § 8 Rn. 14.

§ 15. Die Entscheidung über den Eröffnungsantrag

Literatur: Dahns, Zulassungswiderruf wegen Vermögensverfalls, NJW-Spezial 2017, 190; Delhaes, Die Stellung, Rücknahme und Erledigung verfahrenseinleitender Anträge nach der Insolvenzordnung, in: KölSch 2009, S. 98; Gehrlein, Rechtliche Stabilisierung von Unternehmen durch Anpassung insolvenzrechtlicher Vorschriften in Zeiten der Corona-Pandemie, DB 2020, 713; Haarmeyer/Beck, Die Praxis der Abweisung mangels Masse oder der Verlust der Ordnungsaufgabe des Insolvenzrechts, ZInsO 2007, 1065; Kübler, Die Behandlung massearmer Insolvenzverfahren nach der Insolvenzordnung, in: KölSch 2009, S. 573; Pape, Außerkraftsetzung des Insolvenzrechts auf Zeit – Allheilmittel zur Überwindung der Folgen der COVID-19-Pandemie oder Verlängerung der Krise auf unbestimmte Dauer?, NZI 2020, 393; Stiller, Zur Wirksamkeit eines Eröffnungsbeschlusses, in dessen Urschrift der Schuldnername nicht genannt wird („Klammerverweis“), und zur Insolvenzanfechtung nach § 131 Abs. 1 Nr. 2 InsO, ZInsO 2003, 259; Thole, Die Aussetzung der Insolvenzantragspflicht nach dem COVID-19-Insolvenz-Aussetzungsgesetz und ihre Folgen, ZIP 2020, 650; Vallender, Der gerichtlich bestellte Sachverständige im Insolvenzeröffnungsverfahren, ZInsO 2010, 1457.

A. Abweisung des Antrags

1 Nach Abschluss des Eröffnungsverfahrens steht die Entscheidung über den anhängigen Insolvenzantrag an. Über den Antrag entscheidet der Richter durch **Beschluss** (§ 18 Abs. 1 Nr. 1 RPflG). Wird der Antrag nicht vorher zurückgenommen oder für erledigt erklärt, hat das Insolvenzgericht im Wesentlichen zwei Möglichkeiten. Der Beschluss weist den Antrag entweder (als unzulässig oder unbegründet) zurück oder er eröffnet das Insolvenzverfahren.

2 Der Antrag wird als **unzulässig abgewiesen,** wenn eine allgemeine Verfahrensvoraussetzung oder die Antragsberechtigung des Antragenden fehlt, der antragstellende Gläubiger seine Forderung oder den Eröffnungsgrund nicht glaubhaft gemacht hat oder wenn das rechtliche Interesse an der Eröffnung des Insolvenzverfahrens fehlt,

[13] BGH NZI 2001, 196 (198 f.).
[14] Rechtsausschuss, BT-Drs. 16/9737, 58.
[15] BGHZ 204, 231 (235) Rn. 13.

z. B. weil der Antrag missbräuchlich gestellt ist (§ 14 Abs. 1 InsO). Der Insolvenzantrag und der Eigenverwaltungsantrag sind zu unterscheiden. Ohne Eröffnung auf den Insolvenzantrag kann es natürlich keine Eigenverwaltung geben, aber es kann sehr wohl eröffnet werden, ohne dass die Eigenverwaltung angeordnet wird (zur Eigenverwaltung → § 13).

Der Insolvenzantrag wird als **unbegründet abgewiesen,** wenn das Gericht vom Vorliegen eines Eröffnungsgrundes nicht überzeugt ist. Die erfolgreiche Glaubhaftmachung genügt hier nicht, sondern das Gericht muss vom Vorliegen des Insolvenzgrunds überzeugt sein. Abzustellen ist dabei auf den Zeitpunkt der Eröffnungsentscheidung.[1] 3

Eine besondere Form der Abweisung des Antrags ist die **Abweisung mangels Masse.** 4
Sie erfolgt, wenn die Verfahrenskosten (§ 54 InsO) voraussichtlich nicht gedeckt sind und kein Kostenvorschuss geleistet wird (§ 26 Abs. 1 InsO, ggf. i. V. m. § 26 Abs. 4 InsO). Das schließt nicht aus, dass zwar durchaus beachtliche Vermögenswerte vorhanden sind, doch sie reichen nicht zur Deckung der zu erwartenden Kosten. § 26 InsO will vermeiden, dass ein Insolvenzverfahren durchgeführt wird, dessen Finanzierung nicht gesichert ist und das dann letztlich der Steuerzahler finanzieren müsste.

Wird mangels Masse abgewiesen, so hat das Gericht den Beschluss öffentlich bekannt- 5
zumachen, § 26 Abs. 1 S. 3 InsO, und den Schuldner in ein Schuldnerverzeichnis einzutragen *(„Schwarze Liste"),* § 26 Abs. 2 InsO.

Gegen die Abweisung steht dem Antragsteller die **sofortige Beschwerde** zu. Dafür gilt 6
eine Frist: von zwei Wochen, § 4 InsO mit § 569 Abs. 1 S. 1 ZPO; Fristbeginn: § 6 Abs. 2 InsO), § 34 Abs. 1 InsO (dazu § 18 Abs. 1 Nr. 1 RPflG: Richterentscheidung). Gegen die Abweisung mangels Masse (§ 26 InsO) steht dem Insolvenzschuldner das Rechtsmittel auch dann zu, wenn nicht er den Antrag gestellt hat, § 34 Abs. 1 InsO, denn die Abweisung mangels Masse hat die für den Schuldner gravierenden Folgen des § 26 Abs. 2 InsO (→ Rn. 5).

B. Der Eröffnungsbeschluss

Ist der Antrag zulässig und begründet, so hat das Insolvenzgericht durch den Richter 7
(§ 18 Abs. 1 Nr. 1 RPflG) das Insolvenzverfahren durch Beschluss zu eröffnen, **§ 27 Abs. 1 S. 1** InsO. Der Beschluss enthält:

(1) die genaue *Bezeichnung* und die *Anschrift* des Insolvenzschuldners, § 27 Abs. 2 8
Nr. 1 InsO;

(2) Bestellung (§ 27 Abs. 1 S. 1 InsO), Name und Anschrift des *Insolvenzverwalters,* § 27 Abs. 2 Nr. 2 InsO (außer bei Anordnung der Eigenverwaltung, § 270: § 27 Abs. 1 S. 2 InsO);

(3) die *Stunde der Eröffnung,* § 27 Abs. 2 Nr. 3 InsO – das dient der Klarheit über den Eintritt der Verfahrenswirkungen (→ Rn. 9);

[1] BGHZ 169, 17 (20) Rn. 9.

(4) ggf. Gründe für eine Abweichung von dem eigentlich bindenden Vorschlag des vorläufigen Gläubigerausschusses zur Person des Verwalters (Fall des § 56a Abs. 2 InsO), § 27 Abs. 2 Nr. 4 InsO;

(5) Hinweise zu den *Löschungsfristen* bei der öffentlichen Bekanntmachung der personenbezogenen Daten – das betrifft die Veröffentlichung der Insolvenzeröffnung bei *www.insolvenzbekanntmachungen.de,* § 27 Abs. 2 Nr. 5 InsO;

(6) die Aufforderung an die Gläubiger, ihre Forderungen innerhalb einer bestimmten Frist beim Insolvenzverwalter *anzumelden,* § 28 Abs. 1 InsO mit § 174 InsO;

(7) die Aufforderung an die gesicherten Gläubiger, dem Verwalter unverzüglich ihre in Anspruch genommenen *Sicherungsrechte* an beweglichen Sachen und Rechten nach Gegenstand, Art und Entstehungsgrund sowie die gesicherte Forderung mitzuteilen, § 28 Abs. 2 InsO (mit den Sicherungsrechten sind Absonderungsrechte gemeint, → § 9);

(8) die Aufforderung an die Schuldner des Insolvenzschuldners, nicht mehr an diesen, sondern an den Verwalter zu leisten, § 28 Abs. 3 InsO (entfällt bei Anordnung der Eigenverwaltung, § 270 InsO, vgl. auch § 27 Abs. 1 S. 2 InsO);

(9) die Bestimmung des *Berichtstermins* (§ 29 Abs. 1 Nr. 1 InsO mit § 156 InsO) und des *Prüfungstermins* (§ 29 Abs. 1 Nr. 2 InsO mit §§ 176f. InsO); beide Termine können verbunden werden, § 29 Abs. 2 InsO.

9 Das Insolvenzverfahren ist eröffnet, sobald der Richter (§ 18 Abs. 1 Nr. 1 RPflG) den Eröffnungsbeschluss unterschrieben hat,[2] doch ist für die Eröffnungswirkungen aus praktischen Gründen die im Beschluss angegebene „Stunde" der Eröffnung maßgebend. Sie ist möglichst genau anzugeben (Tag, Stunde, Minute). Fehlt die Angabe, so gilt die Mittagsstunde (also 12 Uhr) als Eröffnungszeitpunkt, § 27 Abs. 3 InsO. Diese Genauigkeit ist wegen der einschneidenden Wirkungen der Verfahrenseröffnung nötig, vgl. z. B. §§ 35, 38, 40, 80–83, 85f., 89, 91, 95 InsO, § 240 ZPO.

10 Der Eröffnungsbeschluss ist **sofort öffentlich bekanntzumachen,** § 30 Abs. 1 InsO mit § 9 InsO. Das ist wichtig z. B. für § 82 InsO, weil es ggf. den Gutglaubensschutz zerstört. Zur Übermittlung an die Registergerichte vgl. § 31 InsO. Entsprechendes gilt zur Eintragung des Eröffnungsvermerks im Grundbuch, § 32 InsO. Die Eintragung verhindert einen redlichen Erwerb nach § 81 Abs. 1 S. 2 InsO, falls der jetzt nicht mehr verfügungsbefugte Schuldner gleichwohl über sein Grundstück verfügen würde.

11 Ist der Insolvenzschuldner eine natürliche Person, so soll er auf die Möglichkeit der Restschuldbefreiung (§§ 286–303 InsO) hingewiesen werden, § 20 Abs. 2 InsO.

12 Gegen den Eröffnungsbeschluss steht dem Insolvenzschuldner die **sofortige Beschwerde** zu, § 34 Abs. 2 InsO. Hat der Schuldner selbst die Eröffnung beantragt, steht ihm mangels formeller Beschwer kein Beschwerderecht zu.[3] Auf die Beschwerde ist der Eröffnungsbeschluss aufzuheben und der Eröffnungsantrag abzuweisen, wenn im Zeitpunkt der Eröffnungsentscheidung ein Eröffnungsgrund nicht vorlag (→ Rn. 3). Das Gebot effektiven Rechtsschutzes des Schuldners gebietet die Aufhebung und Abweisung sogar ohne Rücksicht darauf, ob die Eröffnungsvoraussetzungen zwischenzeitlich,

[2] Die Unterschrift ist unentbehrlich, BGH NJW 1998, 609 zur KO.

[3] BGH ZIP 2007, 499 (500) Rn. 14.

d. h. bis zum Zeitpunkt der Beschwerdeentscheidung eingetreten sind.[4] Ist das Insolvenzverfahren rechtmäßig eröffnet worden, kann der nachträgliche Wegfall des Insolvenzgrundes nicht im Wege der sofortigen Beschwerde, sondern nur im Einstellungsverfahren nach §§ 212, 214 InsO geltend gemacht werden.[5]

Die sofortige Beschwerde hat keine aufschiebende Wirkung (§ 4 InsO; § 570 Abs. 1 ZPO), doch kann das Insolvenzgericht die Vollziehung aussetzen (§ 4 InsO; § 570 Abs. 2 ZPO) und der Beschwerde abhelfen (§ 4 InsO; § 572 Abs. 1 ZPO). Wird nicht abgeholfen, so wird die Beschwerde dem LG vorgelegt (§ 4 InsO; § 572 Abs. 1 ZPO), das seinerseits die Vollziehung *aussetzen* kann (§ 4 InsO; § 570 Abs. 3 ZPO). Die Entscheidung des LG über die Beschwerde wird erst mit (formeller) Rechtskraft wirksam. Das LG kann aber die sofortige Wirksamkeit anordnen, § 6 Abs. 3 InsO. 13

Wird der Eröffnungsbeschluss aufgehoben (durch Abhilfe § 4 InsO; § 572 Abs. 1 ZPO, oder in der höheren Instanz), so fallen mit der Rechtskraft dieser Entscheidung oder mit Anordnung ihrer sofortigen Wirksamkeit (§ 6 Abs. 3 InsO) alle rechtlichen Folgen der Verfahrenseröffnung grundsätzlich rückwirkend fort. Die Verwaltungs- und Verfügungsbefugnis des Insolvenzschuldners gilt als nie entfallen, doch bleiben die Wirkungen von Rechtshandlungen, die von oder gegenüber dem Verwalter vorgenommen worden sind, bestehen, § 34 Abs. 3 S. 3 InsO. 14

Sobald die aufhebende Entscheidung rechtskräftig ist, wird die Aufhebung öffentlich bekanntgemacht, § 34 Abs. 3 S. 1 InsO. Der Eröffnungsvermerk im Grundbuch wird gelöscht, § 34 Abs. 3 S. 2 InsO mit § 200 Abs. 2 S. 2 InsO § 32 InsO (in doppelter Analogie!); zu den Registern vgl. §§ 31, 33 InsO. 15

[4] BGHZ 169, 17 (25 ff.) Rn. 20 ff.

[5] BGHZ 169, 17 (25) Rn. 19; krit. Häsemeyer InsR Rn. 7.55.

5. Kapitel: Wirkungen der Verfahrenseröffnung

§ 16. Übergang der Verwaltungs- und Verfügungsbefugnis

Literatur: Bai, Die Freigabe im Insolvenzverfahren, 2009; Gehrlein, Verfügungsbeschränkungen vor und nach Insolvenzeröffnung, WM 2014, 485; Gerhardt, Die Verfahrenseröffnung nach der Insolvenzordnung und ihre Wirkung – Verfügungsbeschränkungen im Eröffnungsverfahren –, ZZP 109 (1996), 415; Haberzettl, Die Freigabe im Insolvenzverfahren, NZI 2017, 474; Köhn, Veräußerungsgeschäfte des Insolvenzschuldners (§§ 80 Abs. 1, 81 InsO), Diss. Hannover 2000; Müller, Die echte Freigabe durch den Insolvenzverwalter im Spannungsfeld von gesetzlicher Prozessstandschaft und Parteiwechsel, 2007; Schäfer, Die Wirkungen der Insolvenzeröffnung, 2014; Wipperfürth,,,Die Freigabe" der selbstständigen Tätigkeit gem. § 35 II InsO im Lichte der Gesetzesänderungen; Zurth/Lersch, Daten und Informationen als Teil der Insolvenzmasse, ZfDR 2021, 175;

1 Die Verfahrenseröffnung hat weitgehende rechtliche Auswirkungen. Die wichtigste Wirkung ist die **Beschlagnahme** des massezugehörigen Vermögens und der **Wechsel der Verwaltungs- und Verfügungsbefugnis,** §§ 80, 148 InsO.

2 Darüber hinaus ergeben sich u. a. Auswirkungen auf folgende Rechtsbereiche:

(1) Unwirksamkeit von Verfügungen des Schuldners und einem Erwerb aus der Masse, § 81 InsO, § 91 InsO

(2) Leistungen an den Schuldner, § 82 InsO

(3) Vollstreckungsverbot, § 89 InsO

(4) Rückschlagsperre, § 88 InsO

(5) Aufrechnungen, §§ 94ff. InsO

(6) Gegenseitige Verträge, §§ 103ff. InsO

(7) Auswirkungen auf Prozesse, §§ 85, 86 InsO i. V. m. § 240 ZPO u. a. m.

A. Die Insolvenzmasse

3 Mit der Verfahrenseröffnung geht die Verwaltungs- und Verfügungsbefugnis über die Insolvenzmasse auf den Insolvenzverwalter über, § 80 Abs. 1 InsO.

4 Im Fall der **Eigenverwaltung** gilt das naturgemäß nicht, doch das bedeutet nicht, dass in der Eigenverwaltung alles so bliebe wie vor dem Verfahren. Auch hier gibt es natürlich eine Insolvenzmasse. Selbstverständlich steht auch in der Eigenverwaltung die Verfahrensabwicklung unter dem Grundsatz des § 1 InsO. Die insolvenzrechtlichen Vorschriften gelten auch hier, § 270 Abs. 1 S. 2 InsO; der Schuldner bzw. die Leitungsorgane des Schuldners müssen die Verwalterfunktionen wahrnehmen.

5 Der Übergang der Verwaltungs- und Verfügungsbefugnis betrifft nur die Insolvenzmasse. Sie ist in § 35 InsO definiert. **Gegenstand des Insolvenzverfahrens** als Gesamtvollstreckung ist grundsätzlich das **gesamte Vermögen** des Insolvenzschuldners. Die Masse ist nicht rechtsfähig, sondern nur die übliche Sammelbezeichnung für das Objekt des Insolvenzverfahrens. In die Insolvenzmasse fällt das bei Verfahrenseröffnung vorhandene Vermögen (§ 35 Abs. 1 Fall 1 InsO) und das Vermögen, das der

Schuldner während des Verfahrens erwirbt („Neuerwerb“, § 35 Abs. 1 Fall 2 InsO). Demnach wird nicht nur das im Eröffnungszeitpunkt bereits vorhandene Vermögen erfasst, sondern auch das, was nach Eröffnung dem Schuldner zufließt. Erhält beispielsweise der Schuldner (nicht der Verwalter) nach Eröffnung Zahlungen, gehört der Betrag der Masse. Durch Neuerwerb kann sich während des Verfahrens der Umfang der Masse erweitern, ohne dass sich der Kreis der Insolvenzgläubiger ändert. Bei vom Schuldner abgeschlossenen gegenseitigen Verträgen führt dies allerdings zu problematischen Ergebnissen.

Beispiel: Insolvenzschuldner S kauft bei V nach Verfahrenseröffnung einen Gegenstand. Der Anspruch auf Lieferung nach § 433 Abs. 1 BGB fällt als Neuerwerb in die Insolvenzmasse (ist also an den Verwalter zu erfüllen), der Gegenanspruch des V auf Kaufpreiszahlung ist jedoch keine Masseverbindlichkeit (mangels Handeln des Verwalters), sondern eine Neuverbindlichkeit des S, die nach § 89 Abs. 1 Fall 2 InsO dem allgemeinen insolvenzrechtlichen Vollstreckungsverbot unterliegt.[1] S ist Neugläubiger. 6

Nicht zur Masse gehören gemäß § 36 Abs. 1 InsO **unpfändbare Gegenstände.** Damit wird auf die Pfändungsschutzvorschriften der ZPO verwiesen. (dazu § 811 Abs. 1 ZPO: bewegliche Sachen; §§ 850ff. ZPO: Arbeitseinkommen; § 851 Abs. 1, § 857 ZPO: Forderungen und andere Vermögensrechte). Ausgenommen sind aber gemäß § 36 Abs. 2 InsO Geschäftsbücher des Insolvenzschuldners (abweichend von § 811 Abs. 1 Nr. 11 ZPO) sowie der in § 811 Abs. 1 Nr. 4 (Landwirtschaft) und Nr. 9 (Apotheken) ZPO genannten Sachen, ferner in aller Regel der gewöhnliche Hausrat (§ 36 Abs. 3 InsO). Wären die Geschäftsbücher nicht von der Masse erfasst, könnte der Insolvenzverwalter darauf nicht zugreifen, was ersichtlich dem Verfahrenszweck widerspräche. Eine Austauschpfändung“, §§ 811a, 811b ZPO, zugunsten der Masse ist zulässig. Vollstreckungsschutz nach § 765a ZPO kann auch im Eröffnungs- und im Insolvenzverfahren gewährt werden. 7

Höchstpersönliche Rechte und Rechte, die **keine Vermögensrechte** sind, fallen nicht in die Masse. Das betrifft insbesondere die **Arbeitskraft** des Schuldners. Sie ist als solche nicht Teil der Masse. Der Verwalter kann mithin den Schuldner nicht anweisen, erwerbstätig zu sein. Allerdings folgt aus § 287b InsO eine Obliegenheit zur Erwerbstätigkeit für den Schuldner, der später Restschuldbefreiung erlangen möchte. Einkünfte aus der Erwerbstätigkeit gehören in vollem Umfang zur Masse, der Schuldner kann aber Pfändungsschutz bezüglich der Betriebsausgaben und zur Deckung des Lebensbedarfs gemäß § 850a Nr. 3 ZPO, § 850i ZPO i.V.m. § 36 InsO geltend machen. Weitere höchstpersönliche Rechte sind Familienrechte (wie das Recht auf Scheidung), das Namensrecht, das Urheberrecht (es gehört nur mit Einwilligung des Urhebers zur Masse und nur insoweit, als er Nutzungsrechte einräumen kann, § 113 UrhG, auch §§ 115, 117, 118 UrhG), eine patentfähige Erfindung, solange der Erfinder noch keine Anstalten zu ihrer Verwertung trifft (daher anders für das Patentrecht ab Anmeldung) oder auch das Mitgliedschaftsrecht in einem Verein.[2] Ist der Schuldner als Mitglied in einen elitären Club aufgenommen worden, kann also der Verwalter nicht an seiner Stelle die Mitgliedschaft ausüben. Davon zu unterscheiden ist die 8

[1] Häsemeyer InsR Rn. 9.02 spricht von einer „Entrechtung“ der Neugläubiger.

[2] MüKoInsO/Peters InsO § 35 Rn. 486 (Familienrechte); MüKoInsO/Peters InsO § 35 Rn. 362 (Urheberrecht); MüKoInsO/Peters InsO § 35 Rn. 318ff. (Patentrecht; mit BGHZ 16, 172 (175)); Uhlenbruck/Holzer InsO § 35 Rn. 17 (Namensrecht); Uhlenbruck/Holzer InsO § 35 Rn. 66 (Mitgliedschaftsrechte).

Frage, wie Beitragspflichten des Schuldners zu behandeln sind. Sie können ggfs. gegen die Masse gerichtet sein.

9 Im Insolvenzverfahren ist die **Firma** (= Name) jedes Unternehmens (§ 18 HGB) verwertbar, gleich, ob der Unternehmensträger Einzelkaufmann, Personenhandelsgesellschaft oder Kapitalgesellschaft ist; auch eine auf den Namen einer natürlichen Person lautende Firma fällt ohne Zustimmung des Namensgebers in die Masse.[3]

10 Die **Vermögen des Ehegatten und der Kinder** des Insolvenzschuldners werden vom Insolvenzverfahren **nicht berührt.** Zum Sonderfall der Gütergemeinschaft und der fortgesetzten Gütergemeinschaft vgl. §§ 37, 332–334 InsO.

11 Für das Verständnis der **Dynamik eines Insolvenzverfahrens** ist die Erkenntnis wichtig, dass die Masse nicht statisch ist. Sie verändert sich im Laufe der Abwicklung. Erst zum Schluss steht eine verteilungsfähige Masse fest, die dann im Regelinsolvenzverfahren an die Insolvenzgläubiger über die Insolvenzquote ausgeschüttet wird. Im Übrigen kommt es aber zu vielfältigen positiven wie negativen Veränderungen der Masse. Dies kann auf rein tatsächlichen Umständen beruhen, etwa weil ein Vermögensgegenstand auf dem Markt an Wert gewinnt oder verliert, aber auch auf den rechtlichen Wirkungen und Maßnahmen, die im Laufe des Verfahrens getroffen werden. In diesem Zusammenhang wird häufig das Begriffspaar **Soll- und Ist-Masse** verwendet.[4] Als Soll-Masse werden die Gegenstände bezeichnet, die rechtlich zur Masse gehören und daher z. B. vom Verwalter in Besitz genommen werden „sollen" (§ 148 InsO). Die Soll-Masse ist sozusagen das Ziel des Verfahrens. Beispielsweise kann der Verwalter eine Insolvenzanfechtung geltend machen und damit versuchen, aus dem Vermögen des Schuldners ausgeschiedene Vermögensgegenstände und/oder Geldbeträge wieder zur Masse „zu ziehen".

12 Die Masse in ihrem tatsächlichen Bestand, wie sie der Verwalter vorfindet, heißt Ist-Masse. Der Umfang beider Massen ist verschieden, wenn Gegenstände, die rechtlich zur Masse (Soll-Masse) gehören, (noch) nicht erfasst sind, z. B. weil der Insolvenzschuldner sie versteckt hat, oder wenn umgekehrt der Verwalter schuldnerfremde Gegenstände zur Masse (Ist-Masse) zieht.

B. Freigabe

13 Die Unverwertbarkeit eines Gegenstandes ändert nichts an seiner Massezugehörigkeit. Doch kann es sinnvoll sein, dass der Verwalter einen solchen Gegenstand formlos an den Insolvenzschuldner freigibt, z. B. ein überbelastetes Grundstück, bei dessen Verwertung nichts für die Masse herausspringen würde. Die Freigabe bezeichnet eine Erklärung des Insolvenzverwalters, den **Gegenstand aus der Insolvenzmasse wieder auszuscheiden,** eben *freizugeben.* Ob eine solche Freigabe überhaupt möglich ist, war lange Zeit umstritten, die h. M. hatte keine Bedenken. Denn § 86 Abs. 2 InsO und vor allem § 32 Abs. 3 S. 1 InsO, der von freigegebenen Grundstücken spricht, setzen die Freigabe voraus. Mit der Freigabe wird es dem Verwalter ermöglicht, Gegenstände aus der Masse „loszuwerden". Sie fallen damit wieder in die Verwaltungs- und Verfügungsbefugnis des Schuldners zurück. Warum sollte ein Verwalter dies tun? Er wird

[3] BGH NJW 1983, 755 (756) zur KO; OLG München NZI 2016, 641; dazu Barnert KTS 2003, 523.
[4] Uhlenbruck/Hirte/Praß InsO § 35 Rn. 46.

dies dann tun, wenn das Innehalten des Gegenstands und die ständige Unterhaltung die Masse mehr belastet als ein für die Masse zu erwartender Verwertungserlös.

Beispiel: Der Verwalter findet in der Masse eine abbruchreife, einsturzgefährdete Lagerhalle vor. Deren Weiterbetrieb würde nur Kosten produzieren, da allein aus Gründen der Verkehrssicherungspflicht erst umfangreiche Reparaturen erforderlich wären, die Halle aber nicht mehr benötigt wird. 14

C. Sonstige Veränderungen der Masse

Die Masse ist dynamisch, kann also ihren Umfang während des Verfahrens verändern, 15 und zwar nicht nur durch Freigabe oder – selbstverständlich – durch die Verwertung (aus dem Vermögensgegenstand werden dann Barmittel oder die Kaufpreisforderung gegen den Erwerber).

Andere denkbare Veränderungen ergeben sich unter anderem aus folgenden Um- 16 ständen:

(1) *Abwicklung noch nicht erfüllter gegenseitiger Verträge* des Insolvenzschuldners, §§ 103ff. InsO (→ § 19);

(2) *Aufrechnung* von oder gegenüber Gläubigern des Insolvenzschuldners, §§ 94ff. InsO (→ § 27);

(3) *Anfechtung* von Rechtshandlungen, insbesondere des Insolvenzschuldners, §§ 129ff. InsO (→ §§ 25f.) und Geltendmachung von Haftungsansprüchen;

(4) *Erfüllung* von Aus- und Absonderungsrechten sowie von Masseverbindlichkeiten (→ §§ 8ff.).

(5) *Auskehr* der Insolvenzquote

(6) *Eintreiben* von Forderungen des Schuldners gegen Drittschuldner

§ 17. Verfügungen des Schuldners nach Verfahrenseröffnung

Literatur: de Avoine, Fortführung eines Apothekenbetriebs durch den Insolvenzverwalter, ZInsO 2015, 1725; Balz, Die Ziele der Insolvenzordnung, in: KölSch 2000, S. 3; Bergmann, Die Verwaltungsbefugnis des Insolvenzverwalters über einen zur Insolvenzmasse gehörenden GmbH-Geschäftsanteil, ZInsO 2004, 225; Bork, Zahlungsverkehr in der Insolvenz, 2002; Dörndorfer, Wirkungen der Eröffnung des Insolvenzverfahrens, DGVZ 1999, 51; Gehrlein, Verfügungsbeschränkungen vor und nach Insolvenzeröffnung, WM 2014, 485; Gerhardt, Die Verfahrenseröffnung nach der Insolvenzordnung und ihre Wirkung – Verfügungsbeschränkungen im Eröffnungsverfahren –, ZZP 109 (1996), 415; Köhn, Veräußerungsgeschäfte des Insolvenzschuldners (§§ 80 Abs. 1, 81 InsO), Diss. Hannover 2000; Laumen/Vallender, Beweisführung und Beweislast im Insolvenzverfahren, NZI 2016, 609; Kühne, Die Insolvenz des selbstständig tätigen Schuldners, 2013; Ringstmeier/Homann, Der Widerspruch gegen Lastschriften durch den Insolvenzverwalter – auch durch Schweigen?, NZI 2005, 492; Schäfer, Die Wirkungen der Insolvenzeröffnung, 2014; Suda Mitwirkungspflichten des Vollstreckungsschuldners, Diss. Bonn 2000.

A. Übergang der Verwaltungs- und Verfügungsbefugnis

Trotz Eröffnung des Insolvenzverfahrens bleibt der Insolvenzschuldner rechts- und ge- 1 schäfts-, partei- und prozessfähig. Er ist weiterhin Inhaber seines Vermögens (z. B. als Eigentümer, als Forderungsinhaber) und Schuldner seiner Verbindlichkeiten. Er verliert aber das Recht, sein zur Insolvenzmasse gehörendes Vermögen zu verwalten sowie darüber zu verfügen **(§ 80 Abs. 1 InsO)** und zu prozessieren (Verlust der Prozessführungsbefugnis; arg. §§ 85ff. InsO; § 240 ZPO). Derselbe Verlust trifft den gesetzlichen und gewillkürten Vertreter des Insolvenzschuldners oder – falls der Insolvenzschuldner keine natürliche Person ist (vgl. § 11 Abs. 1, 2 Nr. 1 InsO) – die Vertretungsorgane oder vertretungsberechtigten Gesellschafter des Insolvenzschuldners. Diese Wirkungen treten mit Eröffnung des Verfahrens ein (§ 80 Abs. 1 InsO, § 27 Abs. 3 InsO). Außerdem hat die Eröffnung für den Schuldner auch deshalb Folgen, weil er **Auskunfts- und Mitwirkungspflichten** unterliegt (§§ 97ff. InsO). Er muss dem Verwalter Auskunft geben; das Gericht kann dazu Zwangsmittel anordnen (§ 98 InsO). Dadurch soll der Verwalter in die Lage versetzt werden, das Verfahren sachgerecht zu führen, weil häufig nur der Schuldner nähere Informationen über bestimmte Geschäftsvorgänge hat.

2 Die genannten Wirkungen werden vorverlegt, wenn im Eröffnungsverfahren ein vorläufiger Insolvenzverwalter bestellt und dem Schuldner ein allgemeines Verfügungsverbot auferlegt wird (§ 21 Abs. 2 S. 1 Nr. 1, 2 InsO, § 22 Abs. 1 S. 1 InsO, § 24 Abs. 2 InsO; § 240 S. 2 ZPO). Der Beschluss ist öffentlich bekanntzumachen (§ 23 Abs. 1 S. 1 InsO mit § 9 Abs. 1 S. 3, Abs. 3 InsO).

3 Der Insolvenzschuldner verliert die Verwaltungs- und Verfügungsbefugnis nicht, wenn das Gericht im Eröffnungsbeschluss die Eigenverwaltung anordnet, § 270 Abs. 1 S. 1 InsO.

4 Bei Gesellschaften und juristischen Personen ist ihre Insolvenz **Auflösungsgrund,** § 262 Abs. 1 Nr. 3 AktG; § 60 Abs. 1 Nr. 4 GmbHG; § 728 Abs. 1 S. 1 BGB; § 131 Abs. 1 Nr. 3 HGB. Auflösung meint hier die Auflösung im Sinne des Gesellschaftsrechts. Die Gesellschaft ist ab Auflösung auf Auseinandersetzung und Abwicklung gerichtet, es sei denn, es wird – was bei Insolvenzplänen und Sanierung denkbar ist – die Fortsetzung beschlossen (insbesondere gemäß § 60 Abs. 1 Nr. 4 GmbHG). Außerhalb eines Insolvenzverfahrens würde sich dann ein gesellschaftsrechtliches Liquidationsverfahren anschließen, §§ 65ff. GmbHG. Davon ist das Insolvenzverfahren abzugrenzen. Es übernimmt bereits die Aufgabe der Liquidation. Auch in der Eigenverwaltung sind aber die Geschäftsführer nicht etwa Liquidatoren i. S. d. § 66 GmbHG. Das ergibt sich bereits daraus, dass § 66 Abs. 1 GmbHG ausdrücklich den Fall der Auflösung durch Insolvenzverfahren ausklammert.

B. Verfügungen des Schuldners

5 Wenn der Schuldner nicht mehr verwaltungs- und verfügungsbefugt ist, muss das Gesetz sicherstellen, dass gleichwohl noch vorgenommene Verfügungen unwirksam sind. Denn der Schuldner hat einen natürlichen Anreiz, Vermögensgegenstände dem Zugriff des Verwalters bzw. der Gläubigerschaft zu entziehen, indem er sie z. B. veräußert oder an eine nahestehende Person überträgt. Dem schiebt § 81 Abs. 1 InsO einen Riegel vor. Danach sind **Verfügungen,** die der Schuldner ***nach diesem Zeitpunkt*** **über einen Massegegenstand** vornimmt, grundsätzlich **unwirksam,** § 81 Abs. 1 S. 1, Abs. 3 InsO mit § 27 Abs. 3 InsO. Entsprechendes gilt bei Verstoß gegen eine im Eröffnungsverfahren angeordnete Verfügungsbeschränkung, § 24 Abs. 1 InsO. Unwirksam sind auch die Verfügungen eines Vertreters des Insolvenzschuldners. Verfügt der

Insolvenzverwalter, gilt § 81 Abs. 1 InsO natürlich nicht, denn dann verfügt ja die „richtige" Person.

6 **Verfügungen** sind alle unmittelbar rechtsgestaltenden Geschäfte wie die Abtretung einer Forderung (§ 398 BGB) oder die Übereignung einer Sache. „Verfügung" ist also ein **Rechtsgeschäft,** durch das der Verfügende auf ein Recht unmittelbar einwirkt, indem er es auf einen Dritten überträgt oder das Recht aufhebt oder es mit einem Recht belastet oder es in seinem Inhalt verändert (Merkwort: „VÜBA" = Verändern, Übertragen, Belasten, Aufheben).[1] Zu den Verfügungen gehört auch die Annahme von Zahlungen und anderen Leistungen durch den Insolvenzschuldner (dafür ist aber besonders § 82 InsO zu beachten). Als Verfügungen i. S. v. § 81 Abs. 1 InsO sind weiter **rechtsgeschäftsähnliche Handlungen** mit verfügendem, d. h. unmittelbar rechtsgestaltendem Charakter anzusehen (z. B. eine Mahnung), ferner **Prozesshandlungen** „verfügenden" Charakters wie Geständnis, Anerkenntnis, Klagerücknahme. **Realakte** (z. B. Vermischung, Verarbeitung) gehören **nicht** hierher.

7 **Verpflichtungen** werden nicht erfasst, können aber die Masse ohne Mitwirkung des Verwalters ebenfalls nicht binden, weil der Schuldner nicht nur keine Verfügungsbefugnis, sondern auch keine Verwaltungsbefugnis mehr hat.

8 Die Unwirksamkeit wirkt **absolut;** so ist z. B. die Abtretung einer zur Masse gehörenden Forderung nicht nur zugunsten der Insolvenzgläubiger (d. h. „relativ") unwirksam, sondern auch gegenüber dem Forderungsschuldner. Da keine gewöhnliche Nichtigkeit vorliegt, kann der Verwalter die Verfügung genehmigen (§ 80 Abs. 1 InsO; § 185 Abs. 1 BGB, § 184 Abs. 1 BGB analog). Die absolute Wirkung bedeutet, dass es grundsätzlich keinen Gutglaubensschutz gibt.

9 **Beispiel:** Über das Vermögen des A wird das Insolvenzverfahren eröffnet. Einen Tag später übereignet A dem B, der von der Insolvenzeröffnung nichts weiß, einen Porsche. Ein Erwerb des B scheitert an § 81 Abs. 1 S. 1 InsO.

C. Erstattung der Gegenleistung

10 § 81 Abs. 1 S. 3 InsO bestimmt, dass die Gegenleistung aus der Masse **zurück zu gewähren** ist, soweit diese bereichert, die Gegenleistung also in die Masse gelangt ist. Damit reagiert das Gesetz auf die Verknüpfung der vorgenommenen Verfügung mit der nach dem zugrundeliegenden Verpflichtungsgeschäft erfolgten Gegenleistung. Hat der Insolvenzschuldner auf einen gegenseitigen Vertrag, der vor Verfahrenseröffnung geschlossen worden ist, nach diesem Zeitpunkt geleistet, so ist diese Verfügung unwirksam, § 81 Abs. 1 S. 1 InsO. Daher muss der geleistete Gegenstand vom Vertragsgegner an die Masse zurückgewährt werden. Hat auch der Gegner geleistet, so kann die an den Insolvenzschuldner erbrachte Leistung (z. B. Kaufpreiszahlung) in die Masse gelangt sein. Verbliebe sie dort, hätte der Gegner durch seine Leistung die Masse vermehrt, ohne dafür das vertragsgemäße Äquivalent aus der Masse zu erhalten.

11 **Beispiel:** S hat vor Verfahrenseröffnung ein wertvolles Buch an G verkauft und nach Eröffnung übereignet. G seinerseits hat den Kaufpreis bereits an S gezahlt; von S ist er an den Insolvenzverwalter abgeliefert worden oder auf anderem Wege nach Eröffnung in die Masse gekommen. Die Übereignung des Buches ist unwirksam, § 81 Abs. 1 InsO. S ist somit Eigentümer und das Buch Massegegenstand geblieben. Daher

[1] BGHZ 1, 294 (304); 75, 221 (226); 101, 24 (26); BGH NJW 2018, 2049 (2054) Rn. 53.

muss G es dem Verwalter herausgeben. Bliebe der von G gezahlte Kaufpreis in der Masse, so müsste G nicht nur das Buch herausgeben, sondern wäre obendrein noch sein Geld los. Die Insolvenzmasse aber wäre nicht geschmälert (das Buch kehrt zurück), sondern vielmehr bereichert (der Kaufpreis verbliebe ihr). Das darf nicht sein.

12 Mithilfe von § 81 Abs. 1 und 3 InsO wird somit das Geschäft nach beiden Seiten hin liquidiert und der Zustand vor Vertragsschluss hergestellt. Der Anspruch des Gegners aus § 81 Abs. 1 S. 3 InsO ist keine bloße Insolvenzforderung, sondern **Masseverbindlichkeit,** § 55 Abs. 1 Nr. 3 InsO (→ § 10 Rn. 8). Der Anspruch entfällt bei Wegfall der Bereicherung (§ 818 Abs. 3 BGB). Ist die Gegenleistung nicht in die Masse gelangt, so hat der Gegner Ansprüche nur gegen den Insolvenzschuldner (z. B. aus §§ 280, 281 BGB), also keine Insolvenzforderung.

D. Gutglaubensschutz

13 Allerdings lässt § 81 Abs. 1 S. 2 InsO eine Ausnahme zu, indem ausnahmsweise Verfügungen des Schuldners als gültig behandelt werden. Die Redlichkeit des Gegners wird durch die entsprechend anwendbaren §§ 892, 893 BGB geschützt, § 81 Abs. 1 S. 2 InsO. Das betrifft also **nur Verfügungen über Grundstücke,** nicht über bewegliche Sachen oder Abtretungen von Forderungen. Danach sind die Veräußerung oder Belastung eines Grundstücks oder von Rechten am Grundstück durch den Insolvenzschuldner sowie eine Leistung an ihn wirksam, es sei denn, die Eröffnung des Insolvenzverfahrens ist dem anderen Teil (Erwerber oder Leistenden) bekannt oder im Grundbuch eingetragen. Um einen redlichen Erwerb und eine redliche Leistung zu Lasten der Masse zu verhindern, wird die Verfahrenseröffnung in das Grundbuch eingetragen, § 32 Abs. 1, Abs. 2 InsO (zur Eintragung einer Verfügungsbeschränkung im Eröffnungsverfahren vgl. § 23 Abs. 3 InsO mit § 21 Abs. 2 S. 1 Nr. 2 InsO), sei es auf Ersuchen des Insolvenzgerichts, sei es auf Antrag des (vorläufigen) Verwalters, § 32 Abs. 2 InsO; § 23 Abs. 1, Abs. 3 InsO mit § 21 Abs. 2 S. 1 Nr. 1 InsO. Die Eintragung des Eröffnungsvermerks setzt naturgemäß die Kenntnis voraus, dass und wo dem Schuldner ein Grundstück gehört (§ 32 Abs. 2 S. 1 InsO; entgegen § 5 Abs. 1 S. 1 InsO keine Pflicht des Gerichts zur Amtsermittlung). Ist das der Fall und wird, wie geboten, die Eintragung unverzüglich vorgenommen (genauer: beantragt oder um sie ersucht; damit ist beim Grundbuchamt der Vorrang gegenüber späteren Anträgen gewahrt, § 17 GBO), so bleibt für einen redlichen Erwerb kaum mehr Zeit.

14 **Beispiel:** Über das Vermögen des A wird das Insolvenzverfahren eröffnet. Einen Tag später übereignet A dem B, der von der Insolvenzeröffnung nichts weiß, eines seiner Grundstücke. Eine Eintragung des Insolvenzvermerks ist noch nicht erfolgt. Ein Erwerb des B scheitert nicht an § 81 Abs. 1 S. 1 InsO, denn über § 81 Abs. 1 S. 2 InsO i. V. m. § 892 BGB ist ein gutgläubiger Erwerb möglich. Selbst wenn B noch vor Vollendung des Rechtserwerbs (also Eintragung als neuer Eigentümer) von der Insolvenzeröffnung erfährt, erwirbt er das Eigentum, wenn er im Zeitpunkt des § 892 Abs. 2 BGB (also i. d. R. bei Stellung des Eintragungsantrags) noch keine Kenntnis hatte.

15 Die Regelung in § 81 Abs. 1 S. 2 InsO schützt den *öffentlichen Glauben des Grundbuchs.* Wer Grundstücksgeschäfte vornimmt, soll auf die Richtigkeit des Grundbuchs vertrauen dürfen (§ 891 BGB). Ist dort kein Insolvenzvermerk eintragen, darf der Erwerber davon ausgehen, der Schuldner befinde sich nicht im Insolvenzverfahren.

Zu beachten ist, dass erst die *Eintragung des Eröffnungsvermerks,* nicht schon die Kenntnis des Grundbuchamts von der Verfahrenseröffnung als Grundbuchsperre wirkt (heute h. M.). Ist also nach Verfahrenseröffnung ein Eintragungsantrag des Erwerbers nach Übereignung durch den Schuldner gestellt, und zwar mit Vorrang (§ 17 GBO) vor einem späteren Ersuchen/Antrag auf Eintragung des Eröffnungsvermerks, so muss das Grundbuchamt eintragen, auch wenn es irgendwie amtlich Kenntnis von der Verfahrenseröffnung erlangt hat. 16

E. Leistungen an den Schuldner

Ebenfalls einen gewissen Gutglaubensschutz beinhaltet die Vorschrift des **§ 82 InsO.** 17 Wird nach Verfahrenseröffnung an den Insolvenzschuldner geleistet, obwohl die Forderung zur Insolvenzmasse gehört (also an die Masse zu leisten war), so ist der Leistende nach § 82 InsO befreit, wenn er in Unkenntnis der Verfahrenseröffnung geleistet hat. Fahrlässige Unkenntnis schadet nicht.

Leistungen, die an die Masse zu erfolgen haben, meinen Leistungen an den Insolvenz- 18 verwalter und folglich Leistungen auf Forderungen, die von der Verwaltungs- und Verfügungsbefugnis des Verwalters erfasst sind.

Zu den erfassten Leistungen gehören z. B. Zahlungen an den Insolvenzschuldner, die 19 Leistung einer an ihn verkauften Sache, Herausgabe einer dem Insolvenzschuldner gehörenden Sache an ihn.

Der Sache nach bedeutet die Annahme der Leistung durch den Insolvenzschuldner 20 eine Verfügung über die Forderung, denn damit soll die Forderung kraft Erfüllung zum Erlöschen gebracht werden. Insofern stellt § 82 InsO eine **Sonderregel** zu § 81 InsO dar, denn der Leistende wird geschützt, wenn er erst in Unkenntnis der Eröffnung geleistet hat. Er hat dann *zwar mangels Empfangszuständigkeit* des Schuldners an den „Falschen" geleistet, der Insolvenzverwalter kann ihn aber trotzdem nicht erneut in Anspruch nehmen. D. h. der Leistende wird von der Verbindlichkeit befreit.

Erfährt der Leistende nach Vornahme der Leistungshandlung zu einem Zeitpunkt von 21 der Verfahrenseröffnung, als er den Leistungserfolg noch verhindern konnte, ist er in seinem Vertrauen auf die Empfangszuständigkeit des Insolvenzschuldners nicht länger schutzwürdig und nicht nach § 82 InsO befreit.[2]

Die Beweislast ist unterschiedlich geregelt. Ist *vor der öffentlichen Bekanntmachung* 22 der Verfahrenseröffnung (§ 30 Abs. 1 InsO) geleistet worden, dann muss dem Leistenden seine Kenntnis von der Eröffnung nachgewiesen werden, § 82 S. 2 InsO. Gelingt das nicht („non liquet"), so ist er befreit. Ist *nach der Bekanntmachung* geleistet worden, dann muss der Leistende seine Unkenntnis nachweisen (es sei denn, dass § 893 BGB eingreift: § 81 Abs. 1 S. 2 InsO, → Rn. 13). Gelingt das nicht, so muss er nochmals leisten (ggf. Schadensersatz). Daher ist es für den Leistenden primär entscheidend nachzuweisen, dass er vor der Bekanntmachung geleistet hat (§ 82 S. 2 InsO!).

Ist der Leistende nicht nach § 82 InsO befreit worden, muss also der Leistende noch- 23 mals zahlen. Er hat dann einen schwer durchsetzbaren Bereicherungsanspruch gegen

[2] BGH ZIP 2009, 1726 (1727) Rn. 9.

den Insolvenzschuldner, den er außerhalb des Insolvenzverfahrens verfolgen muss (daher praktisch bedeutungslos). Wird der Leistende befreit, gilt die Leistung an den Schuldner im Verhältnis zu ihm als Erfüllung. Das bedeutet aber nicht, dass der Insolvenzschuldner die Leistung behalten darf. Er muss sie an den Verwalter herausgeben (zumindest über § 816 Abs. 2 BGB).

24 Aus § 82 InsO ergibt sich im Umkehrschluss, dass der Leistende stets befreit wird, wenn er die Verbindlichkeit zur Insolvenzmasse, d. h. an den Verwalter erfüllt hat. Auf die Kenntnis oder Unkenntnis von der Verfahrenseröffnung kann es dann nicht ankommen. Das Gleiche muss gelten, wenn zwar an den Insolvenzschuldner geleistet worden, die Leistung aber in die Masse gelangt ist. Damit ist der Leistungserfolg ebenfalls eingetreten. Das genügt nach allgemeinen Grundsätzen sowohl für die Befreiung des Leistenden als auch für die Erhaltung eines etwaigen Gegenanspruchs (als Insolvenzforderung).

§ 18. Erwerb von Rechten an Massegegenständen im Sinne des § 91 InsO

Literatur: Christiansen, Die Abtretung aufschiebend bedingter Forderungen – insolvenzfest?, KTS 2003, 549; Dobler, Die übertragene Anwartschaft in der Insolvenz, 2008; Eckardt, in: Münch (Hrsg.), Prozessrecht und materielles Recht, 2015, 81; Gundlach, Die Grenzen der Weiterveräußerungs- und der Einziehungsermächtigung, KTS 2000, 307; Haller, Die gesicherte Rechtsposition im Rahmen des § 91 InsO, 2016.

1 Von der allgemeinen Regelung des § 81 Abs. 1 S. 1 InsO ist die Vorschrift des § 91 Abs. 1 InsO abzugrenzen. Gemäß § 91 Abs. 1 InsO können Rechte an Massegegenständen nicht wirksam erworben werden, auch wenn weder eine Verfügung des Schuldners noch eine Zwangsvollstreckung vorliegen. § 91 Abs. 1 InsO ist eine **Auffangnorm.** Sie ergänzt § 81 Abs. 1 InsO (kein Erwerb bei Verfügung des Schuldners) und § 89 Abs. 1 InsO (kein Erwerb durch Zwangsvollstreckung).

2 § 91 InsO soll verhindern, dass Gegenstände aus der Masse wegerworben werden und der Insolvenzverwalter dieser Schmälerung der nunmehr zu seiner Verwaltungs- und Verfügungsbefugnis gehörenden Gegenstände tatenlos zusehen muss.

A. Gestreckte Erwerbstatbestände

3 § 91 Abs. 1 InsO kommt zum Tragen, wenn keine Verfügung des Schuldners nach Verfahrenseröffnung vorliegt. Bei **„gestreckten" Erwerbstatbeständen,** bei denen einzelne Erwerbsvoraussetzungen vor und andere nach Verfahrenseröffnung eintreten, ist dann fraglich, ob der Fall unter § 81 InsO fällt oder unter § 91 InsO. Praktische Relevanz hat das auch für das Eröffnungsverfahren, also für Verfügungen nach Anordnung eines allgemeinen Verfügungsverbots, denn § 24 InsO verweist nur auf die entsprechende Anwendung des § 81 InsO, nicht des § 91 InsO, d. h. § 91 InsO greift wirklich erst nach Eröffnung.

4 Die h. M. geht davon aus, dass § 81 InsO nur dann eingreift, wenn die **Verfügungs*handlung* nach Verfahrenseröffnung** (bzw. bei § 24 InsO vor Anordnung des allgemeinen Verfügungsverbots) vorgenommen wird, d. h. wenn die rechtsgeschäftliche Einigung (über die Übertragung, Belastung, Inhaltsänderung, Aufhebung) nach Eröff-

nung erfolgt.[1] Erfolgt sie vorher und werden die weiteren Voraussetzungen für die Vollendung des Rechtserwerbs erst danach erfüllt, greift § 91 InsO. Demnach ist § 91 InsO auf gestreckte Erwerbstatbestände anwendbar, bei denen der **Verfügungs*erfolg*** nach Verfahrenseröffnung eintritt bzw. eintreten soll.

Beispiele: IS und Erwerber B einigen sich nach Verfahrenseröffnung darauf, dass IS dem B eine Grundschuld am Grundstück des IS bestellt (Einigung i. S. d. § 873 BGB). – Fall des § 81 Abs. 1 S. 1 InsO, ggf. mit § 81 Abs. 1 S. 2 InsO i. V. m. § 892 BGB. 5

IS und Erwerber B haben sich bereits vor Verfahrenseröffnung darauf geeinigt, dass IS dem B eine Grundschuld bestellt. Die Eintragung im Grundbuch ist beantragt; noch vor Eintragung wird das Insolvenzverfahren eröffnet. Dies ist ein Fall für § 91 Abs. 1 InsO, weil keine Verfügung (gemeint als Verfügungshandlung nach Verfahrenseröffnung) vorliegt. Aber es gibt wieder einen Schutz des Erwerbers, hier aber über § 91 Abs. 2 InsO.

§ 91 Abs. 2 InsO ist eine Ausnahme vom Erwerbsverbot für den rechtsgeschäftlichen Erwerb im Bereich des **Grundstücksrechts,** § 91 Abs. 2 InsO. Voraussetzung ist, dass (1.) der Insolvenzschuldner nicht nach Verfahrenseröffnung verfügt hat und (2.) sich der Rechtserwerb dennoch erst nach diesem Zeitpunkt vollendet. Liegen diese Voraussetzungen vor, so ist „an sich" der Erwerb nach § 91 Abs. 1 InsO unwirksam. Davon macht § 91 Abs. 2 InsO mithilfe der §§ 878, 892, 893 BGB eine Ausnahme. 6

Ist vor Verfahrenseröffnung die wirksame Erklärung, z. B. die Auflassung, bindend geworden (vgl. § 873 Abs. 2 BGB, § 875 Abs. 2 BGB, §§ 877, 925 BGB) und die Eintragung beim Grundbuchamt beantragt, so führt die Eintragung nach Verfahrensbeginn zum Erwerb, § 91 Abs. 2 InsO mit § 878 BGB. Hat der Schuldner die Eintragung vor Verfahrenseröffnung beantragt, so ist der Verwalter gehindert, den Antrag zurückzunehmen, sonst würde der Sinn und Zweck von § 91 Abs. 2 InsO, § 878 BGB verfehlt.[2] 7

Liegen vor Verfahrenseröffnung nur der Antrag auf Eintragung und die noch nicht bindende Erklärung vor, z. B. die formlose, aber nicht beurkundete Einigung über eine Nießbrauchbestellung, und tritt die Bindung erst nach Verfahrenseröffnung ein, so hängt der Erwerb davon ab, dass der Eröffnungsvermerk noch nicht im Grundbuch steht und der Erwerber nichts von der Eröffnung weiß, § 91 Abs. 2 InsO mit § 892 BGB. Dasselbe gilt, wenn zwar die Erklärung vor Verfahrenseröffnung bindend geworden ist, der Begünstigte den Antrag erst nach Verfahrenseröffnung gestellt hat. Der vollendete Rechtserwerb kann aber anfechtbar sein, § 147 Abs. 1 InsO. 8

B. Hypothek

§ 91 Abs. 1 InsO kommt auch in komplexeren Situationen zum Einsatz. Entsteht die hypothekarisch gesicherte Forderung erst, nachdem über das Vermögen des Grundstückseigentümers das Insolvenzverfahren eröffnet wurde, so geht die Eigentümergrundschuld (§ 1163 Abs. 1 BGB, § 1177 Abs. 1 BGB) nicht als Fremdhypothek auf den Gläubiger über; der Erwerb ist nach § 91 Abs. 1 InsO **unwirksam.** Nach § 1113 9

[1] BGHZ 135, 140 (144); K. Schmidt/Sternal InsO § 81 Rn. 10; FK-InsO/Wimmer-Amend InsO § 81 Rn. 19; Uhlenbruck/Mock InsO § 81 Rn. 20; a. A. MüKoInsO/Vuia InsO § 81 Rn. 9; KPB/Lüke InsO § 81 Rn. 12a.

[2] Jauernig/Berger BGB § 878 Rn. 4; Häsemeyer InsR Rn. 10.31; Jaeger/Henckel/Windel InsO § 91 Rn. 118; a. A. Staudinger/Herrler BGB § 878 Rn. 51.

Abs. 2 BGB kann zwar eine Hypothek auch für eine künftige Forderung bestellt werden. Anders als beim Faustpfandrecht besteht vor Valutierung jedoch ein Eigentümer- und kein Gläubigergrundpfandrecht.

C. Grundschuld

10 Eine Sicherungsgrundschuld setzt als nicht akzessorisches Recht (vgl. § 1192 Abs. 1 BGB) eine Forderung nicht voraus. Der Erwerb der Grundschuld ist daher formaljuristisch vollendet und wirksam unabhängig vom Entstehen der Forderung. Gleichwohl ist § 91 Abs. 1 InsO anzuwenden, wenn die Sicherungsgrundschuld nach Verfahrenseröffnung valutiert wird, also etwa das zugrundeliegende Darlehen ausgezahlt wird. Der Eigentümer hat vor der Valutierung eine Einrede gegen die Grundschuld,[3] der Gläubiger daher kein Absonderungsrecht (dazu → § 9 Rn. 9) aus der Grundschuld. Nach Verfahrenseröffnung kann der Gläubiger gemäß § 91 Abs. 1 InsO durch Valutierung ein Absonderungsrecht nicht mehr erwerben, wenn und weil der ausgezahlte Betrag der Masse nicht rechtzeitig vor Eröffnung zugeflossen ist, die Einrede also nicht vorher beseitigt wurde.

D. Anwartschaftsrecht

11 Demgegenüber greift § 91 Abs. 1 InsO anerkanntermaßen nicht, wenn der Erwerber den Gegenstand vor Verfahrenseröffnung zwar noch nicht voll wirksam erworben hat, wohl aber bereits ein gesicherter Rechtsboden für den Erwerb bestand und die Rechtsposition des Erwerbers nicht mehr einseitig zerstört werden konnte. Das betrifft zunächst Fälle einer *bedingten Verfügung,* wie sich aus dem Rechtsgedanken des § 161 Abs. 1 S. 2 BGB ableiten lässt.[4] Gemeint sind also Fälle, in denen der Erwerber bereits ein Anwartschaftsrecht hat.

12 **Beispiel:** Hat der Schuldner vor Verfahrenseröffnung Ware unter Eigentumsvorbehalt (§ 449 BGB) veräußert, kann der Käufer trotz § 91 Abs. 1 InsO Eigentum erwerben, wenn er den Kaufpreis erst nach Verfahrenseröffnung zahlt. Nach § 161 Abs. 1 S. 2 BGB kann der Insolvenzverwalter des Verkäufers über die Ware nicht mehr verfügen bzw. die Verfügung wird mit Bedingungseintritt (Kaufpreiszahlung durch den Vorbehaltskäufer) unwirksam. Ein Erwerb des Vorbehaltskäufers aus der Masse ist also wirksam, wie § 107 Abs. 1 InsO klarstellt.

E. Künftige Rechte und Forderungen

13 Bei Übertragung von Rechten an *künftigen* Forderungen oder bei Abtretung *künftiger* Rechte und Forderungen verhindert § 91 Abs. 1 InsO regelmäßig einen Erwerb, wenn die Forderung erst nach Verfahrenseröffnung entsteht.

14 **Beispiel:** IS tritt der Bank B im Rahmen einer Globalzession gegenwärtige und künftige Forderungen aus dem Verkauf von Waren an Kunden ab. Die erst nach Verfahrenseröffnung entstehenden Forderungen gegen Kunden (mithin bei Vertragsschluss mit dem Kunden erst nach Eröffnung) werden von der Globalzession wegen § 91 Abs. 1 InsO nicht erfasst. Verpfändet der IS der Bank künftige Forderungen, gilt Entsprechendes.

[3] BT-Drs. 16/9821 zu Art. 6 Nr. 7, 17; BGH NJW 2014, 550 Rn. 6.
[4] MüKoInsO/Breuer/Flöther InsO § 91 Rn. 38; Uhlenbruck/Mock InsO § 91 Rn. 54.

F. Bedingte Rechtsübertragungen

15 Werden ihrerseits *bedingte* Forderungen (unbedingt) abgetreten, d. h. Forderungen, deren Grundlage schon gelegt ist, wenngleich die Bedingung noch nicht eingetreten ist, so kommt es ebenfalls darauf an, wann die Bedingung eintritt. Grundsätzlich würde hier § 91 Abs. 1 InsO greifen. Der Fall unterscheidet sich von der bedingten Verfügung, weil hier die Verfügung unbedingt ist, nur der Gegenstand der Verfügungen (die Forderung) noch bedingt ist (d. h. Übertragung eines bedingten Rechts statt bedingte Übertragung eines Rechts). Geschützt wird der Erwerber (Zessionar) hier aber dann, wenn der Schuldner keinen Einfluss mehr darauf hatte, ob die Bedingung eintritt, also der Erwerber bereits in Bezug auf die abgetretene Forderung *eine gesicherte Rechtsstellung* hatte. Dann ist der Fall genauso zu behandeln wie jener der bedingten Verfügung. Gemeint sind Fälle, in denen der Schuldner nach den zugrundeliegenden Verhältnissen und Abreden nicht mehr ohne Zustimmung des Erwerbers über den Bedingungseintritt entscheiden konnte. Denn dann waren der Schuldner und damit die spätere Masse bereits gebunden, und § 91 Abs. 1 InsO kann diese Bindung nicht wieder aufheben.

16 **Beispiele:** Der Schuldner S tritt vor Eröffnung seinen aus einer Sicherungsabrede folgenden, durch die Tilgung des gesicherten Darlehens bedingten Anspruch auf Rückgewähr einer Grundschuld an G ab. Hier hat es S bis zur Verfahrenseröffnung weiter in der Hand, ob er durch Tilgung des Darlehens den Rückgewähranspruch unbedingt macht. Daher liegt kein Ausnahmefall vor und eine Tilgung nach Verfahrenseröffnung würde das Absonderungsrecht an dem Anspruch nicht mehr entstehen lassen können.[5]

Schuldner S tritt Ansprüche auf Auszahlung eines Festgeldguthabens an B unbedingt ab.[6] B hatte zugunsten von S Bürgschaften gegenüber von Gläubigern des S übernommen. Die Abtretung soll B sicherungshalber für den Fall der Inanspruchnahme als Bürge sichern und damit den dann übergehenden Regressanspruch aus § 774 Abs. 1 S. 1 BGB (genauer: die Hauptforderung) sichern. Hier ist der Regress aus § 774 Abs. 1 S. 1 BGB aufschiebend bedingt durch die Tilgung der Hauptforderung durch den B als Bürgen. Gleichwohl ist der Erwerb des Festgeldanspruchs durch B insolvenzfest. Denn auch wenn B die Gläubiger erst nach Verfahrenseröffnung befriedigt, so hat es S nicht mehr in der Hand, ob er dies tut. Es liegt allein bei B, also dem Erwerber des Anspruchs, ob er den Regressanspruch unbedingt macht und damit dann auch der Sicherungsfall eintritt, so dass der Erwerb des Festgeldanspruchs nicht an § 91 Abs. 1 InsO scheitert.

G. Unbedingte Rechtsübertragungen

17 Davon wiederum zu unterscheiden sind unbedingte Rechtsübertragungen, die nur *zur Sicherung einer künftigen Forderung* erfolgen. Bei der Hypothek ist wegen der Akzessorietät vor Entstehung der gesicherten Forderung ein Recht des Eigentümers gegeben (Eigentümergrundschuld). Demnach scheitert der Erwerb der Grundschuld durch den Erwerber, wenn die gesicherte Forderung erst nach Eröffnung entsteht (→ Rn. 10).

18 Bei der Verpfändung einer beweglichen Sache für eine künftige Forderung gibt das materielle Recht dem Pfandgläubiger bereits vorher die Rechtsposition, ein „Eigentümerpfandrecht" gibt es nicht, § 1204 Abs. 2 BGB, § 1209 BGB. Dennoch wird man den Fall wie jenen der Sicherungsgrundschuld lösen müssen, wenn die gesicherte Forderung erst nach Eröffnung valutiert wird. Der BGH sieht das aber anders.[7]

[5] BGH NJW 2012, 1510 (1513) Rn. 28 ff.
[6] BGH NZI 2008, 371.
[7] BGHZ 170, 196 (200) Rn. 11; anders auch Vorauflage § 40 Rn. 35; wie hier: Bork InsR § 15 Rn. 172.

H. Vormerkung

19 Entsprechendes gilt bei Vormerkung, wenn vor Verfahrenseröffnung zu Lasten eines Massegrundstücks eine Vormerkung (§ 883 BGB) zur Sicherung eines *künftigen Anspruchs* eingetragen worden ist. Grundsätzlich kann ein vormerkungsgesicherter Gläubiger nach § 106 Abs. 1 InsO vom Insolvenzverwalter auch dann Erfüllung verlangen, wenn der Anspruch erst nach Verfahrenseröffnung entsteht. § 91 InsO steht nicht entgegen (arg. § 883 Abs. 1 S. 2 BGB).[8] Aber auch hier bedeutet der Umstand, dass materiell-rechtlich die Vormerkung trotz ihrer Akzessorietät auch schon künftige Forderungen absichern darf, nicht, dass bei Entstehung der gesicherten Forderung nach Verfahrenseröffnung § 91 Abs. 1 InsO nicht eingriffe. Vielmehr kann die Erfüllung des gesicherten Anspruchs selbstverständlich erst verlangt werden, wenn der Anspruch entstanden ist; daran ändert die Vormerkung nichts. Deshalb muss auch hier § 91 Abs. 1 InsO den Erwerb der Forderung und damit der Vormerkung durch Abtretung vor Verfahrenseröffnung sperren, wenn die künftige Forderung erst nach Eröffnung entsteht. Anders wäre das nur, wenn man sagen könnte, dass der Schuldner auf die Entstehung der gesicherten künftigen Forderung keinen Einfluss mehr hatte, und erst recht wiederum, wenn die gesicherte Forderung bereits entstanden und nur aufschiebend bedingt war.[9]

I. Verbindung, Vermischung, Verarbeitung, Fruchterwerb

20 Von § 91 Abs. 1 InsO nicht erfasst wird der gesetzliche Erwerb durch Verbindung, Vermischung und Verarbeitung (§§ 946, 947 Abs. 2, 950 BGB). Der Erwerber ist zur Aussonderung (→ § 8 Rn. 9) berechtigt, muss aber Wertersatz nach § 951 BGB an die Masse leisten. Fruchterwerb aufgrund eines dinglichen Fruchterwerbsrechts (§ 954 BGB) ist wirksam und auch aufgrund einer schuldrechtlichen Gestattung (§ 956 BGB), wenn der Erwerber Besitzer und die Gestattung infolge fortbestehender Verpflichtung der Masse (z. B. nach § 108 Abs. 1 InsO) unwiderruflich ist (arg. § 956 Abs. 1 S. 2 BGB).[10]

J. Gutgläubiger Erwerb

21 Wirksam ist schließlich auch der redliche Erwerb aufgrund der Verfügung eines nicht mit dem Schuldner identischen Nichtberechtigten.

22 **Beispiele:** N übereignet eine dem Schuldner gehörende bewegliche Sache nach §§ 929, 932 BGB an den redlichen X; § 91 InsO hindert den Eigentumserwerb des X nicht. Der Masse steht nach § 816 Abs. 1 BGB ein Anspruch gegen N zu. War X nicht gutgläubig (§ 932 Abs. 2 BGB), ist eine Genehmigung des Schuldners nach Verfahrenseröffnung analog § 81 Abs. 1 InsO unwirksam.

Verfügungen des Schuldners über fremde Gegenstände sind hingegen nach §§ 929, 932 BGB auch nach Verfahrenseröffnung wirksam, weil sie die Masse nicht betreffen; der Anspruch nach § 816 Abs. 1 BGB richtet sich gegen den Schuldner persönlich.[11]

---

8 Vgl. BGH NJW 2002, 213; 2021, 1538 (1541) Rn. 38ff.).

9 BGH NZI 2006, 395 (396) Rn. 12; Kayser/Thole/Kayser InsO § 91 Rn. 32; MüKoInsO/Breuer/Flöther InsO § 91 Rn. 36; Uhlenbruck/Mock InsO § 91 Rn. 60.

10 Uhlenbruck/Mock InsO § 91 Rn. 36.

11 K. Schmidt/Sternal InsO § 91 Rn. 38; Uhlenbruck/Mock InsO § 91 Rn. 80.

K. Erbschaft und Vermächtnis

Annahme oder Ausschlagung einer vor oder nach Verfahrenseröffnung angefallenen Erbschaft (oder eines Vermächtnisses) stehen allein dem Schuldner zu, § 83 Abs. 1 InsO. Schlägt er aus, so mag das für die Insolvenzgläubiger hart sein, sie konnten aber nicht mit der Erbschaft (dem Vermächtnis) rechnen. *Nimmt der Insolvenzschuldner an oder versäumt er die Ausschlagungsfrist,* so fällt die Erbschaft (das Vermächtnis) in die Masse. Das ist für die nach Verfahrenseröffnung angefallene und angenommene Erbschaft (das Vermächtnis) die Konsequenz aus § 35 InsO, wonach auch das, was der Insolvenzschuldner während des Verfahrens erwirbt (sog. Neuerwerb), in die Masse fällt. 23

L. Verpflichtungsgeschäfte

Verpflichtungsgeschäfte, die der Insolvenzschuldner nach Eröffnung des Insolvenzverfahrens vornimmt, verpflichten ihn genauso wie Geschäfte vor Verfahrenseröffnung, denn die **Geschäftsfähigkeit** wird durch das Insolvenzverfahren nicht berührt. Insolvenzforderungen werden aber nicht begründet (§ 38 InsO), so dass die Forderungsinhaber nicht auf die Masse zugreifen können. Auch der Zugriff auf den Erwerb des Insolvenzschuldners während des Verfahrens (sog. Neuerwerb) ist ihnen versagt, der Erwerb fällt in die Masse (§ 35 InsO). Das insolvenzfreie Vermögen besteht daher nur aus Gegenständen, die nicht der Zwangsvollstreckung unterliegen (§ 36 Abs. 1, Abs. 3 InsO, Ausnahmen in Abs. 2). Deshalb können die Forderungsinhaber nur auf Vermögenserwerb des Schuldners nach Verfahrensbeendigung hoffen (wichtige Einschränkungen für den Zugriff enthalten die § 89 Abs. 2 InsO, § 287 Abs. 2 InsO; → § 35 Rn. 13). Dann aber konkurrieren sie mit den ehemaligen Insolvenzgläubigern, soweit diese nicht aus der Masse befriedigt worden sind (§§ 201, 215 Abs. 2 InsO). 24

§ 19. Die Abwicklung schwebender Rechtsgeschäfte

Literatur: Baldringer, Das Wahlrecht des Insolvenzverwalters, 2014; Dahl/Linnenbrink, Mietrecht und Insolvenz, 3. Aufl. 2020; Gehrlein Zur Anwendung des § 103 InsO bei einem Factoringvertrag, ZInsO 2015, 1645; Gerster, Behandlung schwebender Verträge in der Insolvenz, 3. Aufl. 2020; Graf/Wunsch, Gegenseitige Verträge im Insolvenzverfahren, ZIP 2002, 2117; Henkelmann, Schwebende Verträge in der Insolvenz, 2009; Hoffmann, Vertragsbindung kraft Insolvenz?, KTS 2018, 343; Hofmann, Der Schutz von Dritten in der Insolvenz des Versicherungsnehmers, 2018; Huber, Gegenseitige Verträge und Teilbarkeit von Leistungen in der Insolvenz, NZI 2002, 467; Kepplinger, Das Synallagma in der Insolvenz – Das Wahlrecht des Masseverwalters, Ausgleichsschuldners und Insolvenzverwalters, 2000; Linder, Vorleistungen in der Insolvenz, 2006; Riehm, Erfüllungswahl des Insolvenzverwalters und Allgemeines Leistungsstörungsrecht, KTS 2016, 143; Rühle, Gegenseitige Verträge nach Aufhebung des Insolvenzverfahrens, 2006; Wegener, Das Wahlrecht des Insolvenzverwalters unter dem Einfluss des Schuldrechtsmodernisierungsgesetzes, 2007; von Wilmowsky, Insolvenzvertragsrecht: Teilleistung des Schuldners vor dem Insolvenzverfahren, KTS 2012, 285; Wortberg, Lösungsklauseln und Insolvenz, 2003.

A. Grundsatz

Die im Einzelnen hochkomplexen und in vielen Details sehr umstrittenen §§ 103ff. 1
InsO regeln die Auswirkungen der Verfahrenseröffnung auf beiderseits nicht oder noch nicht vollständig erfüllte gegenseitige Verträge des Insolvenzschuldners. Zum besseren Verständnis muss man sich zunächst drei Situationen vor Augen führen:

2 **Situation 1:**

Hat bei einem gegenseitigen Vertrag, z. B. einem Kaufvertrag, der Insolvenzschuldner vor Verfahrenseröffnung seine ihm obliegende Leistung bereits erbracht (z. B. die Ware geliefert), so stellt sich die Situation einfach dar. Mit der Erfüllung der Leistungspflicht ist der Anspruch auf die Gegenleistung einredefrei geworden (§ 320 BGB kommt nicht mehr zum Tragen). Folglich kann der Insolvenzverwalter den fälligen und durchsetzbaren Anspruch auf die Gegenleistung gegen den Vertragspartner durchsetzen.

Situation 2:

In der umgekehrten Situation, dass der Vertragspartner vorgeleistet hat und vor Verfahrenseröffnung seinerseits vollständig geleistet hat, ist auch dies kein Fall für die §§ 103ff. InsO. Vielmehr trägt der Vertragspartner das Risiko seiner eigenen Vorleistung. Seinen Anspruch auf die Gegenleistung, der mit dieser Vorleistung durchsetzbar geworden ist, ist nunmehr nach Verfahrenseröffnung nur eine bloße Insolvenzforderung. Gerade deshalb ist bei Vorleistungen stets Vorsicht geboten. Die Folgen der Einordnung als Insolvenzforderung lassen sich nur dadurch abmildern, dass bei entsprechender Vorleistung Sicherheiten verlangt werden. Wird dies versäumt oder lassen sich Sicherheiten nicht realisieren, trägt der Vorleistende das Risiko des Ausfalls mit seinem Anspruch auf die Gegenleistung.

Situation 3:

Ein Fall für die §§ 103ff. InsO liegt also nur dann vor, wenn weder der Schuldner noch der Vertragspartner vor Verfahrenseröffnung vollständig geleistet haben. Dann stellt sich die Frage, wie das Gesetz mit dieser noch schwebenden Situation umgeht.

3 Man könnte sich vorstellen, dass der Gesetzgeber die Parteien zur vollständigen Vertragserfüllung zwingt oder umgekehrt dazu, dass der gesamte Vertrag zurückabgewickelt wird. Der erste Weg ist kaum darstellbar, denn dem Schuldner fehlen oft die Mittel zur vollständigen Vertragserfüllung. Die vollständige Rückabwicklung wiederum wäre für den Schuldner ebenso misslich, wenn er einen günstigen Vertrag geschlossen hatte. Die §§ 103ff. InsO gehen daher einen anderen Weg. Danach hat der Insolvenzverwalter (in der Eigenverwaltung der eigenverwaltende Schuldner, § 281 InsO) ein **Wahlrecht.** Er kann die Durchführung und weitere Erfüllung des Vertrages verlangen, muss dies aber nicht. Wählt der Verwalter Erfüllung, so hat der andere Vertragsteil in die Masse, aber umgekehrt auch der Verwalter aus der Masse zu leisten, § 103 Abs. 1 InsO. Der Erfüllungsanspruch des anderen Teils ist Masseverbindlichkeit, § 55 Abs. 1 Nr. 2 InsO, nicht nur Insolvenzforderung. Damit wird vermieden, dass der andere Teil voll leisten muss, ohne die ungeschmälerte Gegenleistung zu erhalten. Auf diese Weise trägt das Gesetz dem funktionellen Synallagma, dem Kennzeichen des gegenseitigen Vertrags, Rechnung. Ob das eine Auswirkung von § 320 BGB ist oder ob § 103 InsO eine Sonderregelung enthält, ist für das Ergebnis belanglos.

Lehnt der Verwalter die Erfüllung ab, so verhält er sich zwar eigentlich nicht vertrags- 4
treu, aber das schadet aus Sicht der Masse nicht, denn dann kann der Vertragsgegner „eine Forderung wegen Nichterfüllung" nur als Insolvenzgläubiger geltend machen, § 103 Abs. 2 S. 1 InsO. Der einseitige Schadenersatzanspruch erfasst die Differenz zwischen Leistung und Gegenleistung. Ob § 103 Abs. 2 S. 1 InsO ein eigener Schadensersatzanspruch ist oder nur auf die allgemeinen Regeln verweist, d. h. auf einen zivilrechtlichen Anspruch wegen Nichterbringung der geschuldeten Leistung (§§ 280 Abs. 1, Abs. 3, 281 BGB), ist unklar und umstritten.[1]

Eine an den Insolvenzschuldner erbrachte Teilleistung kann nicht zurückgefordert 5
werden, sie verbleibt in der Masse, § 105 S. 2 InsO.

Daher ist wichtig: Die Ablehnung der Erfüllung bedeutet *nicht automatisch* Rückabwicklung des Ver- 6
trags. Vielmehr wird nur die Undurchsetzbarkeit der wechselseitigen Ansprüche festgeschrieben. Denkbar ist allenfalls, dass der andere Teil ein Aussonderungsrecht hat, so etwa beim Verkauf an den Schuldner unter Eigentumsvorbehalt (dazu → § 8 Rn. 17).

B. Voraussetzungen im Einzelnen

Gegenseitige Verträge sind z. B. Kauf, Miete, Darlehen. Nicht hierher gehören einsei- 7
tig verpflichtende Verträge (z. B. das Schenkungsversprechen) und unvollkommen zweiseitig verpflichtende (z. B. der Auftrag). Besondere von § 103 InsO abweichende Regelungen gelten nach §§ 108 f. InsO für Miet- und Pachtverhältnisse über unbewegliche Gegenstände und Räume (für Verträge über bewegliche Gegenstände bleibt es grundsätzlich bei § 103 InsO), ferner für Dienstverhältnisse.

§ 103 InsO gilt nur bei einem beiderseits nicht oder nicht vollständig erfüllten Vertrag. 8
Maßgeblich für diese Beurteilung sind nicht etwaige Nebenpflichten, sondern allein die im Synallagma stehenden Hauptleistungspflichten.[2] Das wäre bei einem Kaufvertrag bspw. der Anspruch auf Übergabe und Übereignung und umgekehrt die Pflicht zur Zahlung des Kaufpreises, bei einem Werkvertrag der Vergütungsanspruch und der Anspruch auf Herstellung des Werkes.

Der Verwalter muss sich nicht in bestimmter **Frist** entscheiden, ob er die Erfüllung 9
wählt oder sie ablehnt. Doch hat er sein Wahlrecht (Erfüllung oder Nichterfüllung) auf Verlangen des Gegners „unverzüglich" (§ 121 Abs. 1 S. 1 BGB) auszuüben, also nicht „sofort", sondern erst nach einer sachgerecht zügigen Prüfung der Vor- und Nachteile von Erfüllung und Nichterfüllung, § 103 Abs. 2 S. 2 InsO (Sonderregelung in § 107 Abs. 2 InsO für Kauf unter Eigentumsvorbehalt). Unterbleibt die Wahl innerhalb dieser Prüfungszeit, so kann der Verwalter nicht mehr Erfüllung verlangen, § 103 Abs. 2 S. 3 InsO. Damit ist derselbe Zustand eingetreten wie bei Ablehnung der Erfüllung.

---

[1] Einen eigenen Schadensersatzanspruch annehmend: KPB/Tintelnot InsO § 103 Rn. 318; für den Verweis ins allgemeine Zivilrecht: K. Schmidt/Ringstmeier InsO § 103 Rn 56; grds. offengelassen: BGH NJW 1977. 1345; MüKoInsO/Huber InsO § 103 Rn. 84; Uhlenbruck/Wegener InsO § 103 Rn. 166; grundlegend dazu: Marotzke Gegenseitige Verträge Rn. 5.14 ff.

[2] BGH NJW 2019, 2166 (2167) Rn. 16 ff.

10 Wofür sich der Verwalter entscheidet, hängt entscheidend davon ab, was für die Masse günstiger ist.

11 **Beispiel:** Hat der Insolvenzschuldner z. B. eine Sache für 5.000 EUR verkauft, ist der jetzige Marktpreis aber auf 4.000 EUR gefallen, so wird der Verwalter Erfüllung wählen; die Masse verliert einen Wert von 4.000 EUR und gewinnt dafür 5.000 EUR, macht also ein Plus von 1.000 EUR. Im umgekehrten Fall (Kaufpreis 40.00 EUR, jetziger Marktpreis 50.00 EUR) wird der Verwalter Nichterfüllung wählen, denn die Nichtlieferung der Ware im Wert von 5.000 EUR ist eine Verbesserung für die Masse trotz des Schadenersatzanspruchs des Vertragsgegners. Ist der Insolvenzschuldner Käufer, so wird der Verwalter in den Beispielen sich umgekehrt entscheiden.

12 Das Beispiel zeigt: § 103 InsO dient einseitig dem **Interesse der Masse** und damit der Gesamtheit der Gläubiger.

13 Welche Auswirkungen die Verfahrenseröffnung und die Erfüllungswahl gemäß § 103 InsO in dogmatischer Hinsicht auf die gegenseitigen Ansprüche haben, war lange Zeit umstritten. Nach dem heute vorherrschenden Verständnis bedeutet die Verfahrenseröffnung, dass die gegenseitigen Ansprüche **ihre Durchsetzbarkeit verlieren.** Der Vertrag ist sozusagen auf Eis gelegt, die Ansprüche erlöschen aber nicht schon mit Verfahrenseröffnung. Demgemäß hat die dann folgende Erfüllungswahl des Verwalters nur die Folge, dass die gegenseitigen Ansprüche wieder durchsetzbar werden. Den Ansprüchen des Vertragspartners wird nun die Rechtsqualität von originären Masseverbindlichkeiten beigelegt.[3] Demnach erfahren die Forderungen, die zunächst undurchsetzbar waren, durch die Erfüllungswahl einen **Qualitätssprung,** bei Ablehnung der Erfüllung bleibt es endgültig bei der Undurchsetzbarkeit. Umgekehrt gilt dies auch für die Ansprüche des Schuldners, die zunächst undurchsetzbar waren. Auch sie werden mit Erfüllungswahl zu originären Ansprüchen der Masse. Das hat dann auch weitere Auswirkungen, wie das nachfolgende Beispiel zeigt:

14 **Beispiel:** (nach BGHZ 106, 236): Der spätere Insolvenzschuldner S hatte vor Verfahrenseröffnung mit K einen Kaufvertrag geschlossen und den Kaufpreisanspruch an D zur Sicherung abgetreten. Verwalter V wählt Erfüllung und liefert die Kaufsache an K. D macht ein Absonderungsrecht an der Kaufpreisforderung geltend. Nach der früheren Rechtsprechung des BGH ist die an D abgetretene Kaufpreisforderung mit der Eröffnung des Insolvenzverfahrens erloschen; infolge der Erfüllungswahl lebt sie wieder auf, allerdings als Forderung der Masse. D hat folglich daran kein Absonderungsrecht (so BGHZ 106, 236, 241 ff.). Die neuere Rechtsprechung des BGH konstruiert anders: Mit der Verfahrenseröffnung bleiben die gegenseitigen Ansprüche zunächst bestehen, sie verlieren aber ihre Durchsetzbarkeit. Infolge Erfüllungswahl wird die zunächst undurchsetzbare Kaufpreisforderung des S originäre Masseforderung. D kann daran aufgrund der vor Verfahrenseröffnung erfolgten Sicherungsabtretung kein Absonderungsrecht erwerben.[4]

15 Die neue dogmatische Konstruktion wirft, wie das Beispiel zeigt, Fragen auf. Unproblematisch ist es, hinsichtlich der Ansprüche des Vertragspartners von einer temporären Undurchsetzbarkeit und dann von einem Qualitätssprung zu einer Masseverbindlichkeit i. S. d. § 55 Abs. 1 Nr. 2 InsO auszugehen. Demgegenüber erscheint es im Beispiel zunächst fraglich, warum D kein Absonderungsrecht durch die Sicherungsabtretung soll erwerben können. Denn immerhin war ja die Abtretung gerade vor Verfahrenseröffnung erfolgt, und die abgetretene Kaufpreisforderung war auch schon entstanden und nicht zunächst erloschen und dann wiederaufgelebt. Der BGH beruft sich etwas undogmatisch darauf, dass es nunmehr eine originäre Forderung der Masse

[3] BGH NJW 2002, 2783 (2785).
[4] BGH NJW 2002, 2783 (2785).

sei, so dass man daran nicht nach Eröffnung ein Absonderungsrecht erwerben könne.[5] Das kann man mit der Wertung des § 91 InsO begründen, denn vorher war die Forderung wegen § 320 BGB undurchsetzbar und erst die Erfüllungswahl nach Eröffnung macht sie wieder durchsetzbar. Zumindest wirtschaftlich überzeugt das Ergebnis auch, denn andernfalls würde der Verwalter nicht Erfüllung wählen, weil dies nur einem einzelnen Gläubiger, im Beispiel dem D, zugutekäme.[6]

Bedeutung hat die BGH-Rechtsprechung auch für die **Aufrechnung.** Ein Anspruch, der vor Verfahrenseröffnung gegen den späteren Insolvenzschuldner entstanden ist, kann nach Verfahrenseröffnung und Erfüllungswahl nicht gegen den Anspruch aus dem gegenseitigen Vertrag aufgerechnet werden, da die Aufrechnungslage erst während des Verfahrens entstanden ist, § 96 Nr. 1 InsO.[7] 16

Beispiel: Das Land L hat Steuerforderungen gegen den Bauunternehmer S. S und L schließen einen Bauvertrag. Nach Insolvenzeröffnung entscheidet sich der Verwalter V für die Vertragsdurchführung und erbringt Bauleistungen. Gegenüber dem Werklohnanspruch rechnet L mit Steuerforderungen auf. Die Aufrechnung scheidet aus. Mit Verfahrenseröffnung ist die Steuerforderung des L nicht mehr durchsetzbar gewesen; L kann nicht gegen den nach Verfahrenseröffnung durchsetzbar gewordenen Werklohnanspruch aufrechnen. Hatte allerdings S vor Verfahrenseröffnung teilweise die Bauleistungen erbracht, so wird der dieser Teilleistung entsprechende Gegenanspruch auf Zahlung des Werklohns durch die Erfüllungswahl nicht berührt,[8] denn er war vor Verfahrenseröffnung wirtschaftlich werthaltig geworden; L kann mit der vor Verfahrenseröffnung entstandenen Steuerforderung aufrechnen. 17

C. § 105 InsO und teilbare Leistungen

Das Prinzip des § 103 InsO wird in § 105 InsO in Bezug auf **Verträge mit teilbaren Leistungen** sogar noch weiter ausdifferenziert. Sind die geschuldeten Leistungen teilbar und hat der andere Teil die ihm obliegende Leistung zur Zeit der Eröffnung des Insolvenzverfahrens bereits teilweise erbracht, so ist er gemäß § 105 S. 1 InsO mit dem der Teilleistung entsprechenden Betrag seines Anspruchs auf die Gegenleistung Insolvenzgläubiger, auch wenn der Insolvenzverwalter wegen der noch ausstehenden Leistung Erfüllung verlangt. Hier wird konsequent das Risiko der Vorleistung dem anderen Teil auferlegt. Die Erfüllungswahl des Verwalters bezieht sich nur auf die noch ausstehenden Teile des Vertragsaustausches. Hat dagegen der Vertragspartner zum Zeitpunkt der Eröffnung bereits einen werthaltigen Anspruch auf die Gegenleistung, weil er seinerseits bereits insoweit vorgeleistet und damit seinen Anspruch auf die Gegenleistung durchsetzbar gemacht hat, wird er daran festgehalten. Dieser Teil des Anspruchs erfährt also keinen Qualitätssprung zur Masseverbindlichkeit, sondern ist Insolvenzforderung im Sinne des § 38 InsO. 18

Hinter § 105 S. 1 InsO steht mithin ein **allgemeines Prinzip der Differenzierung** zwischen werthaltigen Forderungen (d. h. von einer Vorleistung schon „gedeckten“ Forderung) und ungedeckten, noch nicht werthaltigen Forderungen. Werthaltige Forderungen sind nicht einredebehaftet und somit dem Wahlrecht des Verwalters entzogen. Das entspricht der Situation 1 und 2 wie eingangs beschrieben. 19

[5] BGH NJW 2002, 2783 (2785); K. Schmidt/Ringstmeier InsO § 103 Rn. 45.

[6] K. Schmidt/Ringstmeier InsO § 103 Rn. 45.

[7] BGHZ 116, 156 (157) zu § 55 S. 1 Nr. 1 KO; abl. Henckel FS G. Lüke, 1997, S. 237.

[8] BGHZ 129, 336 (340) zur KO.

20 Daraus folgt für die Vertragsbehandlung im Fall solcher teilbaren Leistungen: Bei Erfüllungswahl bleiben bereits werthaltige Forderungen des Gläubigers Insolvenzforderungen. Bei Ablehnung der Erfüllung bezieht sich diese Ablehnung nur auf die noch ausstehenden Leistungsteile. Hinsichtlich der bereits ausgetauschten Leistungen bzw. werthaltig gemachten Teile des Vertrages haben der Gläubiger und/oder der Schuldner Anspruch auf das Entgelt für diese jeweilige Vorleistung.

21 **Beispiele** Schuldner S hat K vor Verfahrenseröffnung 10 Industriedrucker im Wert von je 1.000 und zum Preis von 900 EUR/Stück verkauft. K hat bereits 4 Drucker bezahlt (3.600 EUR). Daraus ergibt sich: K hat bereits einen werthaltigen Anspruch auf Lieferung der vier Drucker. Dieser Anspruch ist mit seinem Geldwert (§ 45 InsO) zur Insolvenztabelle anzumelden (§ 105 S. 1 InsO), wird also nicht vom Wahlrecht erfasst. Wegen der übrigen sechs Drucker hängt es vom Wahlrecht des Verwalters ab. Lehnt der Verwalter die Erfüllung ab, hat K wegen der nicht gelieferten 6 Drucker einen Schadensersatzanspruch, den er zur Tabelle anmelden muss, § 103 Abs. 2 InsO. Wählt der Verwalter Erfüllung, muss er die sechs Drucker liefern (Masseverbindlichkeit), kann dann aber auch den restlichen Kaufpreis von 5.400 EUR verlangen.

In der Insolvenz des K als Käufer ist es ähnlich. Hat K bereits vier Drucker bezahlt, kann sein Verwalter die Lieferung verlangen. Dieser Anspruch ist für K und damit für die Masse werthaltig. Wegen der offenen sechs Drucker hängt es davon ab, ob der Verwalter über das Vermögen des K Erfüllung wählt. Tut er dies, muss er die sechs Drucker bezahlen, kann dann aber Lieferung von Verkäufer S verlangen. Tut er dies nicht, bleibt es bei der Undurchsetzbarkeit der gegenseitigen Ansprüche wegen der sechs Drucker. S kann dann ggf. einen Schadensersatzanspruch nach § 103 Abs. 2 S. 1 InsO anmelden (z. B. weil er die sechs Drucker jetzt mangels Abnehmer verschrotten muss und ihm Gewinn entgeht). Diesen Schadensersatzanspruch kann S als Gläubiger aber nicht dem werthaltigen Anspruch über § 273 BGB oder § 320 BGB entgegenhalten. S kann also nicht Lieferung der vier Drucker unter Hinweis auf seinen Schadensersatzanspruch wegen der sechs Drucker verweigern. Denn sonst müsste der Verwalter dem S den Schadensersatz ausgleichen, um seinen werthaltigen Anspruch wegen der vier Drucker durchsetzen zu können. Das widerspräche dem Gesetz, denn danach soll S auf den Schadensersatz wegen Nichterfüllung nur die Quote bekommen.

D. Lösungsklauseln (§ 119 InsO)

22 Für Unsicherheit hat der Umgang mit der Vorschrift des § 119 InsO gesorgt (ähnlich § 44 StaRUG). Danach kann die Anwendung der §§ 103–118 InsO nicht im Voraus ausgeschlossen werden. Insofern wird die **Parteidisposition eingeschränkt.** Der Verwalter soll nicht an vertragliche Vereinbarungen gebunden sein, mit denen die Anwendung der §§ 103–118 InsO beschränkt wird. Eine solche Vereinbarung liegt sicher vor, wenn sich der Schuldner und der Vertragspartner in einer konkreten Vertragsklausel darauf einigen würden, dass im Falle einer Insolvenz kein Verwalterwahlrecht bestehen soll.

23 Schwieriger gelagert ist dagegen die Beurteilung von sog. **Lösungsklauseln.**[9] Dabei handelt es sich um vertragliche Klauseln, die einem oder beiden Vertragspartnern *für den Fall der Insolvenz* oder Insolvenzeröffnung ein **Kündigungs- oder Rücktrittsrecht** vom Vertrag einräumen. Damit wird zwar nicht unmittelbar das Verwalterwahlrecht ausgeschlossen, wohl aber die Möglichkeit zur Beendigung des Vertrages gegeben und auf dieser Grundlage dann das Substrat für die Ausübung des Verwalterwahlrechts entzogen. Auch aufgrund einer unklaren Genese des Gesetzes war lange Zeit unklar, ob solche Lösungsklauseln mit § 119 InsO vereinbar sind.

24 Der BGH hat zwischenzeitlich für Energielieferungsverträge entschieden, dass Lösungsklauseln, die nicht nur gesetzliche Rücktrittsrechte, wie z. B. § 323 BGB wider-

[9] BGHZ 155, 87 (95); BGH ZIP 2013, 274 (275) Rn. 9.

spiegeln, sondern spezifisch an die Insolvenzeröffnung anknüpfen, mit § 119 InsO nicht vereinbar sind. Dies gelte dann auch schon für das Stadium des Insolvenzantrags, wenn und weil dann mit der Eröffnung des Verfahrens ernsthaft zu rechnen ist.[10] Im Ergebnis bedeutet dies, dass Klauseln, die an die Insolvenzeröffnung und den zulässigen Insolvenzantrag anknüpfen, unwirksam sein sollen (also nicht nur ihre Ausübung unwirksam). Zulässig wäre es dagegen, an die Zahlungsunfähigkeit oder die Überschuldung oder einen noch vorgelagerten Umstand anzuknüpfen. Das Verbot von Lösungsklauseln kann deshalb den Vertragspartner dazu veranlassen, sich noch früher von dem Vertrag mit dem kriselnden Schuldner zu lösen.

E. Eigentumsvorbehalt

Für den Kauf unter Eigentumsvorbehalt enthält **§ 107 InsO** eine von § 103 InsO abweichende Sonderregelung. Vorausgesetzt wird, dass der Kauf, die dingliche Einigung und die Besitzerlangung des Käufers vor der Verfahrenseröffnung liegen. Im Einzelnen ist sodann zu unterscheiden, ob der Käufer oder der Verkäufer im Insolvenzverfahren sind. 25

In der **Verkäuferinsolvenz** ist das Wahlrecht des Verwalters ausgeschlossen, denn der Käufer kann Erfüllung verlangen, § 107 Abs. 1 S. 1 InsO. Sein mit dem Kauf unter Eigentumsvorbehalt erworbenes Anwartschaftsrecht ist also insolvenzfest und kann vom Verwalter des Verkäufers nicht mehr durch Ablehnung der Erfüllung zerstört werden. 26

Mit der (nur) aufschiebend bedingten Übereignung hat der Verkäufer zwar die Erfüllungshandlung vorgenommen, mangels Eigentumsübertragung aber noch nicht erfüllt. Der Käufer hat nur das Anwartschaftsrecht erlangt. Könnte der Verwalter die Erfüllung verweigern, entfiele das Anwartschaftsrecht,[11] denn mangels Zahlungsanspruchs könnte die Bedingung vollständiger Kaufpreiszahlung (§ 449 Abs. 1 BGB) nicht mehr eintreten. Nach § 107 Abs. 1 InsO ist das **Anwartschaftsrecht insolvenzfest.** Dies entspricht § 161 Abs. 1 S. 2 BGB. Danach ist die („Zweit"-) Verfügung des Verwalters über einen Gegenstand, über den der spätere Insolvenzschuldner bereits aufschiebend bedingt verfügt hatte, bei Bedingungseintritt unwirksam. 27

In der **Insolvenz des Käufers** steht dem Verwalter des Käufers demgegenüber das **Wahlrecht** nach § 103 InsO zu. Hier ist lediglich eine verlängerte Frist für die Ausübung des Wahlrechts zu berücksichtigen, § 107 Abs. 2 S. 1 InsO. Selbst bei einer Aufforderung durch den Verkäufer muss der Verwalter erst unverzüglich nach dem Berichtstermin (§ 29 Abs. 1 Nr. 2 InsO, §§ 156f. InsO) seine Wahl treffen. Schweigt der Verwalter, so bedeutet dies eine Ablehnung der Erfüllung, § 107 Abs. 2 S. 1 InsO mit § 103 Abs. 2 S. 2, 3 InsO. Mit dieser verlängerten Frist für die Ausübung des Wahlrechts soll erreicht werden, dass nicht alsbald nach Verfahrenseröffnung unter Eigentumsvorbehalt erworbene Waren aus dem Unternehmen herausgenommen werden und so Fortführungs- und Sanierungschancen verspielt werden können, bevor die Gläubigerversammlung Gelegenheit hatte, sich im Berichtstermin über solche Chancen klar zu werden. 28

[10] BGH ZIP 2013, 274 (275) Rn. 9.
[11] Jauernig/Berger BGB § 929 Rn. 62.

29 Lehnt der **Insolvenzverwalter des Käufers** die Erfüllung des Vertrages ab, so ist fraglich, was das für die vertraglichen Beziehungen zum Käufer bedeutet. Grundsätzlich bedeutet die **Erfüllungsablehnung** bei § 103 InsO, dass es zu keiner weiteren Rückabwicklung kommt. Es bleibt bei der Undurchsetzbarkeit der gegenseitigen Ansprüche auf die noch jeweils ausstehenden Leistungen. Der Vertragspartner kann dann lediglich gemäß § 103 Abs. 2 InsO seine Forderung zur Insolvenztabelle anmelden. Davon sind jedoch im Fall der Käuferinsolvenz beim Eigentumsvorbehalt die dinglichen Wirkungen zu unterscheiden. Lehnt der Verwalter des Käufers die Erfüllung ab, verliert der Verwalter das Recht zum Besitz, weil nunmehr auch der Bedingungseintritt nicht mehr möglich ist. Eines zusätzlichen Rücktritts durch den Verkäufer gemäß § 449 Abs. 2 BGB bedarf es nach herrschender Meinung nicht.[12] Ist damit das Recht zum Besitz für den Verwalter des Käufers erloschen, hat der Verkäufer ein Aussonderungsrecht bezüglich der Ware gemäß § 47 InsO i. V. m. §§ 985, 986 BGB.

F. Miet- Pacht- und Dienstverhältnisse

30 Neben § 107 InsO kennt das Gesetz auch weitere Ausnahmen zu dem Verwalterwahlrecht des § 103 InsO. Eine Ausnahme begründet die Vorschrift des § 108 InsO. Gemäß § 108 Abs. 1 S. 1 InsO gelten Miet- und Pachtverhältnisse des Schuldners über unbewegliche Gegenstände oder Räume sowie Dienstverhältnisse des Schuldners mit Wirkung für die Insolvenzmasse fort. Das erfasst, wie man aus §§ 109 und 110 InsO ableiten kann, sowohl Verhältnisse, die der Schuldner als Mieter als auch als Vermieter eingegangen ist. Demgegenüber sind Miet- und Pachtverhältnisse über bewegliche Sachen im Umkehrschluss allein nach § 103 InsO zu beurteilen. Die Regelung des § 108 Abs. 1 S. 1 InsO gilt auch für Dienstverhältnisse des Schuldners sowohl in der Position des Dienstberechtigten (Arbeitgeber) als auch des Dienstverpflichteten (Arbeitnehmer).

I. Schuldner als Mieter

31 Im Einzelnen gelten dann für Miet- und Pachtverhältnisse über unbewegliche Sachen i. S. d. § 108 Abs. 1 S. 1 InsO ergänzende Regelungen in **§ 109 InsO und §§ 110ff InsO.** Ist der Schuldner Mieter oder Pächter einer Immobilie (z. B. der Gewerberäume), so darf der Insolvenzverwalter des Mieters diese Mietverhältnisse kündigen, und zwar ohne Rücksicht auf eine vertraglich etwa ausgeschlossene ordentliche Kündigung. Die Kündigungsfrist beträgt einheitlich 3 Monate zum Monatsende, wenn nicht in den Verträgen eine kürzere Frist bestimmt ist. Es handelt sich hier also um ein **außerordentliches Kündigungsrecht.** Der Verwalter wird von diesen Kündigungsrecht Gebrauch machen, wenn die Geschäftsräume beispielsweise zu groß sind oder nicht sinnvoll genutzt werden können oder wenn es kostengünstigere und damit die Masse weniger belastende Mieträume gibt.

32 Entgegen dem Wortlaut gilt § 108 Abs. 1 InsO nur dann, wenn die Immobilie dem Mieter (Pächter) vor Verfahrenseröffnung *bereits überlassen* wurde.[13] Ansprüche des anderen Teils aus der Zeit vor Verfahrenseröffnung, d. h. die etwaigen Mietrückstände, sind Insolvenzforderungen, § 108 Abs. 3 InsO. Für die Zeit nach Verfahrenseröffnung entstehen Masseverbindlichkeiten gemäß § 55 Abs. 1 Nr. 2 InsO. Mit dem Ausschluss

[12] BGH ZIP 1982, 189 (190); KPB/Tintelnot InsO § 103 Rn. 298.
[13] BGHZ 173, 116 (120ff.) Rn. 13ff.; ausf. dazu: MüKoInsO/J.F. Hoffmann InsO § 108 Rn. 64ff.

des Verwalterwahlrechts nach § 103 InsO ist also automatisch auch das Entstehen von Masseverbindlichkeiten verbunden, jedenfalls dann, wenn der Verwalter die Mietverhältnisse und die Räumlichkeiten „massebefangen" macht und in Besitz nimmt.

Die Position des Vertragspartners, d. h. des Vermieters oder Verpächters, wird zusätzlich durch § 112 InsO beschränkt. Ist der Eröffnungsantrag gestellt, so kann wegen eines Zahlungsverzugs, der vor dem Antrag eingetreten ist, nicht gekündigt werden, ebenso wenig wegen einer Verschlechterung der Vermögensverhältnisse des späteren Insolvenzschuldners. 33

Handelt es sich bei den Mieträumen um die *Wohnung des Schuldners,* entfällt das Kündigungsrecht *des Verwalters* (§ 109 Abs. 1 S. 2 InsO), um den Schuldner vor Obdachlosigkeit zu schützen. Der Mietvertrag bleibt wirksam. Der Verwalter kann auch eine geleistete Kaution nicht zur Masse ziehen, wenn nicht der Schuldner seinerseits kündigt. Allerdings kann der Verwalter erklären, dass Mietzinsansprüche *des Vermieters* für die Zeit *nach Ablauf der Drei-Monats-Frist* im Insolvenzverfahren nicht geltend gemacht werden können. Für diese Forderungen haftet nur der Schuldner mit seinem im Wesentlichen unpfändbaren (vgl. § 36 InsO) freien Vermögen; Schadensersatzansprüche sind nur Insolvenzforderungen (§ 109 Abs. 1 S. 3 InsO). Im Grunde zielt das auf Interessenausgleich: Der Schuldner kann in seiner Wohnung bleiben, die Masse wird nur während des Drei-Monats-Zeitraums belastet. Der *Vermieter* erhält entweder vom Schuldner die Miete oder aber es stehen *ihm* die gewöhnlichen Kündigungsrechte des BGB zu (z. B. § 543 Abs. 2 S. 1 Nr. 3, § 573 Abs. 2 und 3). Die zwischen Verfahrenseröffnung und Ablauf der Kündigungsfrist fällig gewordenen Mietforderungen sind dagegen Masseverbindlichkeiten, Mietforderungen aus der Zeit vor Verfahrenseröffnung sind als Insolvenzforderung anzumelden. 34

Vor Überlassung der Mieträume gilt ein besonderes **Recht zum Rücktritt** gemäß § 109 Abs. 2 S. 1 InsO. Jeder Teil kann vom anderen verlangen, zu sagen, ob er zurücktreten will. Bei Schweigen geht er des Rücktrittsrechts verlustig, § 109 Abs. 2 S. 3 InsO. In der Regel wird der Vermieter/Verpächter zurücktreten, denn an einem insolventen Mieter (Pächter) kann ihm nicht gelegen sein. Auf diese Weise wird dann der Vermieter in die Lage versetzt, die noch nicht überlassene Mietwohnung nunmehr anderweitig zu vermieten. 35

II. Schuldner als Vermieter

War demgegenüber der Insolvenzschuldner der Vermieter oder Verpächter, gelten die ergänzenden Regelungen des **§ 110 InsO.** Sie betreffen den Fall, dass der Vermieter/Verpächter vor Verfahrenseröffnung über Miet- oder Pachtforderungen auch für die Zeit nach Verfahrenseröffnung verfügt hat. Das kann etwa der Fall sein, wenn der Vermieter/Verpächter zu Finanzierungszwecken künftige Forderungen aus den Mietverhältnissen an einen Finanzierer abtritt. Diese Verfügung ist gemäß § 110 Abs. 1 S. 1 InsO wirksam, aber nur insoweit, als sie sich auf die Miete oder Pacht für den zur Zeit der Eröffnung des Verfahrens laufenden Kalendermonat bezieht. Über die weiteren Zeiträume nach Verfahrenseröffnung darf der Insolvenzschuldner naturgemäß nicht vorab verfügen, weil dies die Masse schmälern und die Verwaltungs- und Verfügungsbefugnis des Insolvenzverwalters einschränken würde. Bei Veräußerung des Miet- oder Pachtobjekts durch den Insolvenzverwalter des Vermieters/Verpächters gilt grundsätzlich die allgemeine Regelung des § 566 BGB. Der Erwerber tritt in die miet- 36 vertraglichen Pflichten ein (ggfs. i.V.m. §§ 578 Abs. 1, 578a, 581 Abs. 2 BGB). Hier wird dem Erwerber ein einmaliges Kündigungsrecht gemäß § 111 InsO gewährt. Damit soll der Erwerber zum Erwerb von Gegenständen aus der Masse angereizt werden.

III. Abgrenzungen

37 Der Begriff der Miet- und Pachtverhältnisse erfasst nicht dingliche Rechte, wie z. B. die Begründung eines Nießbrauches oder einer Dienstbarkeit. Problematisch ist auch die Einordnung von **Lizenzverträgen.** Sie werden grundsätzlich so behandelt wie Miet- oder Pachtverträge über bewegliche Sachen und unterliegen deshalb dem Wahlrecht des § 103 Abs. 1 InsO. Das ist problematisch in der Insolvenz des Lizenzgebers, weil der Verwalter des Lizenzgebers mit Erfüllungsablehnung die Verpflichtung aus dem Lizenzvertrag endgültig zum Erlöschen bringen kann, während der Lizenznehmer sich darauf eingerichtet hat, für die Dauer des Lizenzvertrages die Lizenz nutzen zu dürfen. Für diesen Fall sind verschiedene Möglichkeiten der Sicherung des Lizenznehmers in der Diskussion. Denkbar ist z. B. die Einräumung eines Lizenzsicherungsnießbrauches durch und für den Lizenznehmer. Der BGH hat es auch zugelassen, zugunsten des Lizenznehmers eine auf den Fall der außerordentlichen Kündigung des Lizenzvertrages aufschiebend bedingte Lizenz zu bestellen. Diese Kündigung ist nach Auffassung des BGH möglich, wenn in der Insolvenz des Lizenzgebers der Verwalter die Erfüllung des Vertrages ablehnt. Darin wird kein Verstoß gegen § 91 InsO gesehen.[14]

IV. Sonderregel beim Leasing (§ 108 Abs. 1 S. 2 InsO)

38 Die Abweichung von der Grundnorm des § 103 InsO wird in § 108 Abs. 1 S. 2 InsO auf Leasingverträge über Gegenstände erstreckt, deren Anschaffung oder Herstellung ein Dritter – in der Regel eine Bank – finanziert hat und dem diese Gegenstände zur Sicherheit übertragen wurden. Mit dieser Vorschrift, die allein die Insolvenz des Vermieters bzw. Leasinggebers betrifft, hat es Folgendes auf sich:

39 Der Dritte (die refinanzierende Bank) ist nicht nur durch das Sicherungseigentum am Leasinggut gegen eine Insolvenz des Leasinggebers (Vermieters) – nur um sie geht es – gesichert, sondern obendrein durch die an ihn abgetretenen Ansprüche auf künftige Leasingraten. Um deren Verbleib in der Hand des Dritten (der Bank) als Zessionar geht es. Vor Einfügung des § 108 Abs. 1 S. 2 InsO war der Miet-(/Leasing-)Vertrag über eine bewegliche Sache nicht insolvenzfest, sondern unterfiel dem Wahlrecht des Verwalters, § 103 InsO. Wählte der Verwalter Erfüllung, so fielen die Erfüllungsansprüche in die Masse; ein Erwerb der Forderung durch den Dritten war ausgeschlossen (§ 81 Abs. 1 S. 1 InsO, § 91 Abs. 1 InsO).[15] Dieses Ergebnis wird durch § 108 Abs. 1 S. 2 InsO verhindert, der Leasingverträge in der Insolvenz des Leasinggebers (Vermieters) **„insolvenzfest"** macht, indem er sie dem Wahlrecht des Verwalters entzieht.[16]

---

[14] BGH NJW 2006, 915 Rn. 11ff.

[15] Obermüller KölSch 2000, 985 (996ff.).

[16] Berechtigte rechtspolitische Kritik bei Marotzke ZZP 109 (1996), 429 Fn. 94; Häsemeyer InsR Rn. 20.56.

V. Dienstverhältnisse des Insolvenzschuldners

Dienstverhältnisse des Schuldners bestehen mit Wirkung für die Insolvenzmasse fort, § 108 Abs. 1 InsO. Somit ist für sie ein Wahlrecht des Verwalters (§ 103 InsO) ausgeschlossen. 40

Praktisch relevant ist der Fall, dass der Insolvenzschuldner Dienstberechtigter ist (etwa Arbeitgeber). Das (fortbestehende, § 108 Abs. 1 InsO) Dienstverhältnis, mag es angetreten sein oder nicht, kann vom Verwalter und dem Dienstpflichtigen mit einer Frist von 3 Monaten zum Monatsende oder, falls kürzer, in gesetzlicher, tarif- oder einzelvertraglicher Frist gekündigt werden, **§ 113 S. 1 und 2 InsO.**[17] Damit werden sowohl die Beendigungs- als auch die Änderungskündigung erfasst. Eine vereinbarte Schriftform ist zu wahren. Der Schadenersatzanspruch des Dienstpflichtigen bei Kündigung durch den Verwalter setzt eine Beendigungskündigung voraus, § 113 S. 3 InsO; eine wirksame oder unwirksame Änderungskündigung genügt nicht (es fehlt am Schaden wegen vorzeitiger Beendigung des Dienstverhältnisses). Die Eröffnung des Insolvenzverfahrens gibt keinen Grund zur fristlosen Kündigung (Umkehrschluss aus § 113 S. 1 und 2 InsO). 41

Unter § 113 Abs. 1 InsO fallen Arbeiter, Angestellte und Personen, die Dienste nicht in einem Arbeitsverhältnis leisten. Das besondere Kündigungsrecht ist sachgerecht für beide Teile: Der Verwalter muss im Interesse der Gläubigergesamtheit nicht mehr benötigtes Personal entlassen oder Personal anders als bislang beschäftigen können, auch wenn die ordentliche Kündigung vertraglich ausgeschlossen ist. Der Dienstpflichtige wird bestrebt sein, bei einem solventen Unternehmen(sträger) Arbeit zu finden. 42

Die Kündigungsschutzbestimmungen des Arbeitsrechts binden den Verwalter. Hält ein Arbeitnehmer die Beendigungs- oder Änderungskündigung des Verwalters, gleich aus welchen Gründen, für unwirksam, so muss er binnen drei Wochen nach Zugang der Kündigung eine besondere *Kündigungsschutzklage* beim Arbeitsgericht erheben (dazu und zum Klageantrag § 4 S. 1, 2 KSchG; s. auch § 127 Abs. 1 S. 1 InsO). 43

Für *Betriebsänderungen* – in Betracht kommen vor allem Einschränkungen und Stilllegungen eines Betriebs – gelten §§ 111 ff. BetrVG mit gewissen Modifizierungen, die der Verfahrensbeschleunigung dienen, sowohl bei Erstellung eines Interessenausgleichs und eines Sozialplans (§ 121 InsO) als auch bei Durchführung der Betriebsänderungen (§ 122 InsO). Der Verwalter hat daneben (§ 122 Abs. 1 S. 3 InsO) die Möglichkeit, mithilfe eines besonderen Interessenausgleichs (§ 125 InsO) oder einer von ihm beantragten gerichtlichen Feststellung (§§ 126, 127 InsO) den Kündigungsschutz namentlich bezeichneter Arbeitnehmer einzuschränken. Dadurch soll ein unvermeidlicher Personalabbau erleichtert werden. Die im Insolvenzverfahren besonders spürbaren nachteiligen Wirkungen der Regelung über den Betriebsübergang des § 613a BGB – Behinderung einer übertragenden Sanierung wegen der damit verbundenen Übernahme nicht benötigten oder ungeeigneten Personals – sollen in der Weise vermieden werden, dass der Verwalter auch dann nach §§ 125 f. InsO vorgehen kann, wenn die geplante Betriebsänderung erst nach einer Betriebsveräußerung erfolgen soll, § 128 InsO. 44

Zum Sozialplan vor und in einem Insolvenzverfahren → § 10 Rn. 12 f. 45

[17] BAG NZA 1999, 425 (426).

VI. Aufträge, Vollmachten und Geschäftsbesorgung

46 Ein vom (späteren) Insolvenzschuldner erteilter Auftrag sowie eine von ihm erteilte Vollmacht, die sich auf die Insolvenzmasse bezieht, **erlöschen** mit Verfahrenseröffnung; das gilt ebenso für Geschäftsbesorgungsverträge nach § 675 BGB, wenn der Insolvenzschuldner Geschäftsherr ist, **§ 115 Abs. 1 InsO, §§ 116, 117 Abs. 1 InsO.** Das Erlöschen soll verhindern, dass Dritte noch Geschäfte für den Schuldner tätigen und damit die Amtsführung des Verwalters unterlaufen. Ist ein Aufschub der Erledigung mit Gefahr verbunden, so gelten Auftrag, Vollmacht und Geschäftsbesorgungsvertrag als fortbestehend, § 115 Abs. 2 InsO, §§ 116, 117 Abs. 2 InsO. Gleiches gilt, wenn der Beauftragte oder der Geschäftsbesorger schuldlos nichts von der Verfahrenseröffnung weiß (§ 115 Abs. 3 S. 1 InsO, § 116 S. 1 InsO), der ehemals Bevollmächtigte haftet dann nicht nach § 179 BGB (§ 117 Abs. 3 InsO). Zu den Ersatzansprüchen des Beauftragten und des Geschäftsbesorgers vgl. § 115 Abs. 2 S. 3, Abs. 3 S. 2 InsO, § 116 InsO.

47 Ein Dienstvertrag im Sinne des § 675f BGB ist im Kern ein Geschäftsbesorgungsvertrag und er würde daher gemäß § 116 S. 1 InsO, § 115 InsO mit Insolvenzeröffnung über das Vermögen des Auftraggebers erlöschen. Gemäß § 116 S. 3 InsO findet diese Regelung jedoch keine Anwendung auf Zahlungsaufträge sowie auf Aufträge zwischen Zahlungsdienstleistern oder zwischengeschalteten Stellen sowie Aufträge zur Übertragung von Wertpapieren. Hier wird das Wahlrecht des § 103 InsO ausgeschlossen. Es besteht aber ein Kündigungsrecht für den zugrundeliegenden *Zahlungsdiensterahmenvertrag* gemäß § 675h BGB. Zudem können einzelne Zahlungsaufträge auch in den Grenzen des § 675p BGB widerrufen werden. Ein Verwalter wird regelmäßig schon im Eröffnungsverfahren, spätestens aber mit Verfahrenseröffnung den gesamten Zahlungsverkehr des Schuldners auf den Prüfstand stellen und laufende Zahlungsaufträge und Daueraufträge unterbinden, um sodann geordnet Zahlungsflüsse zu autorisieren.

48 Einem geschäftsführenden Gesellschafter einer rechtsfähigen Personengesellschaft (§ 11 Abs. 2 Nr. 1 InsO) sowie einer KGaA, die durch Eröffnung des Insolvenzverfahrens über das Vermögen eines Gesellschafters aufgelöst worden sind, können Ersatzansprüche aus einstweiliger Fortführung der Geschäfte zustehen, § 118 InsO.

VII. Vormerkung

49 Ebenfalls eine Ausnahme von § 103 InsO stellt die Vorschrift des **§ 106 S. 1 InsO** dar. Danach ist ein im Grundbuch durch Vormerkung (§ 883 BGB) gesicherter Anspruch voll aus der Insolvenzmasse zu erfüllen. Die Vormerkung ist bekanntlich ein Sicherungsmittel sui generis, das einem schuldrechtlichen Anspruch gewisse dingliche Wirkungen verleiht und den Vormerkungsberechtigten gegen vormerkungswidrige Verfügungen schützt (§ 883 Abs. 2 BGB, § 888 BGB). Diesem Sicherungszweck trägt § 106 InsO Rechnung.

50 § 106 Abs. 1 InsO hat eine **Doppelfunktion:** Der vormerkungsgesicherte Anspruch ist erstens nicht als Insolvenzforderung (vgl. § 38 InsO) zu berichtigen. Vielmehr kann der vormerkungsgesicherte Gläubiger volle Befriedigung aus der Masse verlangen. Er steht insoweit ähnlich wie ein Aussonderungsberechtigter. Nach § 883 Abs. 2 S. 2 BGB kann der Verwalter ohnehin nicht mehr über den Gegenstand verfügen. Zweitens schließt § 106 InsO das *Wahlrecht* des Verwalters nach § 103 InsO aus. Damit wird verhindert, dass durch Erfüllungsablehnung der vormerkungsgesicherte Anspruch und die akzessorische Vormerkung erlöschen.

§ 106 InsO mit dem Ausschluss des Verwalterwahlrechts greift auch dann, wenn der mit der Vormerkung belegte Anspruch auf Übereignung eines Grundstücks bereits erfüllt ist, aber der jetzt insolvente Veräußerer das Grundstück noch zu übergeben hat (§ 433 Abs. 1 S. 1 BGB). Auch dann ist der Kaufvertrag noch nicht erfüllt. Hier lässt sich auf den Wortlaut des § 106 Abs. 1 S. 2 InsO abstellen, der den Vormerkungsschutz in der Insolvenz auch auf weitere Verpflichtungen des Schuldners erstreckt.[18] 51

Die Vormerkung **muss vor Verfahrenseröffnung eingetragen sein;** nach Verfahrenseröffnung kommt ein Erwerb nur dann in Betracht, wenn eine bindende Bewilligung vorliegt und die Eintragung der Vormerkung vor dem Eröffnungszeitpunkt beantragt war, § 91 Abs. 2 InsO, § 878 BGB;[19] ist ein allgemeines Verfügungsverbot erlassen worden, ist dieser Zeitpunkt maßgebend.[20] Ist ein vorläufiger Insolvenzverwalter ohne Verfügungsbefugnis im Sinne von § 22 Abs. 2 InsO *(„schwacher vorläufiger Insolvenzverwalter")* eingesetzt, so ist ein Erwerb vom Insolvenzschuldner gemäß § 892 BGB möglich (§ 24 Abs. 1 InsO, § 81 Abs. 1 S. 2 InsO). Wurde ein vorläufiger Insolvenzverwalter mit Verfügungsbefugnis im Sinne von § 22 Abs. 1 InsO („starker vorläufiger Insolvenzverwalter") bestellt und im Grundbuch ein Insolvenzvermerk eingetragen (§ 23 Abs. 3 InsO, § 32 InsO), ist der vorläufige in gleichem Umfang wie der endgültige Verwalter zur Erfüllung des vormerkungsgesicherten Anspruchs verpflichtet.[21] Die Grundlage der Eintragung – Bewilligung, einstweilige Verfügung (§ 885 Abs. 1 S. 1 BGB), Verurteilung (§ 894 ZPO, auch § 895 ZPO) – ist gleichgültig. 52

§ 20. Auswirkungen auf Prozesse

Literatur: Damerius, Das Schicksal schwebender Verfahren des Schuldners, 2007; Huber, Auswirkungen der Insolvenzeröffnung auf Prozesse, JuS 2013, 1070; Markgraf/Hertelt, Die Beendigung des Insolvenzverfahrens während des rechtshängigen Zivilprozesses, ZIP 2018, 1480; Müller, Die echte Freigabe durch den Insolvenzverwalter im Spannungsfeld von gesetzlicher Prozessstandschaft und Parteiwechsel, 2007; Paulus, Vorsicht Falle – Wiederaufnahme eines durch ein Insolvenzverfahren unterbrochenen Prozesses, NJW 2010, 1633; Rückert, Die Einwirkung des Insolvenzverfahrens auf schwebende Prozesses des Insolvenzschuldners, 2007; K. Schmidt, Unterbrechung und Fortsetzung von Prozessen im Konkurs einer Handelsgesellschaft – Fragen und Thesen zu §§ 240 ZPO, 10ff. KO (§§ 86ff. InsO), KTS 1994, 309; Waltenberger, Die insolvenzrechtliche Durchbrechung des Verfahrens nach § 240 ZPO, NZI 2018, 505; Weber, Prozessunterbrechung und materielles Recht in der Insolvenz, 2010.

A. Unterbrechung des Prozesses

Auch **laufende Prozesse** des Insolvenzschuldners, die zur Zeit der Eröffnung des Insolvenzverfahrens schweben, werden von der Verfahrenseröffnung und dem Wechsel in der Verwaltungs- und Verfügungsbefugnis betroffen. Das leuchtet unmittelbar ein, denn in den Prozessen geht es um *Verbindlichkeiten und Ansprüche.* Hatte beispielsweise der Schuldner einen Anspruch und damit einen – mutmaßlichen (das Gericht muss das ja noch klären) – Vermögensgegenstand der Masse gegen einen Drittschuld- 1

[18] Vgl. MüKoInsO/Vuia InsO § 106 Rn. 27; andere Begründung zur KO: Jaeger/Henckel KO § 17 Rn. 64 a. E.

[19] BGH NZI 2005, 331 (332); Uhlenbruck/Wegener InsO § 106 Rn. 14.

[20] BGH NJW-RR 2006, 990 (992) Rn. 16; Uhlenbruck/Wegener InsO § 106 Rn. 15.

[21] Kesseler NZI 2009, 218.

ner eingeklagt, so wirkt sich die Prozessführung wie eine Verfügung über den Gegenstand aus oder sie kann sogar eine echte Verfügung beinhalten. Wenn beispielsweise der Schuldner in diesem Prozess im Rahmen eines Prozessvergleichs auf einen Teil des Anspruchs verzichtete, wäre dies ein Teilerlass i. S. d. § 397 BGB. Auch eine schlechte Prozessführung könnte zum Prozessverlust für den Schuldner führen und damit die Masse um einen an sich berechtigten Anspruch bringen. Mit dem Wechsel der Verwaltungs- und Verfügungsbefugnis auf den Verwalter wechselt daher auch die **Prozessführungsbefugnis,** also die Befugnis, ein (eigenes oder fremdes) Recht im eigenen Namen geltend machen zu dürfen, denn dieses Prozessführungsbefugnis hängt von der Verfügungsbefugnis ab.

2 Auch bei Prozessen *gegen* den Insolvenzschuldner kann sich die Insolvenzeröffnung auswirken, denn ein einzelner Insolvenzgläubiger soll nach Eröffnung nicht mehr separat seine Forderung durchsetzen können. Es gilt das insolvenzrechtliche Verfahren der Feststellung zur Tabelle (§§ 174ff. InsO). Auch darauf muss das Gesetz reagieren.

3 Im Einzelnen gilt daher folgendes Zusammenspiel zwischen Zivilprozessrecht und Insolvenzrecht: Anhängige Prozesse, die die Masse betreffen, werden *unterbrochen,* wenn im Eröffnungsverfahren einem vorläufigen Insolvenzverwalter die Verwaltungs- und Verfügungsbefugnis übertragen wird (§ 240 S. 2 ZPO mit § 22 Abs. 1 S. 1 InsO), anderenfalls mit Eröffnung des Insolvenzverfahrens, § 240 S. 1 ZPO. Die Unterbrechung endet mit der Beendigung des Insolvenzverfahrens, sofern der Prozess nicht vorher nach den Vorschriften der InsO aufgenommen wird, § 240 ZPO. Mit der Unterbrechung soll der Zäsur, die mit dem Insolvenzverfahren und der Ernennung des Verwalters eintritt, Rechnung getragen werden. Wenn prozessuale Fristen etc. ungehindert weiterliefen, müsste der Verwalter ab Tag 1 des Verfahrens in den Prozess eingearbeitet sein, was unrealistisch ist.

B. Aufnahme von Aktivprozessen

4 Ob und wie der Prozess vom Verwalter aufgenommen werden kann, regelt nicht die ZPO, sondern die InsO. Bei Aktivprozessen wird ein Recht (ein „Aktivum") **für die Masse** in Anspruch genommen; deshalb ist meist der Insolvenzschuldner Kläger.[1] Solche Aktivprozesse können nur vom Verwalter aufgenommen werden, **§ 85 Abs. 1 S. 1 InsO** (Schutz gegen verzögerte Aufnahme über § 239 Abs. 2–4 ZPO: § 85 Abs. 1 S. 2 InsO). Bei dieser Entscheidung hat sich der Verwalter davon leiten zu lassen, ob die Fortsetzung des Prozesses etwas für die Masse bringt. Hat z. B. der Insolvenzschuldner eine Kaufpreisklage oder eine Klage auf Herausgabe einer ihm gehörenden Sache erhoben, und hält der Verwalter den Prozess oder eine Vollstreckung für aussichtslos, so wird er die Aufnahme ablehnen. Darin liegt in der Regel die Freigabe des Massegegenstandes, also seine Überführung in das insolvenzfreie Vermögen (dazu → § 17 Rn. 13). Aufgrund der Ablehnung kann der Insolvenzschuldner oder der Gegner den Rechtsstreit aufnehmen, § 85 Abs. 2 InsO. Erst mit der Aufnahme endet die Unterbrechung, § 249 ZPO. Führung und Ergebnis des aufgenommenen Prozesses berühren dank der Freigabe die Masse nicht mehr.

[1] Möglich sind aber ebenso Prozesse, in denen der Schuldner Beklagter ist, beispielsweise bei negativer Feststellungsklage, vgl. etwa BGHZ 36, 258.

C. Aufnahme von Passivprozessen

Bei Passivprozessen ist Streitgegenstand ein Anspruch **gegen den Insolvenzschuldner.** Daher ist dieser zumeist Beklagter (Beispiel: Klage gegen den Insolvenzschuldner auf Kaufpreiszahlung). Diese Prozesse können zu einer Minderung der Masse führen. Daher ist im Hinblick auf den Prozessgegenstand zu unterscheiden: 5

(1) Betrifft der Passivprozess eine **Insolvenzforderung,** so ist seine Aufnahme ausgeschlossen. Der Insolvenzgläubiger kann seine Forderung nur durch Anmeldung und Prüfung im Insolvenzverfahren verfolgen, § 87 InsO. Dabei kann es zu einer besonderen Art der Aufnahme des unterbrochenen Prozesses kommen, § 180 Abs. 2 InsO, wenn die Forderung in diesem Rahmen der Forderungsfeststellung zur Tabelle streitig bleibt (→ § 28 Rn. 16). 6

(2) Handelt es sich um **Aussonderungs- oder Absonderungsrechte** oder um **Masseverbindlichkeiten,** so können der Insolvenzverwalter oder der Gegner den Prozess aufnehmen, § 86 Abs. 1 InsO. Die Prozesskosten sind bei Unterliegen des Verwalters grundsätzlich eine Masseverbindlichkeit, § 55 Abs. 1 Nr. 1 InsO; ggf. ist es anders, wenn vor Eröffnung bereits eine Instanz abgeschlossen war.[2] Eine Ausnahme bildet § 86 Abs. 2 InsO, wenn der Verwalter den Anspruch sofort anerkennt – das bezieht sich auf ein prozessuales Anerkenntnis iS.d. § 307 ZPO. Es mag irreführend sein, wenn das Gesetz in § 86 InsO von Aussonderung und Absonderung und Masseverbindlichkeiten spricht. Vor der Verfahrenseröffnung gab es noch gar keine Masseverbindlichkeiten, weil es noch keine Masse gab, und entsprechend gab es vorher auch eigentlich keine Aus- und Absonderung. Gemeint ist, dass jetzt – im Stadium nach Verfahrenseröffnung – der geltend gemachte Anspruch diesen Kategorien zuzuordnen ist. 7

Beispiel: Der Insolvenzschuldner ist verklagt auf Herausgabe einer Sache nach § 985 BGB (Aussonderungsrecht); auf Duldung der Zwangsvollstreckung in sein Grundstück wegen einer hypothekarisch gesicherten Forderung, § 1147 BGB (Absonderungsrecht); auf Leistung aus einem gegenseitigen Vertrag, dessen Erfüllung der Insolvenzverwalter nach § 103 InsO verlangt (Masseverbindlichkeit). 8

Auch hier ist eine *Freigabe* durch den Verwalter möglich.[3] Dann entscheidet neben dem Gegner der Insolvenzschuldner statt des Insolvenzverwalters über die Aufnahme. Prozesse und Zivilverfahren, die die Masse nicht berühren, laufen ohne Unterbrechung weiter, z. B. das Ehescheidungsverfahren des Insolvenzschuldners oder ein Prozess über insolvenzfreies Vermögen. 9

Ein *laufendes Einzelzwangsvollstreckungsverfahren* wird nicht nach § 240 ZPO unterbrochen; vielmehr werden getroffene Pfändungsmaßnahmen nach den spezielleren Vorschriften der §§ 88 ff. InsO unzulässig.[4] 10

Der präventive Restrukturierungsrahmen (StaRUG) kennt eine entsprechende Unterbrechung von Zivilprozessen nicht unmittelbar. Auch aus der Verweisung des § 38 StaRUG auf die ZPO lässt sich das nicht ableiten. Denn auch die vorläufige Eigenverwaltung reicht wegen des ausdrücklichen Wortlauts des § 240 S. 2 ZPO nicht für eine Unterbrechung aus. 11

---

[2] Näher dazu Thole FS K. Schmidt, 2019, S. 501, auch zu den Differenzierungen in der Rechtsprechung.
[3] BGH NJW 1973, 2065 für Absonderungsrecht.
[4] BGHZ 172, 16 (18) Rn. 8, 19 Rn. 10; BGH NZI 2020, 903 (904) Rn. 9.

§ 21. Vollstreckungsverbot (§§ 89, 90 InsO)

Literatur: Althammer/Löhnig, Das Insolvenzrecht in der Rolle des Vollstreckungsgerichts, KTS 2004, 525; App, Das Rechtsbehelfsverfahren gegen Vollstreckungsmaßnahmen nach Eröffnung des Insolvenzverfahrens, NZI 1999, 138; Bast/Becker, Pfändungspfandrecht und Verstrickung nach Eröffnung des Insolvenzverfahrens, NZI 2021, 481; Behr, Auswirkungen des Insolvenzverfahrens auf die Einzelvollstreckung, JurBüro 1999, 60; Dorndörfer, Wirkungen der Eröffnung des Insolvenzverfahrens, DGVZ 1999, 51; Fortmann, Vollstreckung von Geldstrafen im Insolvenzverfahren und im Restschuldbefreiungsverfahren, ZInsO 2005, 140; Hintzen, Vollstreckung und Insolvenz, in: KölSch 2000, S. 127; Kuleisa, Zwangsvollstreckung in der Insolvenz, ZVI 2014, 121; Landfermann, Allgemeine Wirkungen der Insolvenzeröffnung, in: Kölner Schrift zur InsO (2000), S. 127; Lissner, Insolvenz und Vollstreckung – eine Kurzbetrachtung, DGVZ 2015, 157; Pape, Vollstreckung von Geldstrafen und Ersatzfreiheitsstrafen während des Insolvenzverfahrens, InVo 2006, 454; Schwarz/Lehre, Unzulässigkeit der Zwangsvollstreckung des Kostengläubigers im masselosen Insolvenzverfahren, ZInsO 2007, 26; Stober, Insolvenzverfahren und Vollstreckungs-Zwangsversteigerung, NZI 1998, 105; Viertelhausen, Einzelzwangsvollstreckung während des Insolvenzverfahrens, 1999; Wolf, Allgemeine Wirkungen der Insolvenzeröffnung, in: Leipold (Hrsg.), Insolvenzrecht im Umbruch (1990), S. 113.

1 Der Grundsatz der Gläubigergleichbehandlung wäre *Makulatur,* wenn jeder einzelne Insolvenzgläubiger trotz der Verfahrenseröffnung weiter gegen die Masse vorgehen könnte, sich einen Vollstreckungstitel verschaffen könnte und/oder aus einem bereits erlangten Vollstreckungstitel in die Masse vollstrecken könnte. Denn für das Zwangsvollstreckungsverfahren nach den Vorschriften der ZPO gilt der Prioritätsgrundsatz, so dass ein Gläubiger, der bspw. eine im Schuldnervermögen vorhandene wertvolle Sache pfänden würde, sich aus dem Erlös vollständig befriedigen könnte (vgl. § 804 Abs. 3 ZPO). Eine geordnete Abwicklung in den Händen des Insolvenzverwalters wäre unter dieser Prämisse nicht mehr möglich, erst recht nicht eine Betriebsfortführung zum Zwecke der Sanierung, weil die einzelnen Insolvenzgläubiger gerade die wertvollen und betriebswichtigen Gegenstände aus der Masse „wegpfänden“ würden. Daher ist es folgerichtig, dass der Gläubigergleichbehandlungsgrundsatz nicht nur dadurch abgesichert wird, dass die Insolvenzforderungen zur Insolvenztabelle anzumelden sind (§ 174 InsO), sondern auch durch ein begleitendes **Vollstreckungsverbot.** Dies ist in **§ 89 InsO** geregelt. Es handelt sich um ein **Vollstreckungshindernis.** Eine Zwangsvollstreckung für einzelne Insolvenzgläubiger ist während des Insolvenzverfahrens sowohl in die Insolvenzmasse wie in das insolvenzfreie Vermögen des Insolvenzschuldners unzulässig. Entsprechendes gilt für den Vollzug von Arrest und einstweiliger Verfügung (§§ 928, 936 ZPO).

2 Dass § 89 Abs. 1 InsO auch das insolvenzfreie Vermögen des Schuldners nennt, mag überraschen, denn der Gläubigergleichbehandlungsgrundsatz bezieht sich nur auf den Umgang mit der Masse. Gemeint ist hier das nach § 36 InsO pfändungsfreie Vermögen, so dass sich schon aus allgemeinen Regeln des Vollstreckungsrechts ein Pfändungs- und Vollstreckungsverbot ableiten lässt. Demgegenüber wäre es möglich, in vom Insolvenzverwalter freigegebenes Vermögen, das folglich wieder in Verwaltungs- und Verfügungsbefugnis des Schuldners zurückgefallen ist, zu vollstrecken.

3 § 89 Abs. 1 InsO spricht von einem Vollstreckungsverbot nur für Insolvenzgläubiger. Erst recht nicht in die Masse vollstrecken dürfen aber natürlich die sog. **Neugläubiger,** die erst nach Verfahrenseröffnung einen Vermögensanspruch gegen den Schuldner erlangen, der aber nicht zugleich eine Masseverbindlichkeit darstellt und nur aus dem insolvenzfreien Vermögen erfüllt werden kann und darf. Solche Neugläubiger sind

keine Insolvenzgläubiger, dürfen aber erst recht nicht in die Masse vollstrecken, da die Masse nunmehr für die Befriedigung der Insolvenzgläubiger und der Massegläubiger reserviert ist. Eine Vollstreckung in den Neuerwerb des Schuldners scheidet ebenfalls aus, da auch der Neuerwerb in die Masse fällt, § 35 InsO.

Demgegenüber sind **Massegläubiger** nicht vom Vollstreckungsverbot des § 89 InsO erfasst. Für sie gilt die Regelung des § 90 InsO. § 90 Abs. 1 InsO sieht für bestimmte Masseverbindlichkeiten, die nicht durch eine Rechtshandlung des Verwalters begründet worden sind, eine *temporäre Unzulässigkeit der Vollstreckung* vor. Ist demgegenüber der Verwalter beteiligt oder hat er die Verbindlichkeit seinerseits begründet (vgl. § 90 Abs. 2 InsO), können Massegläubiger gegen den Verwalter und mithin gegen die Masse vollstrecken. Sie sind eben nicht allein auf die Quotenzahlung verwiesen. 4

Das Vollstreckungsverbot des § 89 InsO gilt nach der ausdrücklichen Anordnung des § 89 Abs. 2 InsO für die Dauer des Insolvenzverfahrens auch für **Nichtinsolvenzgläubiger** im Hinblick auf künftige **Dienstbezüge.** Hier werden nur die künftigen Dienstbezüge erfasst, da die gegenwärtigen Dienstbezüge eines erwerbstätigen Schuldners ohnehin als Neuerwerb in die Masse fallen. Demgegenüber soll das nach Verfahrensende erzielte Einkommen für eine Restschuldbefreiung, § 287 Abs. 2 S. 1 InsO, oder einen Insolvenzplan, §§ 217ff. InsO, zur Verfügung stehen und nicht schon mit Aufhebung des Insolvenzverfahrens vollständig gepfändet sein. 5

§ 89 InsO enthält ein **Vollstreckungshindernis.** Damit ist ein Einwand gegen die Art und Weise der Zwangsvollstreckung begründet, der grundsätzlich über die Vollstreckungserinnerung des § 766 ZPO geltend zu machen ist. Anders als im Regelfall des § 766 ZPO entscheidet hier aber das Insolvenzgericht wegen seiner größeren Sachnähe, s. § 89 Abs. 3 InsO. 6

§ 22. Rückschlagsperre (§ 88 InsO)

Literatur: Grothe, Die vollstreckungsrechtliche „Rückschlagsperre" des § 88 InsO, KTS 2001, 205; Gundlach/Frenzel/Schmidt, Der Anwendungsbereich des § 88 InsO, NZI 2005, 663; Keller, Die Umsetzung der Rückschlagsperre des § 88 InsO im Grundbuchverfahren, ZIP 2000, 1324; ders., Die Rückschlagsperre nach § 88 InsO – eine überflüssige Vorschrift, ZIP 2018, 2156; ders., Die Wirkungen der Rückschlagsperre des § 88 InsO auf die Sicherungshypothek nach §§ 866, 867 ZPO, ZIP 2018, 2156; Raebel, Die Rückschlagsperre im System der Verfügungshindernisse und Verfügungsbeschränkungen, ZInsO 2003, 1124; Thiez-Bartram, Keine Sperre durch die Rückschlagssperre – Zur Heilung der Unwirksamkeit von gegen § 88 InsO verstoßenden Vollstreckungen, ZInsO 2006, 527; Wilsch, Die Rückschlagsperre nach § 88 InsO im Lichte der neuen BGH-Rechtsprechung, JurBüro 2006, 1286.

Eine Erweiterung des Vollstreckungsverbotes in eigentümlicher Weise enthält die sog. Rückschlagsperre des § 88 InsO. Hier geht es um eine Situation, in der ein Insolvenzgläubiger bereits vor dem Insolvenzantrag oder während des Eröffnungsverfahrens vollstreckt hat und durch diese Vollstreckung eine Sicherung an dem zur Insolvenzmasse gehörenden Vermögen des Schuldners erlangt hat. Mit dieser im Gesetzeswortlaut genannten **Sicherung** ist das **Pfändungspfandrecht** gemeint, das bei ordnungsgemäßer Pfändung zugunsten des Vollstreckungsgläubigers entsteht (§ 804 ZPO). Diese Sicherung wird mit der Eröffnung des Verfahrens unwirksam, sodass der Vollstreckungsgläubiger sich nicht auf eine Position als Absonderungsberechtigter und mithin als gesicherter Gläubiger berufen kann. Auch auf diese Weise wird der Gläubi- 1 gergleichbehandlungsgrundsatz abgesichert. Der einzelne Insolvenzgläubiger soll nicht „auf den letzten Metern“ vor dem Insolvenzantrag noch ein *Vorzugsrecht* erhalten. Der Sache nach handelt es sich bei § 88 InsO um eine **vereinfachte Form der Insolvenzanfechtung.**[1] § 88 InsO gilt nicht, wenn der Gläubiger bereits vor dem Insolvenzantrag oder während des Eröffnungsverfahrens aus dem Vollstreckungsvorgang die Befriedigung seiner Forderung erlangt hat. Dann ist diese Befriedigung der Forderung aber regelmäßig über die reguläre Insolvenzanfechtung nach §§ 129ff. InsO angreifbar (→ §§ 25f.). Insgesamt lässt sich aus § 88 InsO die Wertung entnehmen, dass der Gesetzgeber dem Einsatz staatlicher Zwangsmittel in Gestalt der Einzelvollstreckung im unmittelbaren Vorfeld des Insolvenzverfahrens kritisch gegenübersteht. Diese Wertung lässt sich auch im Insolvenzanfechtungsrecht heranziehen (→ § 26 Rn. 12).

§ 23. Geltendmachung von Ansprüchen (§§ 92, 93 InsO)

Literatur: Bitter, Richterliche Korrektur der Funktionsuntauglichkeit des § 93 InsO, ZInsO 2002, 557; Bork, Die analoge Anwendung des § 93 InsO auf Parallelsicherheiten, NZI 2002, 362; Böckmann; Die „Freigabe“ der von § 93 InsO erfassten Ansprüche wegen Existenzvernichtungshaftung durch den Insolvenzverwalter, ZIP 2005, 2186; Bunke, Zur Anwendbarkeit des § 93 InsO auf konkurrierende Individualansprüche gegen persönlich haftende Gesellschafter, KTS 2002, 471; Fuchs, Die persönliche Haftung des Gesellschafters gemäß § 93, ZIP 2000, 1089; Gerhardt, Zur Haftung des ausgeschiedenen Gesellschafters im Rahmen des § 93 InsO, ZIP 2000, 2181; Graeber: Die Bemessung der besonderen Insolvenzverwaltervergütung für die Geltendmachung von Ansprüchen nach §§ 92, 93 InsO, NZI 2016, 860; Haas/Müller, Zur Reichweite des § 93 InsO, NZI 2002, 366; Kesseler, Persönliche Sicherheiten und § 93 InsO, ZInsO 2002, 549; ders., Die Durchsetzung persönlicher Gesellschafterhaftung nach § 93 InsO, ZIP 2002, 1974; ders., Die verfahrensunterbrechende Wirkung des § 93 InsO, ZInsO 2003, 67; K. Schmidt, Gesellschaftsrechtliche Haftung im Insolvenzverfahren nach §§ 92, 93 InsO, ZGR 1996, 209; Schuster/Dirmeier, Kein Recht zur Geltendmachung von Ansprüchen der Gläubiger aus § 303 AktG durch den Insolvenzverwalter der beherrschten Gesellschaft nach § 93 InsO, ZIP 2018, 308; Vetter, Die neue dogmatische Grundlage des BGH zur Existenzvernichtungshaftung, BB 2007, 1965.

1 Zu den wesentlichen Aufgaben eines Insolvenzverwalters gehört es, **die Soll-Masse** zu erreichen und dementsprechend auch *die Masse anzureichern.* Das geschieht vornehmlich durch die Geltendmachung von Anfechtungsansprüchen (dazu gesondert → §§ 25f.), sowie durch die Erhebung von Haftungsansprüchen gegen Dritte. Soweit es sich bei den geltend gemachten Ansprüchen um Ansprüche des Schuldners selbst handelt, ist die Geltendmachung dieser Ansprüche durch den Insolvenzverwalter unproblematisch. Gemäß § 80 InsO übernimmt er die Verwaltungs- und Verfügungsbefugnis über das Vermögen des Schuldners und kann dementsprechend auch Ansprüche einziehen, die dem Schuldner zustehen. Ob dies Ansprüche aus einem gewöhnlichen Austauschvertrag wie bspw. einem Kaufvertrag, sind oder Schadensersatzansprüche, spielt dabei keine Rolle. So hat beispielsweise die Rechtsprechung unter § 826 BGB Ansprüche der Gesellschaft gegen ihre Gesellschafter wegen der Insolvenzverursachung auf der Grundlage der sog. **Existenzvernichtungshaftung** etabliert.[1] Solche Ansprüche stehen der Gesellschaft zu und sind folglich von § 80 InsO erfasst.

[1] Vgl. U. Keller ZIP 2018, 2156; Uhlenbruck/Mock InsO § 88 Rn. 1.

[1] BGHZ 173, 246 (252) Rn. 16; BGH ZIP 2019, 114 (116) Rn. 25ff.

2 Von der Erhebung von Ansprüchen, die genuin dem Schuldner zustehen, ist die Behandlung von Ansprüchen zu unterscheiden, deren Inhaber die Gläubiger sind. Paradebeispiel ist die **Insolvenzverschleppungshaftung** mit den sich daraus ergebenden Ansprüchen der Altgläubiger. Haben die Geschäftsführer entgegen § 15a InsO nicht rechtzeitig den Insolvenzantrag gestellt und haben sich dadurch die Befriedigungsaussichten der vorhandenen Gläubiger vermindert, so können diese Gläubiger einen Schadensersatzanspruch gemäß § 823 Abs. 2 BGB i. V. m. § 15a InsO haben. Da es sich um einen Anspruch der jeweiligen Gläubiger handelt, wäre er selbst nicht von der Verwaltungs- und Verfügungsbefugnis des Insolvenzverwalters erfasst, weil es sich nicht um einen Vermögenswert des Schuldners handelt. Würden indes die einzelnen Gläubiger ihren jeweiligen Quotenschaden gesondert gegen den Geschäftsführer geltend machen wollen, käme es zu einem Wettlauf der Gläubiger auf das Vermögen des Geschäftsführers. Bei der Gesellschaft selbst ist wegen des Insolvenzverfahrens eher wenig zu holen bzw. nur die noch verbliebene Quote zu erhalten. Ein solcher Wettlauf auf das Vermögen des Geschäftsführers hätte aber eine destruktive Wirkung. Denn die schnellsten Gläubiger würden die wertvollen Vermögensgegenstände des Geschäftsführers pfänden und sich daraus befriedigen, während die übrigen Gläubiger regelmäßig leer ausgingen; häufig kann der Geschäftsführer mit seinem privaten Vermögen nicht alle Gläubigeransprüche decken.

3 Hier setzt nun **§ 92 InsO** ein. Ansprüche der Insolvenzgläubiger auf Ersatz eines Schadens, den diese Gläubiger gemeinschaftlich durch eine Verminderung des zur Insolvenzmasse gehörenden Vermögens erlitten haben, können während der Dauer des Insolvenzverfahrens nur vom Insolvenzverwalter geltend gemacht werden. Bei Gesamtschäden wie im Fall der Insolvenzverschleppungshaftung dem Quotenschaden der Altgläubiger wird mithin nicht der Anspruch des Gläubigers auf den Insolvenzverwalter übertragen, wohl aber die Prozessführungs- und Einziehungsbefugnis. § 92 InsO enthält insofern eine Sperrwirkung zulasten der individuellen Rechtsverfolgung durch den Anspruchsinhaber. Da bei einem Gesamtschaden alle Gläubiger gemeinschaftlich betroffen sind, soll auch insofern das *Prinzip der Gleichbehandlung* durchgesetzt werden. Dementsprechend würde der Insolvenzverwalter die Ansprüche der Gläubiger zugunsten der Masse geltend machen, den eingezogenen Betrag zur Masse ziehen und daraus später die Quotenausschüttung finanzieren.

4 **Beispiel:** Geschäftsführer G der A-GmbH hat den Insolvenzantrag schuldhaft ein halbes Jahr zu spät gestellt. Wäre der Antrag rechtzeitig gestellt worden, hätten die Insolvenzgläubiger der A-GmbH mit einer Quote von 10% rechnen können. Nachdem in dem halben Jahr weiter Verluste angehäuft wurden, ist nunmehr nur noch mit einer Quote von 6% zu rechnen. Die Gläubiger erleiden einen Quotenschaden von 4%. Diesen Schadensposten macht der Insolvenzverwalter gegen G geltend.

5 Wohlgemerkt geht es hier nur um **Gesamtschäden,** also Verminderungen des zur Befriedigung zur Verfügung stehenden Vermögens. Einzelschäden sind nicht erfasst. Das ist gerade bei der Insolvenzverschleppungshaftung beachtlich, weil die Rechtsprechung hier zwischen Altgläubigern (diese erleiden einen Quotenschaden) und den Neugläubigern (diese erleiden einen individuellen Vertrauensschaden) unterscheidet.[2] Der Quotenschaden ist in der Praxis nicht so leicht zu berechnen wie das Beispiel suggeriert. Denn man muss ja wissen, wie sich die Dinge entwickelt hätten, wenn früher

[2] Vgl. BGH NZI 2008, 242 Rn. 10f.

der Antrag gestellt worden wäre, was *von vielfältigen wirtschaftlichen Gegebenheiten* zu der jeweiligen Zeit abhängen kann.

6 **Beispiel:** Im eben gebildeten Beispiel hat Gläubiger X innerhalb des halbjährigen Verschleppungszeitraums den zugrundeliegenden Vertrag mit der A-GmbH abgeschlossen. Bei Kenntnis der Insolvenzreife hätte er dies nicht getan, sondern hätte von dem Vertrag Abstand genommen. Nunmehr hat er im Vertrauen auf das Geschäft und dessen Werthaltigkeit bereits erhebliche Vorinvestitionen gemacht, auf denen er sitzen bleibt. Diesen Schaden begehrt er nach § 823 Abs. 2 BGB i. V. m. § 15 a InsO von G ersetzt. Dies ist ein Einzelschaden. X ist Neugläubiger. Er kann den Schaden individuell geltend machen, ohne dass § 92 InsO dem entgegensteht.

7 Weitere Beispiele für einen Gesamtschaden i. S. d. § 92 InsO ergeben sich bei einer **Verwalterhaftung,** die ebenfalls auf einem Quotenschaden beruht. Hier ist zu beachten, dass der Verwalter, der pflichtwidrig gehandelt hat, nicht gegen sich selbst den Anspruch geltend machen muss und kann, sondern zu diesem Zweck ein neu bestellter Insolvenzverwalter die Anspruchserhebung vornimmt (§ 92 S. 2 InsO). Das kann ein Sonderinsolvenzverwalter sein, der nur punktuell für diesen Zweck eingesetzt wird, aber auch ein neu bestellter Insolvenzverwalter, wenn der bisherige pflichtwidrig handelnde Verwalter vom Gericht entlassen worden war.

8 Dem gleichen Prinzip wie § 92 InsO folgt auch **§ 93 InsO.** Erfasst ist hier die persönliche Haftung der Gesellschafter. Das betrifft etwa den Fall einer GbR oder einer OHG. Die Gesellschafter haften gemäß § 128 HGB (analog). Die Ansprüche gegen die Gesellschafter stellen Ansprüche der Gläubiger dar, die ebenfalls nicht Bestandteil des Schuldnervermögens sind. Um jedoch den Wettlauf auf das Vermögen der Gesellschafter zu verhindern, leitet § 93 InsO ebenfalls die *Prozessführungs- und Einziehungsbefugnis* für die akzessorische Gesellschafterhaftung auf den Insolvenzverwalter über.

§ 24. Die Verwertung von Absonderungsgütern

Literatur: Berger, Die Verwertung verpfändeter Aktien in der Insolvenz des Sicherungsgebers, ZIP 2007 1533; ders., Verpfändung und Verwertung globalverbriefter Aktien im Rahmen einer Sanierungstreuhand, ZInsO 2016, 474; Bitter, Das Verwertungsrecht des Insolvenzverwalters bei besitzlosen Rechten und bei einer (Doppel-)Treuhand am Sicherungsgut, ZIP 2015, 2249; Gundlach/Frenzel/Jahn, Die Einziehungsermächtigung und der vorläufige Insolvenzverwalter, NZI 2010, 336; Hölzle, Die Fortführung von Unternehmen im Insolvenzeröffnungsverfahren, ZIP 2011, 1889; Kor, Die Verwertung von Geschäftsanteilen im Rahmen des Insolvenzverfahrens – § 166 Abs. 1 oder Abs. 2 analog?, ZInsO 2021, 1204; Meyer-Löwy/Pickerill, Das Verwertungsrecht des Insolvenzverwalters bei verpfändeten Geschäftsanteilen, GmbHR 2016, 953; von Olshausen, Die wundersame Entstehung eines Anspruchs auf Herausgabe von Nutzungen zu Gunsten des nicht nutzungsberechtigten Sicherungseigentümers, ZIP 2007, 1145; Tetzlaff, Verschiedene Möglichkeiten für die Auflösung einer Kollision zwischen Eigentumsvorbehalt und Globalzession, ZInsO 2009, 1092; Thole, Die Ersatzabsonderung bei Einziehung sicherungszedierter Kundenforderungen und beim verlängerten Eigentumsvorbehalt – Zugl. Besprechung BGH v. 24. 1. 2019 – IX ZR 110/17, ZIP 2019, 552; Wallner, Sonstige Rechte in der Verwertung nach den §§ 166 ff. InsO, ZInsO 1999, 453; de Weerth, Die „neue Welt" zur Umsatzsteuer bei Insolvenz und insbesondere bei der Sicherungsgutverwertung, NZI 2015, 884; Zimmer, Das Tilgungsbestimmungsrecht des Insolvenzverwalters bei Erlösauskehr nach Verwertung von Absonderungsgut, ZInsO 2010, 1261.

1 Während Aussonderungsberechtigte außerhalb des Verfahrensrahmens stehen (§ 47 InsO), sind Absonderungsberechtigte **in das Insolvenzverfahren eingebunden.** Das hat auch Auswirkungen auf die Verwertung des Gegenstandes, an dem das Absonderungsrecht, z. B. das Pfandrecht oder das Sicherungseigentum, besteht. In den Fällen

des § 166 InsO steht die Verwertungsbefugnis allein dem Insolvenzverwalter zu. Auch der Insolvenzverwalter verwertet den Gegenstand nicht für die Masse, sondern zum *Zwecke der Vorzugsbefriedigung* des gesicherten, absonderungsberechtigten Gläubigers. Dennoch hat die Verwertungsbefugnis des Verwalters für die Masse erhebliche Vorteile. Der Verwalter kann die Verwertung steuern, auf günstige Verwertungsmöglichkeiten hinwirken und ggfs. sogar das Absonderungsgut vorerst weiter benutzen. Insbesondere steht der Masse im Fall der Verwertung durch den Verwalter eine Pauschale zu, und zwar die Kostenpauschale des § 170 Abs. 1 S. 1, 171 Abs. 1 S. 1 InsO von 4% vom Verwertungserlös für die Kosten der Feststellung des Absonderungsgegenstandes und die Verwertungspauschale des § 171 Abs. 2 S. 1 InsO i. H. v. 5% des Verwertungserlöses. Allerdings ist im Einzelnen nach verschiedenen Situationen zu differenzieren. Es gilt Folgendes:

A. Grundstücke

Steht dem Gläubiger ein Absonderungsrecht an unbeweglichen Gegenständen zu, so 2
ist er gemäß § 49 InsO nach Maßgabe des ZVG zur abgesonderten Befriedigung berechtigt. Das Verwertungsrecht wird in Form einer **Vollstreckungsverwertung** realisiert durch Zwangsversteigerung oder Zwangsverwaltung (§§ 15ff., 146ff. ZVG) der in §§ 864f. ZPO genannten Gegenstände. Eingeleitet wird das Verfahren durch einen Antrag des absonderungsberechtigten Gläubigers (§ 49 InsO; §§ 15, 146 Abs. 1 ZVG). Der Insolvenzverwalter kann jedoch die *einstweilige Einstellung* der Vollstreckungsverwertung erreichen (§§ 30d, 153b ZVG), was vor allem zweckmäßig ist, wenn das Grundstück des Insolvenzschuldners für eine Fortführung des Unternehmens oder eine übertragende Sanierung benötigt wird (vgl. § 30d Abs. 1 S. 1 Nr. 2 ZVG). Der Verwertungsstopp kann für die Masse teuer werden: Spätestens nach drei Monaten müssen geschuldete Zinsen gezahlt werden (§ 30e Abs. 1 S. 1 ZVG mit § 29 Abs. 1 Nr. 1 ZVG), ferner eine Nutzungsentschädigung (§ 30e Abs. 2 ZVG) oder ein Nachteilsausgleich (§ 153b Abs. 2 ZVG). Zur Aufhebung der einstweiligen Einstellung §§ 30f, 153c ZVG.

Bei unbeweglichen Gegenständen tritt neben die Verwertungsbefugnis des Absonde- 3
rungsberechtigten über das im ZVG vorgesehene Verfahren auch eine Verwertungsberechtigung des Insolvenzverwalters, die ebenfalls den Regeln des ZVG folgt (§§ 172ff. ZVG). Dies ist von der Vollstreckungsverwertung des Absonderungsberechtigten zu unterscheiden. Der Verwalter kann auch freihändig verwerten.

B. Bewegliche Sachen im Besitz des Verwalters

Die grundsätzliche Verwertungsbefugnis für bewegliche Sachen liegt gemäß **§ 166** 4
InsO beim Insolvenzverwalter. Das gilt zunächst für bewegliche Sachen, die der Verwalter im unmittelbaren Besitz hat, § 166 Abs. 1 InsO. Dazu gehören z. B. Sachen, die der Insolvenzschuldner nach § 929 S. 1 BGB, § 930 BGB dem Gläubiger zur Sicherung übereignet hat. Das trifft auch für vom Gerichtsvollzieher gepfändete Sachen zu, die im Gewahrsam des späteren Insolvenzschuldners belassen worden waren (§ 808 Abs. 2 ZPO) und nunmehr deshalb im Gewahrsam des Verwalters stehen. § 166 Abs. 1 InsO ist aber nicht auf die Fälle des unmittelbaren Besitzes beschränkt. Auch mittelbarer Besitz des Verwalters an der Sache reicht grundsätzlich aus. Das trifft bei-

spielsweise auf einen Fall zu, in dem der Schuldner einem Dritten die mit dem Absonderungsrecht belasteten Gegenstände im Rahmen eines Besitzmittlungsverhältnisses (Miete o. ä.) zum Gebrauch überlassen hatte. Auch in diesem Fall bleiben die Gegenstände dem funktionalen Nutzungszusammenhang zum schuldnerischen Unternehmen zugeordnet. Folgerichtig hat der Insolvenzverwalter hier das Verwertungsrecht.

5 In einer jüngeren Entscheidung aus dem Jahre 2015 hat der BGH die Verwertungsbefugnis des Insolvenzverwalters beim mittelbaren Besitz auch auf verpfändete Aktien übertragen, solange sie der wirtschaftlichen Einheit des Schuldnerunternehmens zuzurechnen sind.[1] Daran fehlt es freilich, wenn die zugunsten eines Gläubigers verpfändete Aktie vor Verfahrenseröffnung an einen Treuhänder übertragen wurde, sodass der Schuldner die Mitgliedschaftsrechte nicht mehr ausüben konnte.

C. Forderungen und Rechte

6 § 166 Abs. 1 InsO gilt für Sachen. Geht es demgegenüber um Forderungen, die mit einem Absonderungsrecht belastet sind, wie insbesondere bei der Sicherungsabtretung von Forderungen des Schuldners gegen Dritte, greift **§ 166 Abs. 2 InsO.** Auch insofern hat der Verwalter die Verwertungsbefugnis im Falle einer Sicherungsabtretung. Das erscheint schon deshalb sachgerecht, weil die für die Geltendmachung der Forderung relevanten Dokumente und Vertragsunterlagen etc. beim Insolvenzschuldner liegen werden. Nicht vollständig geklärt ist, inwieweit § 166 Abs. 2 InsO auf die Abtretung von Rechten (zu unterscheiden von bloßen Forderungen) übertragen werden kann. Das betrifft etwa sicherungsabgetretene Immaterialgüterrechte wie Patent- und Markenrechte. Der BGH hat die Frage bisher offengelassen. In der angesprochenen BGH-Entscheidung aus dem Jahre 2015 ging es um verbriefte Rechte (Aktien), an denen wegen der Verbriefung in einer Dauerglobalurkunde mittelbarer Besitz bestehen konnte. Ob darüber hinaus § 166 Abs. 1 oder 2 InsO analog anzuwenden ist, ist bisher nicht abschließend geklärt. Manches mag hier dafür sprechen, § 166 Abs. 2 InsO anzuwenden, weil dessen Ratio auch auf die Rechtsübertragung passt (vgl. auch § 413 BGB).

D. Schutz des Gläubigers bei Verwertung beweglicher Gegenstände

7 Vor einer Verwertung beweglicher Gegenstände (§ 166 InsO) hat der Verwalter den Gläubiger auf Verlangen zu **unterrichten,** wie es um diese Gegenstände bestellt ist, § 167 InsO. Verwertungsverzögernd dürfte sich das Recht des Gläubigers auswirken, auf eine günstigere Möglichkeit der Verwertung hinzuweisen, § 168 Abs. 1 S. 2 InsO. Einen rechtzeitigen Hinweis hat der Verwalter zu befolgen oder den Gläubiger so zu stellen, als hätte er ihn befolgt, § 168 Abs. 2 InsO (Beweislast für das Bestehen einer besseren Verwertungsmöglichkeit beim Gläubiger). Über den Wortlaut von § 168 Abs. 1 S. 2 InsO hinaus ist ein substantiierter Hinweis, also fast ein Nachweis, zu fordern (arg. § 168 Abs. 3 InsO: die hier genannte „andere Verwertungsmöglichkeit" ist nur die wirkliche Übernahme des Gegenstands durch den Absonderungsberechtigten, nicht deren bloße Möglichkeit; „günstiger" ist eine Verwertungsmöglichkeit, wenn Kosten wirklich, nicht nur möglicherweise, „eingespart werden").

[1] BGH NZI 2016, 21 (24) Rn. 29.

Verzögert der Verwalter die **Verwertung beweglicher Gegenstände,** so wird der Gläubiger durch einen Anspruch auf Zahlung geschuldeter Zinsen entschädigt; eine gewisse Zeit bleibt zur Schonung der Masse zinsfrei, § 169 InsO. Bei Grundstücken taucht das Problem wegen der Vollstreckungsmöglichkeit des § 49 InsO nicht auf. Wird durch die Benutzung einer beweglichen Sache deren Wert sicherungsschädlich gemindert, so hat der Gläubiger ferner Anspruch auf laufende Ausgleichszahlung ab Eröffnung des Insolvenzverfahrens, § 172 Abs. 1 InsO. Das erscheint verfehlt: eine Ausgleichszahlung für Sicherungsbeeinträchtigung durch Wertverlust infolge Nutzung kann zwangsläufig frühestens erst ab Nutzungsbeginn und mit Eintritt der Beeinträchtigung verlangt werden; insoweit ist § 172 Abs. 1 InsO berichtigend auszulegen.[2] *Zins- und Ausgleichszahlung* können die Masse zu Lasten der ungesicherten Gläubiger erheblich schmälern (§ 55 Abs. 1 Nr. 1 InsO: Masseverbindlichkeiten) und dem Verwalter zusätzlich erhebliche Arbeit bescheren. Deshalb ist die Versuchung groß, schnell zu verwerten, statt das Sicherungsgut, was sinnvoll sein kann, über längere Zeit zusammenzuhalten. 8

E. Verwertung durch den Gläubiger

Trotz § 166 InsO verbleiben Fälle, in denen der Gläubiger selbst verwertungsberechtigt ist. Dies ist in **§ 173 Abs. 1 InsO** vorausgesetzt. Dabei begründet § 173 InsO nicht selbst eine Verwertungsbefugnis, sondern verweist auf das unberührt bleibende Recht des Gläubigers zur Verwertung. Dieses Verwertungsrecht ergibt sich aus der materiell-rechtlichen Rechtsposition beispielsweise als Pfandgläubiger bei einer im Gläubigerbesitz stehenden Pfandsache oder bei einer verpfändeten Forderung, die nämlich keine sicherungsabgetretene Forderung i. S. d. § 166 Abs. 2 InsO ist. Verwertet der Gläubiger selbst in diesem Rahmen, so fällt selbstverständlich die Feststellungs- und Verwertungskostenpauschale nicht an (→ Rn. 1). Macht der Gläubiger von seinem Verwertungsrecht nicht in einer vom Gericht gesetzten Frist Gebrauch, so geht das Verwertungsrecht auf den Verwalter über, § 173 Abs. 2 InsO. Der Verwalter könnte in diesem Fall Herausgabe der Absonderungsgegenstände zum Zwecke der Verwertung verlangen. Damit soll verhindert werden, dass der Absonderungsberechtigte die weitere Durchführung des Verfahrens verzögert. 9

F. Die Verteilung des Erlöses

In Fällen der Verwertung durch den Verwalter sind bestimmte Beträge an die Masse abzuführen. Sie schmälern also den Verwertungserlös für den Absonderungsberechtigten. Es handelt sich um 4% vom Verwertungserlös für die Kosten der Feststellung des Absonderungsgegenstandes, mithin die Frage, ob überhaupt fremde Rechte bestehen und 5% des Erlöses für die eigentlichen Verwertungskosten, §§ 170, 171 InsO. Zu den zu ersetzenden Positionen gehört auch die angefallene Umsatzsteuer, § 171 Abs. 2 S. 3 InsO. Nur wenn die tatsächlich aufgewandten und erforderlichen Kosten erheblich niedriger oder höher sind, sind diese Kosten anzusetzen, § 171 Abs. 2 S. 2 InsO. 10

[2] MüKoInsO/Kern InsO § 172 Rn. 34; Uhlenbruck/Brinkmann InsO § 172 Rn. 13.

11 Von der Erlösverteilung ist die Frage zu unterscheiden, wofür der Absonderungsgegenstand überhaupt *haftet.* Gläubiger werden nämlich die spätere Verwertung durch den Insolvenzverwalter bei der Vereinbarung der Sicherungsabrede einpreisen und voraussehen. Deshalb wird üblicherweise mit dem Schuldner vereinbart, dass das Absonderungsgut auch für die künftigen Feststellungs- und Verwertungskosten haftet. Im Ergebnis bleibt der Gläubiger daher bei Werthaltigkeit des Gegenstands nicht auf den an die Masse abzuführenden Beträgen sitzen, weil er von vornherein auch wegen der Kostenpositionen aus dem Erlös befriedigt wird. Anders formuliert muss der Schuldner Sicherheiten nicht nur bis zur Höhe der eigentlichen Forderung (z. B. Darlehensforderung) stellen, sondern mit der Sicherheit auch die 9% Kostenpauschale mit abdecken (→ Rn. 4).

§ 25. Die Grundlagen der Insolvenzanfechtung

Literatur: Allgayer, Rechtsfolgen und Wirkungen der Gläubigeranfechtung, 2000; Arts, Die subjektiven Voraussetzungen der Insolvenzanfechtung, Diss. Heidelberg 2016; Bartels, Insolvenzanfechtung und Leistung Dritter, 2015; Bitter, Die Insolvenzanfechtung im System des Zivilrechts, KTS 2016, 455; Bork/Gehrlein, Aktuelle Probleme der Insolvenzanfechtung, 15. Auflage 2020; Bräuer, Ausschluss der Insolvenzanfechtung bei Bargeschäften nach Maßgabe des § 142 InsO, 2006; Dahl/Schmitz, Das neue Insolvenzanfechtungsrecht, NJW 2017, 1505; Foerste, „Bargeschäftsähnliche Lage" bei Vorsatzanfechtung – nunmehr Geschichte!, ZInsO 2018, 1034; Fridgen, Die Rechtsfolgen der Insolvenzanfechtung, 2009; Gehrlein/Pape, Das Indiz der Zahlungsunfähigkeit zum Nachweis der subjektiven Voraussetzungen der Vorsatzanfechtung: Eine unendliche Geschichte, ZInsO 2021, 2061; Haarmeyer/Huber/Schmittmann, Praxis der Insolvenzanfechtung, 4. Auflage 2020; Harbeck, Gläubigerbenachteiligung als normale Voraussetzung der Insolvenzanfechtung, 2013; Jensen, Grundfragen des Rechts der Gläubiger- und Insolvenzanfechtung, 2008; Kaiser/Hölken, Gefährdung von Gläubigergleichbehandlung und Ordnungsfunktion des Insolvenzrechts, NZI 2021, 1; G. Kayser, Rechtsfolgen der Insolvenzanfechtung, ZIP 2015, 449; Kindler/Bitzer, Die Reform der Insolvenzanfechtung, NZI 2017, 369; Riewe, Neuausrichtung in der insolvenzrechtlichen Vorsatzanfechtung, NJW 2021, 2619; Thole, Gläubigerschutz und Insolvenzanfechtung, 2010; ders., Das Reformgesetz zur Insolvenzanfechtung, ZIP 2017, 401; ders., Die „neue" Ausrichtung der Vorsatzanfechtung durch den BGH – Zugl. Besprechung BGH v. 6.5.2021 – IX ZR 72/20, ZRI 2021, 609; Tolani, Insolvenzanfechtung gegenüber Dienstleistern mit besonderem Augenmerk auf die Auswirkungen des reformierten Bargeschäftsprivilegs gem. § 142 InsO, ZIP 2018, 1997.

1 Die Insolvenzanfechtung (§§ 129ff. InsO) ist ein **zentrales Instrument zur Masseanreicherung,** also zur Herbeiführung der Soll-Masse. Die Insolvenzanfechtung betrifft Rechtshandlungen, die vor Verfahrenseröffnung vorgenommen wurden, sei es vom Schuldner, sei von Gläubigern. Nach Verfahrenseröffnung hat der Insolvenzverwalter ohnehin die Verwaltungs- und Verfügungsbefugnis über das Vermögen des Schuldners und etwaige Verfügungen über diese Vermögensgegenstände würden an § 81 Abs. 1 S. 1 InsO scheitern.

2 Die Insolvenzanfechtung ist von der Anfechtung gemäß dem AnfG zu *unterscheiden.* Letzteres betrifft die Anfechtung außerhalb des Insolvenzverfahrens unter dem Regime der Einzelzwangsvollstreckung. Die erfolgreiche Insolvenzanfechtung der §§ 129ff. InsO kommt der Masse und damit der Gesamtheit der Gläubiger zugute, nicht nur einem einzelnen Gläubiger.

A. Ziele der Insolvenzanfechtung

Eingangsbeispiele: Der Insolvenzschuldner verkauft seinem Sohn drei Monate vor dem Insolvenzantrag ein Grundstück im Wert von 1 Mio. EUR zum „Familienpreis“ von 200.000 EUR. 3

Kurz vor dem Insolvenzantrag erklärt der spätere Insolvenzschuldner gegenüber dem Lieferanten L, er sei gerade knapp bei Kasse und könne nicht alle Verpflichtungen rechtzeitig erfüllen und daher müsse er um Ratenzahlung für die offenen Rechnungen bitten. L lässt sich darauf ein und erhält noch mehrere Raten, bevor der Insolvenzantrag erfolgt. Andere Lieferanten gehen gänzlich leer aus.

Schuldner S zahlt die Rechnung des V nicht. V droht damit, einen Insolvenzantrag zu stellen oder zumindest „hart“ die Einzelzwangsvollstreckung auszubringen, wenn S weiter nicht zahlt. Erst auf diesen Druck hin zahlt S, indem er seine letzten Reserven zusammenkratzt. Andere Gläubiger des S gehen leer aus.

Darlehensgeber hat gegen Schuldner S einen Anspruch auf Rückzahlung eines Darlehens am 1.10. Die Liquidität des S wird knapp und er steht kurz vor dem Insolvenzantrag. Er entschließt sich, schon am 1.8. das Darlehen vorzeitig und vor Fälligkeit zurückzuzahlen, denn er will sich die Gunst des Darlehensgebers erhalten, der möglicherweise dann den Sanierungskurs weiter unterstützen wird. Der Darlehensgeber nimmt die Rückzahlung dankbar an. Andere Gläubiger erhalten keine Zahlungen mehr. Dann stellt S den Insolvenzantrag.

Ziel der Insolvenzanfechtung ist es, solche Rechtshandlungen – genau gesagt: deren Wirkungen – rückgängig zu machen, die (in aller Regel) vor Verfahrenseröffnung liegen und daher wirksam sind, die aber den Bestand der (künftigen) Insolvenzmasse verringert haben und deshalb die **Gesamtheit der Insolvenzgläubiger benachteiligen.** Um diese Benachteiligung aufzuheben, entsteht ein Anspruch auf Rückgewähr dessen, was aus dem Vermögen des Insolvenzschuldners veräußert, weggegeben oder aufgegeben ist, § 143 InsO. Die Rückgewähr reichert die Masse an und verbessert daher die **Befriedigungsaussichten** der Insolvenzgläubiger. Das zeigt, dass die Anfechtung im Interesse der Gesamtheit der Insolvenzgläubiger liegt; daher ist sie folgerichtig in die Hand des Insolvenzverwalters gelegt, § 129 Abs. 1 InsO. In der Eigenverwaltung (§§ 270ff. InsO) ficht der Sachwalter an (§ 280 InsO), der anstelle eines Insolvenzverwalters bestellt wird, § 270f Abs. 2 S. 1 InsO. 4

Die Insolvenzanfechtung reagiert im Wesentlichen *auf zwei Probleme.* Die Erfahrung lehrt, dass Schuldner in der wirtschaftlichen Krise häufig versuchen, *einzelne Gläubiger (bevorzugt)* zu befriedigen, um sie wenigstens zum zeitweisen Stillhalten zu bewegen oder weil sie dem Schuldner wichtig sind, als Lieferanten, Vertragspartner oder einfach deshalb, weil sie dem Schuldner nahestehen, z. B. Gesellschafter einer Gesellschaft. Ferner können manche Gläubiger auch geneigt sein, *besonders viel Druck* bei dem Schuldner zu machen oder gar zu vollstrecken, um sich „auf den letzten Metern“ noch volle Befriedigung zu sichern vor den anderen Gläubigern, die dann im Insolvenzverfahren leer ausgehen werden. Zugleich – zweites Problem – wollen manche unredliche Schuldner das verbliebene Vermögen vor dem Zugriff der Gläubiger retten und verschieben es an Verwandte, Ehepartner, Freunde oder andere nahestehende Personen. Die Eingangsbeispiele zeigen Fälle, in denen eine Insolvenzanfechtung in Betracht kommen könnte. Schon aus diesen Beispielen wird deutlich, dass es keineswegs immer um handfeste, kollusive Machenschaften gehen muss. Auch mehr oder weniger gewöhnliche Zahlungen an Gläubiger, die mithin auch tatsächlich einen Anspruch auf die Zahlung haben, können unter bestimmten Voraussetzungen anfechtbar sein! 5

6 Es sind also Gedanken der Gläubigergleichbehandlung einerseits, der **Abwehr von Haftungsvereitelungen und Vermögensverschiebungen** andererseits, die in das Insolvenzanfechtungsrecht hineinfließen.[1] Ersteres spiegelt sich vor allem in §§ 130, 131 InsO wider, letzteres u. a. bei §§ 133, 134 InsO. Das Anfechtungsrecht dient der Verwirklichung der Haftungsordnung, nach der ein Schuldner mit seinem gesamten Vermögen für seine Verbindlichkeiten haftet. Der Grundsatz der Gläubigergleichbehandlung gilt zwar erst mit dem Insolvenzverfahren und nicht schon vorher. Indes wäre die strikte Anwendung des Prioritätsprinzips gerade angesichts der oft schleichenden Entwicklung der Krise in der zeitlichen Nähe zum Insolvenzverfahren und vor allem dann nicht gerechtfertigt, wenn der Schuldner zu dem jeweiligen Zeitpunkt bereits insolvenzreif ist. Denn das Prioritätsprinzip funktioniert nur so lange, wie alle Gläubiger Befriedigung erlangen können. Zu bedenken ist auch, dass in aller Regel das Insolvenzverfahren eine „Vorgeschichte" hat, also der Schuldner schon lange vor dem Insolvenzantrag in einer Krise war und folglich auch Anreize zu gläubigerbenachteiligenden Handlungen bestanden.

7 Die Insolvenzanfechtung richtet sich zwar auch gegen Rechtshandlungen des Schuldners, aber die Rechtsfolgen treffen nicht den Schuldner selbst, sondern den Dritten, der etwas aus dem Vermögen des Schuldners (der jetzigen Masse) erlangt hat. Ein Anspruch gegen den Schuldner wäre sinnlos, da dieser bereits insolvent ist. Denkbar sind allenfalls mit der Anfechtung konkurrierende Ansprüche gegen die Organe eines Schuldners, der als juristische Person oder Gesellschaft verfasst ist, z. B. aus § 15b InsO.

B. Der Anfechtungsanspruch als Rechtsfolge

8 Die Insolvenzanfechtung erfolgt – anders als bei der bürgerlich-rechtlichen Irrtumsanfechtung (§§ 119ff. BGB) – nicht durch Ausübung eines Gestaltungsrechts und auch nicht mit dinglicher Wirkung. Die angefochtene Rechtshandlung wie z. B. die Übereignung einer Sache oder die Abtretung einer Forderung wird nicht unwirksam. *Der Erwerber erwirbt also vollwirksam.* Er sieht sich aber einem Anspruch des Insolvenzverwalters auf Rückgewähr des Erlangten an die Masse (d. h. an den Insolvenzverwalter) ausgesetzt, § 143 Abs. 1 InsO. Die Rechtsnatur des Anfechtungsrechts war lange umstritten, insbesondere unter der KO. Teils wurde eine dingliche Wirkung der Anfechtung angenommen, teils der Gleichschluss mit dem Bereicherungsrecht gesucht. Teils wird auch eine haftungsrechtliche Lehre vertreten. Mit der Einführung des § 143 Abs. 1 InsO ist heute weitgehend anerkannt, dass mit der Eröffnung des Insolvenzverfahrens ein **schuldrechtlicher Rückgewähranspruch** auf der Grundlage eines gesetzlichen Schuldverhältnisses entsteht.[2] Allerdings kann der Anspruch trotz seiner fehlenden dinglichen Wirkung in dem Fall, dass der Anfechtungsgegner ebenfalls im Insolvenzverfahren ist, dort durchaus Aussonderungskraft haben (→ § 8 Rn. 29).

9 Der Streit wirkt sich nur dann aus, wenn es nicht um die Rückgewähr einer Sache oder Rückzahlung eines Geldbetrags geht, sondern eine dem Anfechtungsgegner verschaffte Rechtsposition angefochten wird. Hat beispielsweise der Schuldner – anfechtbar – einem seiner Drittschuldner eine Forderung erlassen, so ist im

[1] BT-Drs. 12/2443, 82, 85.
[2] BGH ZIP 2014, 2303 (2304) Rn. 10.

Ergebnis eindeutig, dass sich der Drittschuldner nicht auf den Erlass berufen darf, also weiter der jetzigen Masse voll schuldet. Es geht nur um die Frage, ob man hier des § 143 Abs. 1 InsO bedarf, ob die Beseitigung der gläubigerbenachteiligenden Wirkungen also auf einem Anspruch auf Wiederherstellung der vollen Schuld beruht oder ob eo ipso der anfechtbare Erlass unberücksichtigt bleibt.

Der Anfechtungsanspruch steht dem Insolvenzverwalter zu, der ihn in seiner Rolle als Partei kraft Amts zugunsten der Gläubigergesamtheit durchsetzt, nicht dem Schuldner selbst. Es handelt sich insoweit um ein insolvenzspezifisches Sonderaktivum, das nach h. M. originär mit der Verfahrenseröffnung entsteht. Besonderheiten bestehen gemäß § 259 Abs. 3 InsO beim Insolvenzplan. 10

Der Anfechtungsanspruch geht **auf Rückgewähr zur Insolvenzmasse** (§ 143 Abs. 1 S. 1 InsO). Die Art und Weise, wie das zu geschehen hat, richtet sich nach den in anfechtbarer Weise eingetretenen Wirkungen der Rechtshandlung. 11

Hat der Insolvenzschuldner eine Sache übereignet, so ist sie vom Anfechtungsgegner **an den Insolvenzschuldner** „zur Masse" zurück zu übereignen. Ein Grundstück ist an ihn rückaufzulassen und er wieder als Eigentümer im Grundbuch einzutragen; eine Grundbuchberichtigung scheidet aus, weil der Rechtserwerb durch den Anfechtungsgegner dinglich wirksam ist. Möglich ist aber die Sicherung des Rückgewähranspruchs aus § 143 Abs. 1 S. 1 InsO durch eine Vormerkung (§ 883 Abs. 1 S. 1 BGB). Eine abgetretene Forderung ist an den Insolvenzschuldner „zur Masse" zurück zu übertragen. Zu geringe Darlehenszinsen sind zu erhöhen. Auf ein Pfandrecht ist zu verzichten und die Pfandsache herauszugeben; auf die Rechte aus einem Pfändungsbeschluss ist zu verzichten. Eine erlassene Forderung ist so zu erfüllen, als hätte der Erlass nie stattgefunden (also keine Neubegründung nötig). Eine anfechtbar begründete Forderung ist aufzuheben (str., siehe → Rn. 9), zumindest ist ihre Anmeldung (§ 174 InsO) zu unterlassen, andernfalls kann ihr der Verwalter widersprechen, § 178 Abs. 1 S. 1 InsO. 12

Der Gegenstand, der aus dem Vermögen des (späteren) Insolvenzschuldners veräußert oder weggegeben ist, ist grundsätzlich in natura zurück zu gewähren. Ist er nicht mehr vorhanden (die anfechtbar übertragene Sache ist z. B. längst zerstört), so ist sein Wert in Geld entsprechend den Regeln der verschärften Bereicherungshaftung zu ersetzen, § 143 Abs. 1 S. 2 InsO mit §§ 819, 818 Abs. 4 BGB, § 292 Abs. 1 BGB, §§ 989, 990 BGB. Der Anfechtungsgegner wird **wie ein bösgläubiger Bereicherungsschuldner** behandelt, und zwar ganz unabhängig davon, ob er wirklich bösgläubig war. Aus der Verweisung auf das Eigentümer-Besitzer-Verhältnis und § 989 BGB folgt allerdings, dass die Wertersatzhaftung in Wahrheit eine Schadensersatzhaftung ist, die verschuldensabhängig ist. Das Verschulden bezieht sich auf den Wegfall bzw. Untergang des Erlangten. Es gibt also keine Wertersatzhaftung entsprechend § 818 Abs. 2 BGB ohne Verschulden (str.). Das hat der Gesetzgeber bei Einführung der InsO ausdrücklich so gewollt. Die Rechtsprechung ist aber großzügig und erkennt mitunter schon in dem anfechtbaren Erhalt des Gegenstands ein solches Verschulden.[3] 13

Abweichendes gilt für den **gutgläubigen Empfänger einer unentgeltlichen Leistung,** § 143 Abs. 2 InsO. Seine Herausgabepflicht ist auf die noch vorhandene Bereicherung beschränkt, es sei denn, er ist bösgläubig im Sinne des § 143 Abs. 2 S. 2 InsO. 14

[3] Vgl. BGH NJW 2013, 3035.

15 Aus der Verweisung auf das *Eigentümer-Besitzer-Verhältnis* würde an sich auch die Pflicht zur Herausgabe von Nutzungen folgen, § 990 Abs. 1 BGB, § 987 BGB. Das ist grundsätzlich auch so, aber seit der Anfechtungsreform zum 5.4.2017 gibt es eine häufig entscheidende Einschränkung. Eine Geldschuld ist gemäß § 143 Abs. 1 S. 3 InsO nur zu verzinsen, wenn die Voraussetzungen des Schuldnerverzugs oder des § 291 BGB vorliegen; ein darüber hinausgehender Anspruch auf Herausgabe von Nutzungen eines erlangten Geldbetrags ist ausgeschlossen.

16 Damit wird vermieden, dass Nutzungsersatz (gezogene oder gemäß § 987 Abs. 2 InsO auch nicht gezogene Zinsen) ab Erhalt des Geldbetrags geschuldet ist. Vielmehr greift eine Verzinsungspflicht erst, wenn der Insolvenzverwalter den Anfechtungsgegner gemahnt hat (dann über §§ 286, 288 BGB) oder bei Rechtshängigkeit der Anfechtungsklage (§ 291 i.V. m. § 288 BGB). Daher muss ein Insolvenzverwalter recht frühzeitig im Insolvenzverfahren eine Mahnung aussprechen, um die Verzinsung in Gang zu setzen.

17 Gewährt der Anfechtungsgegner das anfechtbar Erlangte an den Verwalter tatsächlich zurück, *lebt seine Forderung wieder auf,* **§ 144 Abs. 1 InsO;** der Anfechtungsgegner kann sie als Insolvenzforderung zur Tabelle anmelden. Voraussetzung ist, dass nicht zugleich das schuldrechtliche Grundgeschäft anfechtbar ist. § 144 Abs. 1 InsO gilt auch für akzessorische Sicherungsrechte (Bürgschaft, Pfandrecht, Hypothek); diese leben wieder auf.[4] Der Verwalter hat ggf. die Pfandsache an den Gläubiger herauszugeben und die Berichtigung des Grundbuchs zu bewilligen.[5] Bei nicht akzessorischen Sicherungsrechten (Sicherungsübereignung, Grundschuld) entfällt mit der Rückgewähr des Erlangten die dem Sicherungsgeber aus der Sicherungsabrede zustehende Einrede gegen die Geltendmachung der Sicherheit. War die Sicherheit dem Sicherungsgeber vom Anfechtungsgegner zurückübertragen worden, hat der Sicherungsnehmer gegen die Masse nur einen Anspruch aus der Sicherungsabrede auf Wiederbegründung der Sicherheit.[6]

C. Die Voraussetzungen der Insolvenzanfechtung

I. Rechtshandlung

18 Bei den Voraussetzungen der Insolvenzanfechtung ist zwischen den allgemeinen Voraussetzungen und den jeweils für die einzelnen Anfechtungstatbestände relevanten weiteren Voraussetzungen zu unterscheiden. *Grundvoraussetzung* einer jeden Insolvenzanfechtung ist eine **Rechtshandlung, § 129 InsO.** Wie § 140 InsO erkennen lässt, geht es um die Anfechtung der Wirkungen der Rechtshandlung, die zugunsten der Gläubigergesamtheit rückgängig gemacht werden sollen. Eine Rechtshandlung in diesem Sinne ist nicht auf rechtsgeschäftliche Handlungen beschränkt. Anfechtbar sein können auch rechtsgeschäftsähnliche Handlungen, Prozesshandlungen und Realakte.

[4] BGH ZIP 2017, 337 (338) Rn. 11; MüKoInsO/Kirchhof/Piekenbrock InsO § 144 Rn. 15ff.; Bork FS Kreft, 2004, S. 229, 233f.; konstruktiv unter Rückgriff auf das Akzessorietätsprinzip, das aber den Entstehungstatbestand eines Sicherungsrechts nicht ersetzen kann.

[5] Uhlenbruck/Hirte/Borries InsO § 144 Rn. 7b; MüKoInsO/Kirchhof/Piekenbrock InsO § 144 Rn 18.

[6] BGH ZIP 2017, 337 (338) Rn. 14; KPB/Jacoby InsO § 144 Rn. 16; Bork FS Kreft, 2004, S. 229, 239ff.: analog § 144 Abs. 2 InsO Masseverbindlichkeit; a. A.: MüKoInsO/Kirchof/Piekenbrock InsO § 144 Rn. 19; diff. Kayser/Thole/Thole InsO § 144 Rn. 3.

Beispiel: Der Schuldner lässt ein aussichtsreiches Rechtsmittel gegen ein Urteil verfristen. Der Schuldner 19
lässt einen Anspruch gegen einen Dritten verjähren. Der Schuldner gibt ein Anerkenntnis gegenüber dem Gläubiger ab und wird daraufhin durch Anerkenntnisurteil verurteilt.

Anfechtbar sind, wie sich aus § 129 Abs. 2 InsO herleiten lässt, auch **Unterlassungen.** 20
Das gilt jedenfalls dann, wenn nicht nur eine Mehrung des Vermögens verhindert wird (unterlassener Vermögenserwerb), sondern tatsächlich das Vermögen verkürzt wird. e

Beispiel: Der Insolvenzschuldner reicht ein Darlehen an einen Darlehensnehmer aus, verzichtet dabei aber 21
auf die Verzinsung. In der unterlassenen Verzinsung liegt für den BGH eine eigenständig anfechtbare Rechtshandlung.[7] Freilich liegt die Rechtshandlung hier eher in einem Tun, nämlich der Gewährung der Kapitalnutzung.

Ein anfechtbares Unterlassen kann zudem vorliegen, wenn ein aussichtsreicher Rechtsbehelf gegen ein belastendes Urteil nicht eingelegt wird (s. schon soeben → Rn. 19).

Nicht gläubigerbenachteiligend ist es regelmäßig, wenn der Schuldner lediglich bestimmte Erwerbschancen nicht nutzt. So ist es nicht anfechtbar, wenn der Schuldner einen Verkaufsabschluss mit einem Kunden versäumt oder darauf verzichtet. Darin liegt in der Regel nur eine unterlassene Mehrung des Vermögens.

Grundsätzlich unterscheidet das Anfechtungsrecht nicht danach, *wer die Rechtshand-* 22
lung vorgenommen hat. Sie muss nicht zwingend vom späteren Insolvenzschuldner ausgehen, sondern kann auch gegen ihn gerichtet sein. Das betrifft vor allem Vollstreckungshandlungen, die von einem Insolvenzgläubiger vorgenommen werden. Allerdings ist dann näher zu differenzieren. Einige Anfechtungstatbestände verlangen eine Rechtshandlung des Schuldners (§§ 132–134 InsO). In diesen Fällen bedarf es zumindest einer entsprechenden Mitwirkung des Schuldners an dem jeweiligen Vorgang.

Beispiel: Wenn der Insolvenzschuldner die Barkasse auffüllt, damit der Insolvenzgläubiger besser in die 23
Kasse hinein vollstrecken kann, so liegt darin eine Rechtshandlung des Schuldners in diesem Sinne.

Denkbar ist auch, dass **Rechtshandlungen des vorläufigen Insolvenzverwalters** vom 24
späteren Insolvenzverwalter angefochten werden. Allerdings ist hier näher zu unterscheiden. Rechtshandlungen eines starken vorläufigen Insolvenzverwalters, auf den die Verwaltungs- und Verfügungsbefugnis übergegangen ist, § 22a Abs. 1 InsO, sind ebenso wenig anfechtbar wie Rechtshandlungen des späteren Insolvenzverwalters nach Verfahrenseröffnung. Ist der vorläufige Insolvenzverwalter dagegen nur ein schwacher oder halbstarker vorläufiger Verwalter, so nimmt im Eröffnungsverfahren noch der Schuldner selbst die Rechtshandlung (z. B. die Zahlung) vor. Dennoch kann sich hier eine besondere Schutzwürdigkeit des befriedigten Insolvenzgläubigers ergeben, wenn etwa der vorläufige Insolvenzverwalter der Vornahme der Handlung (z. B. Zahlung) zugestimmt hatte. Auf dieser Grundlage hat die Rechtsprechung Einschränkungen anhand des schutzwürdigen Vertrauens des Anfechtungsgegners entwickelt.[8] In gleicher Weise kommt eine Anfechtung nicht in Betracht, wenn ein schwacher vorläufiger Insolvenzverwalter in Bezug auf einzelne Handlungen mit einer Einzelermächtigung ausgestattet ist und demgemäß insoweit Masseverbindlichkeiten begründet.

[7] BGH ZIP 2019, 233 (235) Rn. 21.

[8] BGHZ 154, 190 (193f.); 161, 315 (319); BGH ZIP 2008, 372 (374) Rn. 30; 2014, 584 (585) Rn. 12.

II. Objektive Gläubigerbenachteiligung

25 Eine weitere Grundvoraussetzung der Insolvenzanfechtung ist die Gläubigerbenachteiligung i. S. d. § 129 Abs. 1 InsO. Dies meint die sog. objektive Benachteiligung. Die Wirkungen der Rechtshandlungen müssen die Insolvenzgläubiger objektiv benachteiligen. Davon ist auszugehen, wenn die **Befriedigungsmöglichkeit** der Insolvenzgläubiger in ihrer Gesamtheit durch die eingetretenen Wirkungen der Rechtshandlung objektiv beeinträchtigt wird. Dazu kann auch schon eine bloße Erschwerung oder Verzögerung des Gläubigerzugriffs genügen. Die Benachteiligung ist unter *wirtschaftlichen Gesichtspunkten* zu prüfen. So scheidet eine Benachteiligung grundsätzlich aus, wenn die Insolvenzgläubiger an dem weggegebenen Gegenstand ohnehin keine Verwertungsrechte oder Verwertungsmöglichkeiten hatten.[9]

26 **Beispiel:** War ein Gegenstand wertausschöpfend (also mit seinem ganzen Wert) zugunsten eines absonderungsberechtigten Gläubigers belastet und ist dem absonderungsberechtigten Gläubiger der Gegenstand ausgekehrt worden, so hätte die Masse bzw. die Gesamtheit der Insolvenzgläubiger von einer späteren Verwertung dieses Gegenstands im Insolvenzverfahren ohnehin nicht profitiert. Es fehlt grundsätzlich an einer Benachteiligung.

27 Obwohl hier nach wirtschaftlichen Gesichtspunkten zu prüfen ist, ist jeweils *auf die einzelne Rechtshandlung* abzustellen. Es geht nicht darum, einen Schaden für die Masse im eigentlichen Sinne zu ermitteln. Das bedeutet vor allem, dass etwaige Zuflüsse, die im zeitlichen oder räumlichen Zusammenhang mit der Rechtshandlung dem Insolvenzschuldner zugeflossen sind, bei der Frage der objektiven Benachteiligung grundsätzlich nicht zu berücksichtigen sind. So bleibt außer Betracht, dass der Schuldner für die erbrachte Zahlung möglicherweise eine entsprechende Gegenleistung, wie z. B. eine Lieferung, erhalten hat. Diese Gegenleistungen können aber nach den Regeln des Bargeschäftes (§ 142 InsO) eine Anfechtung ausschließen. Im Übrigen gilt das Verbot der Vorteilsausgleichung, jedenfalls grundsätzlich.[10] Zu berücksichtigen sind nur Vorteile, die unmittelbar an die Rechtshandlung selbst anknüpfen.

28 Aus der Prüfung der einzelnen Rechtshandlungen ergibt sich auch, dass bei der Anfechtung grundsätzlich das **Grund- und Erfüllungsgeschäft zu trennen** sind. So kann das entsprechende Kausalgeschäft, wie z. B. der Kaufvertrag, für sich genommen anfechtbar sein. Ebenso kann aber auch nur die Erfüllung dieses Vertrages, wie z. B. die Zahlung oder die Übereignung einer Sache, Gegenstand der Anfechtung sein.

29 Allerdings enthält das Anfechtungsrecht dann weitere Differenzierungen hinsichtlich der objektiven Benachteiligung. Grundsätzlich genügt eine **mittelbare Benachteiligung.** Hier reicht es, dass die Benachteiligung durch spätere Ereignisse eintritt. Sie muss erst im Zeitpunkt der letzten mündlichen Verhandlung des Anfechtungsprozesses vorliegen.[11] Hat etwa der spätere Insolvenzschuldner für die Veräußerung einer Sache ein gleichwertiges Entgelt erhalten, so ist im Zeitpunkt dieser Veräußerung noch keine Benachteiligung eingetreten. Gibt der Insolvenzschuldner das erhaltene Entgelt jedoch aus und verbraucht es, steht es nunmehr der Gläubigergesamtheit nicht mehr zur Verfügung, sodass jetzt eine Benachteiligung eingetreten ist. Die grundsätz-

[9] Uhlenbruck/Hirte/Borries InsO § 129 Rn. 198.
[10] BGH NZI 2005, 553 (554); 2016, 35 (36) Rn. 18; 2019, 812 (813) Rn. 14.
[11] BGH NZI 2016, 773 (777) Rn. 39.

lich genügende mittelbare Benachteiligung bezieht sich also auf eine Benachteiligung, die erst im Zeitablauf eintritt.

Beispiel: Schuldner S zahlt an Gläubiger G dessen Forderung in Höhe von 100 EUR. Darin liegt grundsätzlich keine unmittelbare Benachteiligung, weil der Abfluss von 100 EUR durch die Verringerung der Verbindlichkeiten kompensiert wird. Es handelt sich aber jedenfalls um eine mittelbare Benachteiligung, denn nunmehr – im Insolvenzverfahren – fehlen die aufgewendeten liquiden Mittel. 30

Nur ausnahmsweise verlangt das Anfechtungsrecht, dass eine **unmittelbare Benachteiligung** vorliegt. Das betrifft den Anfechtungstatbestand des § 132 Abs. 1 InsO und § 133 Abs. 4 InsO. Bei der unmittelbaren Benachteiligung sind etwaige Gegenleistungen zu berücksichtigen. Eine unmittelbare Benachteiligung liegt vor, wenn bereits **im Zeitpunkt der Vornahme der Rechtshandlung** das Vermögen des Insolvenzschuldners und damit auch die Befriedigungsaussichten der Gläubiger geschmälert werden.[12] Das ist etwa dann der Fall, wenn der Schuldner eine hochwertige Sache für einen nicht marktüblichen, zu geringen Kaufpreis verschleudert. Dann übersteigt der Wert des weggegebenen Gegenstandes den Wert der erlangten Gegenleistung zum Nachteil der Gläubigerschaft. 31

Beispiel: Schuldner S veräußert eine Sache im Wert von 200 EUR an X zum Preis für 100 EUR. Hier liegt schon im Zeitpunkt des Vertragsschlusses eine Schmälerung der Masse vor. 32

Grundvoraussetzung der Anfechtung ist zudem, dass die Rechtshandlung vor Verfahrenseröffnung vorgenommen wird. Damit ist gemeint, dass **vor Verfahrenseröffnung die rechtlichen Wirkungen** eingetreten sein müssen, § 140 Abs. 1 InsO. Treten die Wirkungen erst nach Verfahrenseröffnung ein, bedarf es der Anfechtung regelmäßig nicht, da eine solche Rechtshandlung ohnehin nicht zulasten der Masse wirkt, wie sich aus §§ 81, 89, 91 InsO ableiten lässt. Eine Ausnahme von diesem Grundsatz macht allein der Sonderfall des § 147 Abs. 1 InsO. Danach kann ein Rechtserwerb nach Verfahrenseröffnung, der gemäß §§ 892f. BGB wirksam ist, gleichwohl noch angefochten werden. 33

III. Anfechtung gegenüber Rechtsnachfolgern

Die Anfechtung richtet sich grundsätzlich gegen denjenigen, der etwas aus der späteren Masse erlangt hat. Soweit diese Person den erlangten Gegenstand nicht mehr hat, kommt die **Wertersatzhaftung** des § 143 Abs. 1 S. 2 InsO in Betracht. Gleichwohl besteht auch bei der Insolvenzanfechtung die Möglichkeit einer Rechtsnachfolge auf Seiten des Anfechtungsgegners. War die Anfechtbarkeit gegenüber einem Erblasser oder einem anderen Gesamtrechtsvorgänger begründet, so ist sie auch gegenüber dem Erben oder sonstigen Gesamtrechtsnachfolger begründet, § 145 Abs. 1 InsO. Das entspricht dem allgemeinen Grundsatz, dass der **Gesamtrechtsnachfolger** in die Fußstapfen des Vorgängers tritt. Für die Einzelrechtsnachfolge gilt § 145 Abs. 2 InsO. Hier wird nicht generell die Anfechtbarkeit auf den Einzelrechtsnachfolger erstreckt, sondern von qualifizierten Umständen abhängig gemacht, wie bspw. die Bösgläubigkeit des Rechtsnachfolgers, § 145 Abs. 2 Nr. 1 InsO. 34

[12] BGH NZI 2016, 773 (774) Rn. 17.

IV. Bargeschäfte

35 **„Bargeschäfte"**, bei denen für eine Leistung des späteren Insolvenzschuldners **unmittelbar eine gleichwertige Gegenleistung i**n sein Vermögen gelangt ist, benachteiligen die Gläubiger allenfalls mittelbar. Bargeschäfte unterliegen der besonderen Regelung des § 142 InsO. Diese Regelung erfasst allerdings nicht nur tatsächlich in bar abgewickelte Geschäfte, sondern auch sonstige Formen des Leistungsaustauschs. Die Regelung knüpft daran an, dass die Rechtshandlung i. S. d. § 129 InsO nicht das Geschäft im Ganzen ist, sondern die jeweilige einzelne Handlung, also z. B. die Zahlung durch den Schuldner. Die Gegenleistung bleibt bei § 129 InsO grundsätzlich außer Betracht. Über § 142 InsO wird eine Anfechtungssperre für die Leistung des Schuldners eingezogen, wenn eine gleichwertige Gegenleistung unmittelbar in die Masse zurückfließt. Leistung und Gegenleistung müssen gleichwertig, ferner durch Parteivereinbarung verknüpft und in einem engen zeitlichen Zusammenhang erbracht sein (das besagt die Wendung: „Eine Leistung ..., *für die unmittelbar* eine ... Gegenleistung"). Für inkongruente Deckungen gilt § 142 InsO nicht.[13] Auch bei § 135 Abs. 1 InsO gilt das Privileg nicht.[14] Der für ein Bargeschäft unschädliche Zeitraum hängt wesentlich von der Art der ausgetauschten Leistungen und den Geschäftsgewohnheiten ab; bei anwaltlicher Tätigkeit dürfen beispielsweise zwischen deren Abschluss und der (Vorschuss-)Zahlung nicht mehr als 30 Tage liegen.[15] Durch den Ausschluss der Anfechtbarkeit solcher Geschäfte wird erreicht, dass der spätere Insolvenzschuldner nicht schon in der kritischen Zeit vor seinem finanziellen Ruin praktisch vom Wirtschaftsleben ausgeschlossen ist.

36 Die Rechtsfolge des § 142 InsO ist allerdings **kein vollständiger Anfechtungsausschluss.** Denkbar bleibt eine Anfechtung unter § 133 Abs. 1 InsO. Seit der Reform zum 5.4.2017 gilt das allerdings nur noch in verschärfter Form, nämlich dann, wenn der andere Teil erkannt hat, dass der Schuldner **unlauter** handelte. Das geht über den Benachteiligungsvorsatz und dessen Kenntnis hinaus. Gedacht ist an „mehr" als nur an das Bewusstsein, nicht mehr alle Gläubiger befriedigen zu können. Das können Fälle des kollusiven Zusammenwirkens mit dem Anfechtungsgegner sein oder sonstige Fälle, in denen Vermögensverschiebungen dem Zweck dienen, das Vermögen dem Zugriff der Gläubiger zu entziehen.[16]

37 **Beispiel:** Der Schuldner, die S-GmbH, vereinbart mit der Ehefrau E des Geschäftsführers G, dass E ihren PKW mit einem Restwert von 10.000 EUR an S veräußert. S zahlt 10.000 EUR in bar. E weiß, dass das Geschäft allein dazu dienen soll, die letzten Cash-Reserven der Gesellschaft unauffällig aus der Gesellschaft abzuziehen und dass der PKW im Insolvenzverfahren kaum mehr für 10.000 EUR verwertbar sein wird.

[13] BAG NZA 2015, 1136 (1138) Rn. 19ff.

[14] BGH ZIP 2019, 666 (670f.) Rn. 40ff.

[15] BGH NJW 2006, 2701 (2704) Rn. 35: § 286 III BGB als Anhaltspunkt; vgl. auch BGH NZI 2014, 775 (779) Rn. 33.

[16] Kayser/Thole/Thole InsO § 142 Rn. 17.

§ 26. Die einzelnen Tatbestände der Insolvenzanfechtung

Literatur: Ahrens, Der Ursachenzusammenhang zwischen Zahlungsunfähigkeit und eröffnetem Verfahren bei der Anfechtung von Deckungshandlungen, ZIP 2017, 58; Bartels, Insolvenzanfechtung und Leistungen Dritter, 2015; Berbuer: Inkongruenz durch Drohung des Gläubigers nicht nur bei Drohung mit Zwangsvollstreckung oder Insolvenzantrag?, NZI 2016, 717; Bork, Die Anfechtung unentgeltlicher Leistungen nach § 134 InsO, NZI 2018, 1; Gehrlein, Gedanken zur Vorsatzanfechtung, DB 2020, 156; ders., Unanfechtbarkeit der Rückzahlung von für eine Gesellschafterfinanzierung eingesetzten Drittmitteln?, WM 2021 Heft 33, 1576; ders., Anfechtbarkeit der Erstattung eines auf der Grundlage ausländischen Rechts gewährten Gesellschafterdarlehens, ZinsO 2020, 2591; ders., Die Schenkungsanfechtung (134 InsO) im Drei Personen Verhältnis, WM 2019, 1241; Hain, Die Anfechtung der teilweise unentgeltlichen Leistung und deren Rückabwicklung in der aktuellen Rechtsprechung des IX. Zivilsenats, NZI 2021, 309; Hallermann, Die Risiken einer Insolvenzanfechtung für den Käufer eines Unternehmens, 2007; Held, Die Anfechtung unentgeltlicher Leistungen gem. § 134 InsO, 2017; Hermreck, Anfechtung bei Gesellschafterdarlehen gleichgestellten Forderungen, NJW-Spezial 2019, 597; Huber, Auf der Hochebene des Anfechtungsrechts, ZIP 2020, 15; Kayser, Vorsatzanfechtung im Spannungsverhältnis von Gläubigergleichbehandlung und Sanierungschancen, NJW 2014, 422; Klinck, Anfechtbarkeit von Gesellschafterdarlehen in der Doppelinsolvenz von Gesellschaft und Gesellschafter, DB 2019, 2729; ders., Die Grundlagen der besonderen Insolvenzanfechtung, 2011; Lütcke, Der Begriff der Rechtshandlung im Rahmen der Vorsatzanfechtung, NZI 2017, 701; Mylich, Kreditsicherheiten für Gesellschafterdarlehen – Perspektiven und offene Fragen trotz und wegen der zwingenden Anwendung von § 135 Abs. 1 Nr. 1 InsO, ZIP 2019, 2233; Neuberger, Vorsatzanfechtung und Fortbestehensprognose: Wann wächst zusammen, was zusammen gehört?, ZInsO 2018, 1242; Pickartz, Zur Vorsatzanfechtung nach § 133 Abs. 1 InsO, 2018; Riewe, Neuausrichtung in der insolvenzrechtlichen Vorsatzanfechtung, NJW 2021, 2019; Rodi, Die Vermögensauskunft des Schuldners als eine die Vorsatzanfechtung legitimierende Mitwirkungshandlung NZI 2020, 822; Schlinkmann, Der Begriff der Unentgeltlichkeit im Insolvenzrecht, 2015; Schubert, Neues zur Vorsatzanfechtung? Aktuelle BGH-Urteile zur Anfechtungsfrist bei Deckungen und zur „Neuausrichtung" der Feststellung (der Kenntnis) des Gläubigerbenachteiligungsvorsatzes, NZI 2021, 761; Schwarz, Der subjektive Tatbestand der Vorsatzanfechtung nach § 133 InsO, 2013; Spiekermann, Anfechtung von Zahlungen auf Gesellschafterdarlehen und gleichgestellte Forderungen, NZI 2019, 840; Strandmann, Ein erster Schritt zur Heilung des gequälten § 133 InsO, ZInsO 2021, 1539; ders., Der gequälte § 133 InsO oder: Grenzfälle der Abgrenzung zwischen Vermögensverschiebung und Deckungshandlung im § 133 I und II InsO, ZInsO 2021, 1045; Trams, Anfechtung der teilweise unentgeltlichen Leistung nach § 134 InsO, NJW-Spezial 2018, 533; Wiehe, Die Bank als Gesellschaftern gleichgestellte Dritte bei der Insolvenzanfechtung, BKR 2020, 636; Wilhelm, Grundsätze der Haftung Dritter im Recht der Gesellschafterdarlehen, ZIP 2020, 2591; Willemsen/Kühn: Vorsatzanfechtung: Praktische Handhabung und Grenzen bei kongruenten Deckungen, BB 2020, 1353.

Die Tatbestände der Insolvenzanfechtung unterscheidet man gemeinhin **in allgemeine Tatbestände und besondere Tatbestände.** Die allgemeinen Anfechtungstatbestände betreffen insbesondere § 133 InsO und § 134 InsO. Sie sind deshalb allgemeiner Natur, weil sie auch ein entsprechendes Pendant im Bereich der für die Einzelzwangsvollstreckung maßgeblichen Anfechtung gemäß dem AnfG haben, § 3, 4 AnfG. Demgegenüber umfasst die besondere Insolvenzanfechtung die §§ 130–132 InsO und darunter insbesondere die Deckungsanfechtung der §§ 130 und 131 InsO, die kein entsprechendes Spiegelbild im Bereich der Einzelgläubigeranfechtung haben. 1

A. Die Deckungsanfechtung gemäß §§ 130, 131 InsO

§ 130 und § 131 InsO bilden voneinander zu trennende, eigenständige Anfechtungstatbestände (sind also jeweils als eigene Anfechtungsgründe zu prüfen!). Gleichwohl gehören sie systematisch und wertungsmäßig zusammen und können daher hier im Zusammenhang dargestellt werden. Die Anfechtung gemäß §§ 130, 131 InsO hat 2 das Ziel, eine Bevorzugung eines einzelnen Insolvenzgläubigers rückgängig zu machen und den Gläubigergleichbehandlungsgrundsatz zu wahren. **Sie knüpft an eine Sicherung und Befriedigung eines Insolvenzgläubigers** – sog. Deckung – an. Es geht mithin um die Deckung eines Gläubigers, der in dem im Zeitpunkt der Deckung künftigen Insolvenzverfahren nur die Position als Insolvenzgläubiger i. S. d. §§ 38, 39 InsO hätte und folglich wie alle anderen Insolvenzgläubiger allenfalls Anspruch auf die Quote hätte. Wird ein solcher Insolvenzgläubiger vor Verfahrenseröffnung gesichert oder befriedigt, erhält er also mehr, als es seiner Rechtsposition entspricht. Daher greifen die Tatbestände der §§ 130 und 131 InsO. Dabei erfasst § 130 InsO die Anfechtung sog. **kongruenter Deckung** und § 131 InsO die Anfechtung **inkongruenter Deckungen.** Eine inkongruente Deckung ist unter den gegenüber § 130 InsO erleichterten Voraussetzungen des § 131 InsO anfechtbar. Natürlich könnte eine inkongruente Deckung auch nach § 130 InsO angefochten werden, doch wenn eine Inkongruenz vorliegt, kommt man über § 131 InsO leichter zum Ziel einer Anfechtung. Eine inkongruente Deckung liegt vor, wenn ein künftiger Insolvenzgläubiger vor dem Insolvenzantrag oder während des Eröffnungsverfahrens eine Deckung seiner Forderung erhält oder ihm ermöglicht wird, die er nicht oder nicht so nach Art und Zeit beanspruchen konnte. Inkongruenz bezeichnet also eine Deckung, auf die der Gläubiger keinen Anspruch hatte. Insofern ist eine inkongruente Deckung als Vermögensverschiebung besonders verdächtig. Das ist der Grund, warum das Gesetz die Anfechtung erleichtert. Wenn nämlich der Gläubiger kurz vor dem Insolvenzantrag etwas erhält, worauf er keinen Anspruch hat, liegt der Verdacht nahe, dass dieser Gläubiger zu Lasten der Gläubigergesamtheit privilegiert werden sollte.[1] Folgerichtig sagt die Rechtsprechung, dass die Inkongruenz einer Leistung nicht nur zu § 131 InsO führt, sondern auch bei § 133 InsO eine Beweiswirkung entfalten kann. Das ist für die Fristen wichtig, denn § 131 InsO betrifft allein den Drei-Monats-Zeitraum, die Vorsatzanfechtung geht weiter zurück (4 Jahre bei Deckungen, § 133 Abs. 2 InsO).

I. Voraussetzungen des § 131 InsO

3 Die Voraussetzungen des § 131 InsO sind dann im Einzelnen zu unterscheiden:

4 **(1)** Eine Rechtshandlung, deren Wirkung nach dem Eröffnungsantrag eintritt (§ 140 InsO) und dem Insolvenzgläubiger eine ihm nicht zustehende Deckung verschafft, ist stets anfechtbar; dasselbe gilt für Rechtshandlungen, die im letzten Monat vor dem Antrag wirksam geworden sind: § 131 Abs. 1 Nr. 1 InsO (Anfechtung unnötig hinsichtlich der in dieser Zeit durch Zwangsvollstreckung erlangten Sicherheiten, § 88 InsO). Wann Zahlungsunfähigkeit eingetreten ist, ist unerheblich. *Subjektive Voraussetzungen* bestehen nicht.

5 **(2)** Ist die Rechtshandlung im zweiten oder dritten Monat vor dem Eröffnungsantrag vorgenommen worden (dazu § 140 InsO) und war der Insolvenzschuldner zu dieser Zeit zahlungsunfähig, so ist ebenfalls Anfechtbarkeit gegeben, § 131 Abs. 1 Nr. 2 InsO. *Subjektive Voraussetzungen* sind hier ebenso wenig aufgestellt wie in § 131 Abs. 1 Nr. 1 InsO.

6 **(3)** § 131 Abs. 1 Nr. 3 InsO erfasst ebenso wie die Nr. 2 (→ Rn. 5) Handlungen, die innerhalb des zweiten oder dritten Monats vor dem Eröffnungsantrag vorgenommen

[1] Vgl. KPB/Schoppmeyer InsO § 131 Rn. 6.

worden sind. Die weitere objektive Voraussetzung der Nr. 2 – Zahlungsunfähigkeit – ist durch eine *subjektive Voraussetzung* ersetzt: dem späteren Insolvenzgläubiger muss z. Zt. der Handlung (dazu § 140 InsO) bekannt gewesen sein, dass sie die künftigen Insolvenzgläubiger benachteiligt.

§ 131 Abs. 1 Nr. 3 InsO setzt nicht voraus, dass der Insolvenzschuldner die Gläubiger benachteiligen wollte und der Anfechtungsgegner das wusste. Ist eine dem Insolvenzschuldner *nahestehende Person* (§ 138 InsO) begünstigt, so wird ihre Kenntnis der Gläubigerbenachteiligung vermutet (Umkehr der Beweislast), § 131 Abs. 2 S. 2 InsO; Beweis des Gegenteils durch Nachweis der Unkenntnis ist möglich, § 292 ZPO. 7

Der Kenntnis von der Benachteiligung steht die Kenntnis von Umständen gleich, die zwingend auf die Benachteiligung schließen lassen, § 131 Abs. 2 S. 1 InsO. 8

Beispiel: Der Gläubiger weiß, dass der Schuldner mit der Deckung sein letztes verbliebenes Vermögen überträgt, dass aber noch andere Gläubiger mit offenen Forderungen vorhanden sind, die dann erwartungsgemäß leer ausgehen werden. 9

(4) Weitere Beispiele für Rechtshandlungen, die eine Sicherung oder Befriedigung gewähren oder ermöglichen, die der begünstigte spätere Insolvenzgläubiger nicht oder nicht so beanspruchen konnte, bilden Zahlungen oder sonstige Leistungen *vor Fälligkeit*.[2] 10

Ein Anspruch auf Sicherung genügt zur Herstellung von Kongruenz zudem nur, wenn er hinreichend bestimmt ist, insbesondere auf einen von vornherein individualisierbaren Gegenstand gerichtet ist. Absprachen, die es dem Ermessen der beteiligten oder dem Zufall überlassen, welche Sicherheit konkret erfasst wird, genügen nicht.[3] Globalsicherungsverträge indes begründen eine kongruente Deckung (Anfechtung nur nach § 130 InsO), obgleich auch hier das künftige Sicherungsgut nicht konkret bestimmt ist.[4] 11

Nach Ansicht des BGH sind inkongruent auch Sicherungen oder Befriedigungen, die in der kritischen Zeit (im Drei-Monats-Zeitraum) im **Wege der Zwangsvollstreckung** erlangt wurden. Die Inkongruenz wird dabei darauf gestützt, dass der Gläubiger seinen Anspruch unter Zuhilfenahme staatlicher Machtmittel durchsetzt.[5] Inkongruenz soll sogar vorliegen, wenn der Schuldner zur Abwendung der Zwangsvollstreckung[6] oder eines Insolvenzantrags (hier sogar außerhalb des Drei-Monats-Zeitraums)[7] zahlt. Immerhin ist eine außerhalb des Zeitraums der §§ 130–132 InsO im Wege der Zwangsvollstreckung erlangte Sicherung oder Befriedigung nicht nach § 133 InsO anfechtbar und damit anfechtungsfest, da eine Rechtshandlung des Schuldners nicht vorliegt.[8] 12

[2] BGH NZI 2005, 497.
[3] BGHZ 150, 122 (126): „Anspruch auf Bestellung bankmäßiger Sicherheiten" in AGB-Banken, genügt nicht; MüKoInsO/Kayser/Freudenberg InsO § 131 Rn. 39.
[4] BGHZ 174, 297 (306) Rn. 28ff; BGH NZI 2015, 765 (766) Rn. 14; MüKoInsO/Kayser/Freudenberg InsO § 131 Rn. 39c.
[5] BGH NJW 97, 3445 (3446) [zu § 30 Nr. 2 KO]; ZIP 2019, 279 (281) Rn. 23.
[6] BGH NJW 2002, 2568 ()2569; BGH ZIP 2014, 330 (334) Rn. 37; 2019, 279 (281) Rn. 21.
[7] BGH NJW 2004, 1385 (1388); BGH ZIP 2013, 838 (839) Rn. 11.
[8] BGH NJW 2005, 1121 (1122).

II. Voraussetzungen des § 130 InsO

13 Liegt keine inkongruente Deckung vor, so kommt eine **Deckungsanfechtung** über § 130 InsO in Betracht. Die Hürden für die Anfechtung sind hier aber höher, da mangels Inkongruenz der begünstigte Gläubiger die Sicherung oder Befriedigung verlangen durfte.

14 Erfasst ist auch hier der Fall, dass die Deckung in den letzten drei Monaten vor dem Eröffnungsantrag erfolgte oder nach dem Eröffnungsantrag, d. h. während des Eröffnungsverfahrens. Für die Deckungen vor dem Eröffnungsantrag muss aber der Insolvenzschuldner zu diesem Zeitpunkt zahlungsunfähig gewesen sein und der Gläubiger muss dies gewusst haben, § 130 Abs. 1 S. 1 Nr. 1 InsO. Erfolgte die Deckung erst nach Eröffnungsantrag, so muss der Anfechtungsgegner die Zahlungsunfähigkeit oder – was ausreicht – den Eröffnungsantrag gekannt haben, § 130 Abs. 1 Nr. 2 InsO. Genügend ist die Unkenntnis von Umständen, die zwingend auf die Zahlungsunfähigkeit oder den Eröffnungsantrag schließen lassen, § 130 Abs. 2 InsO. Das ist z. B. gegeben, wenn der Gläubiger Kenntnis der Zahlungseinstellung hatte. Es genügt, dass objektiv der Schluss auf die Zahlungsunfähigkeit oder den Antrag möglich war. Es ist unerheblich, ob der konkrete Gläubiger diesen Schluss wirklich gezogen hatte oder warum er unterblieb.

15 Den Eintritt der Deckung (vgl. § 140 InsO) innerhalb der relevanten Zeitraums (das ist die Zeit nach Antragstellung oder drei Monate davor) sowie die Kenntnis i. S. v. § 130 Abs. 1 oder Abs. 2 InsO hat der Verwalter zu beweisen. Ist eine dem Insolvenzschuldner nahestehende Person (§ 138 InsO) begünstigt, so wird die **Beweislast** umgekehrt: Ihre Kenntnis der Zahlungsunfähigkeit oder des Antrags wird vermutet, § 130 Abs. 3 InsO, da anzunehmen ist, dass sie dank ihrer engen Beziehungen zum Insolvenzschuldner über dessen Vermögenslage informiert ist (Beweis des Gegenteils durch Nachweis der Unkenntnis möglich, § 292 ZPO).

16 Befriedigung ist jede Zahlung oder sonstige Leistung des (künftigen) Insolvenzschuldners an den Gegner. Die Sicherung eines Anspruchs kann z. B. durch Einräumung eines Pfandrechts oder einer Hypothek geschehen. Die Sicherung und die Befriedigung sind in den zeitlichen Grenzen des § 130 InsO anfechtbar, selbst wenn dem Anfechtungsgegner ein Anspruch auf die Leistung zustand. Das ist schuldrechtlich gesehen schwer verständlich; der Gläubiger erhält nur, was ihm gebührt. Die empfangene Leistung deckt sich mit seinem Anspruch (daher: „kongruente Deckung"). Erklärt werden kann § 130 InsO haftungsrechtlich mit dem *Prinzip der Gläubigergleichbehandlung,* dessen Wirkungen bis zu drei Monate vor Stellung des Insolvenzantrags *vorverlagert werden.* Ein einzelner Gläubiger soll nicht noch rasch gesichert oder befriedigt werden, während sich die Mehrzahl der Gläubiger mit der geringen Insolvenzquote zufriedengeben muss. Rechtfertigen lässt sich der Vorrang haftungsrechtlicher Verteilungsprinzipien damit, dass der Gläubiger zum Zeitpunkt der Vornahme der Handlung die Zahlungsunfähigkeit (oder den Eröffnungsantrag, § 130 Abs. 1 S. 1 Nr. 2 InsO) kannte. § 130 InsO erfasst aber auch (und „erst recht") die inkongruente Deckung. Von der Anfechtung nach § 130 InsO ausgeschlossen sind die sog. Bargeschäfte (zum Grund → § 25 Rn. 35). Sie sind nur im Wege der Vorsatzanfechtung (§ 133 Abs. 1 InsO) anfechtbar, § 142 InsO, und dies auch nur dann, wenn eine Unlauterkeit festgestellt werden kann, § 142 Abs. 1 InsO.

Der vom Verwalter zu führende Beweis der Kenntnis von Zahlungsunfähigkeit oder Insolvenzantrag wird in § 130 Abs. 2 InsO erleichtert; es genügt der Beweis von Umständen, die „zwingend" auf Zahlungsunfähigkeit bzw. Eröffnungsantrag schließen lassen. 17

Beispiel: Der Gläubiger kennt fruchtlose Vollstreckungsversuche beim Schuldner, „geplatzte" Lastschriften, verzögerte Zahlungen oder auch die Nichtabführung von Arbeitnehmerbeiträgen zur Sozialversicherung (letzteres wegen des Strafbarkeitsrisikos des § 266a StGB ein gewichtiges Indiz für die Unfähigkeit zur Zahlung, denn ein Schuldner würde unter gewöhnlichen Umständen dieses Risiko nicht auf sich nehmen[9]). 18

B. Voraussetzungen des § 132 InsO

Die Anfechtung nach § 132 InsO hat schon wegen der engen Zeitperiode von drei Monaten vor dem Eröffnungsantrag wenig Relevanz. Insbesondere bedarf es hier einer **unmittelbaren Benachteiligung** im Fall des § 132 Abs. 1 InsO. 19

Anfechtbar ist ein **Rechtsgeschäft** des späteren Insolvenzschuldners, das die künftigen Insolvenzgläubiger (§§ 38, 39 InsO) unmittelbar benachteiligt (zum Begriff → § 25 Rn. 31), wenn es in den letzten drei Monaten vor dem Eröffnungsantrag vorgenommen worden ist (dazu § 140 InsO), der Insolvenzschuldner in diesem Zeitpunkt zahlungsunfähig war und der Anfechtungsgegner das bei Vornahme des Rechtsgeschäfts wusste, § 132 Abs. 1 Nr. 1 InsO. Ist das Rechtsgeschäft erst nach dem Eröffnungsantrag vorgenommen worden, so genügt auch die Kenntnis des Antrags, § 132 Abs. 1 Nr. 2 InsO. 20

Die Kenntnis hat der Verwalter zu beweisen; die Beweiserleichterung nach § 130 Abs. 2 InsO gilt auch hier, ebenso die Beweislastumkehr nach § 130 Abs. 3 InsO zu Lasten nahestehender Personen (§ 138 InsO), § 132 Abs. 3 InsO (dazu → Rn. 15). 21

§ 132 Abs. 1 InsO erfasst alle **Rechts*geschäfte*** (nicht jede Rechtshandlung). Zu den Rechtsgeschäften gehören *sowohl* einseitige (z. B. Kündigung) als auch mehrseitige. Allerdings gehen §§ 130, 131 InsO (Anfechtung von Sicherung und Befriedigung gegenüber Insolvenzgläubigern), die eine mittelbare Gläubigerbenachteiligung genügen lassen, als speziellere Regelungen vor. Nach § 132 Abs. 1 InsO anfechtbar sind insbesondere Verpflichtungsgeschäfte des Schuldners,[10] z. B. durch „Verschleuderung" von Waren weit unter ihrem Wert oder ihren Ankauf weit über Marktwert in der kritischen Zeit. § 132 Abs. 1 InsO erfordert eine *unmittelbare Gläubigerbenachteiligung.* Sind Leistung und Gegenleistung, zu denen sich die Parteien verpflichtet haben, gleichwertig, scheidet eine Anfechtung des Schuldvertrags daher aus; auch der dingliche Leistungsaustausch ist als Bargeschäft (§ 142 InsO) nicht anfechtbar, wenn der Schuldner für seine Leistung vereinbarungsgemäß und in engem zeitlichen Zusammenhang eine gleichwertige Leistung erhält. 22

§ 132 Abs. 2 InsO stellt bestimmte Rechtshandlungen des Schuldners den unmittelbar benachteiligenden Rechtsgeschäften gleich. Die Gleichstellung bedeutet, dass die Rechtshandlungen nicht unmittelbar benachteiligen, die übrigen Anfechtungsvoraussetzungen nach § 132 Abs. 1 InsO aber vorliegen müssen. § 132 Abs. 2 InsO enthält einen **Auffangtatbestand** für Fälle, die weder durch § 132 Abs. 1 InsO noch 23

[9] BGH NZI 2014, 23 (24) Rn. 13.
[10] MüKoInsO/Kayser/Freudenberg InsO § 132 Rn. 1.

durch §§ 130, 131 InsO erfasst werden, aber anfechtungsbedürftig sind. Die Vorschrift ist primär auf Unterlassungen (auch von Prozesshandlungen) des Insolvenzschuldners zugeschnitten (vgl. § 129 Abs. 2 InsO), wie sich aus den in § 132 Abs. 2 InsO geforderten Folgen der Rechtshandlungen ergibt.

24 Der Insolvenzschuldner muss ein Recht verloren haben (z. B. das Eigentum durch Nichtbehinderung der Ersitzung, vgl. § 941 BGB) oder nicht mehr geltend machen können (z. B. infolge Nichterhebung einer Klage (§ 204 Abs. 1 Nr. 1 BGB) oder infolge Nichteinlegung eines Rechtsbehelfs), oder ein vermögensrechtlicher Anspruch gegen ihn bleibt erhalten (z. B. durch Unterbleiben rechtzeitiger Anfechtung nach §§ 119 ff. BGB) oder wird durchsetzbar (oder bleibt durchsetzbar, z. B. durch Nichterheben einer begründeten Verjährungseinrede).

C. Die Vorsatzanfechtung (§ 133 InsO)

I. Systematik

25 Die einzelnen Tatbestände der Anfechtung schließen sich regelmäßig nicht gegenseitig aus. Auch wenn die engen Voraussetzungen der §§ 130, 131 InsO nicht erfüllt sind, kann bspw. die Vorsatzanfechtung unter § 133 InsO greifen. Während die Deckungsanfechtung mit der Anknüpfung an den Dreimonatszeitraum zeitlich eng begrenzt ist, lässt sich mit der Vorsatzanfechtung des § 133 InsO auf **bis zu 10 Jahre** vor dem Antrag zurückgehen. Das ist deshalb gerechtfertigt, weil es hier um gläubigerbenachteiligende Vermögensverschiebungen geht, die vom Schuldner mit einem **Gläubigerbenachteiligungsvorsatz** vorgenommen wurden und bei denen dem Anfechtungsgegner dieser Benachteiligungsvorsatz bekannt war. Allerdings ist zunächst die Systematik des § 133 InsO zu beachten. In den praktisch relevanten Fällen einer Deckung einer Forderung greift § 133 Abs. 2 InsO. Danach kann eine solche Deckung nur angefochten werden, wenn sie in den letzten vier Jahren vor dem Antrag vorgenommen wurde. Die Abgrenzung zwischen der 10-Jahres-Frist des § 133 Abs. 1 InsO und der 4-Jahres-Frist des § 133 Abs. 2 InsO ist nicht vollständig geklärt, denn fast jede Zuwendung lässt sich als Deckung begreifen. Wer ein Grundstück verschenkt oder für einen symbolischen Betrag überträgt, deckt den zugrundeliegenden Anspruch auf einem etwaigen Schenkungsversprechen oder Kaufvertrag. Die Abgrenzung hängt davon ab, ob es sich um eine echte Vermögensverschiebung handelt. In diesem Fall greift § 133 Abs. 1 InsO. Bei eher gewöhnlichen Deckungsgeschäften, die nicht mit dem Ziel vorgenommen werden, Vermögen außer Reichweite der Gläubiger zu setzen, wird in der Regel § 133 Abs. 2 InsO greifen.[11] In allen Fällen des § 133 Abs. 1–3 InsO ist Voraussetzung, dass der Schuldner mit dem Vorsatz gehandelt hat, seine Gläubiger zu benachteiligen. Zudem muss auch der andere Teil zur Zeit der Handlung (und nicht erst später) den Vorsatz des Schuldners gekannt haben.

26 Die praktisch relevante Frage ist natürlich, wie ein solcher Vorsatz und die Kenntnis des Vorsatzes nachgewiesen werden können. § 133 Abs. 1 S. 2 InsO enthält eine *gesetzliche Vermutung* für die Kenntnis des Anfechtungsgegners, wenn er wusste, dass die Zahlungsunfähigkeit des Schuldners drohte und dass die Handlung die Gläubiger benachteiligte. Hier genügt es also für die Feststellung der Kenntnis, darzulegen, dass eine drohende Zahlungsunfähigkeit des Schuldners vorlag und die Handlung benachteiligende Wirkung hat. Dann muss der andere Teil die Vermutung für die Kenntnis widerlegen. § 133 Abs. 1 S. 2 InsO gilt nach seinem Wortlaut *nicht für die Feststellung des Benachteiligungsvorsatzes.* Insofern hat jedoch die Rechtsprechung schon seit jeher

[11] Näher BGH NJW 2021, 1538 zum AnfG.

die Vorgaben des § 133 Abs. 1 S. 2 InsO erst recht auf den Benachteiligungsvorsatz erstreckt.[12] Wer weiß, dass er sich im Zustand der drohenden Zahlungsunfähigkeit oder der eingetretenen Zahlungsunfähigkeit befindet und nunmehr eine benachteiligende Handlung vornimmt, handelt regelmäßig mit Benachteiligungsvorsatz, da ihm dann bewusst ist, dass vorhandene andere Gläubiger leer ausgehen werden.[13] Allerdings ist der BGH davon im Urteil vom 6.5.2021[14] (lesen!) wieder für kongruente Deckungen abgerückt. Jetzt soll es für den Benachteiligungsvorsatz erforderlich sein, dass der Schuldner seine Zahlungsunfähigkeit kennt, aber zugleich auch die Vorstellung hat, er werde seine Gläubiger auch in Zukunft nicht befriedigen können, also die Zahlungsunfähigkeit nicht überwinden können.[15] Das Urteil hat weitreichende Konsequenzen. Es reicht also nicht, dass der Schuldner im Zeitpunkt der Zahlung weiß, dass er zahlungsunfähig ist, es kommt auch die Frage hinzu, ob er sich berechtigte Hoffnungen machen durfte, die schwierige Lage zu überwinden, so dass dann letztlich doch alle Gläubiger befriedigt werden können (nach der Vorstellung des Schuldners im Zeitpunkt der Rechtshandlung).

Zudem hat die Rechtsprechung einige Beweisanzeichen und Indizien entwickelt, die 27
für einen Benachteiligungsvorsatz und für die entsprechende Kenntnis des Anfechtungsgegners sprechen. Das können bspw. misslungene Vollstreckungsversuche, geplatzte Lastschriften und sonstige verdächtige Umstände sein wie etwa die Inkongruenz einer Deckung im Stadium zweifelhafter Liquidität.[16]

II. Einschränkung bei kongruenter Deckung

Die Anfechtungsreform von 2017 hat für einen praktisch wichtigen Bereich, nämlich 28
kongruente Deckungen, eine Einschränkung mit sich gebracht. Gemäß § 133 Abs. 3 S. 1 InsO gilt die gesetzliche Kenntnisvermutung des § 133 Abs. 1 S. 2 InsO erst bei **tatsächlich eingetretener Zahlungsunfähigkeit.** Der Anfechtungsgegner sieht sich also noch nicht mit der Bürde der Entlastung konfrontiert, wenn er von der drohenden Zahlungsunfähigkeit wusste, sondern erst dann, wenn ihm klar war und er Kenntnis davon hatte, dass der Schuldner tatsächlich zahlungsunfähig ist. Das kann praktisch einen erheblichen Unterschied machen, da dem Gläubiger möglicherweise gewisse Krisenanzeichen bekannt sind, nicht aber das gesamt Ausmaß der Liquiditätslage des Schuldners.

Weiter eingeschränkt wird die Anfechtung auch durch die für kongruente Deckungen 29
geltende Vermutung des § 133 Abs. 3 S. 2 InsO. Hatte der andere Teil mit dem Schuldner eine Zahlungsvereinbarung getroffen oder ihm eine Zahlungserleichterung gewährt, wird vermutet, dass er zur Zeit der Handlung die Zahlungsunfähigkeit des Schuldners nicht kannte. Der Sinn dieser gesetzlichen Vermutung für die Nichtkenntnis der Zahlungsunfähigkeit bleibt allerdings dunkel. Der Gesetzgeber wollte hier Gläubiger schützen, die sich auf eine Ratenzahlungsvereinbarung mit dem Schuldner eingelassen hatten. In der Praxis war teilweise aus dieser Ratenzahlungsvereinbarung gerade darauf geschlossen worden, dass der Gläubiger von der Zahlungsunfähigkeit

[12] BGH NJW 2021, 2651 Rn. 9.

[13] BGH ZIP 2020, 2135 Rn. 16; BGH NJW 2009, 1601 (1602) Rn. 10.

[14] BGH NZI 2021, 720 (723) Rn. 32ff.

[15] BGH NZI 2021, 720 (723) Rn. 36.

[16] Vgl. BGH NJW 2014, 465 (467) Rn. 18f. (Vollstreckung); BGH NZI 2017, 620 Rn. 4 (Lastschriften); NZI 2014, 266 (268) Rn. 17 (Inkongruenz).

des Schuldners Kenntnis hatte. Dieser Praxis wollte der Gesetzgeber einen Riegel vorschieben. Demgemäß ist davon auszugehen, dass nunmehr über die Ratenzahlungsvereinbarung hinausgehende Umstände vorgetragen und ggfs. bewiesen werden müssen, die für eine Kenntnis der Zahlungsunfähigkeit sprechen. Zu denken ist etwa an das Eingeständnis des Schuldners, nicht mehr zahlungsfähig zu sein. Demgegenüber reicht es nicht, dass der Verwalter allein aus der Begleichung einer Rate auf die subjektiven Voraussetzungen der Anfechtung schließt. Wohl aber kann sich der Verwalter auf Umstände aus der Zeit vor der Ratenzahlungsvereinbarung stützen, wie der BGH entschieden hat.[17] Gesperrt wird durch § 133 Abs. 3 S. 2 InsO nur die Herleitung der Kenntnis von der Zahlungsunfähigkeit *allein* aus der Ratenzahlungsvereinbarung und der darauf gerichteten Bitte.

30 **Beispiel:** Gläubiger G hat von Schuldner S Ratenzahlungen im Stadium der Zahlungsunfähigkeit erhalten. Im Anfechtungsprozess bestreitet G, von der Zahlungsunfähigkeit gewusst zu haben. Für G streitet die Vermutung des § 133 Abs. 3 S. 2 InsO, nichts von der Zahlungsunfähigkeit gewusst zu haben. Verwalter V kann aber vortragen, dass es schon vor der Ratenzahlungsvereinbarung Rücklastschriften bei S gegeben habe und S auch selbst seine „Pleite" eingestanden habe und dass G von diesen Umständen gewusst hat.

31 Mit diesen Umständen ist die Vermutung des § 133 Abs. 3 S. 2 InsO widerlegt und von der Kenntnis der Zahlungsunfähigkeit kann grundsätzlich auf die Kenntnis des Benachteiligungsvorsatzes geschlossen werden. Denn es gilt dann auch wieder § 133 Abs. 3 S. 1 InsO i. V. m. § 133 Abs. 1 S. 2 InsO, jetzt spricht die *Vermutung für die Kenntnis vom Benachteiligungsvorsatz.* Denn mit Kenntnis der eingetretenen Zahlungsunfähigkeit und der Kenntnis, dass die Rechtshandlung die Gläubiger benachteiligt (diese Kenntnis ist bei Kenntnis vom Vorhandensein weiterer Gläubiger zwangsläufig[18]) spricht die Vermutung für die Kenntnis vom Benachteiligungsvorsatz.

32 Es kann dann nur ein gegenläufiger Umstand dafür sprechen, dass ausnahmsweise trotz Kenntnis der Zahlungsunfähigkeit kein Benachteiligungsvorsatz gegeben war oder jedenfalls davon keine Kenntnis bestand; denkbar etwa bei Sanierungsversuchen.[19]

III. Insideranfechtung (§ 133 Abs. 4 InsO)

33 Eine besondere Form der Anfechtung ist die Insideranfechtung des § 133 Abs. 4 InsO. Sie betrifft die Anfechtung eines entgeltlichen Vertrages, durch die Insolvenzgläubiger unmittelbar benachteiligt werden. Erfasst sind also unausgewogene entgeltliche Verträge, z. B. der Verkauf einer Sache unter Wert. Diese Anfechtung richtet sich gegen *Verträge mit nahestehenden Personen* i. S. d. § 138 InsO. Dort sind bestimmte Personen als nahestehend definiert. Weisen die nahestehenden Personen nach, dass sie den Benachteiligungsvorsatz zur Zeit des Vertragsschlusses nicht kannten oder dass der Vertrag früher als zwei Jahre vor dem Eröffnungsantrag geschlossen worden ist, so ist die Anfechtung allerdings auch ausgeschlossen, § 133 Abs. 2 S. 2 InsO.

[17] BGH NJW 2020, 2404 (2406) Rn. 18.
[18] Vgl. MüKoInsO/Kayser/Freudenberg InsO § 133 Rn. 19.
[19] BGH NZI 2018, 840 (841) Rn. 9.

D. Die Anfechtung unentgeltlicher Leistungen (§ 134 InsO)

Gemäß § 134 Abs. 1 InsO ist eine unentgeltliche Leistung des Schuldners anfechtbar, die er innerhalb von vier Jahren vor dem Eröffnungsantrag vorgenommen hat. Eine Vornahme der Leistung früher als vier Jahre vor dem Antrag ist eine anspruchshindernde Tatsache und daher vom Anfechtungsgegner zu beweisen. Diese Beweislastverteilung schützt insbesondere gegen eine Rückdatierung der Leistung. Die Anfechtung gemäß § 134 InsO wird in der Regel auch als **Schenkungsanfechtung** bezeichnet, ist aber nicht auf Schenkungen i. S. d. § 516 BGB beschränkt, setzt also insbesondere keine Einigung über die Unentgeltlichkeit voraus.[20] Unentgeltlich ist eine Leistung vielmehr, wenn sie nicht von einer entsprechenden Gegenleistung gedeckt ist. Die Vorschrift ist damit auch Ausdruck der allgemeinen fehlenden Schutzwürdigkeit des Anfechtungsgegners beim unentgeltlichen Erwerb. Wer etwas unentgeltlich erhält, muss damit rechnen, dass er es wieder herausgeben muss. Indes spricht § 134 InsO nicht nur die Schwäche des unentgeltlichen Erwerbs an, sondern beruht auch auf der Erwägung, dass der Schuldner seine Vermögenswerte nicht unentgeltlich weggeben soll, wenn hinterher seine Gläubiger leer ausgehen. 34

Erfasst werden hier also Leistungen des Schuldners, durch die zugunsten einer anderen Person ein Vermögenswert aufgegeben wird, *ohne dass objektiv eine ausgleichende Gegenleistung* an den Schuldner erbracht wird. Keine unentgeltliche Verfügung ist aber die Bestellung einer Sicherheit für eine eigene Verbindlichkeit aus einem entgeltlichen Vertrag. Auch die nachträgliche Besicherung eigener Verbindlichkeiten ist nicht nach § 134 InsO anfechtbar, selbst wenn für diese Besicherung keine weitere Gegenleistung erbracht wird. Die ausgleichende Gegenleistung muss nicht zwingend bereits geflossen sein, um die Unentgeltlichkeit auszuschließen, sondern es genügt, dass der Schuldner einen entsprechenden Anspruch auf die Gegenleistung erlangt hat. Dieser Anspruch kann dann im Insolvenzverfahren auch vom Insolvenzverwalter natürlich noch verfolgt werden. 35

Als problematisch hat sich die **Behandlung rechtsgrundloser Leistungen** erwiesen, mithin Leistungen auf nichtige Verträge.[21] 36

Beispiel: A erwirbt über einen Vermittler eine Kapitalbeteiligung an einer Vermögensanlage der X-KG, die von X betrieben wird. Die Kapitalzuflüsse sollen dazu dienen, in Waldgebiete in Osteuropa zu investieren, den Anlegern werden sagenhafte Renditen versprochen. Dieses Modell ist so strukturiert, dass mit neuen Zuflüssen die Altanleger ausgezahlt werden können (Schneeballsystem). X handelt kriminell und weiß, dass irgendwann das System zum Einsturz kommt, wenn nicht mehr genügend Neuanleger zeichnen. Bis dahin will er sich aber schon in die Karibik abgesetzt haben. Um die Anleger bei Laune zu halten und den guten Schein zu wahren, schreibt er A „Scheingewinne" gut, die in Wahrheit gar nicht angefallen sind und auf die A nach den zugrundeliegenden Vertragsbedingungen auch keinen Anspruch hatte. Kurz darauf fällt die X-KG in Insolvenz. 37

Die Rechtsprechung hatte zunächst tendenziell angenommen, dass rechtsgrundlose Leistungen auch unentgeltlich sein können. In jüngerer Zeit hat der BGH indessen die Frage mit dem Bereicherungsrecht und dem Ausschlussgrund des § 814 BGB verknüpft. Grundsätzlich stellt der Bereicherungsanspruch, den der Schuldner bei rechtsgrundlosen Leistungen gegen den Empfänger erwirbt, selbst eine ausgleichende Ge- 38

[20] BGHZ 162, 276 (280f.); BGH NZI 2018, 800 (804) Rn. 38.

[21] S. etwa BGH NJW 2017, 2199 (2200) Rn. 13; Uhlenbruck/Borries/Hirte InsO § 134 Rn. 48.

genleistung dar, schließt also die Unentgeltlichkeit aus.[22] Hat der Schuldner allerdings – wie im eben gebildeten Beispiel – **bewusst in Kenntnis der Nichtschuld** geleistet, ist sein Bereicherungsanspruch nach § 814 BGB ausgeschlossen. Folglich kann in dem Bereicherungsanspruch auch keine ausgleichende Gegenleistung liegen, da ein solcher Anspruch eben nicht besteht. Entsprechendes gilt, wenn der Bereicherungsanspruch nach § 817 S. 2 BGB ausgeschlossen ist. In der Konsequenz bedeutet das, dass *bewusste* Leistungen auf Nichtschulden unentgeltlich sind, „normale rechtsgrundlose" Leistungen, die zu einem Bereicherungsanspruch führen, aber nicht als unentgeltlich angesehen werden.

39 Ebenso problematisch sind **teilweise freigebige Leistungen.** Veräußert der Schuldner eine Sache im Wert von einer Million für einen Spottpreis von 200.000 EUR, so ist fraglich, ob darin insgesamt ein unentgeltliches Geschäft zu sehen ist. In einem solchen Fall würde die Rechtsprechung dazu neigen, den überschießenden Teil dann als unentgeltlich anzusehen, wenn er von einem gewissen Beurteilungsspielraum der Parteien nicht mehr gedeckt ist,[23] in jüngerer Zeit geht die Rechtsprechung aber vermehrt dazu über, den guten Glauben an die **Werthaltigkeit** zu berücksichtigen.[24] Der Beurteilungsspielraum verhindert auch, dass jede noch so kleine Abweichung der Wertbemessung von Leistung und Gegenleistung bereits in der Differenz zu einer Anfechtung nach § 134 InsO führt. Anders liegt es dagegen, wenn der Beurteilungsspielraum klar überschritten ist oder erst recht bei verschleierten Schenkungen, die nur unter dem Deckmantel eines vermeintlichen Kaufvertrages vorgenommen werden.

40 Ein Sonderfall sind **Drei-Personen-Verhältnisse.**[25] Paradebeispiel sind Leistungen, die der Schuldner an einen Gläubiger eines anderen erbringt. Der Insolvenzschuldner zahlt mithin auf eine fremde Verbindlichkeit des Forderungsschuldners. Darin liegt *grundsätzlich* keine unentgeltliche Leistung, weil der Gläubiger für den Erhalt des Geldbetrages seine Forderung gegen den Forderungsschuldner aufgibt, denn diese Forderung wird mit der Befriedigung durch den Insolvenzschuldner erfüllt. Anders liegt es dagegen, wenn die befriedigte Forderung vom Gläubiger ohnehin nicht mehr hätte durchgesetzt werden können, weil der Forderungsschuldner ebenfalls bereits insolvenzreif war, also die fremde Schuld **wertlos** war. Dann wäre der Gläubiger bei einem Versuch der Durchsetzung gegen den Forderungsschuldner ohnehin gescheitert. Befriedigt nunmehr der leistende Insolvenzschuldner gleichwohl den für ihn fremden Gläubiger, gewährt er dem Gläubiger damit die Wohltat einer Befriedigung einer Forderung, die aus Sicht des Gläubigers bereits wertlos war. In diesem Fall kann die Leistung des Schuldners an den Gläubiger auf die fremde Verbindlichkeit grundsätzlich und vorbehaltlich verschiedener Umstände des Einzelfalls[26] gemäß § 134 InsO anfechtbar sein.

[22] BGH NJW 2017, 2199 (2200) Rn. 13ff.
[23] BGH ZIP 1993, 1170 (1173) zur KO; BAG NJW 2016, 970 Rn. 13.
[24] BGH NZI 2021, 26 (27) Rn. 10; NZI 2017, 68 Rn. 22ff.
[25] Dazu etwa Uhlenbruck/Borries/Hirte InsO § 134 Rn. 57ff.; Gehrlein WM 2019, 1241.
[26] BGH NZI 2014, 564 Rn. 5.

E. Die Anfechtung bei Gesellschafterdarlehen (§ 135 InsO)

I. Grundregeln

§ 135 InsO steht im Zusammenhang mit **§ 39 Abs. 1 Nr. 5 InsO.** Gemäß § 39 Abs. 1 Nr. 5 InsO sind bei haftungsbeschränkten Kapitalgesellschaften einschließlich der GmbH & Co. KG (§ 39 Abs. 4 S. 1 InsO) Forderungen auf Rückzahlung eines von einem Gesellschafter gewährten Darlehens oder sog. wirtschaftlich entsprechende Forderungen nachrangig. Hat also der Gesellschafter seiner Gesellschaft ein Darlehen gewährt, das bis zur Insolvenzeröffnung nicht zurückgezahlt wurde, so wird er mit seinem Rückzahlungsanspruch nur nachrangig bedient, und das bedeutet in der Regel, gar nicht. Die Anfechtung nach § 135 InsO sichert nach verbreitetem Verständnis diesen **Nachrang** ab. Lässt sich der Gesellschafter das Darlehen vor dem Eröffnungsantrag oder während des Eröffnungsverfahrens zurückzahlen, so erhält er mehr, als ihm nach der Rangfolge des Insolvenzverfahrens zustünde. Folgerichtig verpflichtet ihn § 135 Abs. 1 Nr. 2 InsO zur Rückgewähr. 41

Im Einzelnen ist bei § 135 InsO wie folgt zu differenzieren. Die Anfechtung umfasst sowohl etwaige **Sicherheiten für das Gesellschafterdarlehen,** § 135 Abs. 1 Nr. 1 InsO, als auch die **Befriedigung des Gesellschafteranspruchs.** Sicherheiten sind anfechtbar, wenn sie bis zu zehn Jahre vor dem Antrag gestellt wurden. Damit wird verhindert, dass sich die Gesellschafter für die von ihnen gewährten Darlehen umfangreich Sicherheiten aus dem Gesellschaftsvermögen geben lassen und dann im Insolvenzverfahren als absonderungsberechtigte Gläubiger auftreten können. Demgegenüber ist die Befriedigung, mithin die Rückzahlung des Darlehens, nur anfechtbar, wenn sie innerhalb des letzten Jahres vor dem Eröffnungsantrag oder danach erfolgt ist. 42

Wohlgemerkt geht es bei § 135 InsO und § 39 Abs. 1 Nr. 5 InsO um das von einem Gesellschafter gewährte **Fremdkapital.**[27] Die eigentlichen mitgliedschaftlichen Rechte, die mithin aus der Position als Eigenkapitalgeber folgen, fallen nicht unter § 39 Abs. 1 Nr. 5 InsO und § 135 InsO, sondern sind sozusagen „nach-nachrangig". Mit diesen Positionen wird der Gesellschafter erst ganz zum Schluss berücksichtigt, § 199 S. 2 InsO. 43

II. Drittbeteiligung

Da Gesellschaftsstrukturen häufig komplex und Umgehungen zu vermeiden sind, erfasst § 135 InsO auch Darlehen und Finanzierungshilfen von **gesellschaftergleichen Dritten.** Das Gesetz spricht von Forderungen aus wirtschaftlich entsprechenden Rechtshandlungen. Damit werden u. a. gesellschaftergleiche Dritte erfasst, wie z. B. nur mittelbar am Schuldner beteiligte Gesellschafter, aber auch Finanzierungshilfen, die keine klassischen Darlehen sind. 44

Ebenso einen Sonderfall stellt § 135 Abs. 2 InsO dar. Hier geht es typischerweise um eine Situation, in der ein *externer Darlehensgeber* (z. B. eine außenstehende Bank) der Gesellschaft ein Darlehen gewährt hat. Gleichzeitig hat ein Gesellschafter oder gesellschaftergleicher Dritter für dieses Darlehen eine Sicherheit gestellt, z. B. sich verbürgt. Führt nun die Gesellschaft das Darlehen an den Darlehensgeber zurück, bedeutet dies 45

[27] Uhlenbruck/Hirte InsO § 39 Rn. 32f. InsO § 135 Rn. 5; einen Sonderfall beschreibt BGH NJW 2021, 3532 (Gewinnvortrag).

zugleich, dass der Gesellschafter von der Einstandspflicht mit seiner Sicherheit befreit wird. Im *Innenverhältnis* zwischen Gesellschaft und Gesellschafter soll aber ausweislich der Wertung des § 44a InsO der Gesellschafter zuerst einstandspflichtig sein. Denn wenn der Gesellschafter mit der Sicherheit in Anspruch genommen würde, wäre sein Regressanspruch gegen die Gesellschaft ebenfalls nachrangig i. S. d. § 39 Abs. 1 Nr. 5 InsO. Aus diesem Grund wird bei Befriedigung des externen Darlehensgebers durch die Gesellschaft zugleich ein Anfechtungsanspruch gegen den Gesellschafter geschaffen, der den Wert der erlangten Befreiung von der Sicherheit an die Masse zurückführen muss. Wohlgemerkt betrifft § 135 Abs. 2 InsO nur die Anfechtung gegenüber dem Gesellschafter, nicht gegenüber dem externen Darlehensgeber. Ob die Rückführung des Darlehens an den Darlehensgeber anfechtbar ist, richtet sich nach allgemeinen Regeln.[28]

§ 27. Aufrechnung im Insolvenzverfahren

Literatur: Adam, Die Aufrechnung im Rahmen der Insolvenzordnung, WM 1998, 801; Becker, Begünstigen und Zurückdrängen der Aufrechnung unter laufendem Insolvenzverfahren, DZWiR 2005, 221; Börner, Die Aufrechnung mit der Forderung eines Dritten, NJW 1961, 1505; ders., Aufrechnung mit im Insolvenzplan erfassten Forderungen, NZI 2009, 409; Bork, Aufrechnung und Insolvenzanfechtung, FS Ishikawa, 2001, S. 31; Bork, Die Aufrechnung im Internationalen Insolvenzverfahrensrecht, ZIP 2002, 690; Christiansen, Noch nichtfällige Forderungen und die Anfechtbarkeit der Aufrechnungslage, InVo 2005, 125; Dahl, Aufrechnungsbefugnis trotzrechtskräftigem Insolvenzplan?, NJW-Spezial 2009, 309; Dellit/Hamann, Forderungserlass und Insolvenzplan, ZIP 2015, 308; Dempewolf, Die Wirkung des Aufrechnungsverbots im Konkurs des Begünstigten, DB 1976, 1753; Dobmeier, Die Aufrechnung durch den Insolvenzverwalter, ZInsO 2007, 1208; Eckardt, Zur Aufrechnungsbefugnis des Konkursverwalters, ZIP 1995, 257; ders., Die Aufrechnung im Gesamtvollstreckungsverfahren, ZIP 1995, 1146; Eckhoff, Unwirksame Anfechtung mit Insolvenzforderungen gegen Ausgleichsanspruch des Vertragshändlers, NZI 2013, 962; von Feldmann, Die Aufrechnung – ein Überblick, JuS 1983, 357; Fischer, der maßgebliche Zeitpunkt der anfechtbaren Rechtshandlung, ZIP 2004, 1679; Grunsky, Die Rückwirkung der Aufrechnung, JuS 1963, 102; Habermeier, Grundfragen der Aufrechnung, JuS 1997, 1057; von Hall, Aufrechnungsverträge in der Insolvenz, KTS 2011, 343; Henkel, Die Verjährung der Hauptforderungen des Insolvenzschuldners bei Unzulässigkeit der Aufrechnung nach § 96 Abs. 1 Nr. 3 InsO, NZI 2007, 84; Huber, Die Anfechtung vertraglich vereinbarter Aufrechnungen innerhalb und außerhalb der Insolvenz, 2016; Huber, Die Abwicklung gegenseitiger Verträge nach der Insolvenzordnung, NZI 1998, 97; ders., Die insolvenzrechtlich unzulässige Aufrechnung nach § 96 Abs. 1 Nr. 3 InsO, ZInsO 2009, 566; Kayser, Wirksame und unwirksame Aufrechnungen und Verrechnungen in der Insolvenz (§§ 94 bis 96 InsO), WM 2008,1477 (Teil 1); 1525 (Teil 2); Kessler, Sicherungszessionen und das Aufrechnungsverbot nach § 96 Abs. 1 Nr. 2 InsO, NZI 2001, 148; Lackhoff/Bauer, Fortbestand eines Aufrechnungsverbots in der Insolvenz, NZI 2013, 427; Paulus, Zum Verhältnis von Aufrechnung und Insolvenzanfechtung, NZI 2009, 91; Reinicke, Zur Aufrechnung mit und gegen Schadensersatzforderungen, NJW 1959, 361; Schwarz, Beschränkung der Aufrechnung des Insolvenzgläubigers nach einem bestätigtem Insolvenzplan auf die Quote? ZInsO 2009, 408; Zenker, Zur Frage der Rückwirkung des § 96 Abs. 1 Nr. 3 InsO, NZI 2006, 16.

A. Grundregeln der Aufrechnung

1 Bei der Aufrechnung handelt es sich um ein Erfüllungssurrogat, §§ 387 ff. BGB. Die Aufrechnung setzt neben der Erklärung der Aufrechnung (Gestaltungsrecht) das Vorliegen einer Aufrechnungslage bei gleichzeitigem Fehlen von Aufrechnungsverboten voraus. Erforderlich sind wechselseitige Ansprüche, die ihrem Gegenstand nach gleichartig sind, z. B. beide auf Geld gerichtet sind. Dann ist eine Aufrechnung mög-

[28] Vgl. BGH ZIP 2017, 1632 Rn. 8.

lich, wenn und sobald die aufrechnende Person einen fälligen und durchsetzbaren Anspruch hat und umgekehrt die Forderung, gegen die aufgerechnet wird (Hauptforderung), erfüllbar ist („sobald … die ihm obliegende Leistung bewirken kann", § 387 BGB).

Die Aufrechnung bewirkt, dass die wechselseitigen Forderungen erlöschen, § 389 BGB. Problematisch ist, ob ein Insolvenzgläubiger noch **nach Verfahrenseröffnung aufrechnen kann.** Diese Frage ist für den Insolvenzgläubiger von elementarer Bedeutung. 2

Das wird deutlich, wenn man sich die Situation *ohne die Möglichkeit einer Aufrechnung* vorstellt. Dann hätte der Insolvenzgläubiger seine gegen die Masse gerichtete Forderung als Insolvenzforderung zur Tabelle anzumelden und er erhielte darauf nur die **Insolvenzquote.** Demgegenüber hätte der Verwalter weiterhin die Forderung der Masse gegen den Insolvenzgläubiger und könnte diese Forderung beim Insolvenzgläubiger voll eintreiben. Bestehen beide Forderungen in gleicher Höhe, z. B. in Höhe von 100, so bedeutete dies, dass der Insolvenzgläubiger 100 an die Masse leisten müsste, zugleich aber über die Insolvenzquote nur einen geringen Betrag von z. B. 5 oder 10 zurückerhielte. Lässt man dagegen die Aufrechnung zu, erhält der Insolvenzgläubiger **mittels Aufrechnung die volle Befriedigung für seine gegen die Masse gerichtete Forderung.** Denn er kann diese Forderung als Gegenforderung einsetzen, um sich von der gegen ihn gerichteten Hauptforderung zu befreien. 3

B. Aufrechnung in der Insolvenz

Das Gesetz schützt den Insolvenzgläubiger über die §§ 94 ff. InsO in weitgehendem Umfang. Dabei ist aber zu unterscheiden: Der Insolvenzgläubiger konnte bereits bei Verfahrenseröffnung aufrechnen, § 94 InsO (→ Rn. 6 ff.); die Aufrechnungslage trat erst während des Verfahrens ein, § 95 InsO (→ Rn. 9 ff.); die (nach §§ 94, 95 InsO an sich) mögliche Aufrechnung ist aus besonderen Gründen ausgeschlossen, § 96 InsO (→ Rn. 12 ff.). 4

Folgende Grundsätze sind der gesetzlichen Regelung zu entnehmen: Eine bei Verfahrenseröffnung **bereits bestehende Aufrechnungslage** kann der Insolvenzgläubiger ausnutzen, eine erst **während des Verfahrens eingetretene Aufrechnungslage** berechtigt hingegen nur nach Maßgabe der §§ 95, 96 InsO zur Aufrechnung. Eine bei Verfahrenseröffnung bestehende Aufrechnungslage wird mithin geschützt und vermittelt dem Insolvenzgläubiger eine Art Absonderungsrecht. Es handelt sich quasi um ein Recht zur privaten Zwangsvollstreckung, wofür auch § 394 BGB spricht. Die sonst für Absonderungsrechte geltenden Beschränkungen, wie z. B. die Kostenbeteiligung (§§ 170, 171 InsO), gelten für die Aufrechnung nicht. Das Vertrauen des Gläubigers auf die Möglichkeit der Aufrechnung wird vom Gesetz also recht weitgehend geschützt. 5

I. Geschützte Aufrechnungslage aufgrund Gesetz oder Vereinbarung

Die in § 94 InsO geschützte Aufrechnungslage beruht auf Gesetz, wenn die Voraussetzungen des§ 387 BGB vorliegen, also die Gegenseitigkeit und Gleichartigkeit der beiden Forderungen sowie die Fälligkeit der Insolvenzforderung (der Insolvenzgläubiger muss Leistung verlangen dürfen) und die Erfüllbarkeit der Hauptforderung (der Insol- 6 venzgläubiger muss seinerseits leisten dürfen). Die Begrifflichkeiten dürfen nicht verwechselt werden. Die Forderung, gegen die aufgerechnet wird, d. h. die Forderung der Masse, nennt man **Hauptforderung,** die Forderung, mit der aufgerechnet wird, d. h. die Forderung des Insolvenzgläubigers, ist die **Gegenforderung.** Fälligkeit und Erfüllbarkeit fallen zwar regelmäßig zusammen, können aber auch voneinander abweichen. Das hängt von den vertraglichen Abreden ab. So mag sein, dass die Hauptforderung gegen den Insolvenzgläubiger noch nicht zwangsweise durchgesetzt werden kann, also die Fälligkeit noch nicht gegeben ist, gleichwohl der Insolvenzgläubiger schon leisten dürfte, wenn er vor Fälligkeit leisten will. Für die Aufrechnungslage genügt die Fälligkeit der Gegenforderung und mithin deren volle Durchsetzbarkeit, während bei der Hauptforderung die Erfüllbarkeit genügt. Das folgt schon daraus, dass die Aufrechnung gerade ein Erfüllungssurrogat ist.

7 Nach § 94 InsO berechtigen aber auch **vertragliche Aufrechnungsvereinbarungen** zur Aufrechnung nach Insolvenzeröffnung, durch die dem Gläubiger eine gegenüber §§ 387ff. BGB erweiterte Aufrechnungsbefugnis eingeräumt wurde. Beispielsweise können die Parteien das Erfordernis der Gleichartigkeit abbedingen. Nicht unter § 94 InsO fallen nach der Rechtsprechung allerdings sog. *Konzernverrechnungsklauseln,* mit denen dem Insolvenzgläubiger (häufig in seinen AGB) die Befugnis eingeräumt wird, gegen die Hauptforderung des Schuldners mit Gegenforderungen aufzurechnen, die nicht ihm, sondern anderen konzernverbundenen Gesellschaften zustehen; eine gleichwohl erklärte Aufrechnung ist analog § 96 Abs. 1 Nr. 2 InsO unzulässig.[1]

8 Fraglich ist, ob die Aufrechnungslage auch besteht, wenn die beiderseitigen Geldforderungen auf unterschiedliche Währungen lauten. Ob deshalb die Gleichartigkeit (§ 387 BGB) fehlt, ist str.[2]. Für den Fall des nachträglichen Eintritts der Aufrechnungslage ergibt sich aus § 95 Abs. 1 S. 2 InsO in Verbindung mit § 45 S. 2 InsO, dass die Gleichartigkeit nicht durch Umrechnung in inländische Währung hergestellt werden kann (so aber seinerzeit noch die Regelung in § 69 KO). § 95 Abs. 2 InsO knüpft daran an und bestimmt die Gleichartigkeit von Forderungen, die auf bestimmte unterschiedliche Währungen lauten. Es ist nicht notwendig, dass eine der Forderungen auf EUR gerichtet ist. Da es sich hierbei um eine Frage des allgemeinen Aufrechnungsrechts ohne insolvenzrechtliche Besonderheit handelt, ist § 95 Abs. 2 InsO direkt, nicht nur analog, auf § 94 InsO anzuwenden. Zu beachten ist, dass der aufrechnungsberechtigte Gläubiger einer Euro-Forderung seine in ausländischer Währung ausgedrückte Geldschuld gemäß § 244 Abs. 1 BGB in EUR erfüllen und daher auch mit seiner Euro-Forderung aufrechnen kann (Gleichartigkeit durch Ersetzungsbefugnis).

II. Erweiterung der Aufrechnungsbefugnis durch § 95 InsO

9 Die §§ 94ff. InsO schützen die Aufrechnungsmöglichkeiten aber u. U. sogar dann, wenn im Zeitpunkt der Verfahrenseröffnung eine Aufrechnungslage **noch nicht vollständig entstanden** ist. Das ist nach § 95 Abs. 1 InsO der Fall, wenn die Forderungen auf ungleichartige Leistungen gerichtet sind (Ausnahme: § 95 Abs. 2 InsO, → Rn. 8) oder beide oder eine der Forderungen aufschiebend bedingt oder nicht fällig ist. Dann kann aufgerechnet, sobald die Voraussetzungen eingetreten sind (vorher natürlich schon mangels Aufrechnungslage nicht). § 95 InsO lässt also *für bestimmte Situationen* auch dann eine Aufrechnung zu, wenn die Aufrechnungslage bei Eröffnung noch nicht bestand weil noch einzelne Voraussetzungen fehlten. Nicht erfasst ist aber etwa der Fall, dass es vor Eröffnung noch gar keine Gegenforderung gab. Generell gilt für die Aufrechnung, dass die Hauptforderung nicht fällig, sondern – wie in der Re-

[1] BGH NJW 2004, 3185 (3186); 2006, 3631 (3632).
[2] Vgl. KG NJW 1988, 2181; Grüneberg/Grüneberg BGB § 387 Rn. 9.

gel – nur erfüllbar sein muss (§ 387 BGB a. E. mit § 271 Abs. 2 BGB[3]). Daher muss auch § 95 Abs. 1 InsO, der für beide Forderungen auf die Fälligkeit Bezug nimmt, korrigierend ausgelegt werden. In Bezug auf die Hauptforderung genügt die Erfüllbarkeit. Die Forderung des Insolvenzschuldners muss also noch nicht fällig sein, aber der Insolvenzgläubiger muss sie schon erfüllen dürfen (eben dies tut er ja dann mit der Aufrechnung als Erfüllungsurrogat).

Einen wichtigen Ausschluss der Aufrechnung in diesen Fällen, in denen die Aufrechnungslage erst während des Verfahrens eintritt, enthält aber § 95 Abs. 1 S. 3 InsO. War die Hauptforderung bereits unbedingt und fällig (und damit vom Insolvenzgläubiger als Schuldner dieser Forderung zur Masse zu erfüllen), bevor die Aufrechnungslage während des Verfahrens eintrat, so ist die Aufrechnung *ausgeschlossen,* § 95 Abs. 1 S. 3 InsO (Ausnahme von § 95 Abs. 1 S. 1 InsO). Damit soll verhindert werden, dass der Insolvenzgläubiger so lange mit der Erfüllung seiner Schuld wartet, bis er mit seiner Gegenforderung aufrechnen kann (z. B. weil sie während des Verfahrens fällig wird). Der Sache nach gehört § 95 Abs. 1 S. 3 InsO zu den Ausschlussgründen des § 96 InsO. 10

Bei § 95 Abs. 1 S. 3 InsO kommt es also auf die zeitliche Reihenfolge an, in der die Unbedingtheit und Fälligkeit in Bezug auf die beiden Forderungen eintritt. Ist also die Forderung der Masse bzw. des Schuldners gegen den Gläubiger vorher unbedingt und durchsetzbar, bevor die Gegenforderung fällig und durchsetzbar wird, dann kann der Gläubiger nicht mehr aufrechnen. 11

C. Ausschluss der Aufrechnung

Aus insolvenzrechtlichen Gründen sieht § 96 InsO den Ausschluss der Aufrechnung vor. 12

Folgende Fälle des § 96 InsO sind zu unterscheiden: 13

(1) Ein Insolvenzgläubiger ist erst nach Verfahrenseröffnung etwas zur Masse schuldig geworden, Nr. 1;

(2) ein Insolvenzgläubiger hat seine (Gegen-)Forderung erst nach Verfahrenseröffnung von einem anderen Gläubiger *erworben,* Nr. 2;

(3) ein Insolvenzgläubiger hat die Möglichkeit der Aufrechnung *durch eine anfechtbare Rechtshandlung erlangt,* Nr. 3;

(4) wenn die Forderung eines Gläubigers nicht aus der Masse, sondern aus dem freien Vermögen des Insolvenzschuldners zu erfüllen ist, der Gläubiger selbst aber etwas zur Insolvenzmasse schuldet, Nr. 4.

Dem Ausschluss liegt kein einheitlicher Gedanke zugrunde. 14

Sieht man im Aufrechnungsrecht eine Art von Absonderungsrecht, so wird durch die Nr. 1 und 2 ein **„sonstiger Rechtserwerb"** nach Verfahrenseröffnung, dem keine Verfügung des Insolvenzschuldners zugrunde liegt, ausgeschlossen. Das entspricht § 91 Abs. 1 InsO und dient dazu, den Grundsatz der gleichmäßigen Befriedigung aller Insolvenzgläubiger durchzusetzen. 15

[3] BGHZ 17, 19 (29f.); 103, 362 (367); Grüneberg/Grüneberg BGB § 387 Rn. 12.

16 **Beispiel (zu Nr. 1):** S schuldet G 1.000 EUR. Nach Verfahrenseröffnung beschädigt G fahrlässig einen Massegegenstand. Er wird also erst nach Eröffnung etwas zur Masse schuldig. Bei Insolvenzeröffnung musste G damit rechnen, für seine Forderung nur die Quote zu bekommen. G kann daher nach § 96 Abs. 1 Nr. 1 InsO gegen den (auf Geld gerichteten) Schadensersatzanspruch der Masse nicht aufrechnen, sondern muss Schadensersatz an die Masse leisten. Andernfalls könnte er sich aus einer nach Verfahrenseröffnung entstandenen Forderung der Masse zu Lasten der anderen Gläubiger befriedigen.

Beispiel (zu Nr. 2): G schuldet S 1.000 EUR. Nach Eröffnung des Insolvenzverfahrens über das Vermögen des S erwirbt G eine Forderung des X gegen S über 1.000 EUR. Dafür zahlt er dem X 500 EUR. Mit der von X erworbenen Forderung rechnet G gegen die Hauptforderung auf, die zur Masse zu erfüllen ist. Wäre das zulässig, dann hätte G seine Schuld über 1.000 EUR durch Aufrechnung mit einer Forderung zum Erlöschen gebracht, für deren Erwerb er nur 500 EUR aufwenden musste. Das wäre ein gutes Geschäft für G. Aber auch X könnte sich die Hände reiben. Für seine „an sich"-Insolvenzforderung von 1.000 EUR hat er 500 EUR, also 50 %, erhalten – von einer Insolvenzausschüttung in dieser Höhe können Insolvenzgläubiger zumeist nur träumen. Die Masse aber wäre geschädigt: Ihr entginge die Differenz zwischen der von G zur Masse zu zahlenden Forderung und der an X aus der Masse zu zahlenden Insolvenzquote.

17 In den Fällen der Nr. 3 besteht anders als bei Nr. 2 die Aufrechnungslage bereits bei Verfahrenseröffnung. Daher wäre eine Aufrechnung nach § 94 InsO statthaft, doch ist diese Möglichkeit durch eine **anfechtbare Rechtshandlung** herbeigeführt worden. Nr. 3 erfasst auch die vom späteren Insolvenzgläubiger vor Verfahrenseröffnung erklärte Aufrechnung; sie wird mit Eröffnung unwirksam.[4] Der Verwalter kann die Forderung, gegen die anfechtbar aufgerechnet wurde, unmittelbar für die Masse einklagen und den Aufrechnungseinwand mit der Gegeneinrede der Anfechtbarkeit abwehren.[5] Als „anfechtbare Rechtshandlung" ist die Herbeiführung der Aufrechnungslage anzusehen.[6]

18 **Beispiel (zu Nr. 3):** G erwirbt 2 Monate vor dem Eröffnungsantrag und in Kenntnis der Zahlungsunfähigkeit des S von X dessen Forderung gegen S (Aufrechnungslage zumindest über § 133 InsO und ggf. auch § 131 Abs. 1 Nr. 2 InsO in anfechtbarer Weise herbeigeführt; G hatte keinen Anspruch auf die Aufrechnungslage). G rechnet sofort auf. Mit Verfahrenseröffnung wird die Aufrechnungserklärung rückwirkend automatisch unwirksam.

19 Die Nr. 4 ist eher überflüssig. Das Vermögen des Insolvenzschuldners ist geteilt in die Insolvenzmasse, die seiner Herrschaft entzogen ist (§§ 80, 148 InsO), und sein freies Vermögen. **Die Spaltung des Vermögens** wirkt sich auf die Gegenseitigkeit der Forderungen aus. Sie besteht nur, wenn der verlierende und der gewinnende Vermögensteil identisch ist. Die Hauptforderung muss also zur Masse und die Gegenforderung aus der Masse erfüllt werden (das sagt Nr. 1 deutlich). Daran fehlt es bei Nr. 4, so dass schon nach allgemeinen Grundsätzen der Vermögensspaltung die Gegenseitigkeit unter § 387 BGB fehlt.

[4] BGH NJW 2007, 78 (79) Rn. 11; OLG Düsseldorf ZIP 2020, 1925.
[5] BGH NJW 2007, 78 (80) Rn. 16; OLG Düsseldorf ZIP 2020, 1925 (1926).
[6] BGH NJW 2004, 3118 (3119); OLG Düsseldorf ZIP 2020, 1925 (1926).

§ 28. Feststellung von Insolvenzforderungen und Anmeldung zur Tabelle

Literatur: Dahl/Engels, Die Rechtskraftwirkung der widerspruchslos erfolgten Feststellung von Forderungen zur Insolvenztabelle, NZI 2018, 435; Fuchs, Grenzüberschreitende Forderungsanmeldungen im Insolvenzverfahren, NZI 2018, 9; Fuchs/Masarwah, Einmal Rechtskraft, immer Rechtskraft? Die Bedeutung des Tabelleneintrags nach § 178 III InsO für Folgeprozesse, NZI 2019, 401; Gessner, Die Schwierigkeiten bei der Anmeldung von Zug-um-Zug-Forderungen zur Insolvenztabelle, NZI 2020, 924; Merkle, Die Zuständigkeit von Insolvenzverwalter und Insolvenzgericht im insolvenzrechtlichen Feststellungsverfahren, Rpfleger 2001, 165; Münzel, Pflichtverletzung gegenüber dem Insolvenzgläubiger durch Feststellung seiner Haftpflichtforderung?, NZI 2007, 441; Vallender, Die Forderungsanmeldung im Insolvenzverfahren, ZAP 2018, 91; Vehslage, Die Behandlung von Beitragsforderungen im Insolvenzverfahren, NVwZ 2003, 776; Willmer/Berner, Die Änderung von Insolvenztabelle und Schlussverzeichnis, NZI 2015, 877.

A. Die Anmeldung der Insolvenzforderung zur Tabelle

Anders als im gewöhnlichen Zivilprozess muss ein Gläubiger seinen Anspruch gegen 1
den Schuldner im Insolvenzverfahren nicht einklagen, sondern lediglich zur Insolvenztabelle anmelden. Diese Anmeldung und die dann folgende Eintragung in eine Insolvenztabelle bilden später die **Grundlage für die quotale Ausschüttung und Berücksichtigung der Forderung.** Das zugehörige Verfahren ist in den §§ 174ff. InsO näher beschrieben. Es betrifft *allein die Forderungen der Insolvenzgläubiger,* nicht etwa Forderungen der Massegläubiger, die sich vielmehr gesondert mit dem Insolvenzverwalter auseinandersetzen und vorweg aus der Masse befriedigt werden (§ 53 InsO). Für die Insolvenzforderungen gilt, dass sie beim Insolvenzverwalter anzumelden sind, § 174 InsO. Das betrifft sämtliche Forderungen der Insolvenzgläubiger i. S. d. § 38 InsO. Nachrangige Insolvenzgläubiger i. S. d. § 39 InsO können ihre Forderungen nur nach gerichtlicher Aufforderung anmelden, § 174 Abs. 3 InsO, da ohnehin regelmäßig keine Befriedigung der nachrangigen Forderungen zu erwarten ist. Demgemäß wird eine solche gerichtliche Aufforderung nur erfolgen, wenn in absehbarer Weise noch eine Quotenerwartung für die nachrangigen Insolvenzgläubiger besteht. Für das Absonderungsrecht von Insolvenzgläubigern gilt, dass es nicht eigens in dieser Position anzumelden ist. Wenn absonderungsberechtigte Gläubiger jedoch, wie häufig, zugleich eine persönliche Insolvenzforderung gegen den Schuldner haben und sie daher auch Insolvenzgläubiger sind, können sie die Insolvenzforderung *anmelden.* Eine Pflicht dazu besteht nicht, weil sich der jeweilige Gläubiger auch darauf verlassen kann und mag, hinreichend aus der Sicherheit und mithin dem Absonderungsgut befriedigt zu werden; in der Regel erfolgt aber gleichwohl die Anmeldung, damit im Fall eines Ausfalls mit der Sicherheit zumindest noch eine weitergehende Quote beansprucht werden kann (zur Regel des § 52 InsO → § 9 Rn. 18). Ist ein Insolvenzgläubiger nach den Grundsätzen der §§ 94ff. InsO **aufrechnungsbefugt,** so bedarf es keiner vorherigen Anmeldung der Insolvenzforderung, sondern der Insolvenzgläubiger kann schlicht die Aufrechnung erklären und sich insoweit befriedigen. Ebenfalls scheidet das Feststellungsverfahren für **die aussonderungsberechtigten Gläubiger** aus, die ihren Anspruch außerhalb des Verfahrensrahmens geltend machen (§ 47 S. 2 InsO). Gleiches gilt für **absonderungsberechtigte Gläubiger,** die nicht zugleich Insolvenzgläubiger sind und von daher mangels Stellung als Insolvenzgläubiger nicht zur Teilnahme am Feststellungsverfahren befugt sind. Es bleibt ihnen aber unbenommen, sich aus der Sicherheit zu befriedigen.

2 Die Anmeldung ist genuine Aufgabe und *Sache der Insolvenzgläubiger* und wird nicht vom Insolvenzgericht oder dem Verwalter selbst vorgenommen. Auch das vom Verwalter aufgestellte Gläubigerverzeichnis (§ 152 InsO) ersetzt eine entsprechende Anmeldung nicht. Davon zu unterscheiden ist, dass der Insolvenzverwalter die ihm bekannten Insolvenzgläubiger regelmäßig anschreiben wird und sie zu einer entsprechenden Anmeldung auffordern und/oder sie mit den entsprechenden Formularen versorgen wird.

3 Die Anmeldung ist die **Grundlage für die Feststellung** der Forderung und damit für die Befriedigung über die Insolvenzquote im Insolvenzverfahren. Anzumelden ist innerhalb einer bestimmten Frist, die im Eröffnungsbeschluss festgelegt wird, § 28 Abs. 1 InsO. Die Dauer der festgelegten Frist von bis zu drei Monaten (§ 28 Abs. 2 InsO) richtet sich nach dem Umfang des Insolvenzverfahrens. Auch nach Fristablauf ist eine Anmeldung noch möglich, aber für den Anmeldenden u. U. mit Kosten verbunden (§ 177 Abs. 1 S. 2, 3 InsO). Auch kann er bei Verteilungen gemäß § 189 InsO unberücksichtigt bleiben. Die Anmeldung hat gemäß § 174 Abs. 1, 2 InsO schriftlich beim Insolvenzverwalter zu erfolgen. Anzugeben sind Grund und Betrag der Forderung. Das ist schon eine *Wirksamkeitsvoraussetzung* für die Anmeldung. Urkunden über die Forderung sollen in Kopie beigefügt werden, um die Berechtigung und das Verständnis der Forderung zu erleichtern. Neuerdings kann auch die Übermittlung elektronischer Dokumente genügen, § 174 Abs. 4 InsO. Mit der wirksamen Anmeldung wird zwar keine Rechtshängigkeit der angemeldeten Forderung begründet, wohl aber ihre Verjährung gehemmt (§ 204 Abs. 1 Nr. 10 BGB). Zudem ist die wirksame Anmeldung auch Voraussetzung für die Ausübung von Stimmrechten in der Gläubigerversammlung.

4 Der Insolvenzverwalter wird nach Eingang der Anmeldung und deren formaler Prüfung die Forderung in eine Insolvenztabelle eintragen. Das Bestehen der Forderung wird zu dieser Zeit noch nicht in materiell-rechtlicher Hinsicht geprüft. Der Verwalter prüft lediglich, ob die von § 174 Abs. 2, 3 InsO geforderten Angaben gemacht worden sind, vgl. § 175 S. 1 InsO. Die Tabelle und die Anmeldung sowie die beigefügten Urkunden können von den Beteiligten eingesehen werden, § 175 S. 2 InsO. Damit wird bezweckt, dass sich die Beteiligten darüber klarwerden können, ob sie die einzelnen Forderungen für berechtigt erachten und ob sie ggfs. in dem nachfolgenden Prüfungstermin der Feststellung der Forderung widersprechen.

B. Die Prüfung der angemeldeten Forderungen

5 Nach Eintragung der Forderungen in die Tabelle muss selbstverständlich noch geprüft werden, ob die Forderungen auch tatsächlich berechtigt sind und bestehen. Zu diesem Zweck sieht das Insolvenzverfahren einen **Prüfungstermin** vor. Er ersetzt das, was in einem gewöhnlichen Zivilprozess die Verhandlung und gerichtliche Entscheidung wäre. Dieser Prüfungstermin dient dazu, die angemeldeten Forderungen ihrem Betrag und ihrem Rang nach zu prüfen (§ 176 S. 1 InsO). Die Idee ist es, eine effiziente Bewältigung der Forderungsfeststellung zu ermöglichen. Daher sind nur die Forderungen, die vom Insolvenzverwalter, vom Schuldner oder von einem anderen Insolvenzgläubiger bestritten werden, einzeln zu erörtern (§ 176 S. 2 InsO). Erhebt kein Beteiligter einen Widerspruch gegen die Forderung und bestreitet deren Existenz, Betrag und Rang nicht, so gilt die Forderung gemäß § 178 Abs. 1 InsO als festgestellt.

Der Prüfungstermin wird vor Gericht durchgeführt. Hier soll nicht etwa vom Gericht entschieden werden, ob die Forderung tatsächlich besteht und/oder ihrem Betrag und Rang nach berechtigt ist, sondern der Prüfungstermin soll ermitteln, ob ein Beteiligter Widerspruch gegen die Forderungsfeststellung erhebt. Dieses Ergebnis der „Prüfung" trägt das Insolvenzgericht in die Tabelle ein, § 178 Abs. 2 S. 1, 2 InsO. Das Insolvenzgericht entscheidet also nicht in eigener Zuständigkeit über das Gläubigerrecht.

Aus § 176 S. 2 InsO lässt sich ableiten, dass sowohl der Insolvenzverwalter als auch der Schuldner selbst als auch ein anderer Insolvenzgläubiger die Forderung bestreiten können. Dennoch ist dann im Einzelnen zu differenzieren, weil die Rechtsfolgen eines solchen **Widerspruchs** je nach Person des Widersprechenden unterschiedlich sind. Der Insolvenzverwalter muss schon wegen der ihn treffenden Pflicht, unberechtigte Ansprüche von der Masse abzuwehren, prüfen, ob die angemeldete Forderung besteht und berechtigt ist.[1] Widerspricht er der Feststellung zur Insolvenztabelle, gilt die Forderung zunächst als nicht festgestellt. Gleiches gilt, wenn ein anderer Insolvenzgläubiger widerspricht. Ein anderer Insolvenzgläubiger kann deshalb ein Interesse an dem Widerspruch haben, da mit jedem weiteren Insolvenzgläubiger seine eigene Quotenerwartung reduziert wird. 6

Demgegenüber ist ein Widerspruch des Schuldners zwar möglich, hat aber innerhalb des Insolvenzverfahrens keine Wirkungen, wie sich aus § 178 Abs. 1 S. 2 InsO entnehmen lässt (anders in der Eigenverwaltung § 283 Abs. 1 S. 2 InsO). Vielmehr ist die Frage nur relevant für das Stadium nach Verfahrensaufhebung und die sog. Nachhaftung des Insolvenzschuldners (§ 201 Abs. 1 InsO). Im Regelinsolvenzverfahren bleiben nämlich, sofern es keine spätere Restschuldbefreiung gibt (oder in einem Insolvenzplan ein Erlass erfolgt), die ungedeckten und durch die Insolvenzquote nicht bereinigten Teile der Forderung offen und können nach Abschluss des Insolvenzverfahrens unbeschränkt gegen den Schuldner geltend gemacht werden, § 201 Abs. 1 InsO. Um ein Obstruktionspotential des Schuldners zu vermeiden, hindert der **Schuldnerwiderspruch** mithin nicht die Feststellung der Forderung. Dennoch ist der Schuldnerwiderspruch aus Sicht des Schuldners nicht sinnlos. Für Forderungen, bei denen der Schuldner im Prüfungstermin einen Widerspruch erhoben hatte, besteht nicht der Vorteil des § 201 Abs. 2 InsO. Die Eintragung in die Tabelle steht hier nicht einem vollstreckbaren Urteil gleich. Folglich müsste der Widerspruch des Schuldners für die weitere Geltendmachung der Forderung nach Verfahrensaufhebung erst durch Klage gegen den Schuldner beseitigt werden. Mit seinem Widerspruch kann der Schuldner daher den Gläubiger zwingen, für Zwecke der Nachhaftung die Forderung nach Verfahrensaufhebung einzuklagen bzw. den Widerspruch zu beseitigen und die Forderung nach allgemeinen Regeln zu beweisen. Dies geschieht aber nicht zwingend erst nach Verfahrensaufhebung, auch wenn es dort erst relevant wird. Doch kann dieser Widerspruch schon während des Insolvenzverfahrens beseitigt werden (§ 184 Abs. 1 InsO). War die vom Schuldner bestrittene Forderung bereits tituliert (der Gläubiger hatte vor dem Insolvenzverfahren bereits ein Urteil erlangt), obliegt es dem Schuldner, seinen Widerspruch binnen Monatsfrist zu verfolgen, § 184 Abs. 2 InsO. 7

Widersprechen der Verwalter oder ein Insolvenzgläubiger, so muss der Widerspruch gegen die Forderung oder den Rang in einem eigenen **Feststellungsprozess** beseitigt 8

[1] MüKoInsO/Riedel InsO § 176 Rn. 19a.

werden. Das bezieht sich auf ein ordentliches Gerichtsverfahren, sodass diese Klärung nicht im Insolvenzverfahren selbst stattfindet, §§ 179 Abs. 1, 180, 185 InsO. Im Prüfungstermin kann ohne Begründung widersprochen werden, denn das Insolvenzgericht entscheidet nicht selbst über die materielle Berechtigung der Forderung. Widersprechen weder der Insolvenzverwalter noch ein Insolvenzgläubiger oder ist ein erhobener Widerspruch durch Rücknahme des Widerspruchs beseitigt, so gilt die Forderung nach § 178 Abs. 1 S. 1 InsO als festgestellt. Mit dieser Feststellung verbindet sich gemäß § 178 Abs. 3 InsO, dass die Eintragung in die Tabelle nach Betrag und Rang wie ein rechtskräftiges Urteil gegenüber dem Verwalter und allen Insolvenzgläubigern wirkt. Hieran wird deutlich, dass die Feststellung zur Tabelle an die Stelle eines rechtskräftigen Urteils tritt und damit den gewöhnlichen Zivilprozess ersetzt. Daher sind auch gegen die Eintragung nur die Rechtsbehelfe zulässig, die gegen ein rechtskräftiges Urteil zulässig sind. Bei nachträglicher Erfüllung der festgestellten Forderung ist nur die Vollstreckungsgegenklage möglich, § 767 ZPO. Auch denkbar ist ggfs. die Wiederaufnahme des Verfahrens, §§ 578 ff. ZPO.

C. Der Feststellungsprozess

9 Nach den eben dargestellten Grundsätzen kommt es bei Widerspruch des Verwalters oder des Insolvenzgläubigers noch innerhalb des laufenden Insolvenzverfahrens zu einem Feststellungsprozess. Es ist eine Feststellungsklage zur Tabelle zu erheben. Die Klage zielt auf die gerichtliche Feststellung der Insolvenzforderung oder ihres Ranges. Es handelt sich um eine **Feststellungsklage i. S. d. § 256 Abs. 1 ZPO.** Die rechtskräftige Feststellung räumt den erhobenen Widerspruch aus.

10 Wer die Initiative zur Klageerhebung zu ergreifen hat – der Bestreitende (Verwalter, Insolvenzgläubiger) oder der Inhaber der bestrittenen Forderung – hängt davon ab, ob diese Forderung „tituliert" ist. Das ist sie, wenn für sie bereits vor bzw. bei Eröffnung des Insolvenzverfahrens ein rechtskräftiges oder für vorläufig vollstreckbar erklärtes Endurteil oder ein vollstreckbarer Schuldtitel vorlag, z. B. ein Prozessvergleich oder eine vollstreckbare Urkunde (beide mit Vollstreckungsklausel versehen, § 794 Abs. 1 Nr. 1, 5 mit §§ 795, 724 Abs. 1 ZPO) oder ein Vollstreckungsbescheid (§ 794 Abs. 1 Nr. 4 mit §§ 795, 796 Abs. 1 ZPO). Liegt ein solcher Titel vor, dann muss der Bestreitende aktiv werden (→ Rn. 11 ff.). Ist die Forderung nicht tituliert, so muss ihr Gläubiger die Initiative ergreifen (→ Rn. 16 ff.).

I. Titulierte Forderungen

11 Ist die bestrittene Forderung tituliert, dann kann der Bestreitende seinen Widerspruch nur mit den **prozessualen Mitteln** verfolgen, die gegen einen Titel dieser Art sowohl überhaupt als auch nach Lage des konkreten Falles gegeben sind (vgl. § 179 Abs. 2 InsO). In Betracht kommen die Vollstreckungsgegenklage (§§ 767, 797 Abs. 4 ZPO), bei einem rechtskräftigen Urteil die Wiederaufnahme (§§ 578 ff. ZPO), bei einem nach Urteilserlass unterbrochenen Rechtsstreit (z. B. in der Berufungsinstanz) dessen Aufnahme (§ 180 Abs. 2 InsO; §§ 240, 250 ZPO).

12 Ein Rechtsstreit wird bei dem Prozessgericht aufgenommen. Im Übrigen richtet sich die Zuständigkeit des Gerichts nach § 180 Abs. 1 InsO (nicht nach der ZPO), § 185 InsO.

Der Bestreitende muss beantragen, seinen Widerspruch für begründet zu erklären. Obsiegt er, so ist der Gegner vom weiteren Insolvenzverfahren soweit ausgeschlossen, als der Widerspruch reicht (Umkehr von § 181 InsO). Unterliegt der Bestreitende und sind weitere Widersprüche ebenfalls rechtskräftig verworfen (vgl. § 178 Abs. 1 S. 1 a. E. InsO), so ist damit die bislang bestrittene Forderung festgestellt; ihr Inhaber nimmt am weiteren Insolvenzverfahren teil und kann Befriedigung mit der Quote verlangen (vgl. § 189 Abs. 2 InsO). Auf Antrag der obsiegenden Partei wird die Tabelle berichtigt, § 183 Abs. 2 InsO. Das rechtskräftige Urteil wirkt gegenüber dem Verwalter und allen Insolvenzgläubigern, § 183 Abs. 1 InsO. 13

Die Verfolgung des Widerspruchs vor Gericht ist nur eine Last, keine Pflicht des Bestreitenden, § 179 Abs. 2 InsO. Bleibt er untätig, so kann der Inhaber der bestrittenen Forderung ohne weiteres Befriedigung verlangen (vgl. § 189 InsO). 14

Ist nur der **Rang** (§ 39 Abs. 1 InsO) einer titulierten Forderung bestritten worden, so muss der nachrangige Insolvenzgläubiger gegen den Bestreitenden klagen; denn der Titel „verbrieft" den Rang nicht, so dass die Forderung insoweit als nicht tituliert zu behandeln ist (vgl. u. → Rn. 16ff.). 15

II. Nicht titulierte Forderungen

Ist die Forderung nicht tituliert, so bleibt es ihrem Inhaber überlassen, die Feststellung gegen den Bestreitenden zu betreiben (keine Pflicht, sondern Last; geschieht nichts, so ist der Gläubiger vom weiteren Verfahren ausgeschlossen, § 189 Abs. 3 InsO). In der Regel muss er auf Feststellung klagen (§§ 180 Abs. 1, 185 InsO); ein bei Eröffnung des Insolvenzverfahrens anhängiger Rechtsstreit ist aufzunehmen (§ 180 Abs. 2 InsO). 16

Die Klage kann nur auf den Grund und Rang und höchstens auf den Betrag gerichtet sein, der in der Anmeldung oder im Prüfungstermin bezeichnet worden ist, § 181 InsO; denn die Feststellungsklage dient der Beseitigung eines Widerspruchs (vgl. § 178 Abs. 1 S. 1 InsO), der gegen eine in bestimmter Weise begründete und bezifferte Forderung gerichtet ist. Anmeldung und Prüfung der Forderung sind Prozessvoraussetzungen. Das nach § 256 Abs. 1 ZPO nötige Feststellungsinteresse ergibt sich aus dem Bestreiten der angemeldeten und geprüften Forderung. Will der Gläubiger einen anderen Grund oder einen höheren Betrag geltend machen, so muss er Anmeldung und Prüfung nachholen, sonst wird die Klage als unzulässig abgewiesen (bei Erhöhung des Betrags nur hinsichtlich des Mehrbetrags). 17

In welchem Rechtsweg die Klage zu erheben ist, bestimmt sich nach den allgemeinen Vorschriften (§ 13 GVG; §§ 2, 3 ArbGG, § 48 ArbGG; § 40 VwGO usw.), vgl. § 185 S. 1 InsO. 18

Ist der ordentliche Rechtsweg gegeben, so ist *sachlich* das AG oder das LG zuständig; das richtet sich nach §§ 23, 71 GVG, der Streitwert bestimmt sich nach § 182 InsO. Örtlich zuständig ist das AG (Prozessabteilung!), bei dem das Insolvenzverfahren anhängig ist oder war; gehört der Streitgegenstand nicht zur amtsgerichtlichen Zuständigkeit, so ist das LG *örtlich* zuständig. Örtliche und sachliche Zuständigkeit sind ausschließlich. Vgl. § 180 Abs. 1 mit § 4 InsO; § 40 Abs. 2 ZPO. 19

Diese Zuständigkeitsregelung gilt nicht, wenn bei Eröffnung des Insolvenzverfahrens bereits ein Rechtsstreit über die bestrittene Forderung anhängig war, ein Endurteil aber noch nicht ergangen ist (sonst läge eine titulierte Forderung vor). Der unterbrochene 20

Rechtsstreit (§ 240 ZPO) ist grundsätzlich bei dem *mit der Sache befassten Gericht* aufzunehmen, § 180 InsO; § 250 ZPO. Der Bestreitende tritt anstelle des Insolvenzschuldners in den Prozess ein. Der Antrag ist auf Feststellung zur Tabelle umzustellen.

21 Haben **mehrere** Personen die Forderung bestritten, z. B. der Verwalter und ein Insolvenzgläubiger, so muss der Forderungsinhaber **gegen alle prozessieren** (durch Klageerhebung oder Aufnahme eines unterbrochenen Rechtsstreits) und gewinnen. Verliert er auch nur einen Prozess, so ist die Feststellung vereitelt (§ 178 Abs. 1 S. 1 InsO); denn durch die rechtskräftige Abweisung wird der Widerspruch für begründet erklärt, und das wirkt gegenüber dem Verwalter und allen Insolvenzgläubigern, § 183 Abs. 1 InsO. Die mehreren Bestreitenden müssen nicht gemeinsam verklagt werden (keine materiell-rechtlich notwendige Streitgenossenschaft); geschieht das aber, so muss die Entscheidung einheitlich sein (arg. § 183 Abs. 1 InsO). Daher liegt eine prozessrechtlich notwendige Streitgenossenschaft vor, § 62 Alt. 1 ZPO.

22 Obsiegt der Inhaber der bestrittenen Forderung, so kann er anteilmäßige Befriedigung aus der Masse verlangen. Verliert er, so scheidet er aus dem weiteren Insolvenzverfahren soweit aus, als der Widerspruch reicht (Umkehr von § 181 InsO). Auf Antrag der obsiegenden Partei wird die Tabelle berichtigt (§ 183 Abs. 3 InsO). Das rechtskräftige Urteil, das bei Gewinn des Prozesses die Forderung feststellt, bei Verlust des Prozesses den Widerspruch für begründet erklärt, wirkt gegenüber dem Verwalter und allen Insolvenzgläubigern, § 183 Abs. 1 InsO.

§ 29. Verteilung an die Insolvenzgläubiger

Literatur: Frege/Riedel, Schlussbericht und Schlussrechnung, 4. Aufl. 2016; Gellert, Abwicklungs- und Verteilungsprobleme bei massenhaft streitigen Insolvenzforderungen im Insolvenzverfahren, 2017; Meyer, Masseverwaltung nach Aufhebung des Insolvenzverfahrens am Beispiel der Nachtragsverteilung, 2015; Mohrbutter, Der Ausgleich von Verteilungsfehlern in der Insolvenz, 1998; Smid/Lambrecht, Verwertung und Verteilung der Masse, 3. Aufl. 2019.

A. Verteilungsverzeichnis

1 Die Verteilung des Verwertungserlöses erfolgt in der Regel nicht erst, wenn die Verwertung der Masse abgeschlossen ist und alle Insolvenzforderungen festgestellt sind, sondern schon dann, wenn so viel an Barmitteln vorhanden ist, dass sich eine Verteilung lohnt (§ 187 Abs. 2 S. 1 InsO, auch § 203 Abs. 3 S. 1 InsO). Dementsprechend kennt das Gesetz **Abschlags-, Schluss- und Nachtragsverteilungen** (§§ 187, 190 Abs. 2, 191 Abs. 1, 192, 194 Abs. 1, 195; §§ 191 Abs. 2, 196–200; § 203 InsO). Eine Verteilung ist in jedem Falle erst *nach dem „allgemeinen" Prüfungstermin* (in Abgrenzung zum „besonderen", § 177 InsO) zulässig, § 187 Abs. 1 InsO.

2 Der Verwalter verteilt mit vorheriger Zustimmung des Gläubigerausschusses (sofern vorhanden), § 187 Abs. 3 InsO. Als Grundlage dient ein **Verteilungsverzeichnis,** das der Verwalter aufzustellen hat und in das sämtliche Forderungen aufgenommen werden, die bei der Verteilung zu berücksichtigen sind, § 188 S. 1 InsO. Das Verzeichnis hat der Verwalter auf der Geschäftsstelle des Insolvenzgerichts zur Einsicht der Beteiligten niederzulegen, § 188 S. 1 InsO. Die Summe der Forderungen und den verteilbaren Geldbetrag teilt er dem Insolvenzgericht mit, das für die öffentliche Bekannt-

machung im Internet (§ 9 Abs. 1 InsO; → § 2 Rn. 5) sorgt, § 188 S. 3 InsO. Zu Einwendungen gegen das Verzeichnis vgl. §§ 194, 197 Abs. 1 S. 2 Nr. 2, Abs. 3 InsO.

Zu berücksichtigen sind 3

(1) *alle festgestellten Forderungen;* sie sind ohne Widerspruch geblieben oder ein erhobener Widerspruch ist beseitigt (vgl. § 178 Abs. 1 S. 1, § 183 Abs. 1 InsO);

(2) die *bestrittenen, aber titulierten* Forderungen (vgl. § 179 Abs. 2 InsO);

(3) die *bestrittenen nicht titulierten* Forderungen nur, wenn innerhalb einer Ausschlussfrist von zwei Wochen nach der öffentlichen Bekanntmachung (§ 188 S. 3 Hs. 2 InsO) dem Verwalter nachgewiesen wird, dass und für welchen Betrag Feststellungsklage erhoben oder ein anhängiger Rechtsstreit aufgenommen ist (§ 189 InsO);

(4) bei einer Abschlagsverteilung die *Ausfallforderung* eines selbst zur Verwertung befugten Absonderungsberechtigten (§§ 52, 173 InsO), wenn innerhalb der Ausschlussfrist des § 189 Abs. 1 InsO dem Verwalter das Betreiben der Verwertung des Absonderungsgegenstands nachgewiesen und der Betrag des mutmaßlichen Ausfalls glaubhaft gemacht wird (§ 190 Abs. 2 S. 1, Abs. 3 S. 1 InsO); bei der Schlussverteilung wird die Ausfallforderung nur berücksichtigt, wenn der verwertungsbefugte Absonderungsberechtigte in der Ausschlussfrist des § 189 Abs. 1 InsO seinen Verzicht auf abgesonderte Befriedigung oder den Betrag des eingetretenen Ausfalls nachweist (§ 190 Abs. 1 S. 1, Abs. 3 InsO). Ist – wie im Regelfall des § 166 InsO – nur der Verwalter verwertungsbefugt, so kann der Absonderungsberechtigte nicht durch Setzen einer Ausschlussfrist gezwungen werden, den mutmaßlichen oder wirklichen Ausfall darzutun. Daher gilt § 190 Abs. 1, Abs. 2 InsO nicht. Bei einer Abschlagsverteilung vor der Verwertung hat der Verwalter den Ausfall zu schätzen (§ 190 Abs. 3 InsO).

Eine Berücksichtigung der Forderung bedeutet *noch nicht* **ihre (anteilmäßige) Befriedigung.** Ausgezahlt werden nur die Beträge für die festgestellten Forderungen (auflösend bedingte Forderungen werden wie unbedingte behandelt, § 42 InsO). Dagegen werden die Beträge für die streitbefangenen (§ 189 Abs. 2 InsO) und die aufschiebend bedingten Forderungen (§ 191 Abs. 1 S. 2 InsO, Ausnahme in Abs. 2) sowie für die noch nicht feststehenden Ausfallforderungen (§ 190 Abs. 2, Abs. 3 S. 2 InsO) für eine spätere Verteilung zurückbehalten. Diese Forderungen werden aber bei Berechnung der Verteilungsquoten mitgezählt und in diesem Sinne „berücksichtigt“. 4

B. Abschlagsverteilung

Abschlagsverteilungen **können** *(also nicht: sollen oder müssen!)* erfolgen, sooft hinreichend Barmittel in der Masse vorhanden sind, § 187 Abs. 2 S. 1 InsO. Das bedeutet, dass mit der Verteilung nicht bis zum Abschluss der Verwertung gewartet werden muss. Den zu zahlenden Bruchteil bestimmt der Gläubigerausschuss, sofern vorhanden, auf Vorschlag des Verwalters, sonst der Verwalter allein, § 195 Abs. 1 InsO. Eine Verteilung setzt **„hinreichende“ Barmittel** voraus. Winzige Beträge an viele Gläubiger zu verteilen, lohnt den Aufwand nicht. Aber auch wenn in diesem Sinne „hinreichend“ Geld vorhanden ist, kann die Verteilung vorerst unterbleiben, wenn das Geld z. B. für eine zeitweilige Fortführung des Unternehmens benötigt wird, um es in absehbarer Zeit günstig(er) zu veräußern (Fall der übertragenden Sanierung). Auch kann es sinnvoll sein, absonderungsberechtigte Gläubiger schnell aus den vorhande- 5 nen Barmitteln zu befriedigen, um kostspielige Zins- und Ausgleichszahlungen (§§ 169, 172 InsO) und damit eine **Schmälerung der Masse** zu Lasten der ungesicherten Gläubiger zu vermeiden (zur Problematik → § 24 Rn. 8).

6 Insolvenzgläubiger, die bei einer Abschlagszahlung nicht berücksichtigt worden sind, aber nunmehr die Voraussetzungen hierfür erfüllen (vgl. §§ 189, 190 InsO), erhalten bei der nächsten Verteilung vorab einen Betrag, der sie mit den übrigen Insolvenzgläubigern gleichstellt, § 192 InsO. Nachrangige Insolvenzgläubiger erhalten erst dann etwas, wenn alle nichtnachrangigen voll befriedigt sind (§ 39 InsO). Daher sollen sie nicht schon bei Abschlagsverteilungen berücksichtigt werden, § 187 Abs. 2 S. 2 InsO.

C. Schlussverteilung

7 Die Schlussverteilung erfolgt, sobald die Masse – mit Ausnahme fortlaufender Einkünfte – **verwertet ist, § 196 Abs. 1 InsO.** Es wird also nicht gewartet, bis alle Feststellungsprozesse beendet sind. Für berücksichtigte, aber (noch) nicht auszahlungsberechtigte Forderungen werden wiederum entsprechende Beträge zurückbehalten (§ 189 Abs. 2 InsO, § 190 Abs. 1 InsO, § 191 Abs. 2 InsO, § 198 InsO). Zum praktisch fast gänzlich ausgeschlossenen Fall, dass die Forderungen aller, also auch der nachrangigen Insolvenzgläubiger voll berücksichtigt werden und noch ein Überschuss verbleibt, vgl. § 199 InsO.

8 Das Insolvenzgericht muss der Schlussverteilung vorab *zugestimmt haben,* § 196 Abs. 2 InsO. Bei der Zustimmung setzt es den Schlusstermin fest, § 197 Abs. 1 S. 1 InsO. Er dient insbesondere zur Erörterung der Schlussrechnung (vgl. § 66 InsO) und zur Erhebung von Einwendungen gegen das Schlussverzeichnis (vgl. § 188 InsO), § 197 Abs. 1 S. 2 Nr. 1, 2 InsO; hat der Insolvenzschuldner die Restschuldbefreiung beantragt, so sind Verwalter und Insolvenzgläubiger im Schlusstermin zu hören, § 289 Abs. 1 S. 1 InsO.

9 Das **Schlussverzeichnis** stellt abschließend fest, welche Forderungen aus der noch verfügbaren Masse zu berücksichtigen sind. Ist ein Gläubiger mit seiner ordnungsgemäß angemeldeten Forderung übergangen worden, so muss er im Schlusstermin Einwendungen erheben, sonst ist er mit der Berücksichtigung in diesem Insolvenzverfahren ausgeschlossen. Das gilt auch bei einer Nachtragsverteilung, § 203 InsO. Das Nachforderungsrecht, § 201 Abs. 1 InsO, bleibt aber bestehen. Schon mit der Schlussverteilung ausgeschlossen sind alle nicht ordnungsgemäß geltend gemachten Forderungen gegen die Masse. Ausgeschlossen ist ferner, wer die Ausschlussfrist des § 189 Abs. 1 InsO nicht eingehalten hat (§ 189 Abs. 3 InsO, § 190 Abs. 2 S. 2 InsO). Die Zustimmung zur Schlussverteilung und ihre Verweigerung durch das Gericht sind unanfechtbar, wenn der Richter entschieden hat (§ 6 Abs. 1 InsO). Die Entscheidung des Gerichts über erhobene Einwendungen gegen das Schlussverzeichnis ist anfechtbar, § 197 Abs. 3 mit § 194 Abs. 2, 3 InsO.

D. Nachtragsverteilung

10 Nachtragsverteilungen werden auf Antrag oder von Amts wegen angeordnet, wenn **nach dem Schlusstermin** (→ Rn. 8) *Geld oder andere Massegegenstände verfügbar werden.* Im Insolvenzplanverfahren gibt es allerdings keine Nachtragsverteilung; hier muss

der Insolvenzplan abschließend regeln, wie mit etwaigen Nachträgen umgegangen wird (häufig etwa durch sog. Besserungsscheine). Im regulären Verfahren ohne Plan kommt es dagegen zur Nachtragsverteilung (§ 203 Abs. 1 InsO), wenn zurückbehaltene Beträge frei werden (z. B. durch Ausfall der aufschiebenden Bedingung (vgl. auch § 191 Abs. 2 InsO) oder Unterliegen eines Gläubigers im Feststellungsprozess (vgl. § 189 Abs. 2 InsO); ferner dann, wenn Beträge, die aus der Masse gezahlt sind, zurückfließen (z. B. nach Eintritt der auflösenden Bedingung (§ 42 InsO) oder wenn nach Auszahlung der Widerspruch gegen eine bestrittene titulierte Forderung erfolgreich war. Schließlich kommt es zur Nachtragsverteilung, wenn nachträglich Massegegenstände ermittelt werden (z. B. ein Gegenstand, der zwar zur Masse gezogen worden war, dessen Verwertung aber irrtümlich unterblieben ist; die Verwertung ist nachzuholen).

Die Verteilung des Geldes (§ 203 Abs. 1 Nr. 1, 2 InsO) und des **Verwertungserlöses** 11 (vgl. § 203 Abs. 1 Nr. 3 InsO) nimmt der Verwalter aufgrund des Schlussverzeichnisses vor, § 205 InsO. Andere als im Schlussverzeichnis aufgeführte Insolvenzgläubiger werden nicht berücksichtigt. Eine Nachtragsverteilung kann auch nach Aufhebung des Insolvenzverfahrens angeordnet werden, § 203 Abs. 2 InsO. Stets kann die Anordnung unterbleiben, wenn eine Nachtragsverteilung sich nicht lohnt, § 203 Abs. 3 InsO.

Gegen die Ablehnung seines Antrags auf Nachtragsverteilung steht dem Antragsteller 12 die sofortige Beschwerde zu, § 204 Abs. 1 InsO. Gegen den anordnenden Beschluss (gleich, ob er von Amts wegen oder auf Antrag ergeht, § 203 Abs. 1 InsO) kann der Insolvenzschuldner sofortige Beschwerde einlegen, § 204 Abs. 2 InsO.

§ 30. Aufhebung und Einstellung des Insolvenzverfahrens

Literatur: App, Die Aufhebung und Einstellung des Insolvenzverfahrens und die Gläubigerrechte nach Verfahrensbeendigung, DGVZ 2001, 1; Bork, Aufhebung und Einstellung des Insolvenzverfahrens unter Vorbehalt der Nachtragsverteilung, ZIP 2009, 2077; Breitenbücher, Masseunzulänglichkeit, 2007; Ganter, Die „erneute Masseunzulänglichkeit“, NZI 2019, 7; Möhlmann, Der Nachweis der Verfahrenseinstellung im neuen Insolvenzrecht, KTS 1998, 373; Runkel, Rechtsfolgen der Masseunzulänglichkeit, NZI 2000, 49; Smid/Riedemann, Insolvenzverfahren bei Massearmut und Masseunzulänglichkeit, 2019; Thole, Die rechtliche Behandlung der „erneuten Masseunzulänglichkeit“, ZIP 2018, 2241.

A. Aufhebung

Die Aufhebung beschließt das Gericht, *sobald die Schlussverteilung vollzogen ist* (§ 200 1 Abs. 1 InsO), also nicht schon nach dem Schlusstermin. Hat der Richter den Beschluss erlassen, so ist er unanfechtbar, § 6 Abs. 1 InsO; stammt er vom Rechtspfleger, so gibt es gegen ihn die befristete Erinnerung, § 11 Abs. 2 RPflG. Beschluss und Aufhebungsgrund (Vollzug der Schlussverteilung) werden öffentlich bekanntgemacht, § 200 Abs. 2 S. 1 InsO. Der Eintragungsvermerk im Grundbuch wird gelöscht, § 200 Abs. 2 S. 2 InsO mit § 32 InsO analog; zu den Registern vgl. § 200 Abs. 2 S. 2 InsO mit §§ 31, 33 InsO. Die Bekanntmachung setzt nach Maßgabe des § 9 Abs. 1 S. 3 InsO die Erinnerungsfrist in Lauf (§ 6 Abs. 2 S. 1, § 9 Abs. 3 InsO); der richterliche Beschluss wird zu diesem Zeitpunkt unanfechtbar existent. Trotz dieses Unterschieds ist das Insolvenzverfahren zwei Tage nach der Bekanntmachung aufgehoben (§ 9

Abs. 1 S. 3 InsO; vgl. auch § 215 Abs. 1 S. 2 InsO für den Einstellungsbeschluss); diese Wirkung knüpft an die Existenz, nicht an die Rechtskraft des Beschlusses an, wie sich daran zeigt, dass die Erinnerung keine aufschiebende Wirkung hat (§ 11 Abs. 2 S. 4 RPflG mit § 570 ZPO).

2 Mit Wirksamwerden des Aufhebungsbeschlusses (§ 9 Abs. 1 S. 3 InsO) hören die **Wirkungen der Verfahrenseröffnung auf,** nicht etwa werden sie – wie bei der Aufhebung des Eröffnungsbeschlusses – rückwirkend beseitigt. Der ehemalige Insolvenzschuldner *erhält das Verwaltungs- und Verfügungsrecht über die Masse zurück,* was in der Regel mangels Masse keine Bedeutung hat (vgl. auch § 197 Abs. 1 S. 2 Nr. 3 InsO, § 203 Abs. 3 S. 1 InsO). Gläubigerversammlung, Gläubigerausschuss und Insolvenzverwalter verlieren ihre Befugnisse; der Verwalter behält sie aber für eine Nachtragsverteilung (vgl. §§ 203 Abs. 2, 205 InsO).

3 **Die unbefriedigten Insolvenzforderungen** bleiben nach Aufhebung des Verfahrens **bestehen.** Sie können nunmehr von den (ehemaligen) Insolvenzgläubigern gegen den (ehemaligen) Insolvenzschuldner, der eine natürliche Person ist, unbeschränkt geltend gemacht werden (außer im bei natürlichen Personen aber regelmäßig gegebenen Fall der Restschuldbefreiung, § 201 Abs. 3 InsO, § 286 InsO), § 201 Abs. 1 InsO. Das nennt man **das Recht der freien Nachforderung.** Die Forderungen sind Geldforderungen, sei es „von Hause aus", sei es durch Feststellung im Insolvenzverfahren. Insolvenzgläubiger, deren Forderungen festgestellt und nicht vom Insolvenzschuldner bestritten worden sind oder dessen Widerspruch beseitigt ist, können aus dem Tabelleneintrag die Zwangsvollstreckung gegen den (ehemaligen) Insolvenzschuldner betreiben; der Eintrag – genauer: der Auszug aus der Tabelle – ist Vollstreckungstitel wie ein vollstreckbares Urteil (§ 201 Abs. 2 InsO, § 184 InsO). Der Antrag auf Erteilung einer vollstreckbaren Ausfertigung des Titels (vgl. § 4 InsO mit § 724 Abs. 1 ZPO) kann erst nach Aufhebung des Verfahrens gestellt werden, § 201 Abs. 2 S. 3 InsO. Ein früherer Vollstreckungstitel wird zur Vermeidung einer Doppeltitulierung durch den vollstreckbaren Tabellenauszug verdrängt und ist nicht mehr vollstreckbar.[1]

4 Für den Gläubiger ist das **Nachforderungsrecht** jedenfalls zunächst bedeutungslos, da der Schuldner nichts hat, denn ein Neuerwerb während des Insolvenzverfahrens fiel in die Masse, § 35 InsO. Immerhin kann der Schuldner durch einen Glücksfall zu Geld kommen (Lottogewinn, Erbschaft). Regelmäßig wäre aber Fortbestehen der übriggebliebenen Insolvenzforderungen wie ein Klotz am Bein, der jeden Versuch, aus eigener Kraft aus der wirtschaftlichen Misere herauszukommen, so gut wie aussichtslos macht. Hier soll die **Restschuldbefreiung** (§§ 286ff. InsO, dazu → § 35 Rn. 8ff.) für die natürlichen Personen dem Schuldner einen Ausweg schaffen.

5 Merke: Die Restschuldbefreiung folgt also erst nach dem Insolvenzverfahren!

6 Für Unternehmen ist dagegen der **Insolvenzplan** ein anderer Ausweg. Dort wird regelmäßig eine Forderungskürzung (= Erlass i. S. d. § 397 BGB) vorgesehen, so dass auch nach Aufhebung des Verfahrens keine Forderung der Gläubiger verbleibt.

[1] BGH NZI 2006, 536 (537) Rn. 9; Uhlenbruck/Wegener InsO § 201 Rn. 22; Gaul FS Fr. Weber, 1975, S. 155.

Eine Aufhebung des Verfahrens findet insoweit statt nach rechtskräftiger Bestätigung eines Insolvenzplans (§ 258 Abs. 1 InsO). 7

B. Einstellung des Verfahrens

Die Einstellung beendet das Verfahren in anderer Weise als die Aufhebung. Das Gesetz kennt mehrere Fälle. 8

I. Einstellung mangels Masse

Die Einstellung mangels Masse erfolgt von Amts wegen durch Beschluss des Insolvenzgerichts, wenn sich nach Verfahrenseröffnung herausstellt, dass die Masse *nicht die Verfahrenskosten deckt,* § 207 Abs. 1 S. 1 InsO. 9

Vor einer Einstellung sind die Gläubigerversammlung, der Verwalter und die Massegläubiger zu hören, § 207 Abs. 2 InsO; damit haben sie Gelegenheit, durch Leistung eines ausreichenden Kostenvorschusses die Einstellung abzuwenden, § 207 Abs. 1 S. 2 InsO. Ist der Schuldner eine natürliche Person, unterbleibt die Einstellung, wenn die Kosten nach § 4a InsO gestundet werden. Vorhandene Barmittel hat der Verwalter vor der Einstellung zur anteiligen Berichtigung der Verfahrenskosten (§ 54 InsO), vorab der Auslagen, zu verwenden. 10

II. Masseunzulänglichkeit

Von der Einstellung mangels Masse ist die (bloße) Masseunzulänglichkeit („MUZ") zu unterscheiden. Sie liegt vor, wenn zwar die Verfahrenskosten, § 54 InsO, gedeckt sind, aber die Masse nicht ausreicht, *um die sonstigen Masseverbindlichkeiten* zu erfüllen, vgl. § 208 Abs. 1 InsO. 11

Die (eingetretene oder drohende) Masseunzulänglichkeit hat der Verwalter dem Insolvenzgericht anzuzeigen (§ 208 Abs. 1 InsO), die Masse aber weiterhin zu verwalten und zu verwerten (§ 208 Abs. 3 InsO) und die Masseverbindlichkeiten in bestimmter Reihenfolge zu befriedigen (§ 209 InsO; → § 10 Rn. 14f.). Sobald der Insolvenzverwalter die Masseunzulänglichkeit angezeigt hat,[2] besteht ein Vollstreckungsverbot für Masseverbindlichkeiten des § 209 Abs. 1 Nr. 3 InsO (§ 210 InsO). Wenn die Masse verteilt ist, stellt das Gericht das Verfahren ein, § 211 Abs. 1 InsO. Eine Nachtragsverteilung ist möglich, § 211 Abs. 3 InsO. Trotz Masseunzulänglichkeit ist ein Insolvenzplan denkbar, § 210a InsO. 12

III. Erneute Masseunzulänglichkeit

Nicht geregelt ist im Gesetz der Fall, dass nach bereits eingetretener Masseunzulänglichkeit die Masse weiter vermindert wird und nunmehr das vorhandene Vermögen zwar noch die Kosten des Verfahrens deckt, aber nicht mehr ausreicht, um die Neumasseforderungen vollständig zu befriedigen (erneute Masseunzulänglichkeit oder Neu-Masseunzulänglichkeit); geschweige denn natürlich die Altmasseverbindlichkeiten. Damit ergibt sich unweigerlich ein Konflikt zu der fortbestehenden Verwertungspflicht des Verwalters. Wie dieser Konflikt aufzulösen ist, ist in Rechtsprechung und Lehre nicht abschließend geklärt. Richtigerweise ist bei der erneuten Masseunzulänglichkeit *nicht von einer erneuten Anzeigepflicht* mit erneuter Zäsurwirkung analog 13

[2] Gleich, ob sie wirklich vorliegt; zustimmend H. Roth FS Gaul, 1997, S. 576, 582f.

§§ 208, 209 InsO auszugehen. Vielmehr kann und muss der Verwalter richtigerweise bei der Erfüllung von Verbindlichkeiten mittels haftungsrechtlicher **„Erschöpfungseinrede"** selektieren. Die Verwertungspflicht nach § 208 Abs. 3 InsO bleibt ebenso bestehen wie das Verfahrensziel des § 1 InsO. Dies macht eine flexible Abweichung vom Gleichbehandlungsgrundsatz auch in Bezug auf die Neumassegläubiger erforderlich. Der Verwalter darf auch neue Verbindlichkeiten eingehen und erfüllen, wenn er die Masse dafür noch als ausreichend erachtet. Das bedingt bei einer solchen erneuten Neu-Masseunzulänglichkeit naturgemäß, dass er gegenüber anderen bestehenden Neumasseverbindlichkeiten die haftungsrechtliche Einrede erhebt, weil definitionsgemäß nicht alle befriedigt werden können.[3]

IV. Wegfall des Insolvenzgrundes

14 Ist der Insolvenzgrund weggefallen, so ist das Verfahren auf Antrag des Insolvenzschuldners nach Maßgabe der §§ 212, 214 InsO einzustellen.

V. Einstellung auf Antrag des Insolvenzschuldners

15 Mit Zustimmung aller Insolvenzgläubiger, die Forderungen angemeldet haben, wird das Verfahren auf Antrag des Insolvenzschuldners eingestellt; im Einzelnen vgl. §§ 213f. InsO.

§ 31. Unternehmensverkauf im Insolvenzverfahren

Literatur: Achzet, Sanierung von Krisenunternehmen, 2015; Beck/Klar, Asset Deal versus Share Deal – Eine Gesamtbetrachtung unter expliziter Berücksichtigung des Risikoaspekts, DB 2007, 2819; Buth/Hermanns, Restrukturierung, Sanierung, Insolvenz, 4. Aufl. 2014; Cavaillès, Der Unternehmenskauf in der Insolvenz, 2009; Crone/Werner, Modernes Sanierungsmanagement, 5. Aufl., 2017; Denkhaus/Ziegenhagen, Unternehmenskauf in Krise und Insolvenz, 4. Aufl. 2021; Depré, Unternehmenskrise: Sanieren oder liquidieren?, 2. Aufl., 2019; Ebke/Seagon/Blatz, Aktuelle Fragestellungen der Restrukturierung und Transformation, 2020; Hoffmann/Danylak: 40 Jahre „übertragende Sanierung", NZI 2020, 705; Kriegs, Übertragende Sanierung im Insolvenzeröffnungsverfahren, 2015; Kübler, Handbuch der Restrukturierung in der Insolvenz, 3. Aufl., 2019; Leuering, Die Änderung der Firma zwecks übertragender Sanierung, NJW 2016, 3265; Wellensiek: Übertragende Sanierung, NZI 2002, 233; Zipperer: „Übertragende Sanierung" – Sanierung ohne Grenzen oder erlaubtes Risiko?, NZI 2008, 206.

1 Es wurde bereits eingangs ausgeführt, kann aber hier zur Vertiefung nochmals wiederholt werden:

In aller Regel wird die Geschäftsleitung eines Schuldnerunternehmens schon im Vorfeld eines Insolvenzantrags versuchen, **Sanierungsoptionen** auszuloten. Diese Möglichkeiten können vielfältiger Natur sein. Es kann um Einsparungen von Kosten gehen (Reduzierung des Personals oder sonstiger Kostenpositionen), Verschlankungen der Abläufe, Teilaufgabe von Geschäftsbereichen, Umstrukturierungen u. a. m. Vielfach werden neben diesen internen Maßnahmen auch Verhandlungen mit Gläubigern notwendig sein, z. B. über einen Teilerlass von Darlehens- oder anderen Finanzverbindlichkeiten, längere Stundungen und Änderung der Vertragsmodalitäten u. a. m. Allerdings ist der Schuldner hier auf ein Entgegenkommen der Gläubiger angewiesen, denn außerhalb des Insolvenzverfahrens gibt es, nunmehr vom Restrukturierungsrahmen nach dem StaRUG abgesehen, keine Pflicht der Gläubiger, sich an einem **Sanie-**

[3] Thole ZIP 2018, 2241.

rungs- oder Restrukturierungskonzept zu beteiligen (→ § 1 Rn. 44). Zwar werden sich die Gläubiger häufig auf ein Entgegenkommen einlassen, weil sie in einem andernfalls unausweichlich werdenden Insolvenzverfahren noch mehr zu verlieren hätten, aber gesichert ist dies gleichwohl nicht.

Aber auch ein Insolvenzverfahren bedeutet nicht zwangsläufig die Einstellung des Ge- 2
schäftsbetriebs und die Liquidation der einzelnen Vermögenswerte des Schuldners in Gestalt einer Zerschlagung. *Insolvenzrecht ist heutzutage auch Sanierungs- bzw. Restrukturierungsrecht.* Schon innerhalb des gewöhnlichen Insolvenzverfahrens kommt es häufig zu einer Veräußerung des Unternehmens als Ganzes. Der Insolvenzverwalter oder der eigenverwaltende Schuldner verkauft das Unternehmen oder Teile davon als Ganzes. Diese sog. **übertragende Sanierung** führt dazu, dass ein Investor das Unternehmen gegen Zahlung eines Kaufpreises übernimmt, der dann über die Quotenausschüttung an die Insolvenzgläubiger fließt. Das ist zwar im Kern eine Liquidationsmaßnahme, weil das schuldnerische Vermögen verwertet wird, aber hat in der Regel gewisse Sanierungseffekte, denn der Investor wird das Unternehmen regelmäßig fortführen, das Personal zumindest teilweise halten usw.

Eine Unternehmensveräußerung in Gestalt der **übertragenden Sanierung** wird als 3
sog. **asset deal** durchgeführt.[1] Der Insolvenzverwalter *veräußert die assets* der Schuldnerin; dazu bedarf er der Zustimmung des Gläubigerausschusses oder der Gläubigerversammlung, § 160 Abs. 1, 2 Nr. 1 InsO. Schuldner ist nicht „das Unternehmen", sondern vielmehr der Rechtsträger, d. h. die GmbH, die AG, die KG usw. Der Geschäftsbetrieb besteht aus verschiedenen Vermögensgegenständen wie Immobilien, Forderungen, Rechten, Fuhrpark etc., die bei der übertragenden Sanierung als Ganzes oder zumindest in Einheiten auf einen Investor übertragen werden. Das Vermögen bekommt hier also einen **neuen Eigentümer bzw. Rechtsinhaber.** Das bedeutet, dass die Vermögensgegenstände nicht mehr zur Masse gehören, stattdessen fließt aber natürlich der Kaufpreis des Erwerbers der Masse zu. Das ist dann der (meist) einzig noch verbleibende Vermögenswert des Schuldners. Dieser Betrag trägt die spätere Quotenausschüttung.

Alternativ ist auch eine Veräußerung mittels des sog. **share deals** denkbar.[2] Dabei wird 4
nicht das Vermögen des Schuldners, sondern die *Geschäftsanteile der Gesellschafter* oder die Aktien der Aktionäre an den Investor übertragen. Diese Geschäftsanteile bestehen an der Schuldnerin, d. h. dem Unternehmensrechtsträger. Erwirbt der Investor beispielsweise 100% der Gesellschaftsanteile einer GmbH (Insolvenzschuldner), hat er damit zugleich die Steuerungsmöglichkeit über die GmbH erlangt. Der share deal kann erfolgen, wenn die Gesellschafter oder Aktionäre bereit sind, ihre (wertlosen) Anteile zu übertragen, denn der Geschäftsanteil ist nicht Vermögen der Gesellschaft, sondern er besteht an der Gesellschaft und ist Vermögensbestandteil des Gesellschafters. Nur mittels Insolvenzplan kann zwangsweise auf diesen Anteil zugegriffen werden (§ 225a InsO, dazu → § 33 Rn. 1 ff.). Mit dem share deal bekommt allerdings die Insolvenzschuldnerin nur einen neuen Eigentümer, ist aber nicht automatisch schuldenfrei bzw. der Insolvenzgrund ist noch nicht beseitigt. Deshalb funktioniert der share deal nur, wenn gleichzeitig eine Entschuldung erfolgt (z. B. weil die Gläubiger auf einen Teil ihrer Forderungen verzichten, etwa mittels Insolvenzplan) und/oder

[1] Theiselmann RestrukturierungsR-HdB Kapitel 8 Rn. 49 ff.
[2] Theiselmann RestrukturierungsR-HdB Kapitel 8 Rn. 47 f.

weil der Investor die Liquidität durch Zuschuss neuer Mittel wieder herstellt, so dass dann nach Wegfall des Insolvenzgrundes das Insolvenzverfahren aufgehoben werden kann (§ 212 InsO).

§ 32. Der Insolvenzplan

Literatur: Amlow, Hindernisse für die Durchführung des Insolvenzplanverfahrens bei kleinen und mittelständischen Unternehmen, 2012; Andrianesis, Zur Dogmatik der Einbeziehung der Gesellschafterrechte in den Insolvenzplan, WM 2017, 362; Bork, Der Insolvenzplan, ZZP 109 (1996), 473; Braun, Die objektive Auslegung des Insolvenzplans, NZI 2019, 526; Brünkmans/Thole, Handbuch Insolvenzplan, 2. Aufl. 2020; Bulgrin, Die strategische Insolvenz, 2016; Deppisch, Das Insolvenzplanverfahren nach dem ESUG, 2014; Ehlers, Insolvenzplanverfahren – die Alternative, DStR 2010, 2523; Franke, Die Überwachung der Insolvenzplanerfüllung, 2002; Fritze, Insolvenzplanverfahren und Eigenverwaltung, 3. Aufl. 2019; Fritzsche, Die juristische Konstruktion des Insolvenzplans als Vertrag, 2017; Hänel, Gläubigerautonomie und Insolvenzplanverfahren, 2000; Happe, Die Rechtsnatur des Insolvenzplans, 2004; Hees/Obermüller, Insolvenzplan, Restschuldbefreiung und Verbraucherinsolvenz, 3. Aufl. 2003; Herzig, Das Insolvenzplanverfahren, 2001; Keller, Der Gesellschafter im Insolvenzplanverfahren, BB 2020, 2435; Kröger, Welches sind die Rechtsgründe die zur Versagung der Bestätigung des Insolvenzplans führen können?, 2014; Madaus, Insolvenzpläne im Verbraucherinsolvenzverfahren, NZI 2017, 697; ders., Der Insolvenzplan, 2011; ders., Möglichkeiten und Grenzen von Insolvenzplanregelungen, ZIP 2016, 1141; Mai, Insolvenzplanverfahren, 2008; Michels, Nachzügler im Insolvenzplanverfahren, 2014; Mulert/Steiner, Gesellschaftsrechtlich zulässige Regelungen im Insolvenz- und Restrukturierungsplan, NZG 2021, 673; Rendels/Zabel, Insolvenzplan, 2. Aufl. 2015; Ruppe/Roth Insolvenzplan, Sanierungsgewinn, Restschuldbefreiung und Verbraucherinsolvenz, 4. Aufl., 2014; Schäfele, Die Gesellschaftsrechtlichen Grenzen des Insolvenzplanverfahrens, 2018; Stapper, Insolvenzplan bei natürlichen Personen, ZVI 2018, 303.

A. Ziele des Insolvenzplans

1 **Zweck des Insolvenzverfahrens** ist die gemeinschaftliche Befriedigung der Gläubiger des Insolvenzschuldners. Hierfür stellt § 1 S. 1 InsO **zwei gleichrangige Möglichkeiten** zur Verfügung. Das durchnormierte Regelinsolvenzverfahren dient der **Liquidation** des insolvenzschuldnerischen Vermögens mit anschließender Verteilung des Verwertungserlöses. Daneben steht der von gesetzlichen Regelungen weitgehend freigestellte **Insolvenzplan** (§§ 217ff. InsO); er beruht auf der autonomen Gestaltung durch die absonderungsberechtigten Gläubiger und die Insolvenzgläubiger. Die Gläubiger können mit dem Insolvenzplan von dem starren Regelinsolvenzverfahren abweichen. Dabei können einzelne Gläubiger überstimmt werden; ein Konsens aller Beteiligten ist also nicht zwingend erforderlich.

2 Nach der Vorstellung des Gesetzgebers soll der Insolvenzplan **insbesondere** dazu dienen, ein **Unternehmen** des Insolvenzschuldners zu erhalten (vgl. § 1 S. 1 a. E. InsO). In der Praxis kommt ein Insolvenzplan häufig im Zusammenspiel mit einer **Eigenverwaltung** vor (dazu → § 5 Rn. 1 und → § 13 Rn. 15), im Schutzschirmverfahren des § 270d InsO ist das besonders augenfällig. Denn dort soll das Eröffnungsverfahren im Schutzschirm gerade dazu dienen, in Ruhe einen Insolvenzplan entwickeln zu können, der dann nach Eröffnung zur Abstimmung gestellt wird.

3 Die Erhaltung eines Unternehmens ist auf verschiedenen Wegen möglich. Ist der Träger des Unternehmens, also der Insolvenzschuldner (zumeist eine Gesellschaft), *sanierungsfähig*, so kann durch seine im Insolvenzplan abgesteckte Sanierung das Unternehmen erhalten werden. Der **Insolvenzplan** ist dann ein **Sanierungsplan.** Scheidet eine

Sanierung des Unternehmens*trägers*/Rechtsträgers selbst aus (wofür es verschiedene Gründe geben kann), so kann es sich anbieten, das Unternehmen (das Vermögen als Ganzes) auf einen anderen Rechtsträger zu übertragen, um so Unternehmen und Arbeitsplätze zu erhalten. Der Rechtsträger kann bereits bestehen (dann wird es sich häufig um einen – bisherigen – Konkurrenten handeln) oder eigens zur Fortführung des Unternehmens gegründet sein (sog. Übernahmegesellschaft, vgl. § 260 Abs. 3 InsO). In beiden Fällen spricht man von einer **übertragenden Sanierung.** Ihre Grundlage kann ein Insolvenzplan sein, der insbesondere die Modalitäten der Übernahme regelt. Der Insolvenzplan ist dann ein **Übertragungsplan.** Der schwierigste Punkt ist die Ermittlung des „richtigen" Übernahmepreises (und das Finden eines Investors, der ihn zahlt!). Seine Zahlung kann auf verschiedene Weise geregelt werden. Möglich ist die Vereinbarung eines Kaufpreises mit geräumiger Stundung und Ankoppelung an die künftige wirtschaftliche Entwicklung (Besserungsscheine). Für diese Lösung bedarf es keines Insolvenzplans, da dieselbe Möglichkeit auch im normierten Regelinsolvenzverfahren besteht. Anders ist es, wenn ein share deal angestrebt ist, denn dafür bedarf es der Mitwirkung der Gesellschafter, die sich im Insolvenzplan aber zwangsweise herstellen lässt (über § 225a InsO). Charakteristisch für einen Insolvenzplan ist vielmehr folgende Lösung: Der Übernehmer verpflichtet sich, die (im Plan gekürzten) Forderungen der Insolvenzgläubiger aus den künftigen Erträgnissen des übernommenen Unternehmens zu erfüllen (vgl. § 229 InsO); ist das Unternehmen angeschlagen und daher sanierungsbedürftig, dann ist der Übertragungsplan zugleich ein Sanierungsplan.

In der Praxis gibt es häufig Kombinationen: einzelne Gläubigergruppen werden im 4
Wege eines *„cash out"* teilweise befriedigt, andere sollen aus künftigen Erträgen befriedigt werden *(„earn out").* Isoliert betrachtet ist der Übertragungsplan eigentlich ein **Liquidationsplan,** denn er bezweckt die Verwertung des Unternehmens (nur nicht „in Stücken", sondern „als Ganzes"). Dass diese Qualifizierung des Plans zutrifft, zeigt sich im Vergleich mit der Veräußerung des Unternehmens durch den Insolvenzverwalter. Sie ist Verwertung (vgl. § 159 InsO), die der Zustimmung des Gläubigerausschusses oder der Gläubigerversammlung bedarf (§ 160 Abs. 2 Nr. 1 InsO, §§ 162, 163 InsO).

Ein (verfahrensbegleitender) Liquidationsplan liegt auch dann vor, wenn er lediglich die Verwertung der 5
Insolvenzmasse und die Verteilung des Verwertungserlöses abweichend vom Gesetz regelt.

B. Ablauf des Insolvenzplanverfahrens im Überblick

Das Verfahren **beginnt mit** der **Vorlage eines Insolvenzplans** durch den Verwalter 6
oder den Insolvenzschuldner an das Insolvenzgericht (§ 218 Abs. 1 S. 1 InsO). Der **Plan gliedert sich** in einen **darstellenden und** einen **gestaltenden Teil** (§ 219 InsO). Der darstellende Teil enthält alle Informationen zu Grundlagen und Auswirkungen des Plans (z. B. über Möglichkeit und Folgen einer angestrebten Unternehmenssanierung), die für Gläubiger und Gericht notwendig sind, um sich für oder gegen den Plan zu entscheiden (§ 220 InsO). Dazu gehört insbesondere die sog. **Vergleichsrechnung** (§ 220 Abs. 1 S. 2 InsO). Sie gibt darüber Auskunft, wie die Dinge ohne den Plan aussehen würden, wie also im Szenario ohne Plan voraussichtlich die Gläubiger befriedigt würden, und zwar grundsätzlich nach Fortführungswerten, § 220 Abs. 1 S. 3 InsO.

7 **Beispiel:** Im Insolvenzplan der X-GmbH wird angestrebt, das Unternehmen fortzuführen. Dazu soll ein Investor zusätzlich zu den bisherigen Gesellschaftern „einsteigen", es wird eine Kapitalerhöhung vorgesehen und es werden weitere Anpassungen beschrieben. Den Kleingläubigern wird eine cash-out-Quote von 20% zugesagt. Die für den Insolvenzplan notwendige Vergleichsrechnung hängt dann davon ab, ob ohne den Plan ein Verkauf des Unternehmens (übertragende Sanierung) realistisch ist. Ist sie das, muss der zu erwartende Erlös angesetzt werden (vgl. § 220 Abs. 1 S. 3 InsO) und ermittelt werden, welche Quote dann auf die Gläubiger entfiele. Erscheint ein Verkauf nicht realistisch, könnte das Vergleichsszenario eine „Ausproduktion" und Abverkauf aller Waren sein, also eine Liquidation bei der bis zum letzten Cent der Betrieb fortgeführt und dann endgültig eingestellt wird.

8 Im gestaltenden Teil wird festgelegt, wie die *Rechtsstellung der Beteiligten geändert werden soll* (§ 221 InsO). Der Inhalt des Insolvenzplans zeichnet sich dadurch aus, dass bestimmte Bereiche abweichend von den Vorschriften der InsO geregelt werden können (§ 217 InsO), nämlich: die Befriedigung der absonderungsberechtigten Gläubiger und der Insolvenzgläubiger, die Verwertung der Insolvenzmasse und deren Verteilung an die Beteiligten sowie die Haftung des Insolvenzschuldners nach Beendigung des Insolvenzverfahrens. Damit wird von der Idee her eine den Besonderheiten des Einzelfalls angepasste, flexible Abwicklung der Insolvenz ermöglicht, um so das gesetzgeberische Ziel – bestmögliche Befriedigung der Insolvenzgläubiger – zu erreichen.

9 **Beispiel:** Forderungserlass in Höhe von 80% für die Lieferantenforderungen, Stundung von Darlehensverbindlichkeiten, Kapitalherabsetzung und Kapitalerhöhung, Aufschub der Verwertung von Absonderungsrechten, Cash-Out-Quote für Gläubiger, ggf. mit „Besserungsscheinen" (= „Nachschlag" für die Gläubiger bei einer besseren wirtschaftlichen Entwicklung nach Abschluss des Planverfahrens), Eingriffe in Drittsicherheitenrechte (§ 217 Abs. 2 InsO).

10 Beteiligt sind die Absonderungsberechtigten und die Insolvenzgläubiger (§§ 217, 221 InsO mit § 222 Abs. 1 S. 1, § 226 InsO), ferner der Insolvenzschuldner. Außerdem können die Anteilseigner einbezogen werden (§ 225a InsO), d. h. der Plan kann gesellschaftsrechtliche Maßnahmen vorsehen, die sonst außerhalb des Plans allein im Rahmen einer Gesellschafterversammlung möglich wären. Werden solche Maßnahmen im Plan vorgesehen, sind auch die Anteilseigner als eigene Gruppe am Planverfahren beteiligt. Die Gläubiger können auch in ihrer Eigenschaft als Inhaber von Drittsicherheiten (z. B. Bürgschaftsansprüchen) betroffen sein (Fall des §§ 217, 223a InsO), dazu → Rn. 16ff.

11 Die **Gläubiger** werden entsprechend ihrer unterschiedlichen Rechtsstellung **in verschiedene Gruppen** eingeteilt (§ 222 InsO). *Innerhalb einer Gruppe* gilt der *Gleichbehandlungsgrundsatz* (§ 226 Abs. 1, Abs. 2 InsO). Leidet der vorgelegte Plan an unbehebbaren **Verfahrensmängeln oder** ist der vom Insolvenzschuldner vorgelegte Plan offensichtlich **chancenlos,** so wird er **vom Gericht zurückgewiesen** (§ 231 InsO). Ist das nicht der Fall, so bestimmt das Gericht nach (oder mit) dem Prüfungstermin einen Erörterungs- und Abstimmungstermin (§§ 235, 236, 176, 29 Abs. 1 Nr. 2 InsO). Durch die Vorlage eines Insolvenzplans wird die eingeleitete Verwertung und Verteilung der Masse nicht automatisch gestoppt. Das Gericht kann ihre Aussetzung auf Antrag des Insolvenzschuldners oder des Verwalters anordnen, § 233 S. 1 InsO (zur Ablehnung und Aufhebung einer Aussetzung § 233 S. 2 InsO).

12 Zur **Annahme** des Plans ist eine **Kopf- und Summenmehrheit** in jeder Gruppe nötig (§ 244 InsO). Ablehnung ohne vernünftigen Grund ist verboten **(„Obstruktionsver-**

bot"), sie wird durch fingierte Zustimmung ausgeschaltet (§ 245 InsO). Haben alle Abstimmungsgruppen der Gläubiger und die Anteilseigner (soweit betroffen) sowie der Insolvenzschuldner (wirklich oder kraft Fiktion) zugestimmt, so prüft das Gericht (§§ 249–251 InsO) und versagt oder erteilt die **Bestätigung** (§ 248 InsO). Wird sie **rechtskräftig erteilt, so treten** die Wirkungen des Plans, d. h. die im gestaltenden Teil festgelegten **Rechtsänderungen,** für und gegen alle Beteiligten **ein** (§ 254 InsO). Die Wirkungen treten also erst mit Rechtskraft der Planbestätigung ein – anders ist es im StaRUG, § 67 StaRUG. Im StaRUG treten die Wirkungen bereits mit der Bestätigung des Restrukturierungsplans ein, aber es kann die aufschiebende Wirkung einer Beschwerde angeordnet werden.

Das **Insolvenzverfahren** wird durch Gerichtsbeschluss **aufgehoben** (§ 258 InsO). 13 Danach kann die **Erfüllung** des Plans, wenn er das vorsieht, durch den insoweit weiter amtierenden Insolvenzverwalter **überwacht** werden (§§ 260, 261 mit 259 Abs. 1 S. 1, Abs. 2 InsO). Die **Überwachung** wird nach erfolgter oder gesicherter Erfüllung **aufgehoben,** ferner, wenn seit Aufhebung des Insolvenzverfahrens drei Jahre verstrichen sind und kein Antrag auf Eröffnung eines neuen Insolvenzverfahrens vorliegt (§ 268 InsO).

C. Inhalt des Plans

Der – mögliche – Inhalt eines Plans wird, über die allgemeinen Angaben in § 217 14 InsO hinaus, in zahlreichen Vorschriften erkennbar.

§ 228 InsO (Abgabe der zur Änderung sachenrechtlicher Rechtsverhältnisse notwen- 15 digen Willenserklärungen, z. B. die Auflassung eines genau bezeichneten Grundstücks, sowie die entsprechenden Verpflichtungserklärungen), § 238 Abs. 1 S. 2 InsO (Regelung der Rechtsstellung absonderungsberechtigter Gläubiger; vgl. auch § 222 Abs. 1 S. 2 Nr. 1 InsO), § 225 Abs. 1 InsO (Forderungserlass), § 225a InsO (Eingriff in Mitgliedschafts- und Gesellschafterrechte), § 249 InsO (Leistungserbringung vor der Planbestätigung), § 254 Abs. 1 S. 2 InsO (formgerechte verfügende und verpflichtende Willenserklärungen), § 255 InsO (Stundung oder Teilerlass von Forderungen; Abweichen von der Wiederauflebensklausel), § 259 InsO (Fortführung eines Anfechtungsprozesses durch den Verwalter trotz Aufhebung des Insolvenzverfahrens), § 260 InsO (Überwachung der Planerfüllung), § 263 InsO (Zustimmung zu Rechtsgeschäften während der Überwachung), § 264 InsO (Festlegung eines Kreditrahmens für die Überwachungszeit; Rangrücktritt der Insolvenzgläubiger). Zuweilen verlangt die InsO einen konkret(er)en Inhalt des Plans. So müssen bestimmte Rechtsänderungen ausdrücklich getroffen werden (§ 223 InsO Beeinträchtigung von Absonderungsrechten; § 225 Abs. 1 InsO Fortbestehen nachrangiger Insolvenzforderungen; § 227 InsO Ausschluss der Restschuldbefreiung). Bestimmte Rechtsänderungen müssen präzise beschrieben werden (§ 223 Abs. 2 InsO: Umfang des Eingriffs in Absonderungsrechte und – §§ 224, 225 Abs. 2 InsO – in Insolvenzforderungen). Gewisse Rechtsänderungen sind ausgeschlossen (§ 225 Abs. 3 InsO: Freistellung oder Erleichterung der Haftung für Geldstrafen und gleichgestellte Geldschulden; das entspricht § 302 Nr. 2 InsO).

Denkbar ist nach § 223a InsO auch der Eingriff in sog. *gruppeninterne Drittsicherhei-* 16 *ten.* Das betrifft Ansprüche von Gläubigern aus Sicherheiten, die von einer mit dem

Insolvenzschuldner verbundenen, zu einer Unternehmensgruppe gehörenden Gesellschaft gewährt wurden.

17 **Beispiel:** Insolvenzschuldner ist die X-AG. Sie hat Schuldverschreibungen/Anleihen emittiert. Nach den Anleihebedingungen hat die Y-AG, eine Tochtergesellschaft der X-AG, den Anleihegläubigern eine Garantie für den Anspruch aus der Schuldverschreibung übernommen.

18 Solche Ansprüche aus Bürgschaften, Garantien und anderen, auch dinglichen, Sicherheiten werden durch den Insolvenzplan des Hauptschuldners grundsätzlich nicht berührt, § 254 Abs. 2 InsO. Davon gilt seit dem SanInsFoG zum 1.1.2021 eine Ausnahme für Sicherheiten, die von einem *gruppenverbundenen Unternehmen* gestellt wurden. In diese Ansprüche und Rechte der Gläubiger darf also eingegriffen werden, obwohl sie sich gar nicht gegen den Insolvenzschuldner richten! Der Begriff der Unternehmensverbindung folgt § 15 AktG, wie sich aus § 217 Abs. 2 InsO ergibt. Allerdings sind die Gläubiger für die Kürzung ihrer Drittsicherheiten angemessen zu entschädigen (§ 223a S. 2 InsO). Die Angemessenheit hängt davon ab, wie werthaltig die Sicherheiten gegen das verbundene Unternehmen noch waren. Der Sinn und Zweck der § 217 Abs. 2 InsO, § 223a InsO ist eindeutig, wie das Beispiel zeigt:

19 **Beispiel:** Würde die Y-AG auf die Garantie voll leisten müssen, wäre sie mutmaßlich ebenfalls von einer Insolvenz bedroht. Es würde also zu einem weiteren Insolvenzverfahren kommen. Dies soll die Plangestaltung der Sicherheiten möglichst verhindern.

20 Enthält der Plan bestimmte im Gesetz genannte Regelungen, so sind ihm Anlagen beizufügen, die über die Realisierbarkeit der vorgesehenen Maßnahmen Auskunft geben (so bei Befriedigung aus künftigen Unternehmenserträgnissen, § 229 InsO) oder zur Realisierung notwendige Erklärungen enthalten (Einverständnis zur Unternehmensfortführung oder zur Übernahme von Beteiligungen, § 230 InsO; Einverständnis mit unterschiedlich nachteiliger Behandlung, § 226 Abs. 2 InsO).

D. Gruppenbildung

21 Gläubiger mit unterschiedlichen Rechtsstellungen werden im gestaltenden Teil so in Gruppen gegliedert, dass **Gläubiger mit gleicher Rechtsstellung eine Gruppe bilden** (§ 222 Abs. 1 S. 1, Abs. 2 S. 1 InsO). Dabei ist zu unterscheiden zwischen folgenden Gläubigergruppen (§ 222 Abs. 1 S. 2 InsO): den absonderungsberechtigten Gläubigern, wenn der Plan in ihre Rechte eingreift; den nichtnachrangigen Insolvenzgläubigern; den einzelnen Rangklassen der nachrangigen Insolvenzgläubiger (vgl. § 39 InsO), soweit deren Forderungen nicht nach § 225 InsO als erlassen gelten sollen.

22 Ferner „sollen" die *Arbeitnehmer* eine eigene Gruppe bilden, wenn sie nicht unerhebliche Insolvenzforderungen haben, § 222 Abs. 3 S. 1 InsO („sollen" heißt, dass die Gruppe bei Vorliegen der Voraussetzungen in der Regel zu bilden ist; ein Unterbleiben hat jedoch keine Rechtsfolgen).

23 Die *Anteilseigner* bilden nach § 222 Abs. 1 S. 2 Nr. 4 InsO eine eigene Gruppe (wenn in ihre Rechte über § 225a InsO eingegriffen wird), ebenso ggf. die Gläubiger in ihrer Eigenschaft als Drittsicherungsnehmer (§ 222 Abs. 1 S. 2 Nr. 5 InsO). Zu beachten ist, dass Gläubiger auch in mehreren Gruppen beteiligt sein können, wenn sie in verschiedenen Eigenschaften beteiligt sind.

Möglich ist die Bildung weiterer Gruppen (nicht: Untergruppen!) aus Gläubigern gleicher Rechtsstellung (vgl. § 222 Abs. 2 InsO). Ein gesetzliches Beispiel bietet § 222 Abs. 3 S. 2 InsO: Aus jeder Gruppe des § 222 Abs. 1 S. 2 InsO können die Kleingläubiger zu je einer eigenen Gruppe zusammengefasst werden; das ist zweckmäßig, wenn Kleingläubiger (maximale Forderungshöhe ist im Plan anzugeben) voll, Großgläubiger nur zum Teil befriedigt werden sollen. 24

Die Gruppenbildung ist von erheblicher Bedeutung. Durch die Gruppenbildung kann von dem Gleichbehandlungsgrundsatz und damit von dem beherrschenden Prinzip des Insolvenzrechts *abgewichen werden.* Die Gläubigergruppen **müssen nicht gleichbehandelt werden.** Nur innerhalb einer Gruppe sind allen Beteiligten gleiche Rechte anzubieten (§ 226 Abs. 1 InsO); die Abstimmung über die Annahme des Plans erfolgt gesondert in jeder Gruppe (§ 243 InsO). Sind die Kleingläubiger, die voll befriedigt werden sollen, in einer Gruppe zusammengefasst, so kommt ihnen – mangels Beeinträchtigung durch den Plan – kein Stimmrecht zu (§ 237 Abs. 2 InsO). Das erleichtert die Abstimmung. 25

Die Gleichbehandlung der Gläubiger innerhalb einer Gruppe (§ 226 Abs. 1 InsO) wird dadurch gesichert, dass die Bevorzugung Einzelner nur offen im Plan und aufgrund der Zustimmung der Benachteiligten zulässig ist (§ 226 Abs. 2 InsO) und sog. Sonderabkommen über Vorteilsgewährungen außerhalb des Plans nichtig sind (§ 226 Abs. 3 InsO). 26

E. Prüfung durch das Gericht

Das Insolvenzgericht als Adressat des Plans (§ 218 Abs. 1 S. 1 InsO) prüft den Plan unmittelbar nach seinem Eingang bei Gericht auf seine **formale Richtigkeit** (Vorlage durch Verwalter oder Insolvenzschuldner, § 218 Abs. 1 S. 1 InsO; Beachtung der Vorschriften über den Planinhalt, z. B. über die Gruppenbildung, § 222 InsO; ferner die Vollständigkeit notwendiger Anlagen). 27

Ist ein Mangel unbehebbar, z. B. Planvorlage durch einen Insolvenzgläubiger, oder innerhalb einer angemessenen gerichtlichen Frist nicht behoben, z. B. die notwendige Anlage nicht beigebracht, so wird der Plan zurückgewiesen, § 231 Abs. 1 Nr. 1 InsO. 28

Ein vom Insolvenzschuldner vorgelegter Plan ist zurückzuweisen, wenn er *offensichtlich keine Aussicht* hat, angenommen oder bestätigt zu werden (§ 231 Abs. 1 Nr. 2 InsO), wenn die im Plan ausgewiesenen Ansprüche offensichtlich nicht erfüllt werden können, der Insolvenzschuldner also den Mund zu voll genommen hat (§ 231 Abs. 1 Nr. 3 InsO), und schließlich auf Antrag des Verwalters mit Zustimmung des Gläubigerausschusses (sofern vorhanden), wenn es sich um den zweiten Plan im selben Verfahren handelt, nachdem der erste gar nicht zur Ausführung gelangt ist (§ 231 Abs. 2 InsO). 29

Gegen den zurückweisenden Beschluss steht dem Vorlegenden die sofortige Beschwerde zu, § 231 Abs. 3 InsO. 30

Kommt es nicht zur Zurückweisung, so muss das Gericht von bestimmten Personen und Institutionen und kann von weiteren Institutionen Stellungnahmen einholen, § 232 InsO; ggf. auch schon vor der Zurückweisung, § 232 Abs. 4 InsO n. F. Diese sind mit Plan und Anlagen in der Geschäftsstelle zur Einsicht der Beteiligten niederzulegen, § 234 InsO. Das dient zur Vorbereitung der Entscheidung über den 31

Plan; daher steht den Abstimmungsberechtigten (vgl. §§ 237, 238, 241 Abs. 2 InsO) ein Recht auf Einsicht zu.

F. Abstimmung über den Plan

32 Über die **Annahme des Plans** wird in einem vom Gericht bestimmten Termin abgestimmt, in dem zuvor der Plan und das Stimmrecht der Gläubiger erörtert worden sind **(Erörterungs- und Abstimmungstermin),** § 235 Abs. 1 S. 1 InsO. Der Termin darf nicht vor, kann aber gleichzeitig mit dem Prüfungstermin (§ 176, 29 Abs. 1 Nr. 2 InsO) stattfinden, § 236 InsO. Ausnahmsweise kann ein gesonderter Abstimmungstermin anberaumt werden, § 241 InsO; schriftliche Abstimmung ist möglich, § 242 InsO.

33 Zur Terminbekanntmachung und Ladung vgl. §§ 235 Abs. 2, 3, 241 Abs. 2 InsO.

34 **Aufgrund der Erörterungen** im Termin kann der Vorlegende den **Plan inhaltlich punktuell ändern;** darüber kann noch im selben Termin abgestimmt werden (§ 240 InsO). Ob nur „einzelne" Regelungen geändert worden sind, kann zweifelhaft sein, ebenso, ob es zulässig ist, „einzelne", aber planentscheidende Regelungen zu so später Stunde noch zu ändern. In diesem Fall ist jedenfalls ein gesonderter Abstimmungstermin ohne schriftliche Stimmabgabe angezeigt, vgl. § 241 Abs. 2 S. 2 InsO. Die Rechtsprechung geht davon aus, dass eine Änderung des Plans im „Kern" keine einzelne Änderung i. S. d. § 240 InsO ist.[1]

35 **Nicht stimmberechtigt** sind diejenigen Insolvenzgläubiger, deren Forderungen durch den Plan nicht beeinträchtigt werden (§ 237 Abs. 2 InsO), z. B. die nach dem Plan voll zu befriedigenden Kleingläubiger. **Stimmberechtigt** sind die **Insolvenzgläubiger,** deren Forderungen angemeldet und weder vom Verwalter noch von einem stimmberechtigten Insolvenzgläubiger bestritten worden sind (§ 237 Abs. 1 S. 1 InsO mit § 77 Abs. 1 S. 1 InsO) und die durch den Plan beeinträchtigt werden (§ 237 Abs. 2 InsO). Die Inhaber bestrittener oder aufschiebend bedingter Forderungen sind stimmberechtigt, wenn sich der Verwalter und die anwesenden stimmberechtigten Insolvenzgläubiger entsprechend geeinigt haben oder, mangels Einigung, das Gericht entschieden hat; die Entscheidung ist abänderbar (§ 237 Abs. 1 S. 1 InsO mit § 77 Abs. 2, 3 Nr. 1 InsO).

36 **Absonderungsberechtigte Gläubiger** können nur abstimmen, wenn der Plan in ihre Rechte eingreift, weil sie allein dann eine Abstimmungsgruppe bilden (§ 222 Abs. 1 S. 2 Nr. 1 InsO); → Rn. 21. Im Übrigen ist zu unterscheiden.

37 **Als Insolvenzgläubiger** sind sie nur insoweit abstimmungsberechtigt, als ihnen der Insolvenzschuldner auch persönlich haftet (er ist z. B. Eigentümer der Pfandsache, Verpfänder und persönlicher Schuldner) *und* das Absonderungsrecht nicht zur Befriedigung geführt hat, sei es wegen *Verzichts* auf das Recht, sei es wegen *Ausfalls* bei der Verwertung, § 237 Abs. 1 S. 2 InsO. Das entspricht der Regelung in § 52 InsO. Bei Verzicht sind die (ehemals!) Absonderungsberechtigten mit ihrer vollen Forderung, sonst nur mit der Ausfallforderung stimmberechtigt.

[1] LG Düsseldorf m. Anm. Madaus NZI 2020, 436 Rn. 3.

Absonderungsberechtigte Gläubiger sind **als solche** nur mit dem gesicherten Teil ihrer Forderung stimmberechtigt (bei teilweisem Ausfall stimmen sie in Höhe des Ausfalls als Insolvenzgläubiger und in Höhe der Befriedigung als Absonderungsberechtigte ab), vorausgesetzt, ihr Absonderungsrecht wird weder vom Verwalter noch von einem Absonderungsberechtigten noch von einem Insolvenzgläubiger bestritten, § 238 Abs. 1 S. 2 InsO. 38

Auch die Anteilseigner können stimmberechtigt sein, wenn in ihre Rechte eingegriffen wird (§ 238a InsO). Dies ist unten bei → § 33 Rn. 1 ff. ausgeführt. Entsprechendes gilt bei Gläubiger als Drittsicherungsnehmer, § 238b InsO. 39

Die aufgrund der Erörterung festgestellten Stimmrechte werden in einer **Stimmliste** vermerkt, § 239 InsO. 40

Jede Abstimmungsgruppe, die im gestaltenden Teil des Plans aufgeführt ist (§ 222 InsO; → Rn. 21 ff.), **stimmt gesondert** ab, § 243 InsO. Der **Plan** ist **angenommen,** wenn er in *jeder* Gruppe (nicht nur von der Mehrheit der Gruppen!) eine doppelte Mehrheit gefunden hat: die **Kopfmehrheit** (Mehrheit der abstimmenden Gläubiger) **und** die **Summenmehrheit** (mehr als die Hälfte der Summe der Ansprüche der abstimmenden Gläubiger), § 244 Abs. 1 InsO.[2] Stimmenthaltungen werden nicht mitgezählt. 41

Sind die erforderlichen Mehrheiten in einer Abstimmungsgruppe nicht erreicht, so gilt die Zustimmung gleichwohl als erteilt, wenn ein vernünftiger Ablehnungsgrund nicht besteht, sog. **Obstruktionsverbot** (§ 245 InsO). Die fehlende Zustimmung dieser Gruppe kann also durch das Gericht ersetzt werden. Das geht aber nur, wenn diese Gruppe nicht schlechter gestellt wird als in dem Szenario ohne den Plan (Frage der Vergleichsrechnung), § 245 Abs. 1 Nr. 1 InsO. Noch schwieriger ist die angemessene Beteiligung der Gläubigergruppe am wirtschaftlichen Wert (§ 245 Abs. 1 Nr. 2 InsO, § 245 Abs. 2 Nr. 2, 3 InsO): Der Plan darf insbesondere andere Gläubiger, die sonst gegenüber der ablehnenden Gruppe nachrangig oder gleichrangig wären, nicht besserstellen. Was ist damit gemeint? 42

Hier wird der Gleichbehandlungsgrundsatz wieder voll in Kraft gesetzt. Im Planverfahren gilt er eigentlich nur innerhalb der Gruppe (§ 226 Abs. 1 InsO). Stimmen aber nicht alle Gruppen zu und kommt es also deshalb auf § 245 InsO an (nur dann gilt § 245 InsO), dann soll die Zustimmung nur ersetzt werden dürfen, wenn nicht eine nach allgemeinen Regeln eigentlich gleich- oder nachrangige Gläubiger bessergestellt wird. Andernfalls ist die Ablehnung durch die abstimmende Gruppe nämlich gewissermaßen nachvollziehbar und berechtigt und daher keine Obstruktion. Es gilt das **Prinzip der absoluten Priorität** (gewisse Ausnahme in § 245 Abs. 2 S. 3 InsO). 43

Beispiel: Im Plan ist vorgesehen, dass Lieferanten als Gruppe eine Forderungskürzung von 75% hinnehmen sollen. Die Gruppe der Finanzgläubiger soll auf 90% der Forderungen verzichten. Der Gesellschafter G soll seine Beteiligung ohne jeden Sanierungsbeitrag behalten. Stimmen die Finanzgläubiger nicht zu, dürfte eine Zustimmungsersetzung über § 245 InsO nicht in Betracht kommen. Außerhalb des Planverfahrens wären diese Gläubiger ebenso Insolvenzgläubiger wie die Lieferanten, die aber weniger Einbußen 44

[2] Anders bei § 26 StaRUG: dort gilt Summenmehrheit der Stimmrechte (nicht nur der abgegebenen Stimmen).

erleiden und deshalb bessergestellt werden (§ 245 Abs. 1 Nr. 2, 3 Nr. 3 InsO). Außerdem erhält der Gesellschafter ggf. einen wirtschaftlichen Wert ohne Kompensation (§ 245 Abs. 2 Nr. 2 a. E. InsO),[3] obwohl er in der insolvenzrechtlichen Rangfolge hinter den Gläubigern steht (Wertung des § 199 S. 2 InsO).

45 Die Zustimmung der Anteilseigner gilt nach § 246a InsO als erteilt, wenn sich kein Mitglied dieser Gruppe an der Abstimmung beteiligt hat. Passivität führt also nicht zur Blockade. Hat die Gruppe indes gegen den Plan gestimmt, kommt es darauf an, ob die fehlende Zustimmung über das Obstruktionsverbot ersetzt werden kann (§ 245 Abs. 1, 3 InsO). Das wird regelmäßig gelingen, weil der Anteil der Anteilseigner in aller Regel wertlos ist und die Anteilseigner durch den Plan deshalb nicht schlechter gestellt werden als ohne.

46 Die notwendige **Zustimmung des Insolvenzschuldners** zum Plan kann von ihm *erklärt* werden, oder sie wird *fingiert,* wenn er dem Plan nicht spätestens im Abstimmungstermin formgerecht widersprochen hat (§ 247 Abs. 1 InsO). Auch für den Insolvenzschuldner gilt eine Art Obstruktionsverbot (§ 247 Abs. 2 InsO), auf das in der Regel nicht ankommt, weil heutzutage meist der eigenverwaltende Schuldner selbst den Plan vorlegt und das Planverfahren betreibt.

47 Der Insolvenzplan kann vorsehen, dass **vor** der gerichtlichen **Bestätigung** bestimmte **Maßnahmen verwirklicht** werden sollen, z. B. eine Einholung einer verbindlichen (Steuer-)Auskunft. Erst wenn das geschehen ist, ggf. innerhalb einer vom Gericht gesetzten angemessenen Frist, darf der Plan bestätigt werden. Verstreicht die Frist ungenutzt, so ist die Bestätigung von Amts wegen, also ohne Antrag, zu versagen, vgl. § 249 InsO.

G. Planbestätigung

48 **Vor** der Entscheidung über die **Bestätigung** soll das Gericht den Verwalter, den Insolvenzschuldner und, wenn vorhanden, den Gläubigerausschuss **hören,** § 248 Abs. 2 InsO.

49 Liegt ein **wesentlicher Verfahrensmangel** vor, der nicht behoben werden kann (z. B. ist die Niederlegung des Plans, § 234 InsO, unterblieben) **oder** ist die **Annahme** des Plans **unlauter herbeigeführt** worden, so ist die **Bestätigung zu versagen,** § 250 InsO.

50 Auf Antrag eines durch den Plan voraussichtlich benachteiligten Gläubigers, der dem Plan frist- und formgerecht widersprochen hat, ist die Bestätigung ebenfalls zu versagen, § 251 InsO **(Minderheitenschutz).** Damit kann ein einziger Gläubiger einen mühsam ausgehandelten Plan zu Fall bringen, allerdings nur unter den anspruchsvollen Voraussetzungen des § 251 InsO.

51 Der **Beschluss** des Gerichts, der die Bestätigung ausspricht oder versagt, ist zu **verkünden,** § 252 Abs. 1 S. 1 InsO (Ausnahme in S. 2). Gegen ihn steht den (abstimmungsberechtigten) Absonderungsberechtigten, den Insolvenzgläubigern oder dem Insolvenzschuldner die sofortige Beschwerde zu, § 253 InsO. Dem Insolvenzschuldner fehlt die Beschwer, wenn ein von ihm vorgelegter Plan bestätigt worden ist. Die

[3] Im Einzelnen kann hier problematisch sein, ob der Gesellschafter bei bloßem Erhalt des Gesellschaftsanteils einen wirtschaftlichen Wert erhält.

Gläubiger sind auch dann beschwert, wenn der Beschluss ihrem Abstimmungsverhalten entspricht. Denn das Beschwerderecht ist nach § 253 InsO nicht an das Stimmrecht geknüpft (wichtig, wenn Insolvenzforderungen oder Absonderungsrechte bestritten worden sind, § 237 Abs. 1 S. 1 InsO, § 238 Abs. 1 S. 3 InsO, jeweils mit § 77 Abs. 2 InsO).

Wird die Bestätigung rechtskräftig, so treten die im gestaltenden Teil des Plans (§ 221 InsO) festgelegten Wirkungen *für und gegen alle Beteiligten* ein, § 254 Abs. 1 S. 1 InsO. „Beteiligt" ist, wessen Rechtsstellung durch den Plan verändert werden kann, also die absonderungsberechtigten Gläubiger, die Insolvenzgläubiger und der Insolvenzschuldner und ggf. die Anteilseigner sowie die Gläubiger in ihrer Eigenschaft als Drittsicherungsnehmer. Gleichgültig ist, ob sie dem Plan widersprochen oder als Insolvenzgläubiger ihre Forderungen nicht angemeldet haben § 254 Abs. 1 S. 3 InsO. Eine im Plan vorgesehene Verfügung über ein Recht wird nur dann mit der rechtskräftigen Bestätigung wirksam, wenn die Rechtsänderung allein durch die im Plan aufgenommenen Willenserklärungen herbeigeführt wird, z. B. der Teilerlass einer Forderung (vgl. § 228 InsO). Ist der Eintritt der Verfügungswirkungen an das Vorliegen weiterer Tatbestandsmerkmale geknüpft (z. B. Besitzverschaffung bei der Pfandbestellung, § 1205 BGB; Eintragung im Grundbuch, § 873 Abs. 1 BGB), so müssen sie außerhalb des Plans verwirklicht werden, der Plan ersetzt sie nicht. Eine für die Willenserklärung vorgeschriebene Form wird durch die Aufnahme in den Plan gewahrt, § 254 Abs. 1 S. 2 InsO. 52

Sind im Plan Insolvenzforderungen teilweise erlassen worden, so sind sie nach § 397 BGB insoweit erloschen. Hat der Insolvenzgläubiger mehr als den nicht erlassenen Betrag erhalten, so müsste er ihn „an sich" zurückzahlen. Aber er hat Glück, denn § 254 Abs. 3 InsO schließt eine Rückgewährpflicht aus. Der „Erlass" beseitigt nur das **„Recht zum Forderndürfen"**, lässt aber das **„Recht zum Behaltendürfen"** unberührt (vgl. auch § 301 Abs. 3 InsO für die Restschuldbefreiung). 53

Die Haftung von Mitschuldnern und Bürgen des Insolvenzschuldners bleibt außerhalb der gruppeninternen Drittsicherheiten in vollem Umfang bestehen, § 254 Abs. 2 S. 1 InsO. Ist z. B. die Hauptschuld des Insolvenzschuldners z. T. erlassen worden, so wirkt sich das auf die Bürgenschuld – abweichend von § 767 Abs. 1 S. 1 BGB – nicht aus (Einschränkung der Akzessorietät). 54

Der Gläubiger, der eine weitgehende Entwertung seiner Forderung hinnehmen muss, kann also weiter auf die Sicherheiten zugreifen. Das leuchtet ein: Denn gerade für die Insolvenz des Hauptschuldners waren sie ja gedacht. Im Übrigen hätte ein Gläubiger, der auch noch den Verlust der Sicherheit befürchten müsste, wenig Veranlassung, dem Plan zuzustimmen. 55

Anders ist es, wenn der häufige Fall der **gruppeninternen Drittsicherheit** vorliegt (→ Rn. 16ff.), um dort den Zusammenbruch des gesamten Konzerns zu verhindern. 56

Rückgriffsansprüche des Bürgen und anderer Rückgriffsberechtigten gegen den Hauptschuldner entfallen **jeweils** in gleichem Umfang wie die Hauptschuld (§ 254 Abs. 2 S. 2 InsO); sonst wäre der Teilerlass praktisch wirkungslos. Ungeschmälert bleiben auch die Rechte der Insolvenzgläubiger an Gegenständen, die nicht zur Insolvenzmasse gehören, insbesondere an Grundstücken eines Dritten (z. B. eine Grundschuld); das gilt auch für eine auf solche Gegenstände bezogene Vormerkung (§ 254 Abs. 2 S. 1 InsO). 57

H. Aufhebung des Insolvenzverfahrens nach der Planbestätigung

58 Das Insolvenzverfahren wird aufgehoben, sobald die Planbestätigung rechtskräftig geworden ist und der Verwalter die **Masseverbindlichkeiten erfüllt oder sichergestellt hat,** § 258 Abs. 1, 2 InsO. Aufhebungsbeschluss und Aufhebungsgrund sind öffentlich bekanntzumachen. Gegen den Beschluss gibt es kein Rechtsmittel (vgl. § 6 Abs. 1 InsO).

59 Mit der Aufhebung enden die Ämter des Verwalters und der Mitglieder des Gläubigerausschusses, § 259 Abs. 1 S. 1 InsO (anders bei Überwachung der Planerfüllung, § 259 Abs. 2 InsO, § 261 Abs. 1 S. 2 InsO). Der (ehemalige) Insolvenzschuldner darf wieder über die **(ehemalige) Insolvenzmasse** *frei verfügen,* § 259 Abs. 1 S. 2 InsO. Die Registergerichte sind von der Aufhebung zu unterrichten, der Insolvenzvermerk im Grundbuch ist zu löschen (§ 258 Abs. 3 S. 3 InsO, § 200 Abs. 2 S. 2 InsO, §§ 31–33 InsO).

60 Der ehemalige Verwalter kann einen anhängigen Anfechtungsprozess fortführen, wenn der Plan das vorsieht, § 259 Abs. 3 InsO. Der Verwalter führt den Prozess in gesetzlich zugelassener *gewillkürter Prozessstandschaft* (ermächtigt durch den Plan), also im eigenen Namen, auf Rechnung des (ehemaligen) Insolvenzschuldners (abweichende Kostenregelung möglich). Der Verwalter prozessiert nach h. M. nicht mehr als Inhaber eines Amtes, sondern als Privatperson,[4] auch wenn er als Überwacher der Planerfüllung tätig und „insoweit" noch Verwalter ist (§ 261 Abs. 1 S. 2 InsO).

61 Weiterhin muss Vorsorge für den Fall getroffen werden, dass Forderungen der Insolvenzgläubiger, die im Plan nur teilweise erlassen oder die gestundet worden sind, **nicht plangemäß erfüllt werden.** Die Rechtsfolgen können im Plan selbst geregelt werden (§ 255 Abs. 3 InsO mit Einschränkung zugunsten des Insolvenzschuldners; so kann z. B. nicht zu seinen Lasten die in § 255 Abs. 1 S. 2 InsO vorgesehene Nachfristsetzung entfallen). Schweigt der Plan, so gilt Folgendes: Gerät der Insolvenzschuldner mit der Erfüllung erheblich in Rückstand, *so entfallen Teilerlass oder Stundung* (nur) gegenüber dem betroffenen Insolvenzgläubiger, § 255 Abs. 1 S. 1 InsO. Der Rückstand ist erst erheblich, wenn der Insolvenzschuldner trotz schriftlicher Mahnung *mit mindestens zweiwöchiger Nachfristsetzung* nicht zahlt, § 255 Abs. 1 S. 2 InsO. Wird vor vollständiger Planerfüllung ein neues Insolvenzverfahren eröffnet, so entfallen Teilerlass und Stundung gegenüber allen Insolvenzgläubigern, § 255 Abs. 2 InsO.

62 § 255 InsO betrifft nicht den Fall, dass die Insolvenzgläubiger plangemäß nicht vom Insolvenzschuldner, sondern von einem Dritten befriedigt werden sollen, z. B. von einer Übernahmegesellschaft (vgl. § 260 Abs. 3 InsO). In diesem Fall gelten die allgemeinen Vorschriften für Zahlungsverzug oder Insolvenz.

63 Besonders geregelt ist die **Erfüllung von bestrittenen Forderungen** und von **Ausfallforderungen;** denn vor ihrer endgültigen Feststellung steht ihre Höhe nicht fest. Hier sieht § 256 Abs. 1 InsO vor, dass der Insolvenzschuldner einen vorläufig vom Gericht festgesetzten Betrag zu zahlen hat. Zahlt er ihn, so kommt er nicht in Rückstand, anderenfalls gilt § 255 Abs. 1 InsO. Ergibt die endgültige Feststellung der Forderung, dass der Insolvenzschuldner zu wenig gezahlt hat, so muss er nachzahlen, § 256 Abs. 2 S. 1 InsO; ein erheblicher Rückstand liegt wie bei § 255 Abs. 1 S. 2 InsO erst nach erfolgloser Mahnung mit mindes-

[4] BGH NJW-RR 2018, 817 (818) Rn. 16; NZI 2016, 443 Rn. 7; 2014, 262 (264) Rn. 22; 2006, 100 (103) Rn. 29; Nerlich/Römermann/Rühle InsO § 259 Rn. 14; KPB/Spahlinger InsO § 259 Rn. 20; Uhlenbruck/Lüer/Streit InsO § 259 Rn. 30.

tens zweiwöchiger Nachfristsetzung vor, § 256 Abs. 2 S. 2 InsO. Hat er zu viel gezahlt, so hat er nur einen eingeschränkten Rückforderungsanspruch, § 256 Abs. 3 InsO.

Der rechtskräftig bestätigte Insolvenzplan in Verbindung mit dem Tabelleneintrag ist ein **Vollstreckungstitel** für solche Insolvenzgläubiger, deren Forderungen festgestellt und vom Insolvenzschuldner nicht bestritten worden sind oder wenn ein erhobener Widerspruch beseitigt worden ist, § 257 Abs. 1 S. 1, 2 InsO, dazu § 178 Abs. 1 InsO, § 184 InsO. Deshalb muss schon bei Abfassung des Plans darauf geachtet werden, dass die für die Vollstreckung notwendige Bestimmtheit gewahrt ist. 64

Vollstreckungsschuldner ist der Insolvenzschuldner, ferner Dritte (z. B. Bürgen, Garanten), die durch eine bei Gericht eingereichte schriftliche Erklärung für die Planerfüllung neben dem Insolvenzschuldner ohne die Einrede der Vorausklage (vgl. § 771 BGB) Verpflichtungen übernommen haben, § 257 Abs. 2 InsO. Zur Zuständigkeit bei der Vollstreckung, insbesondere für Rechtsbehelfe, § 257 Abs. 1 S. 3 mit § 202 InsO. 65

Der Plan kann eine **Überwachung der Planerfüllung** vorsehen, § 260 Abs. 1 InsO. Sie findet nach Aufhebung des Insolvenzverfahrens statt und dient der Kontrolle, ob die den Insolvenzgläubigern plangemäß zustehenden Ansprüche vom Insolvenzschuldner und – wenn der Plan auch das vorsieht – von der Übernahmegesellschaft erfüllt werden, § 260 Abs. 2, 3 InsO. 66

Die Überwachung ist **Aufgabe des Insolvenzverwalters.** Insoweit amtiert er trotz Aufhebung des Insolvenzverfahrens weiter, ebenso der Gläubigerausschuss und als Aufsichtsorgan das Insolvenzgericht, § 261 Abs. 1 S. 1 InsO (dazu § 259 Abs. 1 S. 1, Abs. 2 InsO). Der Verwalter hat jährlich Bericht zu erstatten, jederzeit können Auskünfte und Zwischenberichte verlangt werden, § 261 Abs. 2 InsO. 67

Außer der Überwachung der Planerfüllung können dem Verwalter **weitere Aufgaben** obliegen. Der Plan kann vorsehen, dass **bestimmte Rechtsgeschäfte** des Insolvenzschuldners oder der Übernahmegesellschaft (§ 260 Abs. 3 InsO) nur mit **Zustimmung des Verwalters** wirksam sind, § 263 S. 1 InsO. Die **Nichterfüllung von Ansprüchen,** deren Erfüllung überwacht wird, hat der Insolvenzverwalter unverzüglich dem Gericht und dem Gläubigerausschuss (wenn vorhanden, sonst allen nach dem Plan anspruchsberechtigten Gläubigern) mitzuteilen, § 262 InsO. Zum Kreditrahmen § 264 InsO. 68

§ 33. Gesellschaftsrechtliche Maßnahmen im Insolvenzplan

Literatur: Eidenmüller, Der Insolvenzplan als gesellschaftsrechtliches Universalwerkzeug, NJW 2014, 17; Fuhrmann/Heinen/Schilz, Die gesellschaftsrechtlichen Aspekte des StaRUG, NZG 2021, 684; Göb/Nebel, Aktuelle gesellschaftsrechtliche Fragen in Krise und Insolvenz, NZI 2021, 17; Hölzle/Beyß, Gesellschaftsrechtliche Zweifelsfragen im Insolvenzplanverfahren, ZIP 2016, 1461; Mulert/Steiner, Gesellschaftsrechtlich zulässige Regelungen im Insolvenz- und Restrukturierungsplan, NZG 2021, 673; Schäfele, Die Gesellschaftsrechtlichen Grenzen des Insolvenzplanverfahrens, 2018; Simon/Merkelbach, Gesellschaftsrechtliche Strukturmaßnahmen im Insolvenzplanverfahren nach dem ESUG, NZG 2012, 121; Thole, Gesellschaftsrechtliche Maßnahmen in der Insolvenz, 3. Aufl. 2020.

Das ESUG hat die Regelung des § 225a InsO in das Gesetz eingefügt. Danach kann ein Insolvenzplan auch alle Maßnahmen vorsehen, die „gesellschaftsrechtlich zulässig" sind (§ 225a Abs. 3 InsO. Gemeint ist dies richtigerweise als **gesellschaftsrechtliche Statthaftigkeit.** Es kommt nicht auf alle gesellschaftsrechtlichen Zulässigkeitsvoraussetzungen an, sondern diese Vorgaben werden jedenfalls *partiell überlagert durch die InsO* (im Einzelnen str.). Das sieht man schon an § 254a Abs. 2 InsO, der von den Formerfordernissen des Gesellschaftsrechts dispensiert. Nicht möglich wäre es aber, Maßnahmen in einem Plan vorzusehen, die den numerus clausus des Gesellschafts- 1 rechts sprengen. So könnte auch ein Insolvenzplan keine Gesellschaft bürgerlichen Rechts mit beschränkter Haftung kreieren.

2 Ausweislich des § 225a Abs. 2 S. 3 InsO kann der Plan eine Kapitalherabsetzung oder -erhöhung, die Leistung von Sacheinlagen, den Ausschluss von Bezugsrechten u. a. m. vorsehen. Nach § 225a Abs. 3 InsO ist auch die Übertragung von Anteils- und Mitgliedschaftsrechten möglich.

3 Zum Verständnis muss man sich die Bedeutung solcher gesellschaftsrechtlichen Maßnahmen in einem *Sanierungsszenario* klarmachen. So wird häufig ein Investor „einsteigen" wollen. Dies kann durch einen asset deal geschehen. Mitunter mag aber ein share deal vorzugswürdig sein, weil dann der Rechtsträger unverändert erhalten bleibt (und davon abhängig z. B. bestimmte nicht übertragbare öffentlich-rechtliche Genehmigungen für die GmbH, AG, also den eigentlichen Schuldner etc.). Der Investor kann aber nur einsteigen, wenn er Gesellschaftsanteile erhält. Dazu bedarf es ggf. **der Schaffung neuer Anteile** in Form einer *Kapitalerhöhung* (nach vorheriger Kapitalherabsetzung der Altanteile, sog. Kapitalschnitt). Grundsätzlich müssten die Gesellschafter eine solche Kapitalerhöhung beschließen (§ 55ff. GmbHG). Möglicherweise sind die Gesellschafter aber nicht sehr kooperativ oder sie wollen noch etwas als Gegenleistung für eine solche Beschlussfassung, obwohl ihre Anteile wegen der Insolvenz der Gesellschaft eigentlich wertlos sind. Der Insolvenzverwalter oder der eigenverwaltende Schuldner können die Kapitalerhöhung nicht selbst beschließen, denn die Gesellschaftsanteile *sind nicht Vermögensbestandteile des insolventen Schuldners, sondern der Gesellschafter.* Hier nun setzt § 225a InsO an. Denn danach darf der Insolvenzplan auch über die **Anteils- und Mitgliedschaftsrechte** verfügen, obwohl diese gar nicht zur Masse gehören. Die Idee ist, dass die (Alt-)Gesellschafter „verspielt" haben, ihre Anteile entwertet sind und sie deshalb auch die notwendigen Kapitalmaßnahmen nicht mehr blockieren können sollen.

4 Deshalb kann die Kapitalmaßnahme und dann auch der Ausschluss der Bezugsrechte der Altgesellschafter (grundsätzlich hätten die Gesellschafter wegen der Wertverwässerung ihrer Anteile ein solches Bezugsrecht) in den Plan aufgenommen werden. Die Konsequenz ist, dass die Gläubiger bei der Abstimmung auch über diese Planmaßnahme abstimmen; diese Abstimmung im Sinne des § 235 InsO tritt an die Stelle einer Abstimmung der Gesellschafterversammlung. Allerdings müssen, da in ihre Rechte eingegriffen wird, dann auch die Gesellschafter als eigene Gruppe beteiligt werden (§ 223 Abs. 1 S. 2 Nr. 4 InsO). Aber: Selbst wenn die Gesellschafter als Gruppe gegen den Plan stimmen, kommt das **Obstruktionsverbot** des § 245 InsO zum Tragen. Die fehlende Zustimmung kann ersetzt werden. Das bedeutet, dass das Insolvenzplanverfahren das Blockadepotential der Gesellschafter brechen kann. Das erleichtert die Sanierung enorm.

5 Eine gewisse Einschränkung der gesellschaftsrechtlichen Maßnahmen im Plan sieht § 225a Abs. 2 S. 2 InsO vor. Eine Umwandlung von Forderungen von Gläubigern in Anteils- oder Mitgliedschaftsrechte ist gegen den Willen der betroffenen Gläubiger ausgeschlossen. Hier geht es um den sog. debt-equity-swap. Bei einem solchen swap werden die Forderungen der Gläubiger (Fremdkapital) in Gesellschaftsanteile bzw. Eigenkapital getauscht. Die Gläubiger bringen ihre Forderungen als Sacheinlage ein und erhalten dafür Anteile. Sie werden also Anteilseigner der Gesellschaft (equity), die Forderungen erlöschen durch Konfusion und folglich ist der Schuldner die Schuldenlast

los. § 225 a Abs. 2 S. 2 InsO geht davon aus, dass kein Gläubiger dazu gezwungen werden kann, Anteilseigner einer Gesellschaft zu werden. Deshalb ist hier eine Umwandlung zu Lasten der nicht zustimmenden Gläubiger ausnahmsweise nicht möglich. In der Praxis wird deshalb regelmäßig ein anderer Weg gegangen. Die Gläubiger erhalten im Plan ein Angebot, ihre Forderungen freiwillig zu tauschen. Wer dies nicht macht, erhält eine Barabfindung (cash out-Quote).

6. Kapitel: Besondere Verfahrensarten

§ 34. Besonderheiten des Restrukturierungsplans nach dem StaRuG

Literatur: Bitter, Geschäftsleiterhaftung in der Insolvenz – Alles neu durch SanInsFoG und StaRUG?, ZIP 2021, 321; Doebert/Krüger, Die strategische Gestaltung von Restrukturierungsplänen, NZI 2021, 614; Fuhrmann/Heinen/Schilz, Die gesellschaftsrechtlichen Aspekte des StaRUG, NZG 2021, 684; Gehrlein, Das Gesetz über den Stabilisierungs- und Restrukturierungsrahmen für Unternehmen (StaRUG) – ein Überblick, BB 2021, 66; Hoegen/Kranz, Neue Möglichkeit der Konzernsanierung durch SanInsFoG und StaRUG, NZI 2020, 105; Thole, Der Entwurf des Unternehmensstabilisierungs- und restrukturierungsgesetzes (StaRUG-RefE), ZIP 2020, 1985.

1 Statt eines Insolvenzplans, ggf. eingeleitet über ein „freiwilliges" Schutzschirmverfahren bei nur drohender Zahlungsunfähigkeit (also ohne zwingenden Antragsgrund nach § 15a InsO), kann ein Schuldner auch eine **Restrukturierung unter dem StaRUG** versuchen (lesen Sie erneut den Abschnitt → § 1 Rn. 42ff.). Hier zielt diese präventive Restrukturierung auf die Vorlage eines **Restrukturierungsplans** ab, der deutliche Ähnlichkeiten zum Insolvenzplan hat. Er enthält einen darstellenden und einen gestaltenden Teil (§ 6f. StaRUG) und ist auch im Übrigen, mit einigen Besonderheiten, dem Insolvenzplan nachgebildet. Es werden Gruppen gebildet (§ 9 StaRUG). Auch der Rechtsschutz ist mit Abweichungen ähnlich strukturiert. Für das *Stimmrecht* gilt § 24 StaRUG; es wird grundsätzlich an die Höhe der Forderung angeknüpft. Die erforderlichen Mehrheiten sind aber anders ausgestaltet als im Insolvenzplanverfahren. Wieder bedarf es der Zustimmung jeder Gruppe (§ 25 StaRUG). Aber es gilt nur das Prinzip der *Summenmehrheit* bezogen auf alle Stimmrechte. Stimmen die betroffenen Gläubiger mit einer 75-prozentigen Summenmehrheit dem Plan zu, sind auch die bei der Abstimmung unterlegenen Gläubiger an diesen Plan gebunden, wenn das Restrukturierungsgericht den Plan bestätigt (sog. cram down). Die **Akkordstörerproblematik** ist damit bereinigt. Man beachte aber, dass das StaRUG 75% der (= *aller*) Stimmrechte in der Gruppe verlangt (nicht nur der tatsächlich abstimmenden Stimmrechte!).

2 Das StaRUG-Verfahren ist **aber kein vollständiges Kollektivverfahren** und es werden nur solche Gläubigergruppen beteiligt, von denen Sanierungsbeiträge erforderlich sind (§ 8 StaRUG), so dass sich der Schuldner anhand sachgerechter Kriterien aussuchen kann, wen bzw. welche Gruppen er beteiligt sehen möchte. Für die nicht einbezogenen Gruppen gehen die Dinge normal weiter.

3 Was den Ablauf und die jeweiligen Maßnahmen innerhalb der Restrukturierungssache angeht, so gelten gewisse Besonderheiten im StaRUG:

4 Das Gericht ist nur dann einzubinden, wenn eine entsprechende gerichtliche Verfahrenshilfe wie eine **Stabilisierungsanordnung** (§§ 49ff. StaRUG) erforderlich ist. Dabei handelt es sich um eine Vollstreckungs- und Verwertungssperre nach dem Vorbild des § 21 Abs. 2 S. 2 Nr. 5 InsO, die es einem Gläubiger für eine begrenzte Zeitdauer verwehrt, aufgrund seiner Forderung zu vollstrecken oder eine Sicherheit zu verwerten. Das soll den späteren Restrukturierungsplan sichern. Verfahrenshilfe kann auch die gerichtliche Planbestätigung sein (§§ 60ff. StaRUG); diese braucht man, wenn nicht alle Gläubiger dem Restrukturierungsplan zugestimmt haben.

Dementsprechend beginnt die **Restrukturierungssache** mit einer Anzeige, nicht mit einem formellen Antrag (§ 31 StaRUG). Das Gesetz spricht von „Restrukturierungssache", weil es kein durchgängiges echtes Verfahren ist. Ein formeller Antrag ist sodann nur erforderlich, wenn einzelne Instrumente in Anspruch genommen werden. 5

An die Anzeige knüpft das Gesetz eine Reihe von weiteren Rechtsfolgen (§§ 32, 42 InsO). Insbesondere wird die **Insolvenzantragspflicht** für die Zeit der Rechtshängigkeit der Restrukturierungssache *ruhend gestellt* (§ 42 Abs. 1, 2 InsO). An ihre Stelle tritt aber eine Anzeigepflicht. Die Organe des Schuldners sind verpflichtet, es dem Restrukturierungsgericht anzuzeigen, wenn nunmehr Insolvenzreife, das heißt Zahlungsunfähigkeit oder Überschuldung eintritt. Wird dies dem Restrukturierungsgericht bekannt, hebt es – mit Ausnahmen im Einzelfall (§ 33 Abs. 2 Nr. 1 letzter Hs. StaRUG) – die Restrukturierungssache auf und es gilt wieder die gewöhnliche Insolvenzantragspflicht. Die Restrukturierung im StaRUG zielt auf die Vorlage eines Restrukturierungsplans ab. In diesem Plan, der sich teilweise an die Regelungen zum Insolvenzplan anlehnt, werden bestimmte Sanierungsmaßnahmen vorgesehen. In der Praxis geht es hier vor allem um Forderungsverzichte von Finanzgläubigern. 6

Das Planabstimmungsverfahren muss anders als beim Insolvenzplan nicht zwingend vom Gericht durchgeführt werden, sondern *kann auch privatautonom von der Schuldnerin* selbst durchgeführt werden; das ist sogar der gesetzliche Regelfall (§§ 17 ff. StaRUG). Das wird sich vor allem dann empfehlen, wenn es um eine überschaubare Runde von Gläubigern geht. Alternativ kann man auch die Planabstimmung über das Gericht durchlaufen lassen (§§ 45 f. StaRUG); auch das ist ein „Instrument" i. S. d. § 29 StaRUG. Das hat den Vorteil, dass dann die spätere Planbestätigung nicht so unsicher ist und die Ordnungsgemäßheit des Verfahrensgangs sichergestellt ist, weil das Gericht selbst die Zügel in der Hand hält. 7

Eine solche **gerichtliche Planbestätigung** ist erforderlich, sobald nicht alle Gläubiger dem Restrukturierungsplan zustimmen (§ 67 StaRUG). Allerdings treten die Wirkungen schon mit der Planbestätigung ein, auch wenn sie noch nicht rechtskräftig ist. Ein Gläubiger kann aber den Planvollzug aussetzen lassen, indem er die aufschiebende Wirkung seiner sofortigen Beschwerde anordnen lässt (§ 66 Abs. 4 StaRUG). Für die Bestätigung selbst gilt, ähnlich wie im Insolvenzplanrecht, das Schlechterstellungsverbot. Ein Gläubiger darf nicht schlechter gestellt werden als ohne den Plan. Auch ein Obstruktionsverbot wie § 245 InsO kennt das StaRUG. Es wird hier als klassenübergreifender Cram-down (cross class cram-down) bezeichnet. Es gelten gewisse Besonderheiten (insbesondere § 28 StaRUG: Durchbrechung der absoluten Priorität). 8

Allerdings sind bestimmte Forderungen generell von dem Restrukturierungsplan und dem StaRUG ausgenommen und nicht gestaltbar. Dabei handelt es sich insbesondere um *Arbeitnehmerforderungen,* in die, anders als im Insolvenzplan, nicht eingegriffen werden darf. 9

Dafür erlaubt das StaRUG anders als der Insolvenzplan, auch in Nebenbestimmungen mehrseitiger Verträge einzugreifen, auf denen die Restrukturierungsforderungen (das Äquivalent zu den Insolvenzforderungen) beruhen. Das betrifft vor allem *Konsortialverträge* und komplexe *Finanzierungsverträge,* § 2 Abs. 2 StaRUG. Hier können etwa sog. Covenants (bestimmte Finanzierungskennzahlen, Verhaltenspflichten des Kreditnehmers u. a. m.) für die Zukunft angepasst werden. 10

11 In bestimmten Fallkonstellationen ist der Einsatz eines sogenannten **Restrukturierungsbeauftragten** erforderlich oder jedenfalls möglich. Der Restrukturierungsbeauftragte hat beispielsweise die Aufgabe, die Erfolgsaussichten der Sanierung zu prüfen. Er nimmt tendenziell Sachverständigenaufgaben wahr, sein Amt kann aber auch ähnlich wie jenes eines Sachwalters ausgestaltet sein. Hier sieht das Gesetz entsprechende Spielräume vor. Das StaRUG sieht einen obligatorischen und einen fakultativen Restrukturierungsbeauftragten vor (§§ 73–76 StaRUG und §§ 77–79 StaRUG).

12 Obwohl das StaRUG ein schuldnerbetriebenes Verfahren ermöglicht, müssen gleichwohl die *Interessen der Gesamtheit der Gläubiger beachtet werden.* Die Schuldnerin ist verpflichtet, diese Interessen jedenfalls während der Rechtshängigkeit der Restrukturierungssache zu wahren (§ 32 Abs. 1 StaRUG). Wenn beispielsweise der Alleingesellschafter einer GmbH den Geschäftsführer anweisen möchte, ihm das verbliebene Gesellschaftsvermögen oder ein wertvolles Betriebsgrundstück zu übertragen, würde dies die Fähigkeit der Gesellschaft, ihre Gläubiger zu befriedigen, erheblich schmälern. Ist in einem solchen Fall das Gesellschafts- bzw. das Gesellschafterinteresse nicht mit den Gläubigerinteressen identisch, haben die **Gläubigerinteressen Vorrang.** Darauf müssen nicht nur die Geschäftsführer, sondern auch die Überwachungsorgane und mithin die Gesellschafterversammlung achten. Andernfalls machen sie sich haftbar (§ 43 StaRUG).

13 Insgesamt liefert das StaRUG eine weitere Option im Instrumentenkasten für die Sanierung und Restrukturierung. Neben der freien, nicht gesetzlich und gerichtlich angeleiteten Restrukturierung und Sanierung gibt es mit dem StaRUG auch die Möglichkeit, mit gerichtlicher Hilfe und zulasten von Akkordstörern und Minderheitsgläubigern *Sanierungskonzepte durchzusetzen,* ohne dass ein vollwertiges Insolvenzverfahren durchlaufen werden muss. Allerdings gibt es gewisse Grenzen für das StaRUG-Verfahren, da bereits mit Eintritt der Insolvenzreife grundsätzlich zwingend die Restrukturierung zu beenden ist (§ 33 Abs. 2 Nr. 1 StaRUG), sodass dann nur der Übergang ins Insolvenzverfahren bleibt. Darüber hinaus besteht weiterhin die Möglichkeit, über eine Eigenverwaltung und ein Schutzschirmverfahren oder die vorläufige Eigenverwaltung Sanierungsoptionen eines Insolvenzplans im Rahmen eines Insolvenzverfahrens auszuloten. Daher stehen Schuldner und ihre Organe, die jeweils gut beraten werden und deren Unternehmen noch sanierungsfähig ist, vor der Frage, welchen Weg sie einschlagen möchten. Regelmäßig werden zunächst vertrauliche Verhandlungen mit den Gläubigern außerhalb eines gerichtlich angeleiteten Verfahrens geführt werden. Hier kann schon die Drohung mit einem allseits bindenden Mehrheitsbeschluss in einem noch einzuleitenden StaRUG-Verfahren oder in einem Insolvenzverfahren die Verhandlungspartner disziplinieren und zu Zugeständnissen zwingen. Doch wenn sich Hindernisse in der Verhandlung auftun und auch die Drohung keinen Verhandlungserfolg sichert, werden das StaRUG-Verfahren oder ein Insolvenzverfahren bzw. ein Eigenverwaltungsverfahren die verbleibenden weiteren Optionen sein.

§ 35. Verbraucherinsolvenz und Restschuldbefreiung

Literatur: Ahrens, Die Versagung der Restschuldbefreiung, 2020; ders., Aktuelles Privatinsolvenzrecht, 3. Aufl., 2019; ders., Zwischen Himmel und Hölle – Neue Regenlungen für Selbstständige im Insolvenzverfahren, NZI 2021, 57; Berg, Restschuldbefreiung de lege ferenda, 2019; Erhardt, Regel- und Verbraucherinsolvenz: Prozessuale Probleme der Zweigleisigkeit des Insolvenzverfahrens, 2003; Frind, Praxishandbuch Privatinsolvenz, 3. Aufl., 2021; Kohte/Ahrens/Grote/Busch, Verfahrenskostenstundung, Restschuldbefreiung und Verbraucherinsolvenzverfahren, 8. Aufl. 2018; Madaus, Insolvenzpläne im Verbraucherinsolvenzverfahren, NZI 2017, 697; Pape, Die Entwicklung des Verbraucherinsolvenz- und des Restschuldbefreiungsverfahrens im Jahr 2020, NJW 2021, 2485; ders., Die Verkürzung der Restschuldbefreiung auf drei Jahre ist da, NWB 2021, 188; Pape/Laroche/Grote, Drei Jahre Restschuldbefreiung für alle – der Gesetzgeber hat doch noch die Kurve gekriegt, ZInsO 2021, 57; A. Schmidt, Neues Privatinsolvenzrecht:„Gesetz zur Verkürzung des Restschuldbefreiungsverfahrens" vom 22.12.2020, ZVI 2021, 41; Schülke/Baschnagel, Gesetz zur Verkürzung der Frist zur Restschuldbefreiung: Ein Überblick, DStR 2021, 295; Sternal, Die Rechtsprechung zum Verbraucherinsolvenz- und Restschuldbefreiungsverfahren im Jahre 2020, NZI 2021, 201; Wipperfürth, Insolvenzverwaltung – natürliche Personen, 2019.

A. Voraussetzungen des Verbraucherinsolvenzverfahrens

1 Bei dem Verbraucherinsolvenzverfahren, das in §§ 304–311 InsO geregelt ist, handelt es sich um eine **besondere Form des Insolvenzverfahrens.** Im Vergleich mit den allgemeinen Regeln gibt es einige Besonderheiten für ein Insolvenzverfahren in diesem Sinne. Das Verbraucherinsolvenzverfahren zielt auf **natürliche Personen,** die keine selbständige wirtschaftliche Tätigkeit ausüben. Ebenso erfasst sind aber Schuldner, die eine selbständige wirtschaftliche Tätigkeit ausgeübt haben, wenn die Vermögensverhältnisse überschaubar sind und gegen den Schuldner keine Forderung aus Arbeitsverhältnissen bestehen, § 304 S. 2 InsO. Die selbstständige wirtschaftliche Tätigkeit muss im Zeitpunkt der Antragstellung vollständig beendet sein („Hat … ausgeübt").[1] Bei allem muss es sich bei dem Insolvenzverfahren über das Vermögen eines Verbrauchers i. S. v. § 304 S. 1 InsO *keineswegs um ein Kleinverfahren* handeln. Auch bei natürlichen Personen als Schuldner, die keine selbständige wirtschaftliche Tätigkeit ausüben, können mitunter erhebliche Vermögenswerte betroffen sein und auch eine Vielzahl von Gläubigern beteiligt sein. Beim Schuldner mit selbständiger wirtschaftlicher Tätigkeit verlangt das Gesetz dagegen überschaubare Vermögensverhältnisse, die in § 304 Abs. 2 InsO näher definiert sind *(weniger als 20 Gläubiger).* Daraus lässt sich jedoch keine zwingende Schranke ableiten. Bei komplexer Verschuldungsstruktur kann der Schuldner trotz geringer Gläubigerzahl auf das Regelinsolvenzverfahren verwiesen werden. Überdies dürfen gegen den ehemals selbstständigen Schuldner keine Forderungen aus Arbeitsverhältnissen (mehr) bestehen. Darunter sind auch Forderungen der Sozialversicherungsträger und der Finanzverwaltungen zu verstehen, soweit diese aus einem Arbeitsverhältnis erwachsen sind, z. B. Sozialversicherungsbeiträge, Lohnsteuer.[2]

2 Das Verbraucherinsolvenzverfahren geht im Grundsatz von einem **Drei-Phasen-Modell** aus. Zunächst wird der gescheiterte Versuch einer außergerichtlichen Schuldenbereinigung vorausgesetzt, § 305 Abs. 1 Nr. 1 InsO. Es folgt dann der Versuch einer gerichtlichen Schuldenbereinigung auf der Grundlage eines Schuldenbereinigungsplans (§ 305 Abs. 1 Nr. 4 InsO, §§ 307–310 InsO). Erst wenn dieser Schuldenbereini-

[1] BGH NJW 2003, 591; Nerlich/Römermann/Römermann InsO § 304 Rn. 17.
[2] BGH NZI 2005, 676 (677); 2011, 202 Rn. 12.

gungsplan ebenfalls fehlgeschlagen ist, schließt sich das Insolvenzverfahren an. Die früheren Regelungen zum vereinfachten Insolvenzverfahren in den §§ 311–314 InsO a. F. hat der Gesetzgeber mittlerweile gestrichen, sodass auch das Verbraucherinsolvenzverfahren trotz der Besonderheiten bei der Verfahrenseinleitung *im Grundsatz* ein gewöhnliches Insolvenzverfahren ist.

3 Für das Verbraucherinsolvenzverfahren gelten nach der Verweisung des § 304 Abs. 1 S. 1 InsO die *allgemeinen Vorschriften.* Gemeint sind damit die Bestimmungen über das Regelinsolvenzverfahren. Die Besonderheiten im Verfahrensablauf betreffen das Eröffnungsverfahren. So *ruht* der Antrag auf Eröffnung des Insolvenzverfahrens gemäß § 306 Abs. 1 InsO bis zur Entscheidung über den **Schuldenbereinigungsplan.** Zu diesem Schuldenbereinigungsplan kommt es gemäß § 305 InsO immer dann, wenn der Schuldner selbst den Eröffnungsantrag stellt. Er muss nämlich mit dem Antrag auf Eröffnung des Insolvenzverfahrens gemäß § 305 Abs. 1 Nr. 4 InsO den Schuldenbereinigungsplan vorlegen. Beantragt dagegen *ein Gläubiger* die Eröffnung des Verfahrens (in der Praxis häufig das Finanzamt oder ein Sozialversicherungsträger), so hängt die Frage des Schuldenbereinigungsplans davon ab, ob auch der Schuldner einen Antrag stellt, § 306 Abs. 3 S. 2 InsO. Stellt der Schuldner keinen Eröffnungsantrag, so wird das Schuldenbereinigungsverfahren übersprungen und mit dem Eröffnungsantrag des Gläubigers geht es nach Eröffnung direkt in das Insolvenzverfahren über. Aus diesem Grunde ist dem Schuldner Gelegenheit zu geben, ebenfalls den Eröffnungsantrag zu stellen, § 306 Abs. 3 S. 1 InsO.

4 Die **Anforderungen** an den Eröffnungsantrag des Schuldners sind in § 305 InsO im Einzelnen normiert. Gemäß § 305 Abs. 1 Nr. 1 InsO ist eine Bescheinigung über die gescheiterte außergerichtliche Einigung vorzulegen. Das kann insbesondere eine Bescheinigung einer Schuldnerberatungsstelle sein. Gemäß § 305a InsO gilt die außergerichtliche Einigung auch dann als gescheitert, wenn ein Gläubiger nach Aufnahme der Verhandlungen über die außergerichtliche Schuldenbereinigung weiter vollstrecken möchte. Gemäß § 305 Abs. 1 Nr. 2 InsO ist dem Antrag auch der Antrag auf Erteilung der Restschuldbefreiung oder ein Verzicht auf diesen Antrag beizufügen. § 305 Abs. 1 Nr. 3 InsO verlangt darüber hinaus ein vollständiges Vermögensverzeichnis. Gemäß § 305 Abs. 1 Nr. 4 InsO ist der gerichtliche Schuldenbereinigungsplan mit dem Eröffnungsantrag einzureichen. Es handelt sich mithin um den Plan darüber, wie sich der Schuldner die Schuldenbereinigung vorstellt. Der Plan kann Teilerlasse, Stundungen, besondere Regelungen für künftige Verhältnisse, Umgang mit Sicherheiten und anderes mehr enthalten. Dieser Plan wird den Gläubigern vom Insolvenzgericht zugestellt, § 307 Abs. 1 InsO. Die Gläubiger erhalten Gelegenheit, zu dem Plan *Stellung zu nehmen.* Geht ihre Stellungnahme nicht innerhalb einer Notfrist von einem Monat ein, so gilt dies als Einverständnis mit dem Schuldenbereinigungsplan, § 307 Abs. 2 InsO. Hat kein Gläubiger Einwendungen erhoben, ist der Plan angenommen, § 308 Abs. 1 InsO. Möglich ist auch die Ersetzung einer fehlenden Zustimmung nach der Vorschrift des § 309 InsO. Haben die benannten Gläubiger nur mehrheitlich nach Köpfen und Summen zugestimmt, so hat das Insolvenzgericht auf Antrag eines benannten Gläubigers oder des Insolvenzschuldners die Zustimmung des ablehnenden Gläubigers durch Beschluss zu ersetzen (missglückt § 309 Abs. 1 S. 1 InsO: ersetzt werden nicht die Einwendungen, sondern die Zustimmungserklärung (eine Willenserklärung) durch einen Hoheitsakt (den Beschluss), so richtig die Überschrift zu § 309 InsO).

Die Ersetzung ist ausgeschlossen, wenn der ablehnende Gläubiger im Verhältnis zu den anderen nicht *angemessen beteiligt wird* (§ 309 Abs. 1 S. 2 Nr. 1 InsO) oder wenn ihn der Plan voraussichtlich *wirtschaftlich schlechter stellt,* als er bei Durchführung des Insolvenzverfahrens mit Restschuldbefreiung stünde (§ 309 Abs. 1 S. 2 Nr. 2 InsO), das gilt z. B. für einen absonderungsberechtigten Gläubiger, in dessen Sicherungsrecht der Plan ohne seine Zustimmung eingreift. Die genannten Ablehnungsgründe hat der betroffene Gläubiger vorzutragen (zur Anhörung § 309 Abs. 2 S. 1 InsO) und glaubhaft zu machen (§ 309 Abs. 2 S. 2 InsO). Der Beschluss (des Richters: § 18 Abs. 1 Nr. 1 RPflG) unterliegt der sofortigen Beschwerde (§ 309 Abs. 2 S. 3 InsO). Der Antragsteller (§ 309 Abs. 1 S. 1 InsO) ist durch Zurückweisung seines Antrags, der widersprechende Gläubiger durch Ersetzung seiner Zustimmung beschwert. Sind alle Zustimmungen der widersprechenden Gläubiger rechtskräftig ersetzt, so ist der Plan wie bei einstimmiger Zustimmung angenommen (§ 308 Abs. 1 S. 1 Hs. 1 InsO). Das ist vom Gericht (Richter: § 18 Abs. 1 Nr. 1 RPflG) durch einen feststellenden Beschluss auszusprechen (§ 308 Abs. 1 S. 1 Hs. 2 InsO). Er ist unanfechtbar (vgl. § 6 Abs. 1 InsO). 5

Die Annahme des Schuldenbereinigungsplans wird vom Insolvenzgericht durch einen Beschluss festgestellt, der die Wirkung eines Vergleichs i. S. v. § 794 Abs. 1 Nr. 1 ZPO hat. Er ist mithin Vollstreckungstitel. In der Praxis kommt es häufig zu sog. **Nullplänen,** bei denen die Gläubiger keinen Cent erhalten, da dafür die Vermögensverhältnisse des Schuldners nicht ausreichen. Auch ein solcher Nullplan ist von der Rechtsprechung *als tauglicher Schuldenbereinigungsplan* zugelassen worden.[3] 6

Ist der Plan gescheitert, weil er die Mehrheiten verfehlt hat und eine Zustimmungsersetzung nicht infrage kommt, wird das Eröffnungsverfahren wiederaufgenommen (§ 311 InsO) und sodann das Insolvenzverfahren mit Verwertung des Schuldnervermögens durchgeführt. 7

B. Restschuldbefreiung

An das Insolvenzverfahren kann sich eine sog. Restschuldbefreiung anschließen. Dies steht im Zusammenhang mit **§ 201 InsO.** Gemäß § 201 InsO bleiben die unbefriedigten Forderungen nach Verfahrensaufhebung grundsätzlich bestehen. Das hätte freilich erhebliche Nachteile, weil der Schuldner dann stets mit den noch unerfüllten Verbindlichkeiten belastet bliebe und gewissermaßen gar nicht mehr auf die Beine kommen würde. Daher bietet das Gesetz einem Schuldner, die Möglichkeit der Restschuldbefreiung im Verfahren nach den Vorschriften der §§ 286–303a InsO. Diese Vorschriften sind erst jüngst wieder reformiert worden durch das **Gesetz zur weiteren Verkürzung des Restschuldbefreiungsverfahrens und zur Anpassung pandemiebedingter Vorschriften im Gesellschafts-, Genossenschafts-, Vereins- und Stiftungsrecht sowie im Miet- und Pachtrecht mit Wirkung zum 1.10.2020.**[4] Die Restschuldbefreiung steht **nur natürlichen Personen** offen. Die weiteren für das Verbraucherinsolvenzverfahren geltenden Einschränkungen zur selbständigen wirtschaftlichen Tätigkeit oder dem Fehlen einer solchen selbständigen Tätigkeit gelten für die Restschuldbefreiung nicht. Mithin kann auch ein Schuldner, der selbständig wirt- 8

[3] BGH NZI 2014, 34 (35) Rn. 7.
[4] BGBl. 2020 I 3328.

schaftlich tätig ist und komplexere Vermögensverhältnisse hat, sodass § 304 Abs. 1 S. 2 InsO ausgeschlossen ist, von der Restschuldbefreiung profitieren. § 286 InsO verlangt allein, dass der Schuldner eine natürliche Person ist.

9 Bei Gesellschaften und juristischen Personen lässt sich die Nachhaftung des § 201 InsO auf verschiedene andere Weisen beseitigen. Geht es um eine schlichte Liquidation und Zerschlagung, führt das Insolvenzverfahren *ohnedies zur Löschung des Rechtsträgers* (§ 394 FamFG), sodass sich die Nachhaftung rein praktisch nicht mehr stellt. Die Gläubiger gehen insofern weiter leer aus. Wird dagegen der Rechtsträger erhalten und das Unternehmen saniert, etwa über einen Insolvenzplan, so wird in der Regel im Insolvenzplan ein Erlass im Hinblick auf die nicht gedeckten und nicht befriedigten Teile der Forderung vorgesehen. Dann stellt sich die Frage der Nachhaftung mangels Fortbestehens einer Restforderung ohnedies nicht.

10 Die Restschuldbefreiung der §§ 286ff. InsO soll dem Schuldner eine **zweite Chance und einen wirtschaftlichen Neuanfang ermöglichen.** Hätte der Schuldner keine Möglichkeit, von seinen Schulden loszukommen, so wäre jeder Anreiz vermindert, sich wirtschaftlich neu aufzustellen und/oder die Berufstätigkeit fortzusetzen, da die damit erzielten Beträge weitestgehend an die Gläubiger abzuführen wären.

11 Für das Verständnis ist wichtig, dass das Restschuldbefreiungsverfahren an das Insolvenzverfahren *anknüpft.* Die Restschuldbefreiung erfolgt also nicht im Insolvenzverfahren, sondern daran anschließend, aber natürlich damit verknüpft. Da die Restschuldbefreiung nur nach erfolgtem Insolvenzverfahren gewährt wird, ist die Restschuldbefreiung ausgeschlossen, wenn es mangels Masse zur Abweisung des Eröffnungsantrags kommt. Nur die spätere Einstellung wegen Masseunzulänglichkeit würde nicht schaden, § 289 InsO. Eine Abweisung des Eröffnungsantrags mangels Masse kommt in Frage, wenn die Masse nicht einmal die Kosten des Insolvenzverfahrens deckt, § 26 Abs. 1 S. 1 InsO. Damit sind gerade besonders mittellose Schuldner eigentlich von der Restschuldbefreiung ausgeschlossen. Um dem Abhilfe zu schaffen, hat der Gesetzgeber im Jahr 2001 § 4a Abs. 1 InsO eingefügt. Stellt der Schuldner einen Antrag auf Restschuldbefreiung, kann die Fälligkeit der Kostenersatzansprüche *gestundet werden.* In diesem Fall darf der Antrag nicht mangels Masse abgewiesen werden und auch eine Einstellung des eröffneten Verfahrens unterbleibt, § 207 Abs. 2 S. 2 Fall 2 InsO. Die Stundung kann sogar bis zur Erteilung der Restschuldbefreiung wirken, unter den Prämissen des § 4a Abs. 3 S. 2 InsO und § 4b Abs. 1 S. 1 InsO.

12 Da die Restschuldbefreiung keine Zustimmung der Gläubiger voraussetzt und § 1 S. 2 InsO nur dem redlichen Schuldner Gelegenheit geben möchte, sich von seinen restlichen Verbindlichkeiten zu befreien, muss das Gesetz Regelungen zur Wahrung der Gläubigerinteressen vorsehen. Dementsprechend ist neben bestimmten verfahrensrechtlichen Sicherungen wie bspw. dem Ausschluss der erneuten Erteilung von Restschuldbefreiung bei einer vorherigen Erteilung der Restschuldbefreiung in den letzten *elf Jahren* und/oder Versagung der Restschuldbefreiung in den letzten *fünf Jahren* (§ 287a Abs. 2 Nr. 1 InsO) auch der wichtige Versagungsgrund des § 290 InsO aufgenommen. So ist die Restschuldbefreiung auf Antrag durch Beschluss zu versagen, wenn der Schuldner wegen einer Insolvenzstraftat verurteilt worden ist (§ 290 Abs. 1 Nr. 1 InsO) oder falsche Angaben über seine wirtschaftlichen Verhältnisse gemacht hat (§ 290 Abs. 1 Nr. 2 InsO). Daneben treten weitere Verpflichtungen im Katalog des § 290 Abs. 1 InsO (lesen!).

Die Restschuldbefreiung wird **nicht automatisch und nicht „umsonst"** gewährt. Die Gewährung setzt voraus, dass der Schuldner den sich aus § 295 InsO ergebenden Obliegenheiten gerecht wird. Diese Obliegenheiten bestehen während der sog. **Wohlverhaltensperiode.** Die Wohlverhaltensperiode ergibt sich aus § 287 Abs. 2 InsO. Sie ist jüngst mit dem Gesetz vom 1. Oktober 2020 und auch in Umsetzung der Restrukturierungsrichtlinie *auf drei Jahre* verkürzt worden.[5] Während dieser drei Jahre muss der Schuldner den pfändbaren Teil seines Arbeitseinkommens an einen vom Gericht zu bestellenden Treuhänder abtreten. Dieser Treuhänder kehrt nach dem Grundsatz der Gleichbehandlung die erwirtschafteten Beträge an die Gläubiger aus. Während der Wohlverhaltensperiode ist der Schuldner in besonderer Weise den Gläubigerinteressen verpflichtet. Häufig ist die Rechtsprechung gefordert, darüber zu entscheiden, ob die Restschuldbefreiung zu versagen ist. Insbesondere kommt es häufiger vor, dass unrichtige Angaben gemacht werden, § 290 Abs. 2 Nr. 2 und 5, 6 InsO, oder dass der Schuldner seine Erwerbsobliegenheit i. S. d. § 287b InsO verletzt und dadurch die Befriedung der Gläubiger beeinträchtigt (§ 290 Abs. 1 Nr. 7 InsO). Der Schuldner ist während der Wohlverhaltensperiode verpflichtet, sich hinreichend um eine Beschäftigung und angemessene Erwerbstätigkeit zu bemühen. Der Schuldner darf also nicht die Füße hochlegen. 13

Problematisch sind die Obliegenheiten nach § 295 Abs. 1 Nr. 1 und Abs. 2 InsO. **„Angemessene" Erwerbstätigkeit** und **„zumutbare" Tätigkeit** sind schwer zu fassende, auf den Einzelfall abstellende Begriffe (vgl. zur „angemessenen Erwerbstätigkeit" § 1574 Abs. 2 BGB). Die „Zumutbarkeit" einer Tätigkeit ist in weitem Umfang zu bejahen, so z. B. bei berufsfremder, auswärtiger, Gelegenheits- und Aushilfstätigkeit. Vom Schuldner wird im Rahmen der Erwerbsobliegenheit mehr verlangt als nach Unterhalts- oder Sozialrecht.[6] Es genügt nicht, wenn er nur eine Teilzeitbeschäftigung ausübt und sich nicht um eine Vollzeitbeschäftigung bemüht.[7] 14

Die Entscheidung über die Restschuldbefreiung erfolgt regelmäßig am Ende der Wohlverhaltensperiode, § 300 Abs. 1 InsO. In bestimmten Fällen sieht § 300 Abs. 2 InsO auch eine vorzeitige Erteilung der Restschuldbefreiung noch vor Ablauf der drei Jahre vor. 15

Die Erteilung der Restschuldbefreiung setzt einen entsprechenden Antrag des Schuldners voraus, der von dem Antrag auf Eröffnung des Insolvenzverfahrens zu trennen ist, aber damit verbunden werden soll, § 287 Abs. 1 S. 1 InsO. 16

Wird die Restschuldbefreiung gemäß § 290 InsO nach dem Schlusstermin versagt, kann der Schuldner dagegen sofortige Beschwerde einlegen, § 290 Abs. 3 InsO. Lehnt das Gericht die Versagung ab, sind diejenigen Insolvenzgläubiger, die die Versagung der Restschuldbefreiung beantragt haben, beschwerdebefugt. 17

Die Restschuldbefreiung erfasst die bisher – also im Insolvenzverfahren und in der Wohlverhaltensperiode (ungenau § 286 InsO) – **nicht erfüllten Verbindlichkeiten** aller Insolvenzgläubiger, auch derjenigen, die ihre Forderung nicht angemeldet haben (§ 301 Abs. 1 S. 1 InsO). Ausgenommen sind nur Verbindlichkeiten des Insolvenz- 18

[5] BT-Drs. 19/21981, 7.
[6] Uhlenbruck/Sternal InsO § 295 Rn. 19.
[7] BGH NZI 2018, 359, 360 Rn. 12.

schuldners aus einer vorsätzlichen unerlaubten Handlung sowie Geldstrafen und gleichgestellte Geldschulden, ferner Verbindlichkeiten aus zinslosen Darlehen, die dem Schuldner zur Begleichung der Kosten des Insolvenzverfahrens gewährt wurden (§ 302 InsO).

19 Die **Haftung von Mitschuldnern und Bürgen** des Insolvenzschuldners sowie dingliche Sicherheiten bleiben ungeschmälert bestehen (§ 301 Abs. 2 S. 1 InsO). Von Rückgriffsansprüchen des Bürgen und anderer Rückgriffsberechtiger wird der Insolvenzschuldner in gleicher Weise befreit wie von den Ansprüchen der Insolvenzgläubiger (§ 301 Abs. 2 S. 2 InsO; auch insoweit ähnlich die Regelung beim Insolvenzplan: § 254 Abs. 2 S. 2 InsO); sonst würde die Restschuldbefreiung praktisch wirkungslos sein.

20 **„Befreiung"** von den Restschulden heißt, dass die Restforderungen **erfüllbar fortbestehen,** aber von den Gläubigern *nicht mehr eingefordert werden können.* Freilich ist der die Restschuldbefreiung erteilende Beschluss (§ 300 Abs. 1 InsO) keine vollstreckbare Entscheidung i. S. d. § 775 Nr. 1 ZPO, aus der sich die Aufhebung eines Urteils oder die Einstellung der Zwangsvollstreckung ergibt. Wird nach Erteilung der Restschuldbefreiung aus einem titulierten Anspruch die Zwangsvollstreckung versucht, muss sich der (ehemalige) Insolvenzschuldner deshalb mit der Vollstreckungsgegenklage (§ 767 ZPO) wehren,[8] der materiell-rechtliche Einwand folgt aus der Umgestaltung der Forderung in einen zwar erfüllbaren, aber nicht erzwingbaren Anspruch.[9]

21 Was ein Insolvenzgläubiger zu viel erhält, als ihm aufgrund der Restschuldbefreiung zusteht, muss er nicht zurückzahlen (§ 301 Abs. 3 InsO). Die nicht durchsetzbare Forderung bietet nach ihrer Erfüllung einen Rechtsgrund zum Behaltendürfen. Teils sind auch die Bezeichnungen „unvollkommene Verbindlichkeit" oder „Naturalobligation" gebräuchlich.

22 Unter engen Voraussetzungen ist auf Antrag eines Insolvenzgläubigers der **Widerruf** einer rechtskräftigen Restschuldbefreiung möglich (§ 303 InsO). Es muss sich nach Rechtskrafteintritt herausstellen, dass der Insolvenzschuldner eine Obliegenheit vorsätzlich verletzt und dadurch die Befriedigung der Insolvenzgläubiger erheblich beeinträchtigt hat (§ 303 Abs. 1 Nr. 1 InsO). Antragsberechtigt ist ein Insolvenzgläubiger, der von diesen Umständen vor Rechtskraft des Befreiungsschlusses nichts wusste und sowohl die Umstände wie seine Unkenntnis davon glaubhaft macht; der Antrag muss innerhalb eines Jahres nach Rechtskrafteintritt gestellt werden (§ 303 Abs. 2 InsO). Ein Widerruf beschwert den Insolvenzschuldner, eine Zurückweisung des Antrags beschwert den antragstellenden Insolvenzgläubiger. Ihnen steht die sofortige Beschwerde zu (§ 303 Abs. 3 S. 2 InsO). Der Widerrufsbeschluss ist öffentlich bekanntzumachen (§ 303 Abs. 3 S. 3 InsO).

[8] Vgl. BGH NJW 2008, 3640 Rn. 8; MüKoInsO/Stephan InsO § 301 Rn. 21; Uhlenbruck/Sternal InsO § 301 Rn. 41.

[9] KPB/Wenzel InsO § 301 Rn. 1; MüKoInsO/Stephan InsO § 301 Rn. 21.

§ 36. Weitere besondere Verfahrensarten

Literatur: du Carrois, Der Insolvenzplan im Nachlassinsolvenzverfahren, 2009; Geitner, Der Erbe in der Insolvenz, 2007; Hermreck, Das Nachlassinsolvenzverfahren, NJW Spezial 2017, 14; Hüsemann, Das Nachlaßinsolvenzverfahren, Diss. Münster 1997; Kampf, Tod in der Insolvenz – eine Herausforderung für die Verfahrensbeteiligten, ZVI 2018, 3; Roth, Das„übergeleitete" oder besser: partielle Nachlassinsolvenzverfahren, NZI 2021, 421; ders., Besondere Ränge der Gläubiger im Nachlassinsolvenzverfahren, SchlHA, 287; Roth/Wozniak, Das Nachlassinsolvenzverfahren als effizientes Mittel zur Auseinandersetzung zersplitterter Erbengemeinschaften, ZEV 2021, 489; Vallender, Doppelinsolvenz: Erben- und Nachlassinsolvenz, NZI 2005, 318.

A. Nachlassinsolvenzverfahren und verwandte Verfahren

Nachlassinsolvenzverfahren ist das Insolvenzverfahren über das **Vermögen (den Nachlass)** eines Verstorbenen oder für tot Erklärten (das ist der Erblasser), §§ 315 ff. InsO. Ist der Erblasser während eines über sein Vermögen beantragten oder schon eröffneten Insolvenzverfahrens gestorben, so wird das Verfahren ohne Unterbrechung als Nachlassinsolvenzverfahren fortgesetzt.[1] 1

Das ist unkomplizierter als nach dem Recht der KO, weil Eröffnungsgrund nicht mehr allein die Überschuldung (§ 215 KO) ist, sondern wie im Regelverfahren auch die eingetretene und die drohende Zahlungsunfähigkeit (§ 320 InsO). Die beschränkte Antragsberechtigung für den letztgenannten Eröffnungsgrund bereitet keine Schwierigkeiten, da der Erbe an die Stelle des Erblassers als Insolvenzschuldner tritt, vgl. § 18 Abs. 1 mit § 320 S. 2 InsO. 2

Für das Verfahren ist örtlich ausschließlich zuständig das Insolvenzgericht, in dessen Bezirk der Erblasser den Mittelpunkt seiner selbstständigen wirtschaftlichen Tätigkeit hatte; gab es sie nicht, so ist örtlich ausschließlich das Insolvenzgericht zuständig, in dessen Bezirk der Erblasser seinen allgemeinen Gerichtsstand hatte (§ 315 InsO). Ziel des Nachlassinsolvenzverfahrens – wie der Nachlassverwaltung – ist es, den Nachlass vom Eigenvermögen des Erben abzusondern, um die **Haftung des Erben für** die Nachlassverbindlichkeiten *„auf den Nachlass" zu beschränken* (§ 1975 BGB). Zur Nachlassverwaltung kommt es, wenn der Nachlass voraussichtlich ausreicht, um die Nachlassgläubiger zu befriedigen; das Nachlassinsolvenzverfahren setzt einen der Eröffnungsgründe (§ 320 InsO) voraus.[2] Eröffnungsgründe sind die Zahlungsunfähigkeit (§ 17 InsO) und die Überschuldung (§ 19 InsO), § 320 S. 1 InsO, ferner die drohende Zahlungsunfähigkeit (§ 18 InsO), wenn der Eröffnungsantrag nicht von einem Nachlassgläubiger gestellt wird § 320 S. 2 InsO). 3

Die auf diesen Wegen erreichte **Haftungsbeschränkung durch Vermögenssonderung** bedeutet: Die Nachlassgläubiger können nur noch auf den Nachlass, die Eigengläubiger des Erben nur noch auf dessen Eigenvermögen zugreifen; der Zugriff auf das jeweils andere Vermögen ist ihnen versperrt. Diese Haftungsbeschränkung zu Lasten der Nachlassgläubiger tritt allerdings nur ein, wenn der Erbe für die Nachlassverbindlichkeiten noch beschränkbar haftet (§ 2013 Abs. 1 BGB). Haftet er unbeschränkt, z. B. wegen Inventaruntreue (§ 2005 Abs. 1 BGB), so können auch die Nachlassgläubiger auf das gesamte Erbenvermögen – also Eigenvermögen und Nachlass – zugreifen 4

[1] Vgl. BGHZ 175, 307 (309) Rn. 6; KPB/Holzer InsO § 315 Rn. 31.
[2] Beide vergleichend: Rugullis ZEV 2007, 117; 2007, 156.

(§ 1975 BGB ist ausgeschlossen: § 2013 Abs. 1 S. 1 Hs. 1 BGB). Das Verfahren ist also zulässig *vor und nach Annahme der Erbschaft, bei beschränkbarer und unbeschränkter Erbenhaftung,* ferner vor und nach der Teilung des Nachlasses unter Miterben (in diesem Fall hat der Insolvenzverwalter die verteilten Nachlassgegenstände von den Miterben herauszuverlangen), § 316 Abs. 1, 2 InsO.

5 Dass trotz unbeschränkter Erbenhaftung ein Nachlassinsolvenzverfahren eröffnet werden kann (§ 316 Abs. 1 InsO), ändert an diesem **Totalzugriff der Nachlassgläubiger** nichts; die auch in diesem Fall eintretende Vermögens- und Haftungssonderung wirkt bloß gegen die Eigengläubiger: Sie können sich nur noch an das Eigenvermögen halten, der Zugriff auf den Nachlass ist ihnen versagt (§ 325 InsO).

6 Bei unbeschränkter Erbenhaftung kann es leicht vorkommen, dass auch über das Eigenvermögen des Erben ein Insolvenzverfahren eröffnet wird. Dann laufen Nachlass- und Eigeninsolvenzverfahren *nebeneinander her.*[3] An diesem sind die Eigengläubiger beteiligt, die Nachlassgläubiger nur, wenn der Erbe ihnen gegenüber unbeschränkt haftet und nur in Höhe ihres Ausfalls im Nachlassinsolvenzverfahren oder bei Verzicht auf Befriedigung in diesem Verfahren (§ 331 Abs. 1 InsO).

7 Insolvenzschuldner ist der **Erbe als Inhaber des Nachlasses,** über den das Insolvenzverfahren eröffnet worden ist. Bei mehreren Erben ist jeder von ihnen Insolvenzschuldner; trotzdem kann ein Insolvenzplan nur von allen gemeinsam vorgelegt werden. Zum Erbschaftskäufer vgl. §§ 330 InsO, 2385 BGB.

8 Die Stellung als Insolvenzschuldner hat der Erbe naturgemäß erst **nach dem Erbfall.** Ein vorläufiger Erbe ist zwar nach der Ausschlagung so gestellt, als sei er nie Erbe gewesen (Fiktion: § 1953 Abs. 1 BGB), dennoch ist er insoweit als Insolvenzschuldner anzusehen, als es auf den Benachteiligungsvorsatz bei einer von ihm vorgenommenen Rechtshandlung (§ 130 InsO) ankommt.[4] Im Hinblick auf Ereignisse vor dem Erbfall ist der Erblasser als Insolvenzschuldner anzusehen, was vor allem für das Schicksal der von ihm geschlossenen gegenseitigen Verträge (§§ 103ff. InsO) und für die Insolvenzanfechtung (§§ 129ff. InsO, auch § 328 Abs. 1 InsO) von Bedeutung ist.

9 **Antragsberechtigt** sind – außer den Nachlassgläubigern – jeder Erbe, der Nachlassverwalter, ein anderer Nachlasspfleger, ein verwaltender Testamentsvollstrecker, bei einem zum Gesamtgut einer Gütergemeinschaft gehörenden Nachlass der allein oder mitverwaltende Ehegatte bzw. Lebenspartner, § 318 Abs. 1, 3 InsO. Der Antrag einzelner Miterben ist nur zulässig, wenn der Eröffnungsgrund glaubhaft gemacht wird; die übrigen Miterben sind vom Gericht zu hören (§ 317 Abs. 2 InsO; ebenso § 318 Abs. 2 InsO für das Ehegattenantragsrecht). Ein Nachlassgläubiger muss, wie stets (§ 14 Abs. 1 InsO), seine Forderung und den Eröffnungsgrund glaubhaft machen; wird der Antrag erst gestellt, wenn zwei Jahre nach Annahme der Erbschaft verstrichen sind, so ist er unzulässig (§ 319 InsO). Zuweilen trifft den Erben oder den Nachlassverwalter eine Antragspflicht (§§ 1980, 1985 Abs. 2 BGB).

10 Insolvenzgläubiger sind nur die **Nachlassgläubiger** (§ 325 InsO), **nicht die Eigengläubiger** des Erben. Der Erbe kann wegen seiner Ansprüche gegen den Erblasser selbst Insolvenzgläubiger sein (§ 326 Abs. 1 InsO). Das ist eine Folge der Vermögens-

[3] Vgl. MüKoInsO/Siegmann/Scheuing InsO Vorbemerkungen vor §§ 315 bis 331 Rn. 9.
[4] BGH NJW 1969, 1349; Uhlenbruck/Lüer/Weidmüller InsO § 315 Rn. 14.

sonderung durch Eröffnung des Nachlassinsolvenzverfahrens (§§ 1976, 1977 BGB). Bestimmte erbrechtliche Gläubiger sind den nachrangigen Insolvenzgläubigern des § 39 InsO im Rang nachgeordnet (§ 327 InsO): Pflichtteilsberechtigte, Vermächtnisnehmer sowie diejenigen, die die Vollziehung einer Auflage verlangen können.

Der Kreis der Masseverbindlichkeiten geht über die in §§ 54, 55 InsO genannten hinaus (§ 324 InsO). Damit werden Aufwendungen bevorzugt, die typischerweise nach einem Erbfall zu leisten sind. 11

Die Insolvenzmasse besteht aus dem **Nachlass** (soweit er der Zwangsvollstreckung unterliegt, § 36 Abs. 1 InsO). Für den Umfang ist der Zeitpunkt der Verfahrenseröffnung, nicht des Erbfalls maßgebend, doch bemüht sich das Gesetz auf verschiedenen Wegen, den Vermögensstand z. Z. des Erbfalls wiederherzustellen. 12

Zwischen Erbfall und Verfahrenseröffnung kann der Wert des Nachlasses durch Verfügungen des (noch verfügungsberechtigten!) Erben geschmälert werden. Was der Erbe mit Mitteln des Nachlasses erworben hat, verbleibt ihm und fällt nicht in die Masse *(keine dingliche Surrogation).* Als Ausgleich des Wertverlustes besteht ein Herausgabeanspruch gegen den Erben aus seiner Verwaltung des Nachlasses (§ 1978 Abs. 1 BGB); der Anspruch fällt in die Masse (§ 1978 Abs. 2 BGB). 13

Der Nachlass als Insolvenzmasse wird ferner dadurch geschützt, dass Vollstreckungsmaßnahmen in den Nachlass, die zwischen dem Erbfall und der Verfahrenseröffnung vorgenommen werden, kein Absonderungsrecht begründen (z. B. ein Pfändungspfandrecht, § 50 Abs. 1 InsO), § 321 InsO; das kann über den Zeitrahmen des § 88 InsO hinausgehen. Ein weiterer Schutz des Nachlasses besteht darin, dass die vor Verfahrenseröffnung aus Nachlassmitteln erfolgte Erfüllung von Pflichtteilsansprüchen, Vermächtnissen und Auflagen ebenso anfechtbar ist wie eine unentgeltliche Leistung (§ 322 InsO, dazu § 134 InsO). Durch die Rückgewähr der erbrachten Leistungen (und die Beschränkung in § 328 InsO) soll erreicht werden, dass die genannten Ansprüche erst erfüllt werden, wenn alle anderen Gläubiger voll befriedigt sind (vgl. § 327 Abs. 1 mit § 39 InsO). 14

Unzulässig ist das Insolvenzverfahren über einen **Erbteil** (§ 316 Abs. 3 InsO); denn die Erbengemeinschaft ist eine Gesamthandsgemeinschaft (§§ 2032ff. BGB) mit entsprechender Haftung für gemeinschaftliche Nachlassverbindlichkeiten (§ 2058 BGB). Davon zu unterscheiden ist der Fall, dass über das Vermögen eines Miterben, zu dem auch der Erbteil gehört, das Insolvenzverfahren eröffnet wird (zum gleichzeitigen Nachlassinsolvenzverfahren vgl. § 331 InsO). 15

B. Gütergemeinschaft

Das Insolvenzverfahren über das Gesamtgut der fortgesetzten Gütergemeinschaft ist das Verfahren über ein **Sondervermögen** (§ 11 Abs. 2 Nr. 2 InsO). Für seine Abwicklung gelten die Vorschriften über das Nachlassinsolvenzverfahren (§§ 315–331 InsO) entsprechend, § 332 Abs. 1 InsO, ferner § 37 Abs. 3 InsO. Insolvenzgläubiger sind hier die **Gesamtgutsgläubiger** z. Z. des Eintritts der fortgesetzten Gütergemeinschaft (§ 332 Abs. 2 InsO). Die anteilsberechtigten Abkömmlinge haben kein Antragsrecht (§ 332 Abs. 3 InsO), da sie nicht aufgrund der fortgesetzten Gütergemeinschaft für Gesamtgutsverbindlichkeiten persönlich haften (§ 1489 BGB). 16

17 Zum Insolvenzverfahren über das gemeinschaftlich verwaltete Gesamtgut einer Gütergemeinschaft vgl. § 11 Abs. 2 Nr. 2 InsO (Insolvenzverfahren über ein Sondervermögen, § 333 Abs. 2 InsO (Antragsrecht der Ehegatten; Eröffnungsgrund bei Antrag beider auch drohende Zahlungsunfähigkeit), § 334 InsO (persönliche Haftung der Ehegatten: Geltendmachung sowie Behandlung im Insolvenzplan). Verwaltet ein Ehegatte das Gesamtgut allein, so wird es insolvenzmäßig als Alleinvermögen des alleinverwaltenden Ehegatten behandelt (§ 37 Abs. 1 InsO).

§ 37. Insolvenzverfahren mit Auslandsbezug

Literatur: Bornheimer, Insolvenzgesellschaftsrecht und Insolvenzstrafrecht, Grundzüge des internationalen Insolvenzrechts, 4. Aufl. 2019; Bramkamp, Die Attraktivgerichtsstände des europäischen Insolvenzrechts, 2018; Dahl/Kortleben/Michels, Der Anwendungsbereich der lex fori concursus sowie die Abgrenzung zwischen Immobiliar-, Anfechtungs- und Aufrechnungsstatut, NZI 2018, 683; Grompe, Die vis attractiva concursus im Europäischen Insolvenzrecht, Diss., 2018; Hartmann, Sicherungsübertragungen und besitzlose Pfandrechte im europäischen Insolvenzrecht, 2018; Keller, Die Folgen des Statutenwechsels infolge der Verlegung des COMI, NZI 2021, 110; Mankowski, Brexit und Internationales Privat- und Zivilverfahrensrecht, EuZW-Sonderausgabe 1/2020, 3; Parzinger, Die neue EuInsVO auf einen Blick, NZI 2016, 63; Reichelt, Die Anerkennung ausländischer Sekundärinsolvenzverfahren nach dem deutschen Internationalen Insolvenzrecht am Beispiel der Schweiz, ZIP 2017, 2389; Schumann, Virtuelle Sekundärinsolvenzverfahren im europäischen Insolvenzrecht, 2020; Thole, Die Einrede des Anfechtungsgegners gem. Art. 16 EuInsVO 2017 (Art. 13 EuInsVO 2002) zwischen lex causae und lex fori concursus, IPrax 2018, 388; ders., Vertrauliche Restrukturierungsverfahren: Internationale Zuständigkeit, anwendbares Recht und Anerkennung, ZIP 2021, 2153; Trenker, Anwendbares Recht bei grenzüberschreitender Insolvenzanfechtung, DZWir 2021, 527; Wagner, Internationale und örtliche Zuständigkeit nach der EuGVVO, EuZW 2021, 572; Zipperer, Der Grundsatz des gegenseitigen Vertrauens als Garant der grenzüberschreitenden Wirksamkeit der EuInsVO, ZIP 2021, 231.

A. Grundlagen

1 In einer globalisierten Unternehmenswelt nehmen auch internationale Verflechtungen im Insolvenzrecht und Insolvenzverfahren an Bedeutung zu. So können Gläubiger im Ausland ansässig sein, der Schuldner mag eine Niederlassung oder sonstiges Vermögen im Ausland haben. Es können **vielfältige grenzüberschreitende Bezugspunkte** vorliegen, z. B. Vertragsverhältnisse mit ausländischen Vertragspartnern, Rechtsstreitigkeiten im Ausland usw.

2 Das internationale Insolvenzrecht klärt im Wesentlichen drei Fragen:

(1) Welches Gericht ist für die Eröffnung eines Insolvenzverfahrens zuständig?

(2) Beschränken sich die Wirkungen von Insolvenzverfahren auf den Staat, in dem das Verfahren eröffnet wurde?

(3) Welches Recht ist jeweils auf die sich stellenden Rechtsfragen anwendbar?

3 Die aufgeworfenen Fragen werden im Wesentlichen bereits durch die **Europäische Insolvenzverordnung** beantwortet. Die EuInsVO 2000 (= VO (EG) 1346/2000) trat zunächst am 31.5.2002 in Kraft und wurde zum 26.6.2017 umfassend im Rahmen einer Neufassung novelliert (EuInsVO = VO (EU) 2015/848). Da es sich um eine europäische Verordnung handelt, gilt sie unmittelbar in allen Mitgliedstaaten und hat Anwendungsvorrang vor den rein nationalen Regelungen. Es wäre daher verfehlt, wenn man die sich stellenden Fragen vorrangig mit den §§ 335 ff. InsO lösen wollte. In erster Linie ist zunächst die VO (EU) 2015/848 zu befragen.

Die VO (EU) 2015/848 folgt wie auch die §§ 335 ff. InsO dem sog. **modifizierten Universalitätsprinzip.**[1] Das Universalitätsprinzip meint im Grundsatz, dass ein Insolvenzverfahren, das in einem Staat – z. B. in Deutschland – eröffnet wird, das gesamte schuldnerische Vermögen erfasst und erfassen möchte. Ein in Deutschland eröffnetes Insolvenzverfahren erhebt daher den Anspruch, die Wirkungen hinsichtlich des Vermögens nicht nur auf das in Deutschland befindliche Vermögen zu erstrecken, sondern auch auf *Vermögensgegenstände, die sich zur Zeit der Eröffnung in einem anderen Staat* befinden. Insofern soll das Insolvenzverfahren grenzüberschreitende Wirkungen haben. Ob hingegen in den anderen Staaten ein Insolvenzverfahren Wirkungen entfalten kann, kann selbstverständlich der Eröffnungsstaat (im Beispiel Deutschland) nicht selbst entscheiden, denn insofern ist die *Souveränität* dieser anderen Staaten berührt. Es stellt sich also die Frage **der Anerkennung der Eröffnungsentscheidung.** Grundsätzlich wird ein anderer Staat aber schon deshalb ein Interesse an der Anerkennung einer ausländischen Insolvenzeröffnung haben, weil er für den Fall, dass er selbst ein Insolvenzverfahren eröffnen möchte, womöglich seinerseits daran interessiert ist, dass die anderen Staaten diese Eröffnungsentscheidung anerkennen. Daher hat sich heute weitgehend das Universalitätsprinzip durchgesetzt, weil es im allseitigen Interesse liegt. 4

Davon abzugrenzen ist das **strenge Territorialitätsprinzip,** nach dem ein Insolvenzverfahren von vornherein nur auf den Geltungsbereich bzw. das Territorium des eigenen Staates beschränkt ist. Allerdings kann das Universalitätsprinzip nicht in Reinform durchgehalten werden. In manchen Bereichen gibt es insbesondere staatliche Souveränitätsinteressen, die einer völlig uneingeschränkten Anerkennung ausländischer Insolvenzverfahren eine gewisse Schranke setzen. Vor diesem Hintergrund hat sich auch bei der Einführung der VO (EU) 2015/848 ein **modifiziertes Konzept der Universalität** durchgesetzt. Die VO (EU) 2015/848 geht von dem Grundsatz aus, dass es jeweils nur ein Insolvenzverfahren über das Vermögen des Schuldners gibt, das dann europaweit innerhalb der Mitgliedstaaten Anerkennung findet. Hat indessen der Schuldner eine Niederlassung in einem anderen Staat als dem Eröffnungsstaat, so bleibt es möglich, in diesem Niederlassungsstaat ein eigenes territorial beschränktes Insolvenzverfahren, ein sog. **Partikular- oder Sekundärinsolvenzverfahren** durchzuführen. Mit diesen Sekundärinsolvenzverfahren werden also gewisse Wirkungen aus der universellen Wirkung des Hauptinsolvenzverfahrens herausgeschnitten. 5

Beispiel: Die X-AG hat ihren Mittelpunkt der hauptsächlichen Interessen in Freiburg, betreibt aber im benachbarten Frankreich eine Lagerhalle mit wenigen Arbeitnehmern. Dann wird in Deutschland das Hauptinsolvenzverfahren eröffnet (Art. 3 Abs. 1 VO (EU) 2015/848). In Frankreich könnte aber ein Sekundärverfahren eröffnet werden, das sich dann auf das „französische" Vermögen, mithin die Lagerhalle, begrenzt. Denn in Frankreich besteht mit der Lagerhalle eine Niederlassung (Art. 3 Abs. 2, Art. 2 Nr. 10 VO (EU) 2015/848). 6

B. Anwendungsbereich der VO (EU) 2015/848

Da die VO (EU) 2015/848 unmittelbar in den einzelnen Mitgliedstaaten gilt, muss sie auch von einem **deutschen Gericht** beachtet werden, wenn sich grenzüberschreitende Bezüge in einem Insolvenzverfahren oder bei Vorliegen eines Insolvenzantrags zeigen. Die VO (EU) 2015/848 ist allerdings nur dann anwendbar, wenn auch ihr Anwen- 7

[1] MüKoInsO/Reinhart VO (EU) 2015/848 Vorbemerkungen vor Artikel 1 Fn. 47; MüKoInsO/Thole VO (EU) 2015/848 Art. 3 Rn. 5.

dungsbereich eröffnet ist. Dieser Anwendungsbereich wird in **Art. 1 VO (EU) 2015/848** definiert. Diese Vorschrift ist mit der Neufassung 2017 erweitert worden. Die VO (EU) 2015/848 kann auch vorinsolvenzliche, auf Insolvenzvermeidung gerichtete Verfahren erfassen, mithin auch das StaRUG-Verfahren (so auch angedacht in §§ 84ff. StaRUG für Fälle der öffentlichen Bekanntmachung).[2] Entscheidend ist aber, ob dieses jeweilige Verfahren in den **Anhang A der VO (EU) 2015/848** aufgenommen worden ist. Steht also bspw. ein deutsches Gericht vor der Frage, ob bereits in einem anderen Mitgliedstaat ein Insolvenzverfahren eröffnet worden ist, so hat es zu prüfen, ob dieses ausländische Insolvenzverfahren in Anhang A VO (EU) 2015/848 aufgeführt ist. Ist das geschehen, muss das deutsche Gericht davon ausgehen, dass es sich um ein Insolvenzverfahren im Sinne der VO (EU) 2015/848 handelt. In persönlicher Hinsicht findet die VO (EU) 2015/848 auf alle Schuldner Anwendung, soweit nicht ausnahmsweise bestimmte Schuldner wegen vorrangiger Sonderregelungen ausgenommen sind, Art. 1 Abs. 2 VO (EU) 2015/848.

C. Internationale Eröffnungszuständigkeit

8 Ist der Anwendungsbereich der VO (EU) 2015/848 eröffnet, so kommt es nunmehr auf die konkrete Fragestellung an.

9 Will ein mitgliedstaatliches Gericht ein Insolvenzverfahren eröffnen, das in Anhang A VO (EU) 2015/848 genannt ist, stellt sich zunächst **die Frage der internationalen Zuständigkeit** für die Eröffnung des Insolvenzverfahrens. Dazu enthält die VO (EU) 2015/848 entsprechende Regelungen in Art. 3 VO (EU) 2015/848. Das für alle Mitgliedstaaten verbindliche Regime besagt, dass nach Art. 3 Abs. 1 VO (EU) 2015/848 für die Eröffnung eines Hauptinsolvenzverfahrens die Gerichte des Staates international zuständig sind, in dem der Schuldner den Mittelpunkt seiner hauptsächlichen Interessen hat. Dieser Mittelpunkt wird auch **COMI bezeichnet (Center of Main Interest)**. Der COMI ist ein schillernder Begriff des europäischen Insolvenzrechts. Art. 3 VO (EU) 2015/848 enthält je nach Art des Schuldners verschiedene *Vermutungen,* die aber widerleglich sind. Bei juristischen Personen und Gesellschaften findet sich eine Vermutung für den Satzungssitz, bei selbständig, gewerblich oder freiberuflich tätigen natürlichen Personen findet sich eine Vermutung zugunsten der Hauptniederlassung und bei anderen natürlichen Personen zugunsten des gewöhnlichen Aufenthaltsortes. Entscheidend sind aber letztlich eine Gesamtbetrachtung und die Prüfung des Ortes, an dem der Schuldner üblicherweise für Dritte, insbesondere die Gläubiger, erkennbar der Verwaltung seiner Interessen nachgeht. Gerade bei juristischen Personen und Gesellschaften ist die Ermittlung des COMI nicht immer einfach.[3]

10 **Beispiel:** So mag etwa eine Gesellschaft in einem Staat inkorporiert sein, aber fast ausschließlich nur in einem anderen Staat tätig werden. Der Verwaltungssitz und der Satzungssitz können auseinanderfallen. Verschiedene Unternehmensfunktionen mögen an verschiedenen Orten belegen sein, wie z. B. die Personalabteilung oder das Rechnungswesen.

[2] Inkrafttreten am 17.7.2022, Art. 25 Abs. 3 SanInsFOG.

[3] Hierzu etwa MüKoInsO/Thole VO (EU) 2015/848 Art. 3 Rn. 23ff.; Uhlenbruck/Knof InsO VO (EU) 2015/848 Art. 3 Rn. 22ff.; MMS/Mankowski EuInsVO 2017 Art. 3 Rn. 44ff.

Der EuGH hat in der legendären *Eurofood*-Entscheidung[4] entschieden, dass es bei der Vermutung zugunsten des satzungsmäßigen Sitzes bleibt, wenn die Gesellschaft in diesem Staat auch ihrer **Tätigkeit nachgeht.** Der Umstand *allein,* dass diese Gesellschaft von einem ausländischen, in einem anderen Mitgliedstaat ansässigen Muttergesellschaft oder Holding kontrolliert wird, führt nicht dazu, dass der COMI der Gesellschaft am Sitz der Muttergesellschaft belegen wäre. Es können aber andere Umstände hinzukommen, die für einen COMI an einem anderen Ort als dem Satzungssitz sprechen. Der EuGH will seit der Rs. *Interedil* insbesondere – zumindest näherungsweise – an den **Verwaltungssitz** anknüpfen.[5] 11

Die VO (EU) 2015/848 geht von dem Grundsatz aus, dass nur *ein* Hauptinsolvenzverfahren zu eröffnen ist. Dabei kommt es nicht auf den Antrag an, sondern darauf, welcher Mitgliedstaat zuerst das Verfahren tatsächlich eröffnet. Eine solche Eröffnung kann aber schon in der Bestellung eines vorläufigen Insolvenzverwalters liegen, wäre also nach deutschen Verständnis mit einem Eröffnungsverfahren gegeben. Es gilt für die möglichen Kompetenzkonflikte der **Grundsatz der Priorität.**[6] Ein in einem anderen Mitgliedstaat eröffnetes Hauptinsolvenzverfahren ist nämlich grundsätzlich gemäß Art. 19 VO (EU) 2015/848 in allen anderen Mitgliedstaaten anzuerkennen. Das Gericht, das trotz einer ausländischen Eröffnung ebenfalls ein Hauptinsolvenzverfahren eröffnen möchte, weil es der Meinung ist, der COMI sei in diesem Zweitstaat belegen, darf die erste Entscheidung nicht infrage stellen und auch nicht inhaltlich nachprüfen. Insofern gilt der Grundsatz des gegenseitigen Vertrauens und der *Gleichwertigkeit der Justizsysteme.* Die VO (EU) 2015/848 vertraut insofern darauf, dass das zuerst entscheidende Gericht den COMI sorgfältig ermitteln wird. 12

Art. 3 Abs. 1 VO (EU) 2015/848 regelt nur die internationale Zuständigkeit. Die **innerstaatlichen Zuständigkeitsvorschriften** für die örtliche und sachliche Zuständigkeit *bleiben unberührt.* Die örtliche Zuständigkeit richtet sich in Deutschland nach § 3 InsO. Ergänzend können die Regelungen in Art. 102c EGInsO zu beachten sein. 13

Von der internationalen Zuständigkeit für die Eröffnung ist die internationale Zuständigkeit für sog. **Annexentscheidungen** abzugrenzen. Zu den insolvenztypischen Annexentscheidungen gehört insbesondere die Anfechtungsklage des Verwalters. Solche und andere Klagen, *die nicht die Eröffnung des Verfahrens selbst betreffen,* sondern unmittelbar mit dem Insolvenzverfahren verknüpft sind, werden einer eigenen Zuständigkeitsregel nach Art. 6 VO (EU) 2015/848 zugeführt. Danach besteht eine **ausschließliche internationale Zuständigkeit** für die unmittelbar aus dem Insolvenzverfahren hervorgehenden Annexklagen im Staat der Verfahrenseröffnung. Dies wirkt zugunsten des Insolvenzverwalters, der dort klagen kann, wo er eingesetzt wird. Darin liegt zugleich eine Abweichung von dem Prinzip, dass etwa in der VO (EU) 1215/2012 vorherrschend ist, nach dem ein Beklagter an seinem Wohnsitz zu verklagen ist. Die daraus folgende Entscheidung für die Anfechtungsklage ist sodann gemäß Art. 32 Abs. 1 UAbs. 2 VO (EU) 2015/848 anzuerkennen. Einem Gerichtsstand des Sach- 14

[4] EuGH NZI 2006, 360 – Eurofood IFSC Ltd.

[5] EuGH EuZW 2011, 912 – Interedil Srl. i. L./Fallimento Interedil Srl. ua.

[6] Durchführungsverordnung (EU) 2017/1105 der Kommission vom 12. Juni 2017 zur Festlegung der in der Verordnung (EU) 2015/848 des Europäischen Parlaments und des Rates über Insolvenzverfahren genannten Formulare (ABl. L 160, 126); Erwgr. 22 VO (EU) 2015/848; MüKoInsO/Thole VO (EU) 2015/848 Art. 3 Rn. 76.

zusammenhangs beinhaltet Art. 6 Abs. 2 VO (EU) 2015/848, der dem Verwalter die Möglichkeit gibt, insolvenztypische und nicht insolvenztypische Annex-Klagen miteinander zu verbinden.

15 **Beispiel:** Über Art. 6 Abs. 1 VO (EU) 2015/848 kann der deutsche Insolvenzverwalter den in Frankreich ansässigen Anfechtungsgegner vor deutschen Gerichten verklagen.

16 Offen ist, wann von einer Annexklage auszugehen ist. Der Wortlaut des **Art. 6 VO (EU) 2015/848** erfasst nur Klagen, die unmittelbar aus dem Insolvenzverfahren hervorgehen und *in engem Zusammenhang* damit stehen. Diese Begrifflichkeiten haben schon oft den EuGH beschäftigt.[7] Inhaltlich geht es hier um die Frage, ob die VO (EU) 2015/848 greift oder das allgemeine Regelwerk für Zivil- und Handelssachen (= EuGVVO/Brüssel Ia-VO, VO (EU) 1215/2012).

17 **Beispiele:** Der Verwalter klagt eine Forderung des Schuldners gegen Dritten ein = keine insolvenztypische Annexklage.[8]

Der Verwalter macht einen Anspruch aus Geschäftsführerhaftung nach § 15b InsO geltend = insolvenztypische Annexklage.[9]

Der Verwalter und ein Gläubiger streiten über die Forderungsfeststellung und einen möglichen Nachrang nach § 39 Abs. 1 Nr. 5 InsO = wohl insolvenztypische Annexklage.[10]

Der Eigentümer verlangt Aussonderung vom Verwalter und Herausgabe einer Sache = keine insolvenztypische Annexklage.[11]

D. Anerkennung

18 Ist ein Hauptinsolvenzverfahren in einem Mitgliedstaat eröffnet worden, so muss diese Eröffnungsentscheidung in allen anderen Mitgliedstaaten automatisch anerkannt werden, **Art. 19 Abs. 1 VO (EU) 2015/848.** Der Begriff der automatischen Anerkennung ist etwas missverständlich. Gemeint ist, dass ein besonderes **Anerkennungsverfahren nicht erforderlich ist.** Wenn immer andere Mitgliedstaaten und deren Einrichtungen sowie Gerichte und Behörden also vor der Frage stehen, ob die ausländische Insolvenzeröffnung anzuerkennen ist, muss diese Frage ohne weiteres beantwortet werden und kann nicht davon abhängig gemacht werden, ob der ausländische Insolvenzverwalter in diesem Anerkennungsstaat einen besonderen Antrag auf Durchführung eines Anerkennungsverfahrens gestellt hat.

19 Nach Art. 20 VO (EU) 2015/848 entfaltet die Eröffnung eines Insolvenzverfahrens in jedem Mitgliedstaat grundsätzlich diejenigen Wirkungen, die das Recht des Staates der Verfahrenseröffnung dem Verfahren beilegt. Das nennt man **Wirkungserstreckung.**[12]

---

[7] So etwa in: EuGH Urt. v. 22.2.1979 – C-133/78, BeckRS 2004, 71542 – Gourdain/Nadler; NZI 2009, 570 – SCT Industri AB i likvidation/Alpenblume AB; NZI 2009, 741 – German Graphics Graphische Maschinen GmbH/Alice van der Schee, Konkursverwalterin der Holland Binding BV; NZI 2014, 919 – Nickel & Goeldner Spedition/Kintra" UB.

[8] EuGH NZI 2014, 919 Rn. 31 – Nickel & Goeldner Spedition GmbH/Kintra" UAB.

[9] EuGH EuZW 2015, 141 Rn. 24 – H. als Insolvenzverwalter der G. T. GmbH/H. K. (zu § 64 GmbHG).

[10] Vgl. EuGH EuZW 2019, 879 Rn. 37 – Riel.

[11] EuGH NZI 2009, 741 Rn. 33 – German Graphics.

[12] Vgl. EuGH Urt. v. 4.2.1988 – 145/86, BeckRS 2004, 71678 – Hoffmann/Krieg; MMS/Müller EuInsVO 2017 Art. 20 Rn. 6.

Die Wirkungen der Eröffnung werden gleichsam in andere Staaten exportiert. Insbesondere richten sich die Befugnisse und Pflichten des Verwalters nach dem Recht des Eröffnungsstaates (Art. 21 VO (EU) 2015/848). Ebenso anzuerkennen sind die zur Durchführung und Beendigung eines Insolvenzverfahrens ergangenen Entscheidungen, Art. 32 VO (EU) 2015/848. Die einzige nennenswerte **Grenze der Anerkennungspflicht** liegt in dem Verstoß gegen den *Ordre public,* Art. 33 VO (EU) 2015/848. So wäre eine Eröffnungsentscheidung, die fundamentale Grundsätze des rechtlichen Gehörs missachtet, nicht anzuerkennen.

Ebenso bleibt unberührt, dass in dem Anerkennungsstaat ein Partikular- oder Sekun- 20
därinsolvenzverfahren gemäß Art. 3 Abs. 2 VO (EU) 2015/848 eröffnet wird. Denn dieses Partikularverfahren darf wiederum nur territoriale Wirkungen haben, beschränkt sich in seinen Wirkungen also auf den Staat dieses Sekundärverfahrens. Die grundsätzlich universelle Wirkung des Hauptinsolvenzverfahrens wird damit also nicht grundsätzlich in Frage gestellt. Festzuhalten ist mithin, dass grundsätzlich eine ausländische Verfahrenseröffnung in einem anderen Mitgliedstaat anzuerkennen ist. Das bedeutet, dass der Wechsel der Verwaltungs- und Verfügungsbefugnis und die weiteren Wirkungen dieser Verfahrenseröffnung in den anderen Mitgliedstaaten nicht in Frage gestellt werden dürfen. Von der Wirkungserstreckung ausgenommen sind allerdings dingliche Rechte eines Gläubigers oder Dritten an Gegenständen des Schuldners, die sich bei Eröffnung im Gebiet eines anderen Mitgliedstaats befinden, Art. 8 VO (EU) 2015/848. Das betrifft vor allem Sicherungsrechte, Art. 8 Abs. 2 VO (EU) 2015/848. Die von diesen Rechten erfassten Gegenstände sollen und können nicht im Hauptinsolvenzverfahren, sondern in einem im Belegenheitsstaat zu eröffnenden Sekundärinsolvenzverfahren erfasst und verwertet werden. Einen weiteren Schutz genießt der Eigentumsvorbehalt unter Art. 10 VO (EU) 2015/848.

E. Anwendbares Recht

Von der verfahrensrechtlichen Anerkennung der Eröffnungsentscheidung zu unter- 21
scheiden ist die allgemeine Maßgabe für das anwendbare Recht. Nach Art. 7 VO (EU) 2015/848 findet auf das Insolvenzverfahren und seine Wirkungen grundsätzlich das Recht des Eröffnungsstaates Anwendung, die sog. **lex fori concursus.** Nach dem Recht des Eröffnungsstaates bestimmen sich insbesondere die Insolvenzfähigkeit, der Umfang der Masse, die Befugnisse des Verwalters, die Aufrechnung in der Insolvenz, die Abwicklung offener Verträge, die Rechte und Beschränkungen der Insolvenzgläubiger während und nach Beendigung des Verfahrens und die Anfechtung gemäß dem Recht des Eröffnungsstaates. Auch auf einen Insolvenzplan und die Frage der Restschuldbefreiung ist das Recht des Eröffnungsstaates anwendbar. Im Einzelnen siehe dazu den Katalog des Art. 7 Abs. 2 S. 2 InsO.

Allerdings ist **der grundsätzliche Vorrang des Rechts des Eröffnungsstaates** auch im 22
Einzelnen durchbrochen. In den Art. 8–18 VO (EU) 2015/848 finden sich solche Sonderanknüpfungen und Einschränkungen der grundsätzlichen Geltung der lex fori concursus für die Wirkungen des Insolvenzverfahrens.

Eine wichtige Einschränkung beinhaltet bspw. **Art. 16 VO (EU) 2015/848.** Obwohl 23
grundsätzlich für die Frage der Anfechtung das Recht des Eröffnungsstaates maßgebend ist – also bei einer Eröffnung in Deutschland die §§ 129ff. InsO – so kann

der Begünstigte eine danach gegebene Anfechtung ausschließen, wenn er nachweist, dass für die angefochtene Handlung das Recht eines anderen Staates gilt und die Handlung danach unanfechtbar ist.[13]

24 **Beispiel:** Ist mithin in Deutschland das Insolvenzverfahren eröffnet worden und danach eine Zahlung gemäß §§ 129ff. InsO anfechtbar, so könnte sich der Anfechtungsgegner darauf berufen, dass die Zahlung auf einem nach französischem Recht abgeschlossenen Vertrag beruht und das französische Recht als Vertragsstatut eine solche Zahlung nicht als anfechtbar oder sonst angreifbar ansehen würde. Insofern entfaltet hier die sog. lex causae (Vertragsstatut) Sperrwirkung gegenüber der lex fori concursus.

F. Sekundärverfahren

25 Neben dem Hauptinsolvenzverfahren regelt die VO (EU) 2015/848 Partikular- und Sekundärinsolvenzverfahren, die dem Territorialitätsprinzip folgen und deren Wirkungen sich daher auf den Eröffnungsstaat beschränken (Art. 3 Abs. 2 S. 2 VO (EU) 2015/848). Zugleich entfalten sie eine **anerkennungsrechtliche Sperrwirkung:** Die Wirkungen des Hauptinsolvenzverfahrens treten in einem Staat nicht ein, in dem ein Partikular- bzw. Sekundärinsolvenzverfahren eröffnet ist (vgl. Art. 17 Abs. 1 Hs. 2 VO (EU) 2015/848).

26 Voraussetzung der Eröffnung von Partikular- und Sekundärinsolvenzverfahren ist, dass der Schuldner in dem Eröffnungsstaat eine **Niederlassung** hat (Art. 3 Abs. 2 S. 1 VO (EU) 2015/848). Der Begriff „Niederlassung" richtet sich nach Art. 2 Buchstabe h VO (EU) 2015/848.

27 Partikularinsolvenzverfahren können nach Art. 3 Abs. 4 VO (EU) 2015/848 nur eröffnet werden, wenn in dem nach Art. 3 Abs. 1 VO (EU) 2015/848 für Hauptinsolvenzverfahren international zuständigen Mitgliedstaat aus irgendwelchen Gründen ein Insolvenzverfahren nicht eröffnet werden kann oder der den Insolvenzantrag stellende Gläubiger im Niederlassungsstaat ansässig ist bzw. seine Forderung sich aus dem Geschäftsbetrieb der Niederlassung ergibt. Im Übrigen ist das Partikularinsolvenzverfahren ein ganz gewöhnliches Insolvenzverfahren. Ist ein Hauptinsolvenzverfahren nach Art. 3 Abs. 1 VO (EU) 2015/848 eröffnet, wandelt sich das Partikularinsolvenzverfahren in ein Sekundärinsolvenzverfahren (Art. 36 VO (EU) 2015/848).

28 Ein Sekundärinsolvenzverfahren setzt voraus, dass in einem anderen Mitgliedstaat bereits ein **Hauptinsolvenzverfahren eröffnet worden ist.** Ein Insolvenzgrund wird im Sekundärinsolvenzverfahren daher nicht mehr geprüft, wenn diese Prüfung bereits für das Hauptverfahren erforderlich war (Art. 34 S. 2 VO (EU) 2015/848).

29 Antragsberechtigt sind neben dem Verwalter des Hauptinsolvenzverfahrens die nach dem Recht des Mitgliedstaats, in dem das Sekundärinsolvenzverfahren eröffnet werden soll antragsbefugten Personen (Art. 37 VO (EU) 2015/848). Gläubiger können Forderungen in beiden Verfahren anmelden (Art. 45 Abs. 1 VO (EU) 2015/848), erhalten aber dadurch keine Vorteile, denn erhaltene Zahlungen sind im jeweils anderen Verfahren anzurechnen (vgl. Art. 20 Abs. 2 VO (EU) 2015/848). Auch die Verwalter des Hauptinsolvenzverfahrens und des Sekundärinsolvenzverfahrens haben das Recht, die schon in ihren Verfahren angemeldeten Forderungen in dem jeweils anderen Verfahren anzumelden (Art. 45 Abs. 2 VO (EU) 2015/848). Daher dürfen sie auch an

[13] EuGH NZI 2021, 502 – Oeltrans Befrachtungsgesellschaft; BGH ZInsO 2021, 2088 (2090) Rn. 17ff.

einer Gläubigerversammlung im jeweils anderen Verfahren teilnehmen (Art. 45 Abs. 3 VO (EU) 2015/848). Im Übrigen trifft die Verwalter eine **Kooperations- und Unterrichtungspflicht** (Art. 41 VO (EU) 2015/848). Der Verwalter im Hauptinsolvenzverfahren kann auf das Sekundärinsolvenzverfahren Einfluss nehmen, indem er Vorschläge zur Verwertung des vom Sekundärinsolvenzverfahren erfassten Vermögens unterbreitet (Art. 47 Abs. 3 VO (EU) 2015/848) oder beim Gericht des Sekundärinsolvenzverfahrens den Antrag stellt, die Verwertung im Sekundärinsolvenzverfahren auszusetzen (Art. 46 VO (EU) 2015/848), um eine Sanierung im Hauptinsolvenzverfahren zu ermöglichen.

Eine Sonderform des Sekundärinsolvenzverfahrens ist das sog. **virtuelle oder synthetische Sekundärverfahren.**[14] Es handelt sich um ein Sekundärverfahren, das in Wahrheit keines ist. Gemäß Art. 36 VO (EU) 2015/848 kann der Verwalter eines Hauptinsolvenzverfahrens, um die Eröffnung eines Sekundärverfahrens zu vermeiden, eine Zusicherung mit dem Inhalt geben, dass er die Gläubiger so behandelt, als wäre ein Sekundärinsolvenzverfahren in dem jeweiligen Mitgliedstaat eröffnet worden. Das in diesem Niederlassungsstaat belegene Vermögen wird also verwertet und dann der Erlös so verteilt, wie es der Rangfolge des Rechts des Sekundärverfahrensstaates entspräche. Auf diese Weise sollen die Ergebnisse eines Sekundärverfahrens gleichsam vorweggenommen werden, aber zugleich verhindert werden, dass der ganze Apparat eines Sekundärverfahrens mit Einsetzung eines Sekundärinsolvenzverwalters tatsächlich in Anspruch genommen werden muss. 30

G. Das autonome deutsche internationale Insolvenzrecht

Das deutsche internationale Insolvenzrecht ist in den **§§ 335ff. InsO** geregelt. Seine Bedeutung ist allerdings gering, denn soweit der Anwendungsbereich der VO (EU) 2015/848 eröffnet ist, hat die VO (EU) 2015/848 Vorrang. Bedeutung kommt den §§ 335ff. InsO im Wesentlichen nur dann zu, wenn der COMI des Schuldners in einem Drittstaat belegen ist und/oder wenn in diesem Drittstaat bereits ein Insolvenzverfahren eröffnet worden ist und es nunmehr um die Anerkennung dieser Entscheidung geht. Ist bspw. in den USA oder in Marokko ein Insolvenzverfahren über das Vermögen des Schuldners eröffnet worden, so richtet sich die Anerkennung dieser Eröffnungsentscheidung nicht nach Art. 19 VO (EU) 2015/848, sondern nach den §§ 335ff. InsO. Die §§ 335ff. InsO spiegeln im Wesentlichen die Grundsätze der VO (EU) 2015/848. So geht § 335 InsO auch von einer *Wirkungserstreckung* aus. Allerdings ist die Anerkennung ausländischer Entscheidungen nur unter anspruchsvolleren Voraussetzungen möglich als unter Art. 19 VO (EU) 2015/848. § 343 InsO setzt die sog. *Anerkennungszuständigkeit* voraus. Es wird danach gefragt, ob die Gerichte des Staates der Verfahrenseröffnung zuständig wären, wenn man das deutsche Zuständigkeitsrecht zugrunde legte und mithin insbesondere auch § 3 InsO (sog. Spiegelbildprinzip) 31

Beispiel: Hat das marokkanische Insolvenzgericht das Insolvenzverfahren auf der Grundlage eröffnet, dass der Schuldner dort auf Urlaubsreise war, so wäre die Anerkennung dieser Eröffnungsentscheidung zu versagen, da nach deutschen Maßstäben der bloße Urlaubsaufenthalt keine Zuständigkeit für die Eröffnung eines Insolvenzverfahrens begründet. 32

[14] KPB/Skauradszun EuInsVO 2015 Art. 23 Rn. 41ff.

Stichwortverzeichnis

Die **fett** gesetzten Zahlen beziehen sich auf die Paragrafen des Buches, die mageren auf deren Randnummern: Hauptfundstellen sind *kursiv* gesetzt.